高等院校会计专业
GAODENG YUANXIAO KUAIJI ZHUANY

企业财务管理

QIYE CAIWU GUANLI

主　编／王攀娜　熊　磊

副主编／徐博韬　尹长萍　唐凯桃

刘　雷　邓秀媛

重庆大学出版社

内容提要

本教材由重庆理工大学会计学院会计学、财务管理两个国家一流专业的团队编写完成,主要面向工商管理类、经济学类专业的本科生和研究生。

从内容体系来看,本教材可分为六大部分,第一部分为企业财务管理基本理论,介绍了理财的基本理论框架和价值管理中的两大核心要素;第二部分为筹资管理,内容包括财务预测、筹资渠道和方式及资本成本与资本结构;第三部分为投资管理,介绍了投资决策理论、投资决策方法及投资项目的评价;第四部分为营运资金管理,主要介绍营运资金持有政策、筹集政策、流动资产管理及流动负债管理;第五部分为收益分配管理,主要介绍收益分配与股利政策;第六部分为企业财务管理专题,主要介绍财务分析和企业并购等内容。

图书在版编目(CIP)数据

企业财务管理/王攀娜,熊磊主编. —重庆:重
庆大学出版社,2022.7
高等院校会计专业本科系列教材
ISBN 978-7-5689-3061-1

Ⅰ.①企… Ⅱ.①王…②熊… Ⅲ.①企业管理—财
务管理—高等学校—教材 Ⅳ.①F275

中国版本图书馆 CIP 数据核字(2021)第 241868 号

高等院校会计专业本科系列教材
企业财务管理
主 编 王攀娜 熊磊
副主编 徐博韬 尹长萍 唐凯桃 刘雷 邓秀媛
责任编辑:尚东亮 龙沛瑶 版式设计:龙沛瑶
责任校对:关德强 责任印制:张策
*
重庆大学出版社出版发行
出版人:饶帮华
社址:重庆市沙坪坝区大学城西路 21 号
邮编:401331
电话:(023) 88617190 88617185(中小学)
传真:(023) 88617186 88617166
网址:http://www.cqup.com.cn
邮箱:fxk@ cqup. com. cn(营销中心)
全国新华书店经销
重庆市国丰印务有限责任公司印刷
*
开本:787mm×1092mm 1/16 印张:21.5 字数:486 千
2022 年 7 月第 1 版 2022 年 7 月第 1 次印刷
印数:1 -3000
ISBN 978-7-5689-3061-1 定价:59.00 元

作者简介

王攀娜,女,四川自贡人,中共党员,重庆理工大学会计学院副教授、硕士生导师,博士毕业于西南财经大学会计学院会计学专业,目前在四川大学经济学院产业经济学做博士后。曾参与《财务管理》《成本会计》等多部教材的编写工作,重庆理工大学会计学、财务管理国家一流专业建设核心骨干。在《会计研究》《金融研究》《审计研究》等核心期刊发表多篇学术论文,主持和主研国家社科基金重点项目、教育部人文社科项目、重庆市社科联、重庆市教委等科研项目 10 余项。研究方向:财务会计、公司治理、管理会计、税收理论与实务等。学术兼职:重庆市会计领军人才、重庆市商务委员会专项资金评审专家、重庆市国际税收研究会专家、重庆理工大学科研创新团队学术骨干。

熊磊,男,湖南娄底人,中共党员,重庆理工大学会计学院副教授、硕士生导师,博士毕业于湖南科技大学应用经济学专业。近年来,主持国家社会科学基金项目 1 项,主持并完成重庆市社会科学规划项目、重庆市教育委员会人文社会科学研究项目、重庆市教育科学规划课题、中国总会计师协会研究课题等省部级项目 7 项,主持并完成重庆市会计学会科研课题、重庆市审计学会课题、重庆市环境保护局环保科技项目等横向项目 10 项。在中共中央宣传部"学习强国"学习平台、CSSCI 期刊、中文核心期刊和国内公开刊物上发表学术论文 30 余篇。参与出版学术著作 1 部。作为负责人,牵头完成研究报告 5 份,分别被市级部门、区县政府、上市公司采用。学术兼职:国际创业导师协会国际创业教练、重庆市商务委员会专项资金评审专家、重庆市高校哲学社会科学协同创新团队骨干成员、重庆市巴南区政协智库专家。

前言

　　随着全球经济一体化进程的加快,企业之间的竞争日益激烈。企业为了生存和发展,必须加强自身经营管理,而财务管理是企业管理的重要内容,财务管理的核心是企业资本资源的合理配置与有效使用。在本教材的编写过程中,我们以企业财务管理理论和方法为指导,围绕企业筹资决策、投资决策、营运资本决策、收益分配管理等财务活动,全面、系统地介绍了现代企业财务管理的基本概念、方法和技能。在适当吸收西方成熟资本市场条件下的企业财务理论和方法的基础上,立足于构建我国企业财务管理的力量。同时,力图体现企业财务管理课程的教学规律,根据学生认知规律,充分结合企业案例。本教材强调理论与实务的融合,在内容编排上,以资金时间价值和风险价值为基础,以资金的筹集、投放和利润分配管理为主线,以提高企业价值为目标,拓展介绍为实现这一目标所需掌握的相关理论与方法。

　　本教材是国家一流专业建设系列成果,主要具有如下特色:

　　第一,专业融合。根据新文科建设背景,编者将中国传统文化、会计、税法、工程管理、公司法、企业管理等知识,融入本教材知识体系,并针对性地编写案例和例题,有利于学生拓展经济管理知识,培养人文素养。

　　第二,内容精练。在内容编排上,本教材既考虑学科体系的完整性,又注重内容的精练,避免了教材内容过于空洞、枯燥、冗杂的情况。更好地适应了非会计专业学生对财务管理专业基础知识的学习需求。

　　第三,注重实务。本教材所介绍的管理流程和方法紧贴企业财务管理的现实问题,相关内容与当前社会经济环境紧密结合,以增强学生的动手能力和解决实际问题的能力。

第四,形式丰富。每章以经典案例为导引,课后配有分析案例和思考,以配合该部分内容的学习,既补充了相关知识,又可在引导学生积极关注和分析现实问题的同时增强教学效果。

第五,体系完善。每章均设有学习目的、关键术语、小结、思考题及自测题等,有利于学生自学。

全书共九章,由王攀娜副教授和熊磊副教授担任主编,拟订全书框架、总纂书稿和定稿,具体编写分工如下:第一章、第二章由王攀娜编写;第三章、第八章由熊磊编写;第四章由徐博韬编写;第五章由尹长萍编写;第六章由唐凯桃编写;第七章由刘雷编写;第九章由邓秀媛编写。

由于时间、水平和篇幅的限制,书中难免有疏漏甚至错误之处,恳请广大读者批评指正。

编　者

2022 年 1 月

目录

第一章　财务管理总论

学习目的

(1) 熟悉财务管理的主要内容,理解各种财务关系。

(2) 掌握企业财务管理目标的代表性观点,理解财务管理的主要原则。

(3) 熟悉企业财务管理的主要环境,了解财务管理的各个环节。

关键术语

财务活动　财务关系　财务管理目标　财务管理环境　理财原则

导入案例

　　据《鹖冠子》的记载,魏文王问扁鹊,你们家兄弟三人,都精于医术,到底哪一位最好呢?扁鹊答,我的大哥医术最好,二哥次之,我最差。文王再问,那么为什么你最出名呢?扁鹊答道,我大哥治病,是治于病情发作之前,由于一般人不知道他能事先铲除病因,反而觉得他的治疗没什么明显的效果,因此他的名气无法传出去,只有我们家的人才知道。我二哥治病,是治于病情初起之时,看上去以为他只能治轻微的小病,所以他的名气只能在我们乡里流传。而我扁鹊治病,是治于病情已经严重的时候。一般人看到我在经脉上穿针放血,在皮肤上敷药,用麻药让人昏迷,做的都是些不可思议的大手术,自然以为我的医术高明,因此名气响遍全国,远远大于我的两位哥哥。文王叹道,你说得好极了。从以上案例分析企业在理财工作中应该向谁学习。

　　扁鹊论三兄弟医术的典故说明了良医"不治已病治未病"的道理。古人云:"良医者,常治无病之病,故无病;圣人者,常治无患之患,故无患。""万事防为先""防患于未然""防微杜渐",说的是同一个道理。所谓"治未病",是指在疾病发生之前先行采取各种措施,做好预防工作,以避免疾病发生,其核心是主动防范。这是中医治疗学领域的重要理论,也是最为先进和超前的医学思想。"治未病"首先要未病先防,如同扁鹊大哥治病,在人体没有产生疾病的健康状态下,对可能导致疾病的各种原因,采取针对性的养生保健措施。其目的在于固护正气,增强体质,避开各种病邪的侵袭,预防疾病的发生。其次要既病防变,是指疾病已发生后,把握疾病的传变规律,采取措施,早期诊断、早期治疗,及时阻止疾病的恶化和传变,促进疾病康复。最后要病后防复,是指疾病经治疗后,病邪基本消除,正气尚未复原,处于初愈的康复阶段,提前采取巩固性治疗或预防性措施,防止疾病的复发。

资料来源:佚名.鹖冠子[EB/OL].(2017-07-30)[2021-06-01].岁年网.

第一节　财务管理的内涵

财务管理是组织企业财务活动,处理财务关系的一项经济管理工作。因此,要了解什么是财务管理,必须先分析什么是财务活动和财务关系。

一、财务活动

在市场经济条件下,商品是使用价值和价值的统一体;社会再生产过程是使用价值的生产、交换过程和价值的形成、实现过程的统一体。在这一过程中,企业通过采购业务将资金转换成生产资料;劳动者通过生产过程将消耗的生产资料价值转移到产品中,并因在产品中凝结了劳动者的活劳动而创造出了新的价值;通过销售过程将产品销售出去,在收回资金的同时使生产过程中转移的价值和新创造的价值得以实现。企业在上述生产经营过程中,其物质的价值形态不断地发生变化,由一种形态转变成另一种形态,如此周而复始,循环往复,这种价值量的循环周转形成了企业的资金运动。企业的生产经营活动一方面表现为商品实物形态的转换过程,另一方面表现为资金的运动。资金运动是企业在生产过程中的价值表现,它从价值量角度综合地反映了企业的再生产过程。在这个意义上,可以将资金的实质理解为社会再生产过程中运动着的价值。

资金运动是以现金收支为主的企业资金收支活动的总称,可以直接表现为资金的流入和流出,由资金的筹集、投放、营运和分配等一系列活动构成,亦即财务活动。企业的财务活动主要包括以下四个方面。

(一)筹集活动

在商品经济条件下,任何经济实体从事生产经营活动都必须以拥有一定数量的资金并能够对其加以自主地支配和运用为前提。企业取得资金以及由此而产生的一系列经济活动就构成了企业的筹资活动。具体来讲,当企业借助于发行股票、发行债券和吸收直接投资等方式筹集资金时,会引发资金流入企业;当企业在筹资时支付各种筹资费用、向投资者支付股利、向债权人支付利息以及到期偿还本金时,会引发资金流出企业。这些因筹集资金而引发的各种资金收支活动称为筹资活动。

(二)投资活动

通过各种方式筹集大量资金并非企业经营的最终目的。企业筹集资金后所面临的问题是如何合理地运用资金以谋求最大的经济利益,增加企业的价值。企业对资金的运用包括将资金投放于长期资产和短期资产两方面的内容。一般来讲,将资金运用在长期资产上的行为称为投资活动;将资金运用在短期资产上进行周转的行为称为营运活动。企业的投资活动有狭义和广义之分,狭义的投资活动禁止对外投资,包括对外股权性投资和债权性投资两种。广义的投资活动不仅包括对外投资,还包括对内固定资产投资和无形资产投资等。当企业将筹集到的资金用以购买各种长期资产或有价证券时,会引发资金流出企业;当企业将资产处置或将有价资产出售转让收回投资时,会引发资金流入企业。这些因资金的投放而引发的资金收支活动就是投资活动。

当然,企业的筹资活动和投资活动之间不是孤立的,而是相互依存、辩证统一的。筹资活动是投资活动的前提,没有筹资活动,投资活动将失去资金基础;投资活动是筹资活动的目的,是筹资活动经济效益得以实现的保障,没有投资活动,筹资活动将失去意义,成为不经济行为。

(三)营运活动

企业短期资金的周转是伴随着日常生产经营循环来实现的。具体表现为,企业运用资金采购材料物资并由生产者对其进行加工,直至将其加工成可供销售的商品,同时向生产者支付劳动报酬以及各种期间费用,当企业用资金补偿生产经营过程所发生的这些耗费时,资金流出企业。当产品实现销售、收回货款时,资金流入企业。在生产经营过程中,由于企业出现临时资金短缺而无法满足经营所需时,需要通过举借短期债务等方式获得所需资金,引发资金流入企业,因此,由企业的日常经营活动而引起的各种资金收支活动就是企业的资金营运活动。

(四)利润分配活动

企业在经营过程中会因为销售商品、对外投资等活动获得利润,这表明企业实现了资金的增值或取得了相应的投资报酬。企业的利润要按照规定的程序进行分配,主要包括上缴税金、弥补亏损、提取盈余公积金、提取公益金和向投资者分配利润等。这种因实现利润并对其进行分配而引起的各种资金收支活动,即利润分配活动。

上述四项财务活动并非孤立、互不相关的,而是相互依存、相互制约的,它们构成了完整的企业财务活动体系,这也是财务管理活动的基本内容。同时,这四个方面构成了财务管理的基本内容:筹资管理、投资管理、营运资金管理和利润分配管理。

二、财务关系

财务关系是指企业在组织财务活动过程中与各有关方面发生的各种各样的经济利益关系,企业进行筹资、投资、营运及利润分配时,会因交易双方在经济活动中所处的地位不同,各自拥有的权利、承担的义务和追求的经济利益不同而形成不同性质和特色的财务关系。

(一)企业与投资者之间的关系

企业与投资者之间的关系主要表现在企业的投资者向企业投入资金,形成主权资金,企业应将税后利润按照一定的分配标准分配给投资者以作为投资者的投资报酬;投资者将资金投入企业,获得对企业资产的所有权,从而参与企业的生产经营运作并有权按持有的权益份额从税后利润中获取投资回报。投资者必须按照合同、协议、章程的有关规定按时履行出资义务,及时形成企业资本金,获取参与企业生产经营、分享利润的权利。企业接受投资后,对资金加以合理运用,取得的财务成果要按照各出资人的出资比例或合同、协议、章程规定的分配比例向投资者分配利润。企业与投资者之间的财务关系体现为所有权性质上的经营权与所有权的关系。

（二）企业与债权人之间的财务关系

企业向债权人借入资金形成企业的债务资金,企业按照借款合同或协议中的约定按时向债权人支付利息,并到期偿还本金;债权人按照合同或协议中的约定及时将资金借给企业成为企业的债权人,具有按照合同或协议中的约定取得利息和索偿本金的权利。债权人与投资者的不同之处在于:债权人的出资回报来源于息前利润,而投资者的出资回报来源于税后利润,且在投资时就已明确较为具体的数额;投资者出资回报数额的多少并未在投资时确定下来,而是取决于企业税后净利润的多少以及企业利润分配的政策。因此,企业与债权人之间的财务关系属于债务与债权的关系。

（三）企业与受资者之间的财务关系

企业可以将生产经营中闲置的资金投资于其他企业,形成对外股权性投资。企业向外单位投资应当按照合同、协议的规定,按时、足额地履行出资义务,以取得相应的股份从而参与被投资企业的经营管理和利润分配。被投资企业受资后必须将实现的税后利润按照规定的分配方案在不同的投资者之间进行分配。企业与被投资者之间的财务关系表现为所有权性质上的投资与受资关系。

（四）企业与债务人之间的财务关系

企业与债务人之间的财务关系主要是指企业通过购买债券、提供借款或商业信用等形式将资金出借给其他单位而形成的经济利益关系。企业将资金出借后,有权要求债务人按照事先约定的条件支付利息和偿还本金。企业与债务人之间的财务关系体现为债权与债务的关系。

（五）企业与政府之间的财务关系

企业从事生产经营活动所取得的各项收入应按照税法的规定依法纳税,从而形成企业与国家税务机关之间的财务关系。在市场经济条件下,任何企业都有依法纳税的义务,以保证国家财政收入的实现,满足社会公共需要。因此,企业与国家税务机关之间的财务关系体现为企业在妥善安排税收战略筹划的基础上依法纳税和依法征税的权利、义务关系,是一种强制和无偿的分配关系。

（六）企业与内部各单位之间的财务关系

企业与内部各单位之间的财务关系是指企业内部各单位之间在生产经营各环节中相互提供产品或劳务等所形成的经济利益关系。在企业实行内部经济核算制和经营责任制的情况下,企业内部各单位、部门之间因为相互提供产品劳务而形成内部计价结算。另外,企业内部各单位、部门与企业财务部门还会发生借款、报销、代收及代付等经济活动。这种在企业内部形成的资金结算关系,体现了企业内部各单位、部门之间的利益关系。

（七）企业与内部职工之间的财务关系

企业与内部职工之间的财务关系是指通过签订劳务合同向职工支付劳动报酬等所形成的经济关系。主要表现为：企业接受职工提供的劳务，并从营业所得中按照一定的标准向职工支付工资、奖金、津贴、养老保险、失业保险、医疗保险、住房公积金，并按规定提取公益基金。此外，企业还可根据自身发展的需要，为职工提供学习、培训的机会，为企业创造更多的收益。这种企业与职工之间的财务关系属于劳动成果上的分配关系。

因此，所谓财务管理就是指按照一定的原则，运用特定的量化分析方法，从价值角度出发，组织企业的财务活动并处理企业财务关系的一项经济管理工作，是企业管理的重要组成部分。

三、财务管理的特点

企业财务管理的特点，是企业财务管理特有的属性，是企业财务管理区别于其他经济管理的根本标志。错综复杂的企业生产经营活动包括生产经营活动的各个方面，例如生产管理、人力资源管理、设备管理、销售管理、物业管理和财务管理等。而各项管理工作之间又是相互联系、紧密配合的，在科学分类的基础上又有着各自的特点。现代企业财务管理具有以下两个主要特点。

（一）财务管理是一种价值管理

企业管理包括一系列专业管理活动，而这些活动有的侧重于使用价值管理，有的侧重于价值管理，有的侧重于劳动要素管理，有的侧重于信息管理。在这些活动中，财务管理是针对企业的资金运动及其形成的财务关系所进行的管理，是从价值的角度对企业的经营活动进行的管理，这是区别于其他管理活动的根本性标志。

（二）财务管理是一种综合性管理

企业财务管理通过价值形式，对企业的各种经济资源、生产经营过程、战略发展方向和经营成果进行合理配置、规划、协调和控制，提高企业的经营效率，并制订相应的财务政策，正确处理企业的各种财务关系，实施各项财务决策，提高企业的经济效益，使企业的财富不断增加。因此，财务管理既是企业管理工作的一个重要组成部分，又是一项综合性很强的管理工作。

第二节　财务管理的目标

正确的目标是一个组织良性循环的前提条件，企业财务管理的目标同样对企业财务管理系统的运行具有意义。

一、企业目标

企业是营利性组织，其运营的出发点和落脚点都是获利。企业生产经营的目标总体来讲,即生存、发展和获利。不同层次的企业目标对财务管理提出了不同内容的要求。

(一)生存

生存是获利的前提条件,企业只有生存才能获利。企业是在市场中生存的,企业生存所处的市场按其交易对象可以划分为商品市场、金融市场、人力资源市场和技术市场等,企业在市场上求得生存必须满足一定的条件。首先,企业生存的最基本条件是"以收抵支"。企业的资金周转在物质形态上表现为:一方面企业付出货币资金从市场上取得所需资源;另一方面企业向市场提供商品或服务,并换回货币资金。企业为了维持生存,必须做到从市场上换回的货币资金至少要等于付出的货币资金,这样才能维持企业的长期存续。相反,若企业没有足够的支付能力,无法从市场上换回生产经营所需材料物资,企业必然会萎缩,直到企业无法维持最低运营条件而被迫终止。倘若企业长期亏损,扭亏为盈无望,就失去了存在的意义,为避免进一步扩大损失,所有者应主动终止营业,这是导致企业终止的内在原因。其次,即使企业当期有盈利,但是在企业资金周转过程中也可能出于某种原因导致资金周转困难而无法偿还到期债务。此时企业也可能无法生存下去,即企业生存的另一个基本条件是偿还到期债务,这是导致企业终止营业的直接原因。

因此,作为企业管理组成部分的财务管理,就应对企业的筹资环节、投资环节和资金运营环节进行有效管理,使企业拥有"以收抵支"和"偿还到期债"的能力,减少企业的破产风险。

(二)发展

企业是在发展中获得生存的,企业如果仅维持简单再生产,很难长久地在现代市场经济竞争条件下生存。在科技不断进步、竞争不断加剧、产品不断推陈出新的今天,企业只有不断地改进生产工艺,开发研制出新产品,向市场提供更能满足消费者需求的商品,占据市场有利地位,形成自己的竞争优势,才能在市场中立足,实现企业生存并发展的经营管理目标。在市场经济中,任何经济资源的取得和运用都是要付出一定代价的,而货币资金则是对代价的最终结算手段。资金的投放、生产规模的形成、企业的运营等,都离不开资金。

因此,适时筹集企业发展所需资金并合理有效运用资金,是企业管理目标对财务管理的又一个要求。

(三)获利

企业能够获利,才有存在的价值。组建企业的目的就是获利。营运过程中的企业有很多项努力的目标,包括扩大市场份额、提高所有者收益水平、减少环境污染、改善生产环境和提高员工福利待遇等。但获利是其中最具综合性的目标,不但体现了组建企业的出发点和落脚点,而且可以反映出其他目标的实现程度。从财务角度看,获利就是使产出资金大于初始投入资金,在市场中取得资金要付出代价即资本成本,每项资金的投放都应当遵循经济效益的原则,即财务管理人员对资金的运用都应当讲求经济效益,都应当以产出最大化的方式对资金加以运用。

因此,企业获利的管理目标,要求财务管理要合理有效地运用资金,从而使企业获利。

当然,生存、发展和获利这三个企业管理目标是相互联系、密不可分的。它们要求财务管理做到筹集资金并有效地进行投放和使用。为了切实完成企业管理对财务管理的要求,在财务管理的过程中,不仅要对资金的取得和运用进行管理,而且要对生产、销售和利润分配的环节进行管理,从总体上实现企业目标对财务管理提出的要求。

二、财务管理的总体目标

企业的财务管理目标既要与企业生存和发展的目的保持一致,又要直接、集中反映财务管理的基本特征,体现财务活动的基本规律。根据现代企业财务管理理论和实践,最具有代表性的财务管理目标主要有以下几种观点。

(一)利润最大化

利润是企业在一定期间内全部收入和全部费用的差额,它反映了企业在当期经营活动中投入与产出对比的结果,在一定程度上体现了企业经济效益的高低。利润既是资本报酬的来源,又是提高企业职工劳动报酬的来源,同时又是企业增加资本公积,扩大经营规模的源泉。在市场经济条件下,利润的高低决定着资本的流向;企业获取利润的多少表明企业竞争能力的大小,决定着企业的生存和发展。因此,以追逐利润最大化作为财务管理的目标,有利于企业加强管理,增加利润,且这种观点简单明了,易于理解。

利润最大化目标在实践中存在着如下难以解决的问题。这里所指的利润是指企业一定时期实现的利润总额,它没有考虑资金时间价值;没有反映创造的利润与投入的资本之间的关系,因而不利于不同资本规模的企业或同一企业不同时期之间的比较;没有考虑风险因素。高额利润往往要承担过大的风险;片面追求利润最大化,可能导致企业短期行为,如忽视产品开发、人才开发、生产安全、技术装备水平、生活福利设施和社会责任的履行等。

(二)资本利润率最大化或每股利润最大化

资本利润率是企业在一定时期的税后净利润额与资本额的比率。每股利润(称每股盈余)是一定时期净利润与普通股股数的比值。这种观点认为,每股盈余将收益和企业的资本量联系起来,体现资本投资额与资本增值利润额之间的关系。以资本利润率最大化或每股利润最大化作为财务管理目标,可以有效地克服利润最大化目标的缺陷;能反映出企业所得利润额同投入资本额之间的投入产出关系;能科学地说明企业经济效益水平的高低,能在不同资本规模的企业或同一企业不同时期之间进行比较。但该指标同利润最大化目标一样,仍然没有考虑资金时间价值和风险因素,也不能避免企业的短期行为。

(三)企业价值最大化

企业价值是通过市场评价而确定的企业买卖价格,是企业全部资产的市场价值,它反映了企业潜在或预期的获利能力。投资者之所以创办企业,就是为了使其投入的资本保值、增值,创造尽可能多的财富。这种财富不仅表现为企业实现的利润,而且表现为企业全部资产的价值。如果企业利润增多了,资产反而贬值,则潜伏着暗亏,对投资者来讲风险很大。相反,如果企业资产价值增多了,生产能力增进了,则企业将具有长久的盈利能力,抵御风险的能力也会增强。因此,企业财务管理就应该站在投资者的立场来考虑问题,努力使投资者的财富或企业的市场价值达到最大,以企业价值最大化作为财务管理目标,更为必要和合理。投资者在评价企业价值时,是以投资者预期投资时间为起点的,并将未来收入按预期投资时间的同一口径进行折现,未来收入的多少根据可能实现的概率进行计算,可见,这种计算方法考虑了资金的时间价值和风险问题。企业所得的收益越多,实现收益的时间越近,应得的报酬越是确定,企业的价值或股东财富就越大。

企业价值最大化目标的优点表现为以下四个方面:该目标考虑了资金的时间价值和投资的风险价值,有利于统筹安排长短期规划、合理选择投资方案、有效筹措资金、合理制订股利政策等;该目标反映了对企业资产保值、增值的要求,从某种意义上说,股东财富越多,企业市场价值就越大,追求股东财富最大化的结果可促使企业资产保值或增值;该目标有利于克服管理上的片面性和短期行为;该目标有利于社会资源合理配置,社会资金通常流向企业价值最大化的企业或行业,有利于实现社会效益最大化。

同时,企业价值最大化目标在实践中也存在以下不足:对于上市企业,虽然通过股票价格的变动能够揭示企业价值,但是股价是多种因素影响的结果,特别在即期市场上的股价不一定能够直接反映企业的获利能力,只有长期趋势才能做到这一点;由于现代企业采用"环形"持股的方式,相互持股,其目的是控股或稳定购销关系,因此,法人股东对股票市价的敏感程度远不及个人股东,对股价最大化目标没有足够的兴趣;对于非上市企业,只有对企业进行专门的评估才能真正确定其价值,而在评估企业的资产时,由于受评估标准和评估方式的影响,这种估价不易做到客观和准确,这也导致确定企业价值很困难。

尽管企业价值最大化目标存在着诸多不足,并不是一个完美的财务管理目标,但其可以克服利润最大化或每股收益最大化等目标的一些致命缺陷,在现有条件下,企业价值最大化目标是相对合理和完善的。

三、财务管理的具体目标

财务管理的具体目标是为实现财务管理的总体目标而确定的企业各项具体财务活动所要达到的目的。其具体可以概括为以下几个方面。

(一)筹资管理的目标

企业要在筹资活动中贯彻财务管理总目标的要求,包含以下两方面的含义。

第一,必须以较小的筹资成本获取同样多或较多的资金。企业的筹资成本包括利息、股利(或利润)等向出资者支付的报酬,也包括筹资中的各种筹资费用,企业降低筹资过程中的各种费用,尽可能使利息、股利(或利润)的付出总额降低,可增加企业的总价值。

第二,企业必须以较小的筹资风险获取同样多或较多的资金。筹资风险主要是到期不能偿债的风险,企业降低这种风险,会使内含于企业价值中的风险价值相对增加。

综合上述两点,企业筹资管理的具体目标就是:在满足生产经营需要的情况下,以较小的筹资成本和较小的筹资风险获取同样多或较多的资金。

(二)投资管理的目标

企业若要在投资活动中贯彻财务管理总目标的要求,必须做到以下两点。

第一,必须使投资收益最大化。企业的投资收益始终与一定的投资额和资金占用量相联系,企业投资报酬越多,就意味着企业的整体获利能力越高,也就会在两个方面对企业的价值产生影响:①企业已获得的投资收益会直接增加企业资产价值;②投资收益较高会提高企业的市场价值。

第二,由于投资会带来投资风险,因此企业还必须使投资风险降低。投资风险是指投资不能收回的风险,企业降低这种风险,就会使内含于企业价值中的风险价值相对增加。因此,企业投资管理的具体目标是以较小的投资额和较低的投资风险,获取同样多或者较多的投资收益。

(三)营运资金管理的目标

企业的营运资金是为满足企业日常营业活动的要求而垫支的资金。营运资金的周转与生产经营周期具有一致性。在一定时期内资金周转越快,就可以利用相同数量的资金,生产出更多的产品,取得更多的收入,获得更多的报酬。因此,企业营运资金管理的目标是合理使用资金,加速资金周转,不断提高资金的利用效率。

(四)利润分配管理的目标

企业分配管理的具体目标就是合理确定利润的留存比例及分配形式,以提高企业潜在的收益能力,从而提高企业价值。分配就是将企业取得的收入和利润,在企业与相关利益主体之间进行分割。这种分割不仅涉及各利益主体的经济利益,而且涉及企业的现金流出量,从而影响企业财务的稳定和安全性。同时由于这种分割涉及各利益主体经济利益的多少,不同的分配方案也会影响企业的价值。如果企业当期分配较多的利润给投资者将会提高企业的即期市场评价,但由于利润大部分被分配,可能导致企业的即期现金不够,或者缺乏发展和积累资金,从而影响企业未来的市场价值。

四、财务管理目标的协调

科学的财务管理目标,必须分析影响财务管理目标的利益集团,即企业投资者、分享企业收益者和承担企业风险者。股东和债权人都为企业发展提供了必要的财务资源,但是他们处在企业之外,只有经营者即管理当局在企业里直接从事财务管理工作。股东、经营者和债权人之间构成了企业最重要的财务关系。企业是所有者即股东的企业,财务管理的目标是指股东的目标。股东委托经营者代表他们管理企业,为实现他们的目标而努力,但经营者和股东的目标并不完全一致。债权人把资金借给企业,并不是为了"股东财富最大化",与股东的目标也不一致。公司必须协调这三方面的冲突,才能实现"股东财富最大化"的目标。企业财务活动所涉及的不同利益主体如何进行协调,是实现财务管理目标过程中必须解决的问题。

（一）所有者与经营者之间

企业价值最大化直接反映了企业所有者的利益,这与企业经营者没有直接的利益关系。对所有者而言,经营者所得的利益正是其所放弃的利益,在经济学中这种放弃的利益称为经营者的享受成本。因此,经营者和所有者的主要矛盾表现在经营者希望在提高企业价值和股东财富的同时,能更多地增加享受成本,而所有者和股东则希望以较小的享受成本提高企业价值或股东财富。具体来讲有下述几个方面。

1. 经营者的目标

在股东和经营者分离以后,股东的目标是使企业财富最大化,千方百计要求经营者以最大的努力去完成这个目标。经营者是最大合理效用的追求者,其具体行为目标与委托人不一致。他们的目标是:①增加报酬。包括物质和非物质的报酬,如工资、奖金,提高荣誉和社会地位等。②增加闲暇时间。包括较少的工作时间、工作时间里较多的空闲和有效工作时间中较小的劳动强度等。上述两个目标之间有矛盾,增加闲暇时间可能减少当前或将来的报酬,努力增加报酬会牺牲闲暇时间。③规避风险。经营者努力工作可能得不到应有的报酬,他们的行为和结果之间有不确定性,经营者总是力图避免这种风险,希望能得到与其劳动付出相匹配的报酬。

2. 经营者对股东目标的背离

经营者的目标和股东不完全一致,经营者有可能为了自身的目标而背离股东的利益。这种背离表现在两个方面。

第一,道德风险。经营者为了自身的目标,可能不会尽最大努力去实现企业财务管理目标。因为股价上涨的好处将归于股东,如若失败,他们的"身价"将下跌,所以他们没有动力为提高股价而冒险。

第二,逆向选择。经营者为了私利而背离为股东创造价值的目标。例如,装修豪华的办公室,买高档汽车等;借工作之便乱花股东的钱;蓄意压低股票价格,以自己的名义借款买回,导致股东财富受损,自己却从中获利。

为解决这一矛盾,应采取让经营者的报酬与绩效相关联的措施,并辅以一定的监督措施。

①解聘,即通过所有者约束经营者。如果经营者决策失误,经营不力,未能采取有效措施使企业价值达到最大,就解聘经营者,经营者因担心被解聘而被迫去实现企业财务管理目标。

②接收,即通过市场约束经营者。如果经营者决策失误,经营不力,且未能采取一切有效措施使企业价值提高,该公司就可能被其他公司强行接收或吞并,相应地经营者也会被解聘。因此,经营者为了避免出现这种接收情况,必将采取一切措施提高股票市价。

③激励,即把经营者的报酬同其绩效挂钩,让经营者更愿意自觉地采取能满足企业价值最大化的措施。激励有两种方式:第一种是"股票期权"方式(即"股票选择权"),它允许经营者以固定的价格购买一定数量的公司股票,股票的价格越高于固定价格,经营者所得到的报酬就越多,经营者为了尽可能多地获取股票上涨带给自己的利益,就必然

主动采取能够提高股价的行为;第二种是"绩效股"方式,它是公司运用每股收益、资产报酬率等指标来评价经营者的业绩,按其业绩大小给予经营者数量不等的股票作为报酬。如果公司的经营业绩未能达到规定目标,经营者也将丧失部分原先持有的"绩效股",这种方式使经营者不仅为了多得"绩效股"而不断采取措施提高公司的经营业绩,而且为了实现每股市价最大化将会采取各种措施使股价趋于上升。

当然,不管采取哪一种措施,均不能完全消除经营者背离股东目标的行为,且采取任何一种措施,所有者都必须付出一定的代价,有时代价会很大。监督成本、激励成本和偏离股东目标的损失三者之间此消彼长,相互制约。股东要权衡轻重,力求找出能使三项之和最小的解决办法,也是最佳的解决办法。

(二)所有者与债权人之间

当公司向债权人借入资金后,两者也形成一种委托代理关系。所有者的财务目标与债权人期望实现的目标是不一致的。首先,所有者可能未经债权人同意,要求经营者将资金投资于比债权人预计风险要高的项目,使偿债风险加大,债权人的负债价值必然会降低。若高风险的项目成功,额外的利润就会被所有者独享;但如果项目失败,债权人却要与所有者共同负担由此造成的损失,这对债权人来说风险和收益是不对称的。其次,所有者或股东可能在未征得现有债权人同意的情况下,发行新债券或举借新债,致使原债务价值降低(因为相应的偿债风险增加)。

所有者与债权人的上述矛盾可通过以下两种方式协调解决。

第一,限制性借款,即通过借款的用途限制、借款的担保条款和借款的信用条件来防止和约束股东利用上述两种方法削弱债权人的债权价值。

第二,收回借款,不再借款。当债权人发现公司有侵蚀其债权价值的意图时,可以收回债权或不给予公司重新放款,从而保护自身的权益。

(三)所有者与社会公众之间

企业总是存在于一定的社会关系之中,它除了与经营者和债权人之间有密切的财务关系外,还必然会与其他相关利益者(如员工、政府、消费者、供应商及竞争对手等)发生各种各样的关系。这就会产生企业是否需要承担社会责任,如何承担社会责任的问题。企业所需要承担的社会责任与企业价值最大化目标有一致的一面,例如,为使股价最大化,企业必须生产出符合市场需要的产品,必须不断地开发新产品,降低产品成本,提高产品质量,增加投资,扩大生产规模,提供高效、优质的服务等,而当企业采取这些措施时,整个社会必将因此而受益。另外,企业适当从事某些社会公益活动,承担一定的额外社会责任,虽然从短期来看增加了企业的成本,但却有助于改善和增强企业的社会形象与知名度,使企业对股票和债券的需求增加,从而使股价提高,这无疑是符合股东的最大利益的。

但是,社会责任与企业价值最大化的目标又存在着不一致的一面。例如,企业为了获利,可能生产伪劣产品;可能不顾工人的健康和利益;可能造成环境污染;可能损害其他企业的利益等。当企业存在这些行为时,社会利益将因此而受损。同时,企业承担过多的社会责任,必然会增加成本,降低每股盈余水平,从而导致股价降低,减少股东的财富。

为解决这一矛盾,可以采取以下两种方式。

第一,法律法规。股东只是社会的一部分,他们在谋求自身利益的同时,不应损害他人的利益。政府要保证所有公民的正当权益。为此,政府颁布了一系列保护公众利益的法律,如《中华人民共和国公司法》《中华人民共和国反不正当竞争法》《中华人民共和国环境保护法》《中华人民共和国消费者权益保护法》和有关产品质量的法规等,依此调节股东和社会公众的利益冲突。

第二,舆论监督。法律因其滞后性而不可能解决所有问题,特别是在法律不健全的情况下,企业可能在合法的情况下从事不利于社会的事情。因此,企业除了要在遵守法律的前提下去追求企业价值最大化的目标之外,还必须受到道德的约束,接受政府以及社会公众的监督,进一步协调企业与社会的矛盾。

第三节　财务管理的原则

一、货币时间价值原则

货币时间价值是客观存在的经济范畴,它是指货币经历一段时间的投资和再投资所增加的价值。从经济学的角度看,即使在没有风险和通货膨胀的情况下,一定数量的货币资金在不同时点上也具有不同的价值。因此在数量上货币的时间价值相当于在没有风险和通货膨胀条件下的社会平均资本利润率。今天的一元钱要大于将来的一元钱。货币时间价值原则在财务管理实践中得到广泛的运用。长期投资决策中的净现值法、现值指数法和内含报酬率法,都要运用到货币时间价值原则中;筹资决策中比较各种筹资方案的资本成本、分配决策中利润分配方案的制订和股利政策的选择,营业周期管理中应付账款付款期的管理、存货周转期的管理、应收账款周转期的管理等,都充分体现了货币时间价值原则在财务管理中的具体运用。

二、资金合理配置原则

拥有一定数量的资金,是企业进行生产经营活动的必要条件,但任何企业的资金总是有限的。资金合理配置是指企业在组织和使用资金的过程中,应当使各种资金保持合理的结构和比例关系,保证企业生产经营活动的正常进行,使资金得到充分有效的运用,并从整体上(不一定是每一个局部)取得最大的经济效益。在企业的财务管理活动中,资金的配置从筹资的角度看表现为资本结构,具体表现为负债资金和所有者权益资金的构成比例,长期负债和流动负债的构成比例,以及内部各具体项目的构成比例:企业不但要从数量上筹集保证其正常生产经营所需的资金,而且必须使这些资金保持合理的结构比例关系。从投资或资金的使用角度看,企业的资金表现为各种形态的资产,各形态资产之间应当保持合理的结构比例关系,包括对内投资和对外投资的构成比例。对内投资中流动资产投资和固定资产投资的构成比例、有形资产和无形资产的构成比例、货币资产和非货币资产的构成比例等;对外投资中债权投资和股权投资的构成比例、长期投资和短期投资的构成比例等;以及各种资产内部的结构比例。上述这些资金构成比例的确定,都应遵循资金合理配置原则。

三、成本—效益原则

成本—效益原则就是要对企业生产经营活动中的所费与所得进行分析比较,将花费的成本与所取得的效益进行对比,使效益大于成本,产生"净增效益"。成本—效益原则贯穿于企业的全部财务活动中。企业在筹资决策中,应将所发生的资本成本与所取得的投资利润率进行比较;在投资决策中,应将与投资项目相关的现金流出与现金流入进行比较;在生产经营活动中,应将所发生的生产经营成本与其所取得的经营收入进行比较;在不同备选方案之间进行选择时,应将所放弃的备选方案预期产生的潜在收益视为所采纳方案的机会成本与所取得的收益进行比较。在具体运用成本—效益原则时,应避免"沉没成本"对我们决策的干扰,"沉没成本"是指已经发生、不会被以后的决策改变的成本。因此,我们在做各种财务决策时,应将其排除在外。

四、风险—报酬均衡原则

风险与报酬是一对孪生兄弟,形影相随,投资者要想取得较高的报酬,就必然要冒较大的风险,而如果投资者不愿承担较大的风险,就只能取得较低的报酬。风险—报酬均衡原则是指决策者在进行财务决策时,必须对风险和报酬做出科学的权衡,使所冒的风险与所取得的报酬相匹配,达到趋利避害的目的。在筹资决策中,负债资本成本低,财务风险大,权益资本成本高,财务风险小。企业在确定资本结构时,应在资本成本与财务风险之间进行权衡。任何投资项目都有一定的风险,在进行投资决策时必须认真分析影响投资决策的各种可能因素,科学地进行投资项目的可行性分析,在考虑投资报酬的同时考虑投资的风险。在具体进行风险与报酬的权衡时,由于不同的财务决策者对风险的态度不同,有的人偏好高风险,高报酬,有的人更喜欢低风险,低报酬,但每一个人都会要求风险和报酬相对等,不会去冒没有价值的无谓风险。

五、收支积极平衡原则

财务管理实际上是对企业资金的管理,量入为出、收支平衡是对企业财务管理的基本要求。资金不足会影响企业的正常生产经营,错失良机,严重时,会影响到企业的生存;资金多余会造成闲置和浪费,给企业带来不必要的损失。收支积极平衡原则要求企业一方面要积极组织收入,确保生产经营和对内、对外投资对资金的正常合理需要;另一方面,要节约成本费用,压缩不合理开支,避免盲目决策。保持企业一定时期资金总供给和总需求动态平衡和每一时点资金供需的静态平衡。要做到企业资金收支平衡,在企业内部,要增收节支,缩短生产经营周期,生产适销对路的优质产品,提高销售收入,合理调度资金,提高资金利用率;在企业外部,要保持同资本市场的密切联系,加强企业的筹资能力。

六、利益关系协调原则

企业是由各种利益集团组成的经济联合体。这些经济利益集团主要包括企业的所有者、经营者、债权人、债务人、国家税务机关、消费者、企业内部各部门和职工等。利益关系协调原则要求企业协调、处理好与各利益集团的关系,切实维护各方的合法权益,将按劳分配、按资分配、按知识和技能分配、按业绩分配等多种分配要素有机结合起来。只有这样,企业才能营造一种内外和谐、协调的发展环境,充分调动各有关利益集团的积极性,最终实现企业价值最大化的财务管理目标。

第四节　财务管理环境

一、财务管理环境的概念

企业财务管理环境是指对企业理财活动具有直接或间接影响作用的外部条件或影响因素,它是企业财务管理难以改变的约束条件。

企业财务活动在相当大程度上受理财环境制约,如生产、技术、供销、市场、物价、金融、税收等因素。只有在理财环境的各种因素作用下实现财务活动的协调平衡,企业才能生存和发展。研究理财环境,有助于正确地制订理财策略。

本书主要讨论对企业财务管理影响比较大的法律环境、金融环境和经济环境等因素。

二、法律环境

市场经济的重要特征就在于它是以法律规范和市场规则为特征的经济制度。法律为企业经营活动规定了活动空间,也为企业在相应空间内自由经营提供了法律上的保护。影响财务管理的主要法律环境因素有企业组织形式的法律规定和税收法律规定等。

（一）企业组织形式

企业是市场经济的主体,不同类型的企业在所适用的法律方面有所不同。了解企业的组织形式,有助于企业管理活动的开展。企业可按照不同的标准进行分类,本书着重阐述企业依据组织形式进行的分类。

按其组织形式不同,可将企业分为独资企业、合伙企业和公司。

1. 独资企业

个人独资企业是指依法设立,由一个人投资,财产为投资个人所有,投资人以其个人财产对公司债务承担无限责任的经营实体。个人独资企业特点:

①只有一个出资者。

②出资人对企业债务承担无限责任。在个人独资企业中,投资人直接拥有企业的全

部资产并直接负责企业的全部负债,也就是说独资人承担无限责任。

③独资企业不作为企业所得税的纳税主体。一般而言,独资企业并不作为企业所得税的纳税主体,其收益纳入所有者的其他收益一并计算缴纳个人所得税。

独资企业具有结构简单、容易开办、利润独享、限制较少等优点,但也存在无法克服的缺点:一是出资者负有无限偿债责任;二是筹资困难,个人财力有限,企业往往会因信用不足、信息不对称而存在筹资障碍。

我国的国有独资公司不属于本类企业,而是按有限责任公司对待。

2. 合伙企业

合伙企业是依法设立,由各合伙人订立合伙协议,共同出资,合伙经营,共享收益,共担风险,并对合伙企业债务承担无限连带责任的营利组织。合伙企业的法律特征是:

①有两个以上合伙人,并且都是具有完全民事行为能力,依法承担无限责任的人。

②有书面合伙协议,合伙人依照合伙协议享有权利,承担责任。

③有各合伙人实际缴付的出资,合伙人可以用资金、实物、土地使用权、知识产权或其他属于合伙人的合法财产及财产权利出资;经全体合伙人协商一致,合伙人也可以用劳务出资,其评估作价由全体合伙人协商确定。

④有关合伙企业改变名称、向企业登记机关申请办理变更登记手续、处分不动产或财产权利、为他人提供担保、聘任企业经营管理人员等重要事务,均须经全体合伙人一致同意。

⑤合伙企业的利润和亏损,由合伙人依照合伙协议约定的比例分配和分担;合伙协议未约定利润分配和亏损分担比例的,由各合伙人平均分配和分担。

⑥各合伙人对合伙企业债务承担无限连带责任。

合伙企业具有开办容易、信用相对较佳的优点,但也存在责任无限、权力不易集中、有时决策过程过于冗长等缺点。

3. 公司

公司是指依照《中华人民共和国公司法》(以下简称《公司法》)登记设立,以其全部法人财产,依法自主经营、自负盈亏的企业法人。公司享有由股东投资形成的全部法人财产权,依法享有民事权利,承担民事责任。公司股东作为出资者按投入公司的资本额享有所有者的资产受益、重大决策和选择管理者等权利,并以其出资额或所持股份对公司承担有限责任,我国《公司法》所称公司是指有限责任公司和股份有限公司。

(1)有限责任公司

有限责任公司是指由2个以上50个以下股东共同出资,每个股东以其所认缴的出资额为限对公司承担有限责任,公司以其全部资产对其债务承担责任的企业法人。其特征有:①公司的资本总额不分为等额的股份;②公司向股东签发出资证明书,不发股票;③公司股份的转让有较严格限制;④限制股东人数,不得超过定限额;⑤股东不得少于规定的数目,但没有上限限制;⑥股东以其出资额为限对公司承担有限责任。

(2)股份有限公司

股份有限公司是指其全部资本分为等额股份,股东以其所持股份为限对公司承担责任,公司以其全部资产对公司债务承担责任的企业法人。其特征有:①公司的资本划分为股份,每一股的金额相等;②公司的股份采取股票的形式,股票是公司签发的证明股东所持股份的凭证;③同股同权,同股同利,股东出席股东大会,所持每一份股份有一表决权;④股东可以依法转让持有的股份;⑤股东不得少于规定的数目,但没有上限限制;⑥股东以其所持股份为限对公司债务承担有限责任。

与独资企业和合伙企业相比,股份有限公司的特点:①有限责任。股东对股份有限公司的债务承担有限责任,倘若公司破产清算,股东的损失以其对公司的投资额为限。而对独资企业和合伙企业,其所有者可能损失更多,甚至是个人的全部财产。②永续存在。股份有限公司的法人地位不受某些股东死亡或转让股份的影响,因此,其寿命较之独资企业或合伙企业更有保障。③可转让性。一般而言,股份有限公司的股份转让比独资企业和合伙企业的权益转让更为容易。④易于筹资。就筹集资本的角度而言,股份有限公司是最有效的企业组织形式。因其永续存在以及举债和增股的空间大,股份有限公司具有更大的筹资能力和弹性。⑤对公司的收益重复纳税。作为一种企业组织形式,股份有限公司也有不足,最大的缺点是对公司的收益重复纳税:公司的收益先要缴纳公司所得税;税收收益以现金股利分配给股东后,股东还要缴纳个人所得税。

公司这一组织形式,已经成为西方大企业所采用的普遍形式,也是我国建立现代企业制度过程中选择的企业组织形式之一。本书所讲的财务管理主要是公司的财务管理。

(二)税法

1. 税收的意义与类型

税收是国家为了实现其职能,按照法律规定的标准,凭借政治权力,强制地、无偿地征收资金实物的一种经济活动,也是国家参与国民收入分配的一种方法,税收是国家参与经济管理,实施宏观调控的重要手段之一。税收具有强制性、无偿性和固定性三个显著特征。

国家财政收入的主要来源是企业所缴纳的税金,而国家财政状况和财政政策,对企业资金供应和税收负担有着重要的影响;国家各种税种的设置、税率的调整,具有调节生产经营的作用。国家税收制度特别是工商税收制度,是企业财务管理的重要外部条件。企业的财务决策应当适应税收政策的导向,合理安排资金投放,以追求最佳的经济效益。

税收按不同的标准,有以下 4 种类型:

①按征税物件的不同,可分为流转税类、收益税(所得税)类、财产税类、资源税类和行为税类等;

②按中央和地方政府对税收的管辖不同,分为中央税(或称国家税)、地方税、中央与地方税共享三类;

③按税收负担能否转嫁,可分为直接税和间接税;

④按征收的实体来划分,可分为资金税和实物税。

2. 税法的含义与要素

税法是由国家机关制定的调整税收征纳关系及其管理关系的法律规范的总称。我国税法的构成要素主要包括:

①征税人。征税人是代表国家行使征税职责的国家税务机关,包括国家各级税务机关、海关和财政机关。

②纳税义务人。纳税义务人也称纳税人或纳税主体,指税法上规定的直接负有纳税义务的单位和个人。纳税义务人可以是个人(自然人)、法人、非法人的企业和单位,这些个人、法人、单位既可以是本国人,也可以是外国人。

③课税对象。课税对象即课税客体,它是指税法针对什么征税。课税对象是区别不同税种的重要依据和标志。课税对象按其课税范围划分为:以应税产品的增值额为对象进行课征;以应税货物经营收入为对象进行课征;以提供劳务取得的收入为对象进行课征;以特定的应税行为为对象进行课征;以应税财产为对象进行课征;以应税资源为对象进行课征。

④税目。税目亦称课税品目,指某一税种的具体征税项目。它具体反映某一单行税法的适用范围。

⑤税率。税率是应纳税额与课税对象之间的比率。它是计算税额的尺度,是税法中的核心要素。我国现行税率主要有比例税率、定额税率和累进税率三种。

⑥纳税环节。纳税环节是应税商品从生产到消费的整个过程中应纳税的环节。

⑦计税依据。计税依据是指计算应纳税金额的根据。

⑧纳税期限。纳税期限指纳税人按税法法规规定在发生纳税义务后,应当向国家缴纳税款的时限。

⑨纳税地点。纳税地点是指缴纳税款的地方。纳税地点一般为纳税人的住所地,也有定为营业地、财产所在地或特定行为发生地的。纳税地点关系到税收管辖权和是否便利纳税等问题,在税法中明确规定纳税地点有助于防止漏征或重复征税。

⑩减税免税。这是指税法对特定的纳税人或征税对象给予鼓励和照顾的一种优待性规定。我国税法的减免内容主要有以下三种:起征点、免征额和减免规定。

⑪法律责任。这是指纳税人存在违反税法行为所应承担的法律责任,包括由税务机关或司法机关所采取的惩罚措施。

3. 主要税种简介

①增值税。增值税是以增值额为课税对象的一种流转税。所谓增值额,从理论上讲就是企业在商品生产、流通和加工、修理和修配各个环节中新增的那部分价值。增值税一般纳税人税率:销售商品税率为13%,销售服务税率一般为9%,特殊服务税率为6%;小规模纳税人征收税率为3%;出口税率为零。增值税属于价外税。

②消费税。消费税是对在我国境内从事生产、委托加工和进口应税消费品的单位和个人就其销售额或销售数量为课税对象征收的一种税。

③资源税。资源税是对在我国境内开采应税矿产品及生产盐的单位和个人就其应税资源销售数量或自用数量为课税对象征收的一种税。

④企业所得税。企业所得税是对企业纯收益征收的一种税,体现了国家与企业的分配关系。企业所得税适用于境内实行独立经济核算的企业组织,包括国有企业、集体企业、私营企业、联营企业、股份制企业和其他组织,但外商投资企业和外国企业除外。上

述企业在我国境内和境外的生产、经营所得和其他所得,为应纳税所得额,按25%的税率计算缴纳税款。

外商投资企业和外国企业所得税,以设立在我国境内的外商投资企业和外国企业为纳税人,适用于在中国境内设立的中外合资经营企业、中外合作经营企业和外商独资企业,以及在中国境内设立机构、场所,从事生产、经营和虽未设立机构、场所而有来源于中国境内所得的外国公司、企业和其他经济组织。上述外商投资企业和外国企业的生产、经营所得和其他所得为应纳税所得额,税率为25%。

⑤个人所得税。个人所得税是对个人收入征收的一种税,体现国家与个人的分配关系。个人所得税税率设有3%~45%、5%~35%的超额累进税率和20%的比例税率。

财务人员应当熟悉国家税收法律的规定,不仅要了解各税种的计征范围、计征依据和税率,而且要了解差别税率的制定精神,减税、免税的原则规定,自觉按照税收政策导向进行经营活动和财务活动。

(三)财务法规

财务法规是财务管理的工作准则。财务法规主要有企业财务通则和分行业的财务制度。

①企业财务通则。企业财务通则是企业从事财务活动、实施财务管理的基本原则和规范。其内容主要包括对企业的资金筹集、资产管理、收益及分配等财务管理工作的基本规定。2006年12月4日,财政部颁发了新的《企业财务通则》(财政部令第41号),于2007年1月1日起施行。修订的《企业财务通则》在财政对企业财务的管理方式、政府投资等财政性资金的财务处理政策、企业职工福利费的财务制度、规范职工激励制度、强化企业财务风险管理等方面进行了改革。

②行业财务制度。由于不同行业的业务性质不同,具有各自的特点,在财务管理上有其具体不同的管理要求。而《企业财务通则》作为财务管理的基本制度,只能明确一些各类企业共同的和均能执行的原则,不可能太具体,也难以完全体现各行业的特点和要求。因此,在《企业财务通则》的基础上,需要再由国家统一制定各大行业的财务制度。

行业财务制度打破部门管理和所有制的界限,在原有的40多个行业的基础上,重新划分行业,根据各行业经营业务特点和特定的管理要求,制定了包括工业、运输、商品流通、邮电、金融、旅游饮食服务、农业、对外经济合作、施工和房地产开发、电影和新闻出版等十大行业财务制度。行业财务制度由财政部统一制定,于1993年7月1日起实施。上市公司统一执行《企业财务通则》,非上市企业有条件的可以选择执行《企业财务通则》,或者继续执行《行业财务制度》。

行业财务制度分别根据各行业的业务特点,对各行业企业财务管理从资金筹集到企业清算等全过程的具体内容和要求做出了具体的规定。因此,行业财务制度是整个财务制度体系的基础和主体,是企业进行财务管理必须遵循的具体制度。

除上述法规外,与企业财务管理有关的其他经济法律、法规还有:企业财务会计报告条例、记账文件管理办法、会计从业资格管理办法、证券法、结算法、合同法等。财务人员应当熟悉这些法律、法规,在守法的前提下进行财务管理,实现企业的财务目标。

三、金融环境

企业总是需要资金从事投资和经营活动。而资金的取得,除了自有资金外,主要从金融机构和金融市场取得。金融政策的变化必然影响企业的筹资、投资和资金运营活动,所以金融是企业最为主要的环境因素,影响财务管理的主要金融环境因素有金融机构、金融工具、金融市场和利率等。

(一)金融机构

社会资金从资金供应者手中转移到资金需求者手中,大多要通过金融机构实现。金融机构包括银行业金融机构和其他金融机构。

1. 银行业金融机构

银行业金融机构是指经营存款、放款、汇兑、储蓄等金融业务,承担信用中介的金融机构。银行的主要职能是充当信用中介、充当企业之间的支付中介、提供信用工具、充当投资手段和充当国民经济的宏观调控手段。我国银行主要包括各种商业银行和政策性银行。商业银行包括国有商业银行(如中国工商银行、中国农业银行、中国银行和中国建设银行)和其他商业银行(如广东发展银行、光大银行等);国家政策性银行主要包括中国进出口银行、国家开发银行等。

2. 其他金融机构

其他金融机构包括金融资产管理公司、信托投资公司、财务公司和金融租赁公司等。

(二)金融工具

金融工具是在信用活动中产生的、能够证明债权债务关系并据以进行资金交易的合法凭证,它对于债权债务双方所应承担的义务与享有的权利均具有法律效力。金融工具一般具有期限性、流动性、风险性和收益性四个基本特征。

①期限性是指金融工具一般规定了偿还期,也就是规定债务人必须全部归还本金之前所经历的时间。

②流动性是指金融工具在必要时迅速转变为现金而不致遭受损失的能力。

③风险性是指购买金融工具的本金和预定收益遭受损失的可能性,一般包括信用风险和市场风险两个方面。

④收益性是指持有金融工具所能够带来的一定收益。

金融工具若按期限不同可分为货币市场工具和资本市场工具,前者主要有商业票据、国库券(国债)、可转让大额定期存单、回购协议等;后者主要是股票和债券。

(三)金融市场

1. 金融市场的意义、功能与要素

金融市场是指资金供应者和资金需求者双方通过金融工具进行交易的场所。金融市场可以是有形的市场,如银行、证券交易所等;也可以是无形市场,如利用电脑、电传、电话等设施通过经纪人进行资金融通活动。

金融市场的主要功能有五项:转化储蓄为投资;改善社会经济福利;提供多种金融工

具并加速流动,使中短期资金凝结为长期资金;提高金融体系竞争性和效率;引导资金流向。

金融市场的要素主要有:①市场主体,即参与金融市场交易活动而形成买卖双方的各经济单位;②金融工具,即借以进行金融交易的工具,一般包括债权债务凭证;③交易价格,反映的是在一定时期内转让资金使用权的报酬;④组织方式,即金融市场交易采用的方式。

从财务管理角度来看,金融市场作为资金融通的场所,是企业向社会筹集资金必不可少的条件。财务管理人员必须熟悉金融市场的各种类型和管理规则,有效地利用金融市场来组织资金的筹措和进行资本投资等活动。

2. 金融市场的种类

金融市场按组织方式的不同可划分为两部分:一是有组织化的、集中的场内交易市场,即证券交易所,它是证券市场的主体和核心;二是非组织化的、分散的场外交易市场,它是证券交易所的必要补充,下面对第一部分市场的分类做介绍:

(1)按期限划分为短期金融市场和长期金融市场

短期金融市场又称资金市场,是指以期限1年以内的金融工具为媒介,进行短期资金融通的市场。其主要特点有:①交易期限短;②交易的目的是满足短期资金周转的需要;③所交易的金融工具有较强的资金性。

长期金融市场是指以期限1年以上的金融工具为媒介,进行长期性资金交易活动的市场,又称资本市场。其主要特点有:①交易的主要目的是满足长期投资性资金的供求需要;②收益较高而流动性较差;③资金借贷量大;④价格变动幅度大。

(2)按证券交易的方式和次数分为初级市场和次级市场

初级市场也称一级市场或发行市场,是指新发行证券的市场,这类市场使预先存在的资产交易成为可能。次级市场,也称二级市场或流通市场,是指现有金融渠道的交易场所。初级市场可以理解为"新货市场",次级市场可以理解为"旧货市场"。

(3)按金融工具的属性分为基础性金融市场和金融衍生品市场

基础性金融市场是指以基础性金融产品为交易对象的金融商场,如商业票据、企业债券、企业股票的交易商场;金融衍生品市场是指以金融衍生品生产工艺为交易对象的金融市场。所谓金融衍生产品是一种金融合约,其价值取决于一种或多种基础资产或指数,合约的基本种类包括远期、期货、掉期(互换)、期权,以及具有远期、期货、掉期(互换)和期权中一种或多种特征的结构化金融工具。

除上述分类外,金融市场还可以按交割方式分为现货市场、期货市场和期权市场;按交易对象分为票据市场、证券市场、衍生工具市场、外汇市场、黄金市场等;按交易双方在地理上的距离而划分为地方性的、全国性的、区域性的金融市场和国际金融市场。

(四)利率

利率也称利息率,是利息占本金的百分比指标。从资金的借贷关系看,利率是一定时期运用资金这一资源的交易价格。资金作为一种特殊商品,以利率为价格标准的融通,实质上是资源通过利率实行的再分配。因此利率在资金分配及企业财务决策中起着重要作用。

1. 利率的类型

利率可按照不同的标准进行分类:

①按利率之间的变动关系,分为基准利率和套算利率。基准利率又称基本利率,是指在多种利率并存的条件下起决定作用的利率。所谓起决定作用是说,这种利率变动,其他利率也相应变动。因此,了解基准利率水平的变化趋势,就可了解全部利率的变化趋势。基准利率在西方通常是中央银行的再贴现率,在我国是中国人民银行对商业银行贷款的利率。

套算利率是指基准利率确定后,各金融机构根据基准利率和借贷款项的特点而换算出的利率。例如,某金融机构规定,贷款 AAA 级、AA 级、A 级企业的利率,应分别在基准利率基础上加 0.5%,1%,1.5%,加总计算所得的利率便是套算利率。

②按利率与市场资金供求情况的关系,分为固定利率和浮动利率。固定利率是指在借贷期内固定不变的利率。受通货膨胀的影响,实行固定利率会使债权人利益受到损害。浮动利率是指在借贷期内可以调整的利率。在通货膨胀条件下采用浮动利率,可使债权人减少损失。

③按利率形成机制不同,分为市场利率和法定利率。市场利率是指根据资金市场上的供求关系,随着市场而自由变动的利率。法定利率是指由政府金融管理部门或者中央银行确定的利率。

2. 利率的一般计算公式

正如任何商品的价格均由供应和需求两方面来决定一样,资金这种特殊商品的价格—利率,也主要是由供给与需求来决定的。但除这两个因素外,经济周期、通货膨胀、国家资金政策和财政政策、国际经济政治关系、国家利率管制程度等,对利率的变动均有不同程度的影响。因此,资金的利率通常由三部分组成:①纯利率;②通货膨胀补偿率(或称通货膨胀贴水);③风险收益率。利率的一般计算公式可表示如下:

$$利率=纯利率+通货膨胀补偿率+风险收益率$$

纯利率是指在没有风险和通货膨胀情况下的均衡点利率;通货膨胀补偿率是指由于持续的通货膨胀会不断降低资金的实际购买力,为补偿其购买力损失而要求提高的利率;风险收益率包括违约风险收益率、流动性风险收益率和期限风险收益率。其中,违约风险收益率是指为了弥补因债务人无法按时还本付息而带来的风险,由债权人要求提高的利率;流动性风险收益率是指了为弥补因债务人资产流动不好而带来的风险,由债权人要求提高的利率;期限风险收益率是指为了弥补因偿债期长而带来的风险,由债权人要求提高的利率。

四、经济环境

经济环境是指企业进行财务活动的宏观经济状况。

(一)经济发展状况

经济发展的状况对企业理财有重大影响。在经济增长比较快的情况下,企业为了适应这种发展并在其行业中维持其地位,必须保持相应的增长速度,因此要相应增加厂房、机器、存货、工人、专业人员等,就通常需要大规模地筹集资金。在经济衰退时,最受影响的是企业销售额,销售额下降会使企业现金的流转发生困难,需要筹资以维持运营。

(二)通货膨胀

通货膨胀不仅对消费者不利,而且给企业带来很大困难。企业对通货膨胀本身无能为力,只能在管理中充分考虑通货膨胀的影响因素,尽量减少损失。企业有时可采用套期保值等办法减少通货膨胀造成的损失,如提前购买设备和存货,买进现货,卖出期货。

(三)利率波动

银行存贷款利率的波动,以及与此相关的股票和债券价格的波动,既给企业以机会,也是对企业的挑战。在为过剩资金选择投资方案时,利用这种机会可以获得额外收益。例如,在购入长期债券后,由于市场利率下降,按固定利率计息的债券价格将上涨,企业可以出售债券获得较预期更多的现金流入。当然,如果出现相反的情况,企业会蒙受损失。

企业在选择筹资渠道时,情况与此类似。在预期利率将持续上涨时,以当前较低的利率发行长期债券,可以节省成本。当然,如果企业发行债券后利率下降了,企业要承担比市场利率更高的资金成本。

(四)政府的经济政策

政府具有调控宏观经济的职能,国民经济的发展规划、国家的产业政策、经济体制改革的措施、政府的行政法规等对企业的财务活动有重大影响。

国家对某些地区、某些行业、某些经济行为的优惠鼓励和有利倾斜构成了政府政策的主要内容。从反面来看,政府政策也是对另外一些地区、行业和经济的限制。企业在财务决策时,应认真研究政府政策,按照政策导向行事,才能趋利除弊。

(五)同行业竞争

竞争广泛存在于市场经济之中,任何企业都不能回避企业之间、各产品之间、现有产品和新产品之间的竞争,涉及设备、技术、人才、营销、管理等各个方面。竞争能促使企业用更好的方法来生产更好的产品,对经济发展起推动作用,但对企业来说,竞争既是机会,也是威胁。为了改善竞争地位,企业往往需要大规模投资,成功之后企业盈利增加,若投资失败则竞争地位更为不利。

竞争是"商业战争",综合了企业的全部实力和智慧,经济增长、通货膨胀、利率波动带来的财务问题,以及企业的对策,都将在竞争中体现出来。

第五节 财务管理的环节

财务管理环节是指财务管理的工作步骤及一般程序。总的来讲,企业财务管理的基本环节有以下几个方面。

一、财务预测

财务预测是根据企业财务活动的历史资料,参考企业财务管理的现实要求和条件,对企业未来的财务活动、财务成果做出科学的预计和测算。财务预测是财务管理的一项重要工作,其作用在于测算各项生产经营方案的经济效益,为财务决策、财务预算和日常财务管理工作提供可靠的依据,使企业合理安排收支,提高资本使用效率和企业整体管理水平。

财务预测的内容具体包括资金预测、成本和费用预测、营业收入预测和利润预测。按预测时间的长短,财务预测可以分为长期预测、中期预测和短期预测。

财务预测的程序一般包括确定预测对象和目的;收集和整理资料;选择预测模型;实施财务预测。

财务预测的方法主要有定性预测和定量预测两种。定性预测是利用已收集的资料,依靠财务人员的经验和吸收各方面的意见进行分析,做出定性的判断;定量预测是利用历史和现实的资料,运用数学方法建立经济模型,对未来财务发展趋势做出量化的预测。在实践中一般是将这两种方法结合运用。

二、财务决策

财务决策是企业决策的一部分。财务决策是为了实现预定的财务目标,根据财务预测资料,运用科学方法对若干可供选择的财务活动方案进行评价,从中选出最佳方案的过程。财务决策主要包括融资决策和投资决策两个部分,是有关资本筹集和使用的决策。财务决策是财务管理的核心,在财务预测的基础上所进行的财务决策,是编制财务计划、进行财务控制的基础。

财务决策的程序一般分为以下几个步骤。第一,确定决策目标。根据企业经营目标,在调查研究财务状况的基础上,确定财务决策所要解决的问题,如发行股票和债券的决策、设备更新和购置的决策和对外投资的决策等,然后收集企业内部的各种信息和外部的情报资料,为解决决策面临的问题做好准备。第二,提出备选方案。在预测未来有关因素的基础上,提出为达到财务决策目标而考虑的各种备选的行动方案。拟订备选方案时,对方案中决定现金流支出、流入的各种因素,要做周密的测定和计算;拟订备选方案后,还要研究备选方案的可行性、各方案实施的有利条件和制约条件。第三,选择最优方案。备选方案提出后,根据一定的评价标准,采用有关的评价方法,评定出各方案的优劣及经济价值,从中选择一个预期效果最佳的财务决策方案。对择优选出的方案,如涉及重要的财务活动(如筹资方案、投资方案)还要再进行一次鉴定,经过专家鉴定认为决策方案切实可行,方能付诸实施。

财务决策的方法很多,财务管理中常见的方法主要有优选对比法和数学模型法。其中优选对比法包括总量对比法、差量对比法和指标对比法等,数学模型法包括数学微分法、线性规划法、概率决策法及损益决策法。

三、财务预算

财务预算是运用科学的技术手段和量化分析方法,对未来的财务活动内容、目标进行的具体规划。财务预算是财务预测、财务决策的具体化,是以财务预测提供的数据信息及财务决策中确定的方案为基础编制的,是进一步监督、控制财务活动的依据。

企业财务预算主要包括:资金筹集计划、固定资产投资和折旧计划、流动资产占用和周转计划、对外投资计划、利润和利润分配计划。除了各项计划表格以外,还要附列财务计划说明书,财务计划一般包括以下内容。

(一)根据财务决策的要求,分析主客观条件,全面安排计划指标

按照国家产业政策和企业财务决策的要求,根据供产销条件和企业生产能力,运用各种科学方法,分析与所确定的经营目标有关的各种因素,按照总体经济效益的原则,确定主要的计划指标。

(二)对需要与可能进行协调,实现综合平衡

企业要合理安排人力、物力、财力,使之与经营目标的要求相适应,在财力平衡方面,要维持流动资金同固定资金的平衡、资金运用同资金来源的平衡、财务支出同财务收入的平衡等。

还要努力挖掘企业潜力,从提高经济效益出发,对企业各方面生产经营活动提出要求,制订好各单位的增产节约措施,制订和修订各项定额,以保证计划指标的落实。

(三)调整各种指标,编制计划表格

以经营目标为核心,以平均现金定额为基础,计算企业计划期内资金占用、成本和利润等各项计划指标,编制财务计划表,并检查、核对各项有关计划指标是否密切衔接、协调平衡。

财务预算的编制过程,实际上就是确定计划指标,并对其进行平衡的过程。财务预算的编制方法有许多,比较常用的有固定预算法、弹性预算法、增量预算法、零基预算法、定期预算法和滚动预算法等。

四、财务控制

财务控制是指在财务管理过程中利用相关信息和特定的方法,对企业具体财务活动所施加的影响或进行的具体调节行为,以保证财务预算的实现。财务控制与财务预算紧

密相连,财务预算是财务控制的重要依据,财务控制是财务预算执行的重要手段,两者构成了财务管理的基本循环体系。

财务控制的工作步骤为以下几点。

第一,制订控制标准,分解落实责任。按照责、权、利相结合的原则,将计划任务以标准或指标的形式分解落实到车间、科室、班组以及个人,即通常所说的指标分解。这样,企业内部每个单位、每个职工都有明确的工作要求,便于落实责任,检查考核。通过计划指标的分解,可以把计划任务变成各单位和个人控制得住、实现得了的数量要求,在企业形成一个"个人保班组、班组保车间、车间保全厂"的经济指标体系,使计划指标的实现有坚实的群众基础。对资金的收付、费用的支出和物资的占用等,要运用各种手段(如限额领料单、费用控制手册、流通券及内部货币等)进行事先控制。凡是符合标准的,就予以支持,并给予机动权限;凡是不符合标准的,则加以限制,并研究处理。

第二,实施追踪控制,及时调整误差。按照"干什么,管什么,算什么"的原则详细记录指标执行情况,将实际同标准进行对比,确定差异的程度和性质。要经常统计财务指标的完成情况,考察可能出现的变动趋势,及时发出信号,揭示生产经营过程中发生的矛盾。此外,还要及时分析差异形成的原因,确定造成差异的责任归属,采取切实有效的措施,调整实际过程(或调整标准),消除差异,以便顺利实现计划指标。

第三,分析执行情况,做好考核奖惩。在一定时期终了,企业应对各责任单位的计划执行情况进行评价,考核各项财务指标的执行结果,把财务指标的考核纳入各级岗位责任制,运用激励机制,实行奖优罚劣。财务控制环节的特征在于差异管理,在标准确定的前提下,应遵循例外原则,及时发现差异,分析差异,采取措施,调节差异。

财务控制的方法很多,常见的有防护性控制、前馈性控制和反馈控制。

五、财务分析

财务分析是指根据会计核算资料,运用特定的财务分析方法,对企业的财务活动过程及其结果进行分析和评价,以掌握各项财务计划的完成情况,评价企业财务状况,分析财务活动的规律性,完善财务预测、决策、预算和控制,提高企业的经营管理水平和经济效益。

进行财务分析的具体步骤如下。

第一,收集资料,掌握信息。开展财务分析首先应充分占有有关资料和信息。财务分析所用的资料通常包括财务报告等实际资料、财务计划资料、历史资料以及市场调查资料。

第二,指标对比,揭示矛盾。对比分析是揭示矛盾、发现问题的基本方法。先进与落后、节约与浪费、成绩与不足,只有通过对比分析才能辨别出来。财务分析要在充分占有资料的基础上,通过数量指标的对比来评价业绩,发现问题,找出差异,揭露矛盾。

第三,因素分析,明确责任。进行对比分析,可以找出差距,揭露矛盾,但为了说明产生问题的原因,还需要进行因素分析。影响企业财务活动的因素,有生产技术方面的,也有生产组织方面的;有经济管理方面的,也有思想政治方面的;有企业内部的,也有企业外部的。进行因素分析,就是要查明影响财务指标完成的各项因素,并从各种因素的相互作用中找出影响财务指标完成的主要因素,以便分清责任,抓住关键。

第四,提出措施,改进工作。要在掌握大量资料的基础上,去伪存真,去粗取精,由此及彼,由表及里,找出各种财务活动之间以及财务活动同其他经济活动之间的本质联系,然后提出改进措施。提出的措施应当明确具体,切实可行。实现措施应当确定负责人员,规定实现的期限。措施一经确定,就要组织各方面的力量认真贯彻执行,要通过改进措施的落实,完善经营管理工作,实现财务管理发展到更高水平的循环。

财务分析的方法很多,主要有对比分析法、比率分析法、趋势分析法和因素分析法等。

本章小结

财务管理是基于企业再生产过程中客观存在的财务活动和财务关系而产生的,是根据财经法规制度,按照财务管理原则,对企业财务活动进行预测、组织、协调、分析和控制,处理企业财务关系的一项经济管理工作。

财务活动是指资金筹集、投放、使用、回收及分配等一系列行为。企业财务关系是指企业在组织财务活动过程中与有关各方发生的经济利益关系。财务管理的主要原则有:货币时间价值原则、资金合理利用原则、成本效益原则、风险报酬均衡原则、收支积极平衡原则、利益关系协调原则。

企业财务管理总体目标具有代表性的观点有三种:①利润最大化;②资本利润率或每股利润最大化;③股东财富或企业价值最大化。

企业财务管理环境主要包括法律环境、金融环境和经济环境。

企业财务管理环节主要包括财务预测、财务决策、财务预算、财务控制和财务分析,其中财务决策是核心环节。

课后分析案例

雷曼兄弟破产对企业财务管理目标选择的启示

2008 年 9 月 15 日,拥有 158 年悠久历史的美国第四大投资银行——雷曼兄弟(Lehman Brothers)公司正式申请破产保护。雷曼兄弟公司,作为曾经在美国金融界叱咤风云的巨人,在此次爆发的金融危机中也无奈破产,这不仅与过度的金融创新和乏力的金融监管等外部环境有关,也与雷曼兄弟公司本身的财务管理目标有着某种内在的联系。

一、股东财富最大化：雷曼兄弟财务管理目标的现实选择

雷曼兄弟公司正式成立于1850年，在成立初期，公司主要从事利润比较丰厚的棉花等商品的贸易活动，公司性质为家族企业，且规模相对较小，其财务管理目标自然是利润最大化。之后在逐渐转型为金融投资公司的同时，公司的性质也从一个地道的家族企业逐渐成长为在美国乃至世界都声名赫赫的上市公司。由于公司性质的变化，其财务管理目标也随之由利润最大化转变为股东财富最大化。其原因至少有三：第一，以股东财富最大化为财务管理目标能够获得更好的企业外部环境支持；第二，与利润最大化相比，股东财富最大化考虑了不确定性、时间价值和股东资金的成本，无疑更科学、更合理；第三，与企业价值最大化相比，股东财富最大化可以直接通过资本市场股价来确定，比较容易量化。

二、雷曼兄弟破产的内在原因：股东财富最大化

由于股东财富最大化的财务管理目标利益主体单一，仅强调了股东的利益；适用范围狭窄，仅适用于上市公司；目标导向错位，仅仅关注现实的股价，最终使得雷曼兄弟公司无法在此次百年一遇的金融危机中幸免于难。

（一）股东财富最大化过度追求利润而忽视经营风险控制是直接原因

在股东财富最大化的财务管理目标指引之下，雷曼兄弟公司开始转型经营美国当时最有利可图的大宗商品期货交易，其后，公司又开始涉足股票承销、证券交易、金融投资等业务。其每一次业务转型都是资本追逐利润的结果，然而，由于公司在过度追求利润的同时忽视了对经营风险的控制，从而最终为其破产埋下了伏笔。雷曼兄弟公司破产的原因，从表面上看是美国过度的金融创新和乏力的金融监管所导致的全球性的金融危机，但从实质上看，则是公司一味地追求股东财富最大化，而忽视了对经营风险进行有效控制。对合成CDO（担保债务凭证）和CDS（信用违约互换）市场的深度参与，是雷曼兄弟轰然倒塌的直接原因之一。

（二）股东财富最大化过多关注股价而偏离了经营重心是推进剂

为了使本公司的股票在一个比较高的价位上运行，雷曼兄弟公司自2000年开始连续7年将公司税后利润的92%用于购买自己的股票，此举虽然对抬高公司的股价有所帮助，但同时也减少了公司的现金持有量，降低了其应对风险的能力。另外，将税后利润的92%用于购买自己公司而不是其他公司的股票，无疑是选择了"把鸡蛋放在同一个篮子里"的投资策略，不利于分散公司的投资风险；过多关注公司股价短期的涨和跌，也必将使公司在实务经营上的精力投入不足，经营重心发生偏移，使股价失去高位运行的经济基础。因此，因股东财富最大化过多关注股价而使公司偏离了经营重心是雷曼兄弟破产的推进剂。

(三)股东财富最大化仅强调股东而忽视其他利益相关者的利益是内在原因

上市之后的雷曼兄弟公司,实现了 14 年连续盈利的显著经营业绩和 10 年间高达 1 103%的股东回报率。然而,现代企业是多种契约关系的集合体,不仅包括股东,还包括债权人、经理层、职工、顾客、政府等利益主体。股东财富最大化片面强调了股东利益的至上性,而忽视了其他利益相关者的利益,导致雷曼兄弟内部各利益主体之间的矛盾冲突频繁爆发,公司员工的积极性不高,虽然其员工持股比例高达 37%,但主人翁意识淡薄。另外,雷曼兄弟选择股东财富最大化,导致公司过多地关注股东利益,而忽视了一些公司应该承担的社会责任,加剧了其与社会之间的矛盾,这也是雷曼兄弟破产的原因之一。

(四)股东财富最大化仅适用于上市公司是雷曼兄弟破产的又一原因

为了提高集团公司的整体竞争力,1993 年,雷曼兄弟进行了战略重组,改革了管理体制。和中国大多数企业上市一样,雷曼兄弟的母公司(美国运通公司)为了支持其上市,将有盈利能力的优质资产剥离后注入上市公司,而将大量不良资产甚至可以说是包袱留给了集团公司,在业务上实行核心业务和非核心业务分开,上市公司和非上市公司分立运营。这种上市方式注定了其上市之后无论是在内部公司治理,还是外部市场运作,都无法彻底地与集团公司保持独立。因此,在考核和评价其业绩时,必须站在整个集团公司的高度,而不能仅从上市公司这个子公司甚至是孙公司的角度来分析和评价其财务状况和经营成果。由于只有上市公司才有股价,因此股东财富最大化的财务管理目标只适用于上市公司,而集团公司中的母公司及其他子公司并没有上市,因而,股东财富最大化财务管理目标也无法引导整个集团公司进行正确的财务决策,还可能导致集团公司中非上市公司的财务管理目标缺失、财务管理活动混乱等事件。因此,股东财富最大化仅适用于上市公司是雷曼兄弟破产的又一原因。

资料来源:刘雅娟.财务管理实务[M].北京:清华大学出版社,2016.

案例思考问题:

1. 股东利益最大化的优缺点是什么?
2. 为什么财务管理目标的确定对公司的经营活动起着决定性的作用?
3. 企业财务管理过程中要兼顾哪些关系?
4. 在制订财务管理目标时需要考虑什么?

思考题

1. 什么是财务、财务活动和财务关系?
2. 试述财务管理概念及其基本内容。

3.关于财务管理目标的主要观点是什么？你认为现代财务管理的目标是什么？

4.不同利益主体在现代财务管理目标上存在哪些矛盾？如何进行协调？

5.简述利润最大化目标的优缺点。

自测题

一、单项选择题

1.企业投资可以分为广义投资和狭义投资,狭义的投资仅指(　　)。

A.固定资产投资　　　　　　　B.证券投资

C.对内投资　　　　　　　　　D.对外投资

2.企业分配活动有广义和狭义之分,狭义的分配仅指对(　　)。

A.收入分配　　　　　　　　　B.净利润分配

C.工资分配　　　　　　　　　D.投资者进行利润分配

3.能够较好地反映股东财富最大化目标实现程度的指标是(　　)。

A.税后净利润　　　　　　　　B.净资产收益率

C.每股市价　　　　　　　　　D.剩余收益

4.作为企业财务目标,每股利润最大化较之利润最大化的优点在于(　　)。

A.考虑了资金时间价值因素　　B.反映了创造利润与投入资本的关系

C.考虑了风险因素　　　　　　D.能够避免企业的短期行为

5.下列选项中,(　　)是我国大多数企业财务管理的基本目标。

A.企业价值最大化　　　　　　B.资本利润率最大化

C.利润最大化　　　　　　　　D.每股利润最大化

6.下列选项中,(　　)的利率,在没有通货膨胀的情况下,可视为纯利率。

A.国库券　　　　　　　　　　B.公司债券

C.银行借款　　　　　　　　　D.金融债券

7.企业经营而引起的财务活动是(　　)。

A.投资活动　　　　　　　　　B.筹资活动

C.资金营运活动　　　　　　　D.分配活动

8.下列各项中,(　　)是影响企业财务管理的最主要的环境因素。

A.法律环境　　　　　　　　　B.经济环境

C.金融环境　　　　　　　　　D.企业内部环境

9.在市场经济条件下,财务管理的核心是(　　)。

A.财务预测　　　　　　　　　B.财务决策

C.财务控制　　　　　　　　　D.财务预算

10. 企业价值最大化目标强调企业风险控制和(　　)。

A. 实际利润额　　　　　　　　　B. 实际投资利润率

C. 预期获利能力　　　　　　　　D. 实际投入资金

二、多项选择题

1. 企业最重要的财务关系是(　　)。

A. 股东和经营者的关系　　　　　B. 经营者和职工的关系

C. 股东和债权人的关系　　　　　D. 本企业与其他企业的关系

2. 利润最大化的缺点是(　　)。

A. 没有考虑时间价值　　　　　　B. 没有考虑风险因素

C. 没有考虑投入与产出的关系　　D. 易导致企业短期行为

3. 下列属于企业内部财务关系的有(　　)。

A. 企业与投资者　　　　　　　　B. 企业与债权

C. 企业各部门之间　　　　　　　D. 企业与职工

4. 一般而言,资金的利率的组成因素包括(　　)。

A. 纯利率　　　　　　　　　　　B. 违约风险报酬率

C. 流动性风险报酬率　　　　　　D. 期限风险报酬率

5. 所有者与债权人的矛盾解决方式有(　　)。

A. 解聘　　　　　　　　　　　　B. 限制性借款

C. 收回借款　　　　　　　　　　D. 激励

三、判断题

1. 金融市场利率波动与通货膨胀有关,后者起伏不定,利率也随之起落。　　(　　)

2. 短期证券市场由于交易对象易于变成货币或作为货币使用,所以也称资本市场。

(　　)

3. 财务管理的核心工作环节是财务预测。　　(　　)

4. 从资金的借贷关系看,利率是一定时期运用资金资源的交易价格。　　(　　)

5. 企业与政府之间的财务关系体现为一种投资与受资关系。　　(　　)

第二章　财务管理基本价值观念

学习目的

(1)熟练掌握各种时间价值的概念及相关计算。

(2)理解风险及风险价值的概念。

(3)掌握单项资产及投资组合风险报酬的计算。

关键术语

货币时间价值　复利　年金　风险价值

导入案例

田纳西镇的巨额账单

如果你突然收到一张事先不知道的1 260亿美元的账单,你一定会大吃一惊,而这样的事件却发生在瑞士田纳西镇的居民身上。纽约布鲁克林法院判决田纳西镇应向某一美国投资者支付这笔巨款。最初,田纳西镇的居民以为这是一件小事,但当他们收到账单时,被这张巨额账单吓呆了。他们的律师指出,若高级法院支持这一判决,为偿还债务,所有田纳西镇的居民在其余生中不得不靠麦当劳等廉价快餐度日。

田纳西镇的问题源于1966年的一笔存款。斯兰黑不动产公司在内部交换银行(田纳西镇的一家银行)存入一笔6亿美元的存款。存款协议要求银行按每周1%的利率(复利)付息(难怪该银行第2年破产)。1994年,纽约布鲁克林法院做出判决:从存款日到田纳西镇对该银行进行清算的7年中,这笔存款应按每周1%的复利计息,而在银行清算后的21年中,每年按8.54%的复利计息。

你知道1 260亿美元是如何计算出来的吗?那么就让我们带着这些疑问开始本章内容的学习吧。

资金具有时间价值,它在使用过程中可以不断增值;然而,人们习惯上把资金的使用称为投资,它又存在风险。风险是影响资金价值的重要因素。在现代社会经济生活中,证券是资金,也是投资的一种重要形式,证券投资的价值既包含时间价值;也包含着风险因素。正确进行资金时间价值和风险因素的计量,进行证券估价,是进行企业财务管理所必须具备的基本知识。

资料来源:佚名.瑞士田纳西镇巨额账单案例[EB/OL].(2018-11-19)[2021-06-01].百度文库.

第一节　货币时间价值观念

一、货币时间价值的含义

资金在使用过程中可以不断增值,这是人们所熟知的一种社会经济现象。资金使用者将资金投入生产,经过货币—实物—货币的变换过程,使资金得到增值,形成企业利润。资金使用者偿还投资者投入(或借入)的资金,除归还本金外,还支付一定的股息或利息。资金拥有者通过投出或借出资金,收回资金的本金及其股息或利息,也使其资金得到增值,这实际是生产企业将一部分利润以资金使用费的方式转让给资金拥有者。因为资金拥有者如果不投出或借出资金,而是将其拥有的资金用于其他经营,也可能产生利润而使其资金得到增值,所以资金使用费是对资金拥有者放弃其资金其他增值机会而得到的一种补偿。

资金的拥有者从投出或借出资金到收回资金和资金使用费,往往要经过一段时间,显然,资金的增值与时间直接相关,它是资金在使用过程中随着时间的推移而发生的,因此也可以称为资金的时间价值。

由于资金具有时间价值,因此在现实生活中,当前手中拥有的 100 元钱和将来拥有的 100 元钱一般是不等值的。一般说来,现在的 100 元钱比 1 年后的 100 元钱有着更大的价值,即使不存在通货膨胀也是如此。理由很简单,将现在的 100 元钱存入银行,若银行存款利率为 2%(假设已扣除利息税率),则 1 年后这 100 元钱就变成了 102 元,这增加的 2 元钱可以视为资金的时间价值。也就是说,在银行存款利率为 2% 的情况下,现在的 100 元钱和 1 年后的 102 元等值。

但是,资金的增值也不能完全等同于资金的时间价值。第一,资金拥有者无论是投出还是借出资金,都可能会承担一定的风险,即其可能不但无法收回资金使用费,甚至连投出或借出的资金本身都无法收回。为此,资金拥有者除获取资金使用费外,还要获取风险报酬。所以,资金的时间价值应当是扣除全部风险报酬后的收益。第二,作为一种生产要素,资金可以投资或借入不同行业,而不同行业因其对资金的需求程度和运用效率不同,所能给予的资金报酬也有所不同。为了平衡这种差异,资金会在不同行业之间转移,最终形成基本相当的平均报酬,这就构成资金时间价值的基础。

因此,更确切地说,资金的时间价值应当是资金在使用过程中随着时间的推移而发生的全部增值额扣除全部风险报酬后的平均收益。其相对值的形式为资金收益率,绝对值的形式为资金价值的绝对增加额。

二、货币时间价值的计算

计算资金的时间价值,通常要按照一定的折现率,将不同时点的现金流量折合成同一时点的现金流量。

(一)现金流量

1.现金流量的含义

现金流量是资金在一定时点流入或流出的数量,它具有时间性和方向性两个基本特征。由于资金具有随时间的延续而增值的特性,因此对不同时间的资金价值就不宜直接进行比较,而必须将它们换算到同一时点,再进行比较,这就涉及资金时间价值的计算。而要计算资金的时间价值,首先必须弄清每一笔资金运动发生的时间和方向。

2.现金流量图

现金流量图是用于反映资金流动的数量、时间和方向的函数关系的图形。在现金流量图中,横轴指向右方,代表时间的增加,横轴上的坐标代表各个时点;从横轴的各个时点引出的纵向箭线表示在那一个时点发生的现金流量,箭头表示资金的流动方向:箭头指向横轴表示资金的流入;箭头背向横轴表示资金的流出。现金流量的大小用箭线旁边的数字表示。

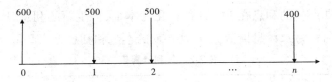

图 2-1　现金流量图

图 2-1 的现金流量图,表示在时点 0 有 600 单位现金流出,在时点 1 和时点 2 各有 500 单位现金流入,在时点 n 有 400 单位现金流入。

对于现金流量图,一般有以下假设:

①现金流量发生在每一期期末。除非特殊说明,现金流量均发生在期末。

②现金流出为负值。对投资者而言,现金流入为增加现金,用"+"表示,现金流出为减少现金,用"−"表示。

③决策时点为 $t=0$,即现在。除非特殊说明,"现在"是 $t=0$ 这一瞬间,则 $t=1$ 就是第 1 个时间期间的期末,也是第 2 个时间期间的期初(或开始)。

(二)单利和复利

利息的计算有单利和复利两种方法。

1.单利

单利是指在规定的期限内只就本金计算利息,每期的利息在下一期不作为本金,不产生新的利息。如果本金为 PV,利率为 i,计息期数为 n,则各期的本金和利息见表 2-1。

表 2-1 单利计算表

期数	本金	利息	本利和
1	PV	$PV \times i$	$PV + PV \times i$
2	PV	$PV \times i$	$PV + 2 \times PV \times i$
⋮	⋮	⋮	⋮
N	PV	$PV \times i$	$PV + n \times PV \times i$

所以,单利的计算公式为:

$$FV_n = PV + n \times PV \times i = PV \times (1 + n \times i) \tag{2-1}$$

式中　FV_n——第 n 期本利和;

　　　PV——本金;

　　　i——利率。

【例 2-1】　将 1 000 元现金存入银行,年利率为 5%,存期为 8 年,单利计息。要求计算 8 年后的本利和。

解:$FV_n = 1\ 000 \times (1 + 8 \times 5\%) = 1\ 400(元)$

2. 复利

复利是指每期产生的利息在下一期都转化为本金,产生新的利息,所以又称利滚利。如果本金为 PV,利率为 r,计息期数为 n,则各期的本金和利息见表 2-2。

表 2-2 复利计算表

期数	本金	利息	本利和
1	PV	$PV \times r$	$PV + PV \times i$
2	$PV \times (1+i)$	$PV \times (1+i) \times i$	$PV \times (1+i)^2$
⋮	⋮	⋮	⋮
N	PV	$PV \times (1+i)^{n-1} \times i$	$PV \times (1+i)^n$

所以,复利的计算公式为:

$$FV_n = PV \times (1+i)^n$$

式中　FV_n——第 n 期本利和。

【例 2-2】　将 1 000 元现金存入银行,年利率为 5%,存期为 1 年,到期未取则银行自动按相同的时期、相同的利率转存。要求计算 8 年后的本利和。

解:　$FV_n = 1\ 000 \times (1 + 5\%)^8 = 1\ 477(元)$

(三)复利的终值与现值

由于资金随时间的增长过程与复利的计算过程在数学上相似,因此在计算资金的时间价值时一般使用复利计算方法。

1. 复利的终值

终值（Future Value）是指现在一定量的现金流量在利率一定的情况下，在未来某时点的价值，或者说是现在的本金在未来某一时点的本利和。从复利计算的角度来说，终值就是现在的本金在未来某一时点的本利和。因此，终值的计算公式为：

$$FV_n = PV \times (1+i)^n \tag{2-2}$$

其中 FV 就是现在的资金 PV 在利率为 i 时折合到时点 n 的终值。

公式中的 $(1+i)^n$ 称为复利终值系数（Future Value Interest Factor）或 1 元的复利终值，可用符号 $(FV/PV, i, n)$ 表示。如 $(FV/PV, 5\%, 8)$ 表示利率为 5% 的 8 年期复利终值系数。为了方便计算，可以编制"复利终值系数表"（详见附表），需要时直接从表上查出相应的终值系数。该表的第 1 行为利率 i，第 1 列为时点 n，相关行、列交叉处就是所需的复利终值系数。通过查表，可以查出 $(FV/PV, 5\%, 8) = 1.4775$。

从"复利终值系数表"中，既可以在已知 i 和 n 时查找 1 元的复利终值，也可以在已知 1 元复利终值和 i 时查找 n，还可以在已知 1 元复利终值和 n 时查找 i。

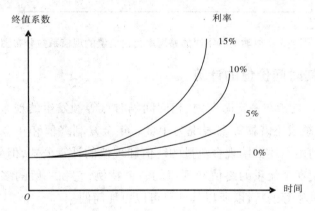

图 2-2　以时间和利率为自变量的终值系数图

图 2-2 是以时间和不同的利率为自变量的终值系数分布图。如图 2-2 所示，终值与时间和利率正相关。利率越大，终值越大；时间越长，终值越大。

2. 复利的现值

现值（Present Value）是和终值相对应的概念，是指未来某一时点一定量的现金流量按一定的利率折算成现在的价值，或者说为了取得未来某一时点一定的本利和，在现在所需要的本金。依据复利终值和复利现值的含义，实际是已知 FV，求 PV。将以上复利终值公式进行变换，即可得到以下公式：

$$PV = FV \times (1+i)^{-n} \tag{2-3}$$

其中 PV 就是时点 n 的资金 FV 在利率为 i 时贴现到现在的价值，即现值。

公式中的 $(1+i)^{-n}$ 称为复利现值系数或 1 元的复利现值，可用符号 $(PV/FV, i, n)$ 表示。如$(PV/FV,5\%,8)$表示贴现率为5%的8年期复利现值系数。为了方便计算,可以编制"复利现值系数表"(详见附表),需要时直接从表上查出相应的现值系数。通过查表,可以查出$(PV/FV,5\%,8)=0.676\,8$。i在这里也称为贴现率(Discount Rate),由终值求现值的过程称为贴现。

图2-3是以时间和不同的贴现率为自变量的现值系数分布图。如图2-3所示,现值与时间和贴现率负相关。贴现率越大,现值越小;时间越长,现值越小。

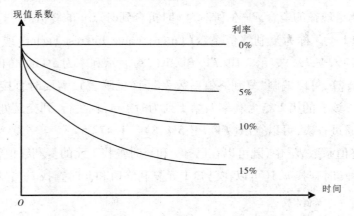

图2-3   以时间和不同的贴现率为自变量的现值系数分布图

三、年金及其时间价值的计算

年金(Annuity)是指在一定时期内、相同间隔时点等额发生的现金流量。直线折旧、分期付息、分期等额偿还借款等都表现为年金。年金复利终值和年金复利现值的计算,实际上还是可以利用上述多期现金流量的终值和现值的计算公式,但年金复利终值和年金复利现值是多期现金流量的终值和现值的一个特例,它和一般的多期现金流量相比,具有每期现金流量相等的特性,所以其计算可以更加简便。

(一)年金终值

任何期间都有始点和终点。依据每期的现金流量发生在期初还是期末,把年金分为先付年金和后付年金。

1. 后付年金

后付年金又称普通年金(Ordinary Annuity),是指从第一期开始,在每期期末发生等额的现金流量序列。如图2-4所示,时间价值率为i,那么第n年后付年金终值是多少?

图2-4   后付年金现金流量图

各期的现金流入到第n期的终值之和为:

$$FV = \sum_{i=1}^{n} A \times (1+i)^{n-i} = A \times \sum_{i=1}^{n} (1+i)^{n-i}$$

等式两边同乘以$(1+i)$,得

$$(1+i) \times FV = A \times (1+i) \times \sum_{i=1}^{n} A \times (1+i)^{n-i}$$

以上两个等式相减,得

$$(1+i-1) \times FV = A \times (1+i)^{n} - A$$

年金终值的计算公式为:

$$FV = A \times \frac{(1+i)^{n}-1}{i} \qquad (2\text{-}4)$$

【例2-3】 每年年末将1 000元存入银行,若利率为5%,要求计算8年后的年金终值。

解: $FV = 1\ 000 \times \dfrac{(1+5\%)^{8}-1}{5\%} = 9\ 549(元)$

公式中的$\dfrac{(1+i)^{n}-1}{i}$称为年金终值系数或1元的年金终值,可用符号$(FV/A,i,n)$表示。如$(FV/A,5\%,8)$表示利率为5%的8年期年金终值系数。为了方便计算,可以编制"年金终值系数表"(详见附表),需要时直接从表上查出相应的年金终值系数。如通过查表,可以查出$(FV/A,5\%,8)=9.549\ 1$。

以上公式是在已知各期年金时计算年金终值,反过来也可以在已知年金终值时计算各期的年金。如借入一笔债务,预计在n期后共计归还本金和利息FV,利率为i。假设采用每期末等额归还的方式还债,则就是要确定每期应归还的金额——年金。这种为使年金终值达到既定金额而在每期应支付的年金数额称为偿债基金。

变换年金终值公式,可得偿债基金的计算公式:

$$A = FV \times \frac{i}{(1+i)^{n}-1} \qquad (2\text{-}5)$$

【例2-4】 某企业拟在8年后还清债务共计1 000万元,采用每年等额还债的方式,利率为5%。要求计算每年应归还的债务额。

解: $A = 1\ 000 \times \dfrac{5\%}{(1+5\%)^{8}-1} = 105(万元)$

2. 先付年金

先付年金(Annuity Due)是指从第一期开始,每期期初发生等额的现金流量序列,如图2-5所示。若每期初现金流入,利率为i,那么第n期先付年金终值是多少?

图2-5 先付年金现金流量图

各期的现金流入到第 n 期的终值之和为：

$$FV = A \times \sum_{t=1}^{n} (1+i)^t = A \times \left[\frac{(1+i)^{n+1}-1}{i} - 1 \right] \tag{2-6}$$

【例 2-5】 每年年初将 1 000 元存入银行，若利率为 5%，要求计算 8 年后的年金终值。

解：$FV = 1\,000 \times \left[\frac{(1+5\%)^{8+1}-1}{5\%} - 1 \right] = 10\,027$（元）

公式中的 $\left[\frac{(1+i)^{n+1}-1}{i} - 1 \right]$ 称为先付年金终值系数或 1 元的先付年金终值系数。与后付年金现值系数相比，其期数增加了 1，系数减少了 1，可用符号 $[(FV/A,i,n+1)-1]$ 表示。如 $[(FV/A,5\%,8+1)-1]$ 表示利率为 5% 的 8 年期先付年金终值系数。可以先从"年金终值系数表"（详见附表）上查出年金终值系数 $(FV/A,5\%,8+1)$，再将其减去 1，即可得到相应的先付年金终值系数。如通过查表，可以查出 $(FV/A,5\%,9) = 11.027$，$[(FV/A,5\%,8+1)-1] = 10.027$。

3. 递延年金

递延年金是指在第一期之后的若干期开始，每期期末发生等额的现金流量序列。如图 2-6 所示，时间价值利率为 i，从第 $m+1$ 期开始发生现金流入，到第 $m+n$ 期各期现金流量的终值之和是多少？

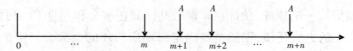

图 2-6 递延年金现金流量图

图 2-6 中 m 为递延期，n 为款项收付的次数，$m+n$ 为整个分析的时间区间。

递延年金终值的计算与后付年金终值的计算完全相同，即：

$$FV = A \times \frac{(1+i)^n - 1}{i}$$

【例 2-6】 现在购买保险，从第 4 年末开始收取回报，预计每年末收取的回报额为 1 000 元，利率为 5%，要求计算第 8 年末的递延年金终值。

解：$FV = 1\,000 \times \frac{(1+5\%)^5 - 1}{5\%} = 1\,000 \times (FV/A,5\%,5) = 5\,526$（元）

（二）年金现值

与年金终值类似，年金现值的计算也是依据现金流量发生的时点和前述复利现值公式而进行的。

1. 后付年金

现金流量图如图 2-4 所示，各期的现金流入到第 n 期的现值之和为：

$$PV = \sum_{t=1}^{n} \frac{A}{(1+i)^t}$$

等式两边同乘以 $(1+i)$，得

$$(1+i) \times PV = (1+i) \times \sum_{t=1}^{n} \frac{A}{(1+i)^t}$$

以上两个等式相减，得

$$(1+i-1) \times PV = A - A \times (1+i)^{-n}$$

年金现值的计算公式为：

$$PV = A \times \frac{1-(1+i)^{-n}}{i} \qquad (2\text{-}7)$$

【例 2-7】　从现在起 8 年内，每年末将获取收益 1 000 元，若折现率为 5%，要求计算 8 年收益的年金现值。

解：$PV = 1\,000 \times \dfrac{1-(1+5\%)^{-8}}{5\%} = 6\,463(\text{元})$

公式中的 $\dfrac{1-(1+i)^{-n}}{i}$ 称为年金现值系数或 1 元的年金现值，可用符号 $(PV/A, i, n)$ 表示。如 $(PV/A, 5\%, 8)$ 表示折现率为 5% 的 8 年期年金现值系数。为了方便计算，可以编制"年金现值系数表"（详见附表），需要时直接从表上查出相应的现值系数。如通过查表，可以查出 $(PV/A, 5\%, 8) = 6.463\,2$。

将上述公式加以变换，有：

$$A = PV \times \frac{i}{1-(1+i)^{-n}} \qquad (2\text{-}8)$$

其中，$\dfrac{i}{1-(1+i)^{-n}}$ 称为投资回收系数。下面举例说明该公式的运用。

【例 2-8】　某企业现在以 1 000 万元的价格购入一条生产线，如果该生产线的寿命周期为 8 年，折现率为 5%，要求计算该生产线每年应该等额产生的现金流量。

解：$A = 1\,000 \times \dfrac{5\%}{1-(1+5\%)^{-8}} = 155(\text{万元})$

2. 先付年金

现金流量图如图 2-5 所示，各期的现金流入到第 n 期的现值之和为：

$$PV = \sum_{t=0}^{n-1} \frac{A}{(1+i)^t} = A \times \left[\frac{1-(1+i)^{-(n-1)}}{i} + 1 \right] \qquad (2\text{-}9)$$

【例 2-9】　某学生从现在起 8 年内，每年初可获得 1 000 元的助学金，若折现率为 5%，要求计算 8 年的助学金现值。

解：$PV = 1\,000 \times \left[\dfrac{1-(1+5\%)^{-(8-1)}}{5\%} + 1 \right] = 6\,786(\text{元})$

公式中的 $\left[\dfrac{1-(1+i)^{-(n-1)}}{i}+1\right]$ 称为先付年金现值系数或 1 元的先付年金现值,与后付年金现值系数相比,其期数减少了 1,系数增加了 1,可用符号 $[(PV/A,i,n-1)+1]$ 表示。如 $[(PV/A,5\%,7-1)+1]$ 表示利率为 5% 的 8 年期先付年金现值系数。可以先从"年金现值系数表"(详见附表)上查出年金现值系数 $(PV/A,5\%,7-1)$,再将其加上 1,即可得到相应的先付年金现值系数。如通过查表,可以查出 $(PV/A,5\%,7)=5.7864$,则 $[(PV/A,5\%,7-1)+1]=6.7864$。

3. 递延年金

现金流量图如图 2-6 所示,计算递延年金的现值可以先将第 $m+1$ 期、第 $m+2$ 期、$\cdots$、第 $m+n$ 期共计 n 期的年金折现到第 m 时点,然后再将第 m 时点的价值折现到第 0 时点,即递延年金的现值。此方法称为分步计算法,其计算公式为:

$$PV=A\times\dfrac{1-(1+i)^{-n}}{i}\times\dfrac{1}{(1+i)^{m}}=A\times(PV/A,i,n)\times(PV/FV,i,m) \tag{2-10}$$

递延年金的现值也可以采用补缺法计算,即假设第一期至第 m 期末也有现金流量 A,那么问题就变成了计算 $m+n$ 期的普通年金的现值,计算出来的结果需要把本来不存在的 m 期的普通年金的现值减去才能得到所需要计算的结果,其计算公式为:

$$PV=A\times\dfrac{1-(1+i)^{-(m+n)}}{i}-A\times\dfrac{1-(1+i)^{-m}}{i}=A\times[(PV/A,i,m+n)-(PV/A,i,m)] \tag{2-11}$$

【例 2-10】 某企业现在投资建设一条生产线,预计从第 4-11 年的 8 年里,每年末收益 1 000 万元,贴现率为 5%,要求计算这 8 年的年金折现到现在的价值。

解:$PV=1\,000\times(PV/A,5\%,8)\times(PV/FV,5\%,3)=5\,583$(元)

4. 永续年金

如果每期产生的等额现金流量是无期限的,那么该年金称为永续年金。例如,若诺贝尔奖奖金每次是等额支付的,就可以将其看作永续年金,如图 2-7 所示。

图 2-7 永续年金现金流量图

对于普通年金现值的计算公式:

$$PV=A\times\dfrac{1-(1+i)^{-n}}{i}$$

当 $n\to\infty$,即期限为无穷大时,有 $(1+i)^{-n}=0$,所以永续年金的计算公式为:

$$PV=A\times\dfrac{1}{i} \tag{2-12}$$

【例 2-11】 某公司发行优先股股票,其股息为 10 元/股,折现率为 5%/年,要求计算购买时可以接受的价格。

解:半年的折现率=5%÷2=2.5%

　　$PV=10\div 2.5\%=400(元/股)$

四、时间价值计算中的特殊问题

(一)名义利率与实际利率

上述复利终值和复利现值计算中涉及的利率(或贴现率)一般都是以年为基础确定的,即利率为年利率。但是,计息期不一定总是以年为基础,它可以是季、月或日。因此,当一年内要多次计息时,给出的年利率是一种名义利率。一年内要多次计息,则前几次计算出的利息在后几次计息时就要作为本金再计息,这样多次计算的利息之和显然会比按年利率用初始本金一次计息计算出的利息要高,如此算出的利息所对应的利率为其实际利率。

一般说来,在一年内多次复利计息的情况下,实际利率是以本金为现值,以本金和实际利息之和为终值,以年为计息期,利用复利终值计算公式倒算出的利率。假设 r 为名义利率,i 为实际利率,m 为每年复利次数,则有以下等式:

$$i=\left(1+\frac{r}{m}\right)^{m}-1 \tag{2-13}$$

(二)连续复利的时间价值问题

1. 连续复利(Continuous Compounding)

在前面所讨论的终值计算中一般每期内都是复利1,如果逐渐增加每期内的复利次数,则计算出的复利终值会越来越大。因为每次复利的基数是前1期的本利和,复利的次数越多,复利基数中的利息也越多,最后计算出的复利终值就越大。

每期内复利次数为 m、名义利率为 r 时,n 期的复利终值为:

$$FV=PV\times\left(1+\frac{r}{m}\right)^{mn}$$

如果每期内复利的次数无限增加,则计算复利就不再是离散的,而变成连续的。即 m 趋于无限,复利终值为:

$$FV=PV\times e^{rn} \tag{2-14}$$

式中,r 为名义利率(每期内复利1次的利率),n 为复利的期限。

因此,连续复利是指每期内复利次数为无限时,现在的现金流量在未来某时点的价值。

【例2-12】　某企业现在投出1 000万元,以5%的利率连续复利,要求计算8年后的终值。

解:$FV=1\,000\times e^{5\%\times 8}=1\,492(元)$

2. 连续贴现(Continuous Discounting)

与连续复利相反,连续贴现是当每期内贴现的次数趋于无穷大时,未来某时点的现金流量折合成现在的价值。

连续贴现的现值公式：

$$PV = FV / e^{rn} \qquad (2\text{-}15)$$

式中 r——名义利率（每期内复利 1 次的利率）；

n——复利的期限。

【例 2-13】 某企业如果要在 8 年后取得资金 1 000 万元，贴现率 5%，要求计算在连续贴现情况下的现值。

解：$PV = 1\ 000/e^{5\% \times 8} = 670$（万元）

3. 连续复利对实际利率的影响

在计算终值和现值时所使用的利率一般都是每期内复利 1 次的利率。如果每期内复利次数为 m，则有名义利率和实际利率的关系：

$$i = (1+r/m)^m - 1$$

在连续复利的情况下，即当 m 趋于无穷大时，实际利率为：

$$i = e^r - 1 \qquad (2\text{-}16)$$

式中 i——实际利率；

r——名义利率。

【例 2-14】 对于例 2-13 和例 2-14 而言，其连续复利的实际利率为：

$i = e^{5\%} - 1 = 5.13\%$

在连续复利的情况下，复利终值和复利现值分别为：

$$FV = PV \times (1 + e^r - 1)^n = PV \times e^{rn}$$

$$PV = FV \div (1 + e^r - 1)^n = FV \div e^{rn}$$

结果与上述连续复利的终值和现值计算公式完全一致。

（三）贴现率和期数的推算

以上所述时间价值的计算，都假定贴现率和期数是给定的。但在财务管理实务中，经常会遇到已知期数、终值和现值求贴现率或者已知贴现率、终值和现值求期数的问题。

一般来说，求贴现率或期数可分为两步：第一步求出换算系数，第二步根据换算系数和有关系数表求贴现率或期数。根据前述有关计算公式，复利终值、复利现值、年金终值和年金现值的换算系数用下列公式计算：

根据公式 $\qquad FV = PV \times (FV/PV, i, n)$

得到 $\qquad (FV/PV, i, n) = FV/PV$

即将终值除以现值得到终值系数。同理可以得到

$$(PV/FV, i, n) = PV/FV$$

$$(FV/A, i, n) = FV/A$$

$$(PV/A, i, n) = PV/A$$

1. 贴现率的计算

【例2-15】 把1 000元存入银行,10年后可获得本利和2 367.4元,问银行存款利率为多少?

解:由公式
$$(FV/PV,i,n)=FV/PV$$

得
$$(FV/PV,i,10)=\frac{2\ 367.4}{1\ 000}=2.367\ 4$$

查复利终值系数表,与$n=10$相对应的贴现率中,9%的系数为2.367 4,因此,利息率应为$i=9\%$。

【例2-16】 现向银行存入5 000元,按复利计算,在利率为多少时,才能保证在以后10年中每年末取出750元?

解:由公式
$$(PV/A,i,n)=PV/A$$

得
$$(PV/A,i,10)=\frac{5\ 000}{750}=6.666\ 7$$

查$n=10$年的年金现值系数表得:当利率为8%时,系数是6.710 1;当利率为9%时,系数是6.417 7所以利率应处于8%~9%,假设i为超过8%的利息率,则可用插值法计算i的值如下:

$$i=8\%+\frac{6.666\ 7-6.710\ 1}{6.417\ 7-6.710\ 1}\times(9\%-8\%)\approx8.15\%$$

2. 期数的计算

【例2-17】 某企业现有220万元资金,拟投入年收益率为9%的投资项目,需要经过多少年才可以实现现有资金增值到520.83万元?

解:由公式
$$(PV/FV,i,n)=PV/FV$$

得

$$(PV/FV,9\%,n)=\frac{220}{520.83}=0.422\ 4$$

查$i=9\%$时的复利现值系数表得:当$n=10$时,系数为0.422 4,因此,需要经过10年才可实现现有资金增值到520.83万元。

【例2-18】 某公司拟购买一台专用设备,市场价格600万元,若租赁一台同样的设备,年租金为100万元,假设折现率为15%,不考虑其他因素,请问购买还是租赁划算?

解:由公式
$$(PV/A,i,n)=PV/A$$

得

$$(PV/A,15\%,n)=\frac{600}{100}=6$$

查 $i=15\%$ 时的年金现值系数表得:当 $n=16$ 时,系数为 5.954 2;当 $n=17$ 时,系数为 6.047 2,所以 n 应该位于 16~17,假设 n 超过 16,则可用插值法计算 n 的值:

$$n=16+\frac{6-5.954\ 2}{6.047\ 2-5.954\ 2}\times(17-16)\approx16.49(年)$$

因此,当公司使用的设备的年限超过 16.49 年时,购买设备划算;当使用年限低于 16.49 年时,租赁划算。

五、时间价值的综合应用

终值、现值和年金在现金流量图中应该是相对概念,即相对此时点时为终值,相对彼时点时则可能为现值。年金一定是相对于多期现金流量而言的,而且这多期的现金流量必须是等金额和等方向的。对于某一时点,其后面各时点发生的现金流量折合到时点 t 的价值都是计算现值,其前面时点发生的现金流量折合到时点 t 的价值都是计算终值。如果时点 t 前面或后面各时点发生的现金流量都是等金额和等方向的,则将各时点的现金流量折合到时点 t 的价值是计算年金现值或年金终值。

【例2-19】 某保险公司出售一种终身受益保险:孩子的父母从孩子1岁开始直到16岁,每年支付保险费 2 000 元。孩子上大学时可从保险公司得到读书补贴 10 000 元,孩子结婚时可从保险公司得到结婚补贴 50 000 元。孩子从60岁起,每年可从保险公司取得养老金 5 000 元。如果确定利率为5%,问购买该保险品种是否合算?

解:根据题意,可绘制如图2-8所示的现金流量图。

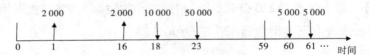

图2-8 终身保险现金流量图

解题思路及过程:

(一)现金流出

第1—16年支付的保险费折合到第0年,即计算年金现值:$A=2\ 000,n=16,i=5\%$

$PV=2\ 000\times(PV/A,5\%,16)=2\ 000\times10.837\ 8=21\ 675.6(元)$

(二)现金流入

①第18年(上大学)和第23年(结婚)的补贴折合到第0年,即计算复利现值:

$FV_1=10\ 000,FV_2=50\ 000,n_1=18,n_2=23,i=5\%$

$PV_1=10\ 000\times(PV/FV,5\%,18)+50\ 000\times(PV/FV,5\%,23)$

$\quad=10\ 000\times0.415\ 5+50\ 000\times0.325\ 6$

$\quad=20\ 435(元)$

②第60年起每年的养老金折合到第59年,计算永续年金:

$$A=5\ 000,i=5\%$$

$$PV_2 = A \div i = 5\,000 \div 5\% = 100\,000(元)$$

③第 59 年的永续年金再折合到第 0 年,即计算复利现值:$FV = 100\,000, n = 59, i = 5\%$

$$PV_3 = 100\,000 \times (PV/FV, 5\%, 59) = 100\,000 \times 0.056\,21 = 5\,621(元)$$

现金流入合计 $= PV_1 + PV_3 = 20\,435 + 5\,621 = 26\,056(元)$

因为现金流出小于现金流入,两者的差额为 4 380.4 元,所以购买该保险品种是合算的。

第二节　风险价值观念

一、风险及其分类

(一)风险的概念及其分类

风险,就是生产目的与劳动成果之间的不确定性,大致有两层含义:一种定义强调了风险表现为收益的不确定性;而另一种定义则强调风险表现为成本或代价的不确定性,若风险表现为收益或者代价的不确定性,说明风险产生的结果可能为损失、获利或是无损失也无获利,属于广义风险。所有人行使所有权的活动,应被视为管理风险,金融风险属于此类。若风险表现为损失的不确定性,说明风险只能带来损失,没有从风险中获利的可能性,属于狭义风险。风险和收益成正比,所以一般积极进取的投资者偏向高风险是为了获得更高的利润,而稳健型的投资者则着重考虑安全性。

企业在实现其目标的经营活动中,会遇到各种不确定性事件,这些事件发生的概率及其影响程度是无法事先预知的,这些事件将对经营活动产生影响,从而影响企业目标实现的程度。这种在一定环境下和一定限期内客观存在的、影响企业目标实现的各种不确定性事件就是风险。简单来说,所谓风险就是指在一个特定的时间内和一定的环境条件下,人们所期望的目标与实际结果之间的差异程度。

"风险"一词的由来,最为普遍的一种说法是,在远古时期,以打鱼捕捞为生的渔民们,每次出海前都要祈祷,祈求神灵保佑自己能够平安归来,其中主要的祈祷内容就是让神灵保佑自己在出海时能够风平浪静、满载而归;他们在长期的捕捞实践中,深深地体会到"风"给他们带来的无法预测、无法确定的危险,他们认识到,在出海捕捞打鱼的生活中,"风"即意味着"险",因此有了"风险"一词。

而另一种据说经过多位学者论证的"风险"一词的"源出说"称,"风险"(RISK)一词是舶来品,有人认为来自阿拉伯语,有人认为来源于西班牙语或拉丁语,但比较权威的说法是来源于意大利语的"RISQUE"一词。在早期的运用中,"风险"也是被理解为客观的危险,体现为自然现象或者航海遇到礁石、风暴等事件。大约到了 19 世纪,在英文的使用中,"风险"一词常常用法文拼写,主要是用于与保险有关的事情上。

现代意义上的"风险"一词,已经大大超越了"遇到危险"的狭义,而是指"遇到破坏或损失的机会或危险",可以说,经过两百多年的演义,"风险"一词越来越被概念化,并随着人类活动的复杂性和深刻性而逐步深化,并被赋予了哲学、经济学、社会学、统计学甚至文化艺术领域的更广泛、更深层次的含义,且与人类的决策和行为后果联系越来越紧密,"风险"一词也成为人们生活中出现频率很高的词汇。

无论如何定义"风险"一词的由来,其基本的核心含义是"未来结果的不确定性或损失",也有人进一步定义为"个人和群体在未来遇到伤害的可能性以及对这种可能性的判断与认知"。如果采取适当的措施使破坏或损失的概率不出现,或者说通过智慧的认知、理性的判断,采取及时而有效的防范措施,那么风险可能带来机会。由此进一步延伸的意义为,不仅仅规避了风险,可能还会带来比例不等的收益,有时风险越大,回报越高,机会越大。

(二)风险的种类

从个别投资主体的角度看,风险可分为系统性风险和非系统性风险。系统性风险又称为"市场风险"或"不可分散风险",是指那些影响所有公司的因素或事件引起的风险,如战争、经济衰退、通货膨胀等。这类风险涉及所有的投资对象,不能通过多元化投资组合技术来分散。例如,某个人投资股票,不论买哪一种股票,他都要承担市场风险,即在经济衰退时,各种股票的价格都会有不同程度的下跌。非系统性风险又称为"公司特有风险"或"可分散风险",是指发生于个别公司的特有事件所造成的风险,如罢工、新产品研发失败、错失重要合同、诉讼失败等。这类事件是随机发生的,因而可通过多元化投资组合技术来分散,即发生于一家公司的不利事件可以被其他公司的有利事件所抵消。例如,某个人投资购买股票时,同时购买几种不同的股票,比只买一种股票的风险一般要小一些。

从公司风险的成因看,风险可分为经营风险和财务风险两类。经营风险是指由公司生产经营的不确定性带来的风险,该风险和公司生产经营过程中固定成本的存在是密不可分的;从某种程度上来说,它是任何商业活动都有的风险,也称商业风险。广义上的财务风险存在于企业财务活动全过程,包括筹资风险、投资风险、收益分配风险、并购风险等;狭义上的财务风险是指因负债经营而增加的风险,是筹资决策带来的风险,也称筹资风险。企业由于向银行等金融机构举债,产生了定期还本付息的压力,如果不能按时还本付息,将会面临诉讼、破产清算等威胁,遭受严重损失。

二、风险程度的衡量

为了正确地衡量投资项目的风险价值,以保证财务决策的正确性,必须掌握每个投资项目的风险程度。风险是客观存在的,并广泛影响着企业的财务和经营活动,因此,正视风险并将风险程度量化,进行较为准确的衡量,便成为公司财务管理中的一项重要工作。投资项目一般分为单一投资和投资组合。对于特定投资项目而言,其风险程度可用实际收益与期望收益结果的偏离程度加以衡量。由于投资的未来收益有多种可能结果,故可以将投资收益率作为随机变量,首先,利用概率论知识确定其期望值,即投资的期望结果;然后,计算确定标准离差和标准离差率,用以反映投资项目的收益率的偏离程度,即投资风险的高低。

（一）期望值

期望值是一个概率分布中的所有可能结果以各自相应的概率为权重计算的加权平均值,是加权平均的中心值,通常用符号 $\overline{E}$ 来表示,其计算公式如下:

$$\overline{E} = \sum_{i=1}^{n} X_i P_i \qquad (2-17)$$

期望收益率反映预计收益的平均化,在各种不确定因素的影响下,它代表投资者的合理预期。

【例 2-20】 某企业有 A、B 两个投资项目,两个投资项目的收益率及其概率分布情况见表 2-3。

表 2-3 项目 A 和项目 B 投资收益率的概率分布

项目实施情况	概率		投资收益率/ %	
	项目 A	项目 B	项目 A	项目 B
好	0.2	0.3	15	20
一般	0.6	0.4	10	15
差	0.2	0.3	0	−10

根据公式计算项目 A 和项目 B 的期望投资收益率分别为:

项目 A 的期望收益率＝0.2×15%+0.6×10%+0.2×0=9%

项目 B 的期望收益率＝0.3×20%+0.4×15%+0.3×（−10%）=9%

从计算结果可以看出,两个项目的期望投资收益率都是 9%。但是否可以就此认为两个项目是无差别的呢?还需要进一步了解概率分布的离散情况,即计算标准离差和标准离差率。

（二）标准离差

标准离差是反映随机变量离散程度的指标。标准离差也称均方差,通常用符号 σ 来表示。其计算公式为:

$$\sigma = \sqrt{\sum_{i=1}^{n} (X_i - \overline{E})^2 \cdot P_i} \qquad (2-18)$$

标准离差以绝对数衡量决策方案的风险,在期望值相同的情况下,标准离差越大,风险越大;反之,则风险越小。

【例 2-21】 以例 2-21 中的数据为例,则 A、B 两个项目投资收益率的标准离差分别为:

①项目 A 标准离差:

$$\sigma_A = \sqrt{\sum_{i=1}^{n}(X_i - \overline{E})^2 \cdot P_i}$$

$$= \sqrt{0.2\times(15\%-9\%)^2+0.6\times(10\%-9\%)^2+0.2\times(0-9\%)^2}$$

$$= 0.049$$

②项目 B 的标准离差:

同理可得:$\sigma_B = 0.126$

以上计算结果表明 B 项目的风险要高于 A 项目的风险。

3. 标准离差率

标准离差作为绝对数,只适用于期望值相同的决策方案风险程度的比较。

三、投资组合的风险价值

投资组合理论认为,若干种证券组成的投资组合,其报酬是这些证券报酬的加权平均数,但是风险不是这些证券风险的加权平均风险,投资组合能降低风险。这里的"证券"是"资产"的代名词,它可以是任何产生现金流的东西,例如一项生产性实物资产、一条生产线或者是一个企业。

投资者在进行投资时,一般并不把其所有资金都投资于一种证券,而是同时持有多种证券。同时投资多种证券称证券的投资组合,简称为证券组合或投资组合。投资组合可以减少风险,因为风险低的证券会抵消风险高的证券带来的负面影响。理性的投资者会持有由多种证券组成的投资组合,而不是把所有资金都集中投在一种证券上,即通常所说的"不要把所有鸡蛋都放在一个篮子里"这一投资分散原理。

(一)投资组合的期望报酬率

投资组合的期望报酬率由组成投资组合的各种投资项目的期望报酬率的加权平均数构成,期望权重等于各项投资项目在整个投资总额中所占的比例。其公式为:

$$\overline{K}_p = \sum_{j=1}^{n} W_j \overline{K}_j \tag{2-19}$$

【例 2-22】 某企业拟投资于 A、B、C 三项资产,其中 A 资产的期望报酬率为 10%,计划投资 100 万元;B 资产的期望报酬率为 15%,计划投资 300 万元;C 资产的期望报酬率为 20%,计划投资 200 万元。计算该投资组合的期望报酬率。

解:$\overline{K}_p = 10\%\times\dfrac{100}{100+300+200}+15\%\times\dfrac{300}{100+300+200}+20\%\times\dfrac{200}{100+300+200}$

$$= 15.83\%$$

（二）两项资产构成的投资组合的风险

在投资组合风险分析中,通常利用协方差和相关系数两个指标来测算投资组合中任意两个投资项目报酬率之间的变动关系。

1. 协方差与相关系数

两项资产报酬率之间的协方差,用来衡量它们之间共同变动的程度:

$$\delta_{12} = r_{12}\delta_1\delta_2 \tag{2-20}$$

式中　δ_{12}——两项资产报酬率之间的协方差;

　　　r_{12}——两项资产报酬率之间的相关系数;

　　　δ_1——资产 1 报酬率的标准差;

　　　δ_2——资产 2 报酬率的标准差。

相关系数 r 介于 -1 和 1 之间。当相关系数为 1 时,表示一项资产报酬率的增长总是与另一项资产报酬率的增长成比例,反之亦然;当相关系数为 -1 时,表示一项资产报酬率的增长与另一项资产报酬率的减少成比例,反之亦然;当相关系数为 0 时,表示二者缺乏相关性,每种证券的报酬率相对于另外的证券的报酬率独立变动。一般而言,多数资产的报酬率趋于同向变动,因此两项资产之间的相关系数多为小于 1 的正值。

2. 两项资产构成的投资组合的总风险

由两项资产组合而成的投资组合报酬率的方案计算公式为:

$$V_p = W_1^2\delta_1^2 + W_2^2\delta_2^2 + W_1W_2\delta_{12} = W_1^2\delta_1^2 + W_2^2\delta_2^2 + 2W_1W_2r_{12}\delta_1\delta_2 \tag{2-21}$$

则两项资产组合而成的投资组合报酬率的标准差的计算公式为:

$$\delta_p = \sqrt{V_p} = \sqrt{W_1^2\delta_1^2 + W_2^2\delta_2^2 + 2W_1W_2r_{12}\delta_1\delta_2}$$

式中　V_p——投资组合的方差;

　　　δ_p——投资组合的标准差;

　　　W_1——资产 1 在总投资额中所占的比重;

　　　δ_1——资产 1 报酬率的标准差;

　　　W_2——资产 2 在总投资额中所占的比重;

　　　δ_2——资产 2 报酬率的标准差。

【例 2-23】 某企业拟分别投资甲、乙两项资产,两项资产投资比例各占 50%,期望报酬率的标准差都是 9%。要求分别计算当甲、乙两项资产的相关系数分别为 1,0.4,0.1,-0.1,-0.4 和 -1 时的投资组合报酬率的协方差、方差和标准差。

解:投资组合报酬率的协方差 $\delta_{12} = 0.09 \times 0.09 \times r_{12}$

方差 $V_p = 0.5^2 \times 0.09^2 + 0.5^2 \times 0.09^2 + 2 \times 0.09 \times 0.09 \times 0.5 \times 0.5 \times r_{12}$

$\qquad = 0.004\,05 \times (1 + r_{12})$

标准差 $\delta_p = \sqrt{V_p} = \sqrt{0.004\,05 \times (1 + r_{12})}$

当 $r_{12} = 1$ 时

$\delta_{12} = 0.09 \times 0.09 \times 1 = 0.008\,1$

$V_p = 0.004\,05 \times (1 + 1) = 0.008\,1$

$\delta_p = \sqrt{V_p} = \sqrt{0.008\ 1} = 0.09$

当 $r_{12} = -1$ 时

$\delta_{12} = 0.09 \times 0.09 \times (-1) = -0.008\ 1$

$V_p = 0.004\ 05 \times (1-1) = 0$

$\delta_p = \sqrt{V_p} = \sqrt{0} = 0$

其他计算从略,列表见表2-4。

表2-4 投资组合的相关系数与协方差、方差及标准差之间的关系

r_{12}	1	0.4	0.1	0	-0.1	-0.4	-1
δ_{12}	0.008 1	0.003 24	0.000 81	0	-0.000 81	-0.003 24	-0.008 1
V_p	0.008 1	0.005 67	0.004 455	0.004 05	0.003 645	0.002 43	0
δ_p	0.09	0.075 299	0.066 746	0.063 64	0.060 374	0.049 295	0

不论投资组合中两项资产之间的相关系数如何,只要投资组合中各项资产的比例不变,各项资产的期望报酬率不变,那么投资组合的期望报酬率就不变。但是,相关系数不同就会影响投资组合期望报酬率的标准差,也就是说相关系数的大小影响投资组合的风险水平。

当相关系数等于1时,两项资产的报酬率的变动方向和变动幅度相同,不会抵消任何风险。此时投资组合的标准差最大,为9%。

当相关系数等于-1时,两项资产报酬率的变动幅度相同但方向相反,表现为此消彼长,可以抵消全部的投资风险。此时投资组合的标准差最小,为0。

当相关系数在0~1范围内变动时,表明资产之间是正相关关系;当相关系数在-1~0范围内变动时,表明资产之间呈负相关关系。

当相关系数等于0时,两项资产报酬率之间无关。此时投资组合的标准差为6.364%。投资组合可分散的投资风险的效果比正相关要大,但比负相关要小。

投资组合的总风险由系统风险和非系统风险两部分组成。在投资实践中,在投资组合中投资项目增加的初期,风险分散的效果比较明显,但投资项目增加到一定数量,风险分散的效果就会逐渐减弱。经验数据显示,当投资组合中的资产数量达到20个左右时,绝大多数非系统风险可被消除,此时,如果继续增加投资项目,对分散风险已没有多大实际意义。投资组合分散掉的只是非系统风险,而系统风险是不能通过投资组合来分散和消除的。

(三)资本资产定价模型(CAPM)

资本市场均衡模型研究所有投资者的集体行为,揭示均衡状态下投资报酬与风险之间的经济实质关系。在高度分散化的资本市场里只有系统风险,并会得到相应回报。

1.系统风险的度量

既然在高度分散化的资本市场里只存在系统风险,那么度量系统风险就成了一个关

键问题。

度量系统风险的指标用 β 来表示。β 被定义为某个资产的报酬率与市场组合之间的相关性。β 系数的计算相对比较复杂,一般市场公司的 β 系数由一些专门的投资服务机构定期计算并公布。

β 的经济意义在于,让我们知道对于市场组合而言特定资产的系统风险是多少。作为整体的市场组合的 β 系数为1:如果某项资产的风险情况与整个市场的风险情况一致,则该资产的 β 系数也等于1;如果某项资产的 β 系数大于1,说明其风险大于整个市场的风险;如果某种资产的 β 系数小于1,说明其风险小于整个市场的风险。

单项资产 β 系数计算公式如下:

$$\beta = \frac{V_p}{V_m} \tag{2-22}$$

式中　V_p——单项资产与市场组合的协方差;

　　　V_m——全部资产作为一个市场组合时的协方差。

上述分析说明了单个股票 β 系数的计算方法。投资组合 β 系数怎么计算呢? 投资组合的 β 系数是单项资产 β 系数的加权平均数,权数为各种资产在投资组合中所占比重。其计算公式为:

$$\beta_p = \sum_{i=1}^{n} W_i \beta_i \tag{2-23}$$

式中　β_p——投资组合的 β 系数;

　　　W_i——第 i 项资产在投资组合中的投资比重;

　　　β_i——第 i 项资产的 β 系数;

　　　n——资产组合包含的资产数量。

【例2-24】　某投资组合由甲、乙、丙三项资产组成,有关机构发布的各项资产的 β 系数分别为0.5,1.2和1.0。假如各项资产在投资组合中的比重分别是20%,50%和30%。则该项投资组合的 β 系数是多少?

解:　$\beta_p = 0.5 \times 20\% + 1.2 \times 50\% + 1.0 \times 30\% = 1.0$

2. CAPM 模型的基本表达式

在特定条件下,资本资产定价模型的基本表达式如下:

$$R_R = \beta_j (R_M - R_F)$$
$$K_j = R_F + R_R = R_F + \beta_j (R_M - R_F) \tag{2-24}$$

式中　R_R——第 j 项资产的风险收益率;

　　　R_M——市场组合的平均报酬率;

　　　R_F——无风险报酬率;

　　　K_j——第 j 项资产的投资报酬率。

【例2-25】　某公司持有甲、乙、丙三种股票构成的证券组合,β 系数分别为2.0,1.25和0.5,它们在证券组合中所占比重分别为70%,20%和10%,股票市场的平均报酬率为16%,无风险收益率为10%,试确定这种证券组合的风险报酬率和投资报酬率。

解:证券组合的 β 系数 $\beta_p = 2.0 \times 70\% + 1.25 \times 20\% + 0.5 \times 10\% = 1.7$

证券组合的风险报酬率 $R_R = 1.7 \times (16\% - 10\%) = 10.2\%$

证券组合的投资报酬率 $K_j = 10\% + 10.2\% = 20.2\%$

本章小结

货币资金的时间价值是指货币经历一定时间的投资和再投资所增加的价值。现值又可称为本金,是指未来某一时点的一定量货币(终值又可称为本利和)在现在的价值。年金是等额、定期、系列的现金流分布。年金按现金流的分布方式可分为普通年金(或后付年金)、预付年金(或先付年金)、递延年金和永续年金。

投资的风险价值是指投资者由于冒险进行投资而获得的超过货币资金时间价值以外的额外收益。计算单项资产的风险报酬可以通过如下步骤实现:确定概率分布,计算期望值,计算标准离差率,确定风险报酬。投资组合的风险包括系统风险和非系统风险,有效的投资组合可以分散非系统风险,β 系数是度量系统风险的指标。资本资产定价模型论述了风险与要求的报酬率之间的关系:

$$K_j = R_F + R_R = R_F + \beta_j (R_M - R_F)$$

课后分析案例

彩虹公司到底该投资冰激凌还是茶饮料?

彩虹公司为南方某生产饮料产品的企业。2001 年陷入经营困境,原有碳酸饮料因市场竞争激烈、消费者的喜好产生变化等因素开始出现销售滑坡。为改变产品结构,拟投资 1 000 万元开拓新的市场领域,在备选开发的两种新产品中进行选择。根据市场调查,在夏季到来之际,消费者对冷冻饮品、茶饮料的需求呈现出不断增长的趋势。

1. 开发新的冰激凌产品

有关部门统计:我国从 20 世纪 90 年代开始,被誉为"冷饮之王"的冰激凌生产量每年以约 10% 的速度递增。2002 年行业产量达到 150 万吨左右,总量已位居世界第三位,全国大、中、小冷冻饮品厂近 3 万家。中国冷饮市场在 10 年内产量增长了 12 倍,品种从几十种增加到 3 000 多种。广东、北京、上海是冰激凌销量最集中的三大区,占全国总量的 25% 左右。

目前我国冰激凌人均年消费量约为 1 千克,与美国等发达国家的人均年消费量 40 千克相比差距甚大。随着我国国民经济的发展,人们生活质量提高,冰激凌将成为老百姓的日常消费品。冰激凌的消费目的将由过去的防暑降温转为不分季节的习惯性消费。

该公司地处中国南方。由于常年气候炎热,拥有近亿的常住、流动人口及较为成熟的市场基础和强劲的消费力,形成对冰激凌产品的旺盛需求。另外,中国潜力巨大的冰激凌市场吸引了巨大资本的追捧和关注。这一切都为冰激凌产业的发展带来了广阔的市场前景。该企业对其开发冰激凌产品的有关预测资料见表2-5。

表 2-5 开发冰激凌产品的市场预测

市场销路	概率/%	预计年利润/万元
好	50	180
一般	20	85
差	30	−25

专家测算该项目的风险系数为0.7。

2. 开发茶饮料产品

据有关资料,我国茶饮料已成为仅次于碳酸饮料和饮用水的第三大饮料。20世纪90年代以来,被称为"新时代饮料"的茶饮料以年增长17%的速度风靡世界。在可口可乐和百事可乐的故乡美国,茶饮料已达到仅次于可乐的地位。在日本和我国的台湾地区,茶饮料的地位已经超过碳酸饮料。在我国饮料市场,茶饮料已成为唯一可与碳酸饮料抗衡的新型健康饮料。

我国饮料市场主要集中于"康师傅""统一"和"旭日升"三大品牌,夏季茶饮料在一些超级市场的销量大幅增长。广东的健力宝、海南的椰树、河南的太古可口可乐都开始涉足茶饮料的开发生产。

专家分析,茶饮料之所以走俏市场,一是由于中国人有几千年的饮茶习惯;二是由于茶含有丰富的维生素 C、E、维生素 A 及钾、磷等微量元素;三是由于茶饮料是天然、健康饮料,具有消除疲劳、降低血液中的胆固醇、血脂等功效;四是方便,茶饮料保持了碗沏茶的功用,又比碗沏茶易携带、易存放;五是卫生,目前茶饮料的主要消费群体是参会人员和儿童,外出旅游携带茶饮料的趋势也在上升。

茶饮料发展空间大,第一,具有原料优势,我国现有茶园113.0万公顷,年产茶叶66.5万~67.5万吨,茶饮料的开发给茶叶消费开辟了新的途径;第二,市场容量大,由于茶饮料的消费方式符合现代生活方式的要求,因此它有很好的市场潜力。AC 尼尔森公司中国市场调查数据显示,茶饮料销售量正在以300%的增幅抢占市场。我国1997年生产茶饮料20万吨,1998年40万吨,1999年100万吨。如果我国茶饮料人均消费达到美国人均消费量(6.6加仑)的1/10,其消费量可达到300万吨以上。

该企业对其开发茶饮料产品的有关预测资料见表2-6。

表 2-6 开发茶饮料产品的市场预测

市场销路	概率/%	预计年利润/万元
好	60	150
一般	20	60
差	20	−10

专家测算该项目的风险系数为 0.5。

资料来源:朱传华.财务管理案例分析[M].2 版.北京:清华大学出版社,2012.

案例分析要求:

1. 计算并比较两种方案的收益的期望值、标准离差和标准离差率。

2. 计算并比较两种方案风险报酬率和风险报酬额的大小。

3. 进行方案评价并作出决策。

思考题

1. 如何理解资金的时间价值概念?

2. 什么是复利? 复利和单利有什么区别?

3. 什么是系统风险和非系统风险?

4. 如何理解投资的风险价值?

自测题

一、单项选择题

1. 某人年初存入银行 1 000 元,假设银行按每年 10% 的复利计息,每年末取出 200 元,则最后一次能够足额(200 元)提款的时间是(　　　)。

A. 第 5 年　　　　　　B. 第 8 年末　　　　　　C. 第 7 年　　　　　　D. 第 9 年末

2. 甲方案在三年中每年年初付款 500 元,乙方案在三年中每年年末付款 500 元,若利率为 10%,则两个方案第三年年末时的终值相差(　　　)。

A. 105 元　　　　　　B. 165.50 元　　　　　　C. 665.50 元　　　　　　D. 505 元

3. 以 10% 的利率借得 50 000 元,投资于寿命期为 5 年的项目,为使该投资项目成为有利的项目,每年至少应收回的现金数额为(　　　)元。

A. 10 000　　　　　　B. 12 000　　　　　　C. 13 189　　　　　　D. 8 190

4. 一项 500 万元的借款,借款期 5 年,年利率为 8%,若每年半年复利一次,年实际利率会高出名义利率(　　　)。

A. 4%　　　　　　B. 0.24%　　　　　　C. 0.16%　　　　　　D. 0.8%

5. 大华公司于 2000 年初向银行存入 5 万元资金,年利率为 8%,每半年复利一次,则第 10 年末大华公司可得到本利和(　　　)万元。

A. 10　　　　　　B. 8.96　　　　　　C. 9　　　　　　D. 10.96

6. 有甲、乙两台设备可供选用,甲设备的年使用费比乙设备低 2 000 元,但价格高于乙设备 8 000 元。若资本成本率为 10%,甲设备的使用期应长于(　　　)年,选用甲设备才是有利的。

　　A. 4　　　　　　　B. 5　　　　　　　C. 4.6　　　　　　D. 5.4

　　7. 假如企业按 12% 的年利率取得贷款 200 000 元，要求在 5 年内每年年末等额偿还，每年的偿付额应为（　　）元。

　　A. 40 000　　　　B. 52 000　　　　C. 55 482　　　　D. 64 000

　　8. 若使复利终值经过 4 年后变为本金的 2 倍，每半年计息一次，则年利率应为（　　）。

　　A. 18.10%　　　　B. 18.92%　　　　C. 37.84%　　　　D. 9.05%

　　9. 王某退休时有现金 5 万元，拟选择一项回报比较稳定的投资，希望每个季度能获得收入 1 000 元补贴生活。那么，该项投资的实际报酬率应为（　　）。

　　A. 8.24%　　　　B. 4%　　　　C. 2%　　　　D. 10.04%

　　10. x 方案的标准离差是 1.5，y 方案的标准离差是 1.4，如 x、y 两方案的期望值相同，则两方案的风险关系为（　　）。

　　A. x>y　　　　B. x<y　　　　C. 无法确定　　　　D. x＝y

二、多项选择题

　　1. 对于资金时间价值概念的理解，下列表述正确的有（　　）。

　　A. 货币只有经过投资和再投资才会增值，不投入生产经营过程的货币不会增值

　　B. 一般情况下，资金的时间价值应按复利方式来计算

　　C. 资金时间价值不是时间的产物，而是劳动的产物

　　D. 不同时期的收支不宜直接进行比较，只有把它们换算到相同的时间基础上，才能进行大小的比较和比率的计算

　　2. 下列关于年金的表述中，正确的有（　　）。

　　A. 年金既有终值又有现值

　　B. 递延年金是第一次收付款项发生的时间在第二期或第二期以后的年金

　　C. 永续年金是特殊形式的普通年金

　　D. 永续年金是特殊形式的即付年金

　　3. 下列表述正确的有（　　）。

　　A. 当利率大于零，计息期一定的情况下，年金现值系数一定都大于 1

　　B. 当利率大于零，计息期一定的情况下，年金终值系数一定都大于 1

　　C. 当利率大于零，计息期一定的情况下，复利终值系数一定都大于 1

　　D. 当利率大于零，计息期一定的情况下，复利现值系数一定都小于 1

　　4. 下列说法中，正确的有（　　）。

　　A. 复利终值系数和复利现值系数互为倒数

　　B. 普通年金终值系数和普通年金现值系数互为倒数

　　C. 普通年金终值系数和偿债基金系数互为倒数

　　D. 普通年金现值系数和资本回收系数互为倒数

　　5. 下列选项中，既有现值又有终值的是（　　）。

　　A. 复利　　　　B. 普通年金　　　　C. 先付年金　　　　D. 永续年金

三、判断题

1. 所有的货币都具有时间价值。 （　　）
2. 在终值和计息期一定的情况下,贴现率越低,则复利现值越小。 （　　）
3. 一项借款的利率为 10%,期限为 7 年,其资本回收系数则为 0.21。 （　　）
4. 年金是指每隔一年、金额相等的一系列现金流入或流出量。 （　　）
5. 在现值和利率一定的情况下,计息期数越少,则复利终值越大。 （　　）

四、计算分析题

1. 某公司拟购置一处房产,房主提出两种付款方案:
(1)从现在起,每年年初支付 20 万元,连续支付 10 次,共 200 万元;
(2)从第 5 年开始,每年年初支付 25 万元,连续支付 10 次,共 250 万元。
假设该公司的资本成本率(即最低报酬率)为 10%,你认为该公司应选择哪个方案?

2. 某企业向保险公司借款一笔,预计 10 年后还本付息总额为 200 000 元,为归还这笔借款,拟在各年末提取相等数额的基金,假定银行的借款利率为 12%,请计算年偿债基金额。

某企业于第一年年初借款 10 万元,每年年末还本付息额均为 2 万元,连续 8 年还清。请计算借款利率。

3. 某企业拟购买设备一台以更新旧设备,新设备价格较旧设备价格高出 12 000 元,但每年可节约动力费用 4 000 元,若利率为 10%,请计算新设备应至少使用多少年对企业而言才有利。

4. 某人在 2002 年 1 月 1 日存入银行 1 000 元,年利率为 10%。要求计算:
(1)每年复利一次,2005 年 1 月 1 日存款账户余额是多少?
(2)每季度复利一次,2005 年 1 月 1 日存款账户余额是多少?
(3)若 1 000 元,分别在 2002 年、2003 年、2004 年和 2005 年 1 月 1 日以 250 元的金额被存入,仍按 10% 利率,每年复利一次,求 2005 年 1 月 1 日余额。
(4)假定分 4 年存入相等金额,为了达到第(1)问所得到的账户余额,每期应存入多少金额?

5. 某企业准备投资开发一新产品,现有三个方案可供选择,根据市场预测相关情况(表 2-7):

表 2-7　投资开发产品市场状况

市场状况	概率	预计年收益率	
		A 方案/%	B 方案/%
好	0.3	40	50
一般	0.5	15	15
差	0.2	−15	−30

要求:计算三个方案的期望值、标准差和标准离差率并进行风险的比较分析。

第三章 资金筹集与预测

学习目的

（1）掌握企业筹资的概念、动机与原则。

（2）重点掌握企业各种权益资金、债务资金，掌握混合资金筹集的种类、程序和优缺点。

（3）掌握资金需求量预测的方法。

关键术语

筹资渠道 筹资方式 普通股 债券 长期借款 留存收益

导入案例

华夏幸福的花式融资法

华夏幸福是一家从事产业新城建设的上市公司。产业新城建设的业务周期非常长，需要大量的资金投入，而且资金往往要在前期投入，回收则要在很多年以后。华夏幸福原本是一家民营企业，在银行贷款方面处于不利的地位，于是这家公司灵活地利用了各种现有的融资手段。

据统计，在 2012—2016 年的 4 年间，它一共采用了 22 种融资方式，筹集了近 3 000 亿元的资金。作为这样规模的一家企业，其 2015 年银行贷款的金额只占了整体融资金额的 27%，不到 1/3。

一、股权融资方式

（一）定向增发

华夏幸福在 2016 年 1 月 18 日完成了一次定向增发，是增发中的一种特殊形式，它不是面向公众发行这些股票，而是面向特定的投资者群体发行股票。华夏幸福这一次的定向增发需要用现金来认购，最终募集了大约 69 亿元的现金。

（二）战略引资

在 2013 年 10 月，华夏幸福的子公司九通投资就引入了一个战略投资方——天方资产。这是一家资产管理公司,它向九通投资注入了 30 亿元的资金。之后,华夏幸福的子公司金隅地产(本来就是九通投资的股东)持有了九通投资 55% 的股权,天方资产则持有它 45% 的股权。天方资产在进入之后,不仅派人进驻董事会参与经营管理,还享受九通投资的利润分红。

(三)资产支持证券

2015 年 11 月 23 日,华夏幸福公司公告称,上海富诚海富通资产管理有限公司为华夏幸福物业设立了一期资产支持专项计划,以这个专项计划募集到的资金来购买华夏幸福物业所享有的物业费、债权和其他的权利,并以这些权利作为担保。这个专项计划将于上海证券交易所挂牌上市,发行总规模不超过 24 亿元。

(四)特定收益权转让

2014 年 6 月 19 日,华夏幸福的一些子公司,包括大厂华夏、大厂京御地产、京御幸福、京御地产、香河京御、固安京御幸福,分别与信风投资管理有限公司签署了《特定资产收益权转让协议》,约定转让方向信风投资转让特定的资产收益权,特定资产为转让方与付款人已经签订的《商品房买卖合同》项下除首付款之外的购房款项,转让价款分别为6 300 万元、1 300 万元、5 200 万元、8 400 万元、2 200 万元和 8 600 万元。这笔交易的实质是华夏幸福将款项中除首付款之外的那些后续房款转让给某投资方,提前收到了几亿元的资金。

二、债务融资方式

(一)银行承兑

2015 年 3 月 11 日,华夏幸福下属的一家公司三浦威特就和沧州银行股份有限公司固安支行签署了《银行承兑协议》,票面金额一共 2 亿元。

(二)短期融资券

2015 年 5 月 26 日,华夏幸福的控股子公司九通基业投资有限公司向中国银行间市场交易商协会申请注册发行不超过人民币 28 亿元的短期融资券,发行期限为 1 年。银行承兑和短期融资券都属于短期融资手段。

(三)委托贷款

长期的融资手段首先是委托贷款,它属于贷款,只不过不是银行贷款,直白点说就是私人借款。但在中国,企业是不能直接向私人借款的,所以要通过银行这个中介来让这个借款合法化。比如,A 把钱给 B 有两种方法,一种是 A 委托银行去放贷款,银行找到B,并收取中间业务费和账户管理费,A 拿到高于银行的利息,B 拿到钱。另一种是 A 和B 委托银行作为中介人来使借贷合法化,银行收取手续费,A 拿到协定利息,B 拿到钱。2015 年 11 月,大厂孔雀城就和金元百利上海银行股份有限公司北京分行签署了《人民币单位委托贷款借款合同》,借款金额 7 亿元。

(四)股权收益权转让

2015 年 7 月 16 日,中国建设银行廊坊分行以 5.5 亿元的价格受让了九通投资持有的三浦威特30.9%的股权收益权。九通投资拟于该股权收益权转让期届满24个月后，向中国建设银行廊坊分行回购标的股权的股权收益权，因为有后面这个回购条款，所以这是一个预期收益权的抵押贷款。

（五）售后回租式融资租赁

2014年3月，大厂回族自治县鼎鸿投资开发有限公司以它所拥有的大厂潮白河工业园区地下管网为标的，以售后租回的方式，向中国外贸金融租赁有限公司融资3亿元，年租息率为7.072 5%，为期2年。这个交易过程是，华夏幸福把工业园区的地下管线卖给融资租赁公司，再由融资租赁公司把管线回租给华夏幸福，华夏幸福每年所付的租金就是3亿元乘以7.072 5%。

（六）夹层融资

2013年11月，由华澳信托募资10亿元投入华夏幸福旗下的北京丰科建，向北京丰科建增资7.6亿元、提供信托贷款2.4亿元。交易完成后，华澳信托对北京丰科建持股66.67%，九通投资持股下降至33.33%。这项交易之后，因为华夏幸福成了小股东，所以不再将北京丰科建纳入合并报表，北京丰科建的负债也就不体现在华夏幸福的合并报表中。

资料来源：北京鑫牛投资顾问有限公司.华夏幸福的花式融资法[EB/OL].（2020-05-14）[2021-06-01].搜狐网.

第一节　企业筹资概述

企业筹资是指企业作为筹资主体，根据经营活动、投资活动和资本结构调整等需要，通过金融市场和筹资渠道，采用一定的筹资方式，经济有效地筹措和集中资本的活动。企业筹资活动是企业财务管理的一项重要内容，对企业的创建和生产经营活动均有重要意义。企业筹资是市场经济发展的客观要求，企业只有以较低的资本成本，从不同渠道筹集经营和发展所需的资金，才能在激烈的市场竞争中获得优势。

一、企业筹资的动机

企业筹资的基本目的是自身的生存和发展。但每次具体的筹资活动，则往往受特定动机的驱使。企业筹资的具体动机是多种多样的，概括起来，企业动机可以分为以下三种类型。

（一）扩张性筹资动机

扩张性筹资动机是企业为了扩大生产经营规模或追加额外投资而产生的筹资动机。具有良好发展前景、处于成长时期的企业，通常会产生扩张性筹资动机。例如，开发新产品、购置设备、修建厂房、购买证券、拓展市场、并购企业等往往需要筹集资金。这种筹资动机所导致的筹资行为将直接增加企业的资产总额和权益总额。

(二)调整性筹资动机

调整性筹资动机是企业因调整现有资本结构的需要而产生的筹资动机。资本结构是指企业各种筹资的构成及其比例关系。一个企业在不同时期由于筹资方式的不同组合会形成不同的资本结构,随着相关情况的变化,现有的资本结构可能不再合理,需要予以相应的调整,使之趋于合理。这种筹资动机所导致的筹资行为不会影响企业的权益总额,只是不同权益之间的替代。

(三)混合性筹资动机

混合性筹资动机是指上述两种筹资动机的组合,既为扩张规模,又为调整资本结构。这种筹资动机所导致的筹资行为,既扩大了资产和资本的规模,又调整了资本结构。

二、企业筹资的原则

为了经济有效地筹集资本,企业筹资必须遵循合法性、效益性、合理性和及时性等基本原则。

(一)合法性原则

企业的筹资活动影响社会资本及资源的流向和流量,涉及相关主体的经济权益。因此,企业必须遵循国家有关法律法规,依法筹资,履行约定的责任,维护有关各方的合法权益,避免非法筹资行为给企业自身及相关主体造成损失。

(二)效益性原则

企业筹资与投资在效益上应当相互权衡。筹资是投资的前提,投资是筹资的目的。投资收益与资本成本相比较的结果,决定着是否要追加筹资。而一旦采纳某个投资项目,其投资规模就决定了所需筹资的数量。因此,企业在筹资活动中,一方面要认真分析投资机会,追求投资效益,避免不顾投资效益的盲目筹资;另一方面,企业要综合考虑各种筹资方式,寻求最优的筹资组合,以降低资本成本和风险,经济有效地筹集资金。

(三)合理性原则

企业筹资必须合理地确定筹资数量。企业筹资固然应广开财路,但也必须有合理的限度,使筹资数量与投资所需数量达到平衡,避免因筹资数量不足影响投资活动,或因筹资数量过剩降低筹资效益。

企业筹资还必须合理地确定资本结构。一方面要合理地确定股权资本与债务资本的结构,既要有效地利用债务经营,提高股权资本的收益水平;又要防止债务资本过多,导致财务风险过高,偿债负担过重。另一方面要合理地确定长期资本与短期资本的比例,即合理地确定企业全部资本的期限结构,这要与企业所持有的资产期限相匹配。

(四)及时性原则

筹资和用资不仅在数量上要匹配,在时间上也要衔接。因此企业筹资要根据资金的使用时间合理安排,避免因筹资过早而造成使用前的闲置,或因取得资金滞后而贻误投资的最佳时机。

三、企业筹资渠道与方式

(一)筹资渠道

企业筹资渠道是指企业筹集资本来源的方向与通道,体现资本的源泉和流量。认识企业筹资渠道的种类及其特点,有利于企业充分开拓和正确利用筹资渠道,实现各种筹资渠道的合理组合,有效地筹集长期资本。企业的筹资渠道主要有以下七种类型。

1. 政府财政资本

政府财政资本是指各级财政(代表国家)对企业投入的资本。我国现有的股份制企业大都由原来的国有企业改制而成,其股份总额中的国家股就是政府财政以各种方式向原国有企业投入的资本。政府财政资本具有广阔的源泉和稳固的基础,为企业生产经营活动提供了可靠的保证。此外,国家不断加大扶持基础性产业和公益性产业的长远发展战略,决定了政府财政资本仍然是国有独资或国有控股企业权益资本筹资的重要渠道。

2. 银行信贷资本

银行信贷资本是各类企业筹资的重要来源。银行一般分为商业银行和政策性银行。商业银行为各类企业提供商业性贷款,政策性银行主要为特定企业提供政策性贷款。银行信贷资本主要来自居民储蓄、单位存款等稳定性的资本来源,贷款方式灵活多样,能适应各类企业资本筹集的需要。

3. 非银行金融机构资本

非银行金融机构是指除银行以外的各种金融机构及金融中介机构。在我国,非银行金融机构主要有信托投资公司、租赁公司、保险公司、证券公司、企业集团的财务公司等。他们通过一定的途径或方式为企业直接提供部分资金或为企业筹资提供服务。这种筹资渠道的财力虽然比银行信贷资本小,但它的资金供应比较灵活方便,具有广阔的发展前景。

4. 其他法人资本

其他法人资本是指其他法人单位以其可以支配的资本对企业投资形成的资本。在日常资本运营中,企业可以将部分暂时闲置的资本以购买股票或直接投资等形式向其他企业投资,以便获得更多的收益。这相对被投资企业来讲就构成了一种资金来源。

5. 民间资本

民间资本是指通过民间筹资渠道筹集的企业投资所需要的资本。民间筹资渠道主要吸收广大城乡居民和我国企事业单位职工持有的货币资本。

6. 企业内部资本

企业内部资本是指企业通过提取盈余公积金和保留未分配利润等形成的资本。这是企业内部形成的筹资渠道,比较方便,有盈利的企业可以加以利用。

7. 外商资本

在改革开放的条件下,对国外以及我国香港、澳门和台湾地区的投资者持有的资本,也可加以吸收,从而形成外商投资企业的重要资本来源。

(二)筹资方式

筹资方式是指企业筹措资金所采用的具体形式。如果说,筹资渠道客观存在,那么筹资方式则属于企业的主观能动行为。如何选择合适的筹资方式并进行有效的组合,以降低筹资成本,提高筹资效益,已成为企业筹资管理的重要内容。

1. 吸收直接投资

吸收直接投资,是指企业按照"共同投资、共同经营、共担风险、共享利润"的原则直接吸收国家、法人、个人投入资金的一种权益筹资方式。

2. 发行股票

发行股票,是指股份有限公司通过发行股票筹措权益性资本的一种筹资方式,此处所指的股票通常是普通股。

3. 利用留存收益

利用留存收益是指按照规定从税后利润中提取的盈余公积金、根据投资人的意愿和企业实际需要留存的未分配利润。利用留存收益筹资是指企业将留存收益转化为投资的过程,它是企业筹集权益资本的一种重要方式。

4. 银行借款

银行借款是指企业根据借款合同从银行或非银行类金融机构借入的需要还本付息的款项,它是企业筹集债务资金的一种重要方式。

5. 商业信用

商业信用是指企业在商品交易过程中由于商品交付与款项支付不同步导致延期付款或延期交货所形成的资金借贷关系,它是企业筹集短期资金的重要方式。

6. 发行公司债

发行公司债是指企业通过发行债券的方式筹措债务资本的一种筹资方式。

7. 融资租赁

融资租赁,又称资本租赁或财务租赁,是区别于经营租赁的一种长期租赁形式,是指出租人根据承租人对租赁标的物和供货人的选择或认可,将从供货人处取得的租赁物,按融资租赁合同的约定出租给承租人占有、使用,并向承租人收取租金,租赁期一般为租赁标的物剩余使用年限的75%及以上的一种交易活动。它是企业筹集长期债务资本的一种方式。

(三)筹资渠道与筹资方式之间的匹配

理论上,某一种渠道的资金可以采取不同的筹资方式进行筹集,相应地,某一种筹资方式可以筹集不同渠道的资金。但是,实际操作过程中考虑到理财的法律环境,筹资方式和筹资渠道有着特定的组合方式。根据我国现行的相关法律法规规定,我国企业筹资渠道和筹资方式组合情况见表3-1。

表 3-1   筹资渠道与筹资方式组合表

筹资渠道	筹资方式						
	吸收直接投资	发行股票	银行借款	商业信用	发行公司债	融资租赁	利用留存收益
政府财政资本	√	√	×	×	×	×	×
银行信贷资本	×	×	√	×	×	×	×
非银行金融机构资本	√	√	×	×	√	√	×
其他法人资本	√	√	×	√	×	×	×
民间资本	√	√	×	×	×	×	×
外商资本	√	√	×	√	√	×	×
企业内部资本	×	×	×	×	×	×	√

四、企业筹资的类型

企业筹资按照不同标准可以划分为不同类型,这些不同类型的资金构成会形成不同的投资组合。认识和了解资本来源的构成与分类有利于掌握不同类型的筹资对筹资成本与筹资风险的影响,有利于选择合理的筹资方式。

(一)按资本来源分类

1. 内部筹资

内部筹资是指企业在企业内部通过留用利润而形成的资本来源。内部筹资是在企业内部自然形成的,一般无筹资费用,其数量通常由企业可分配利润的规模和利润分配政策(或股利政策)决定。

2. 外部筹资

外部筹资是指企业在内部筹资不能满足需要时,向企业外部筹资而形成的资本来源。处于初创期的企业,内部筹资的可能性有限;而处于成长期的企业,内部筹资往往难以满足需要。因此,企业需要广泛开展外部筹资。

(二)按是否借助银行等金融机构分类

1. 直接筹资

直接筹资是指企业不借助银行等金融机构,直接向资本所有者融通资本的一种筹资活动。随着我国宏观金融体制改革的深入,直接筹资不断发展。直接筹资的基本方式主要有投入资本、发行债券等。

2. 间接筹资

间接筹资是指企业借助银行等金融机构而融通资本的筹资活动。在间接筹资活动中,银行等金融机构起着中介作用,它们先集聚资本,然后提供给筹资企业。间接筹资的基本方式有银行借款和融资租赁等。

(三)按资本属性的不同分类

1. 权益性筹资

权益性筹资形成企业的股权资本,也称自有资本、权益资本,是企业依法取得并且长期拥有、可以自主调配运用的资本。在我国,企业的股权资本由投入资本(或股本)、资本公积、盈余公积和未分配利润组成。

2. 负债性筹资

负债性筹资形成企业的债务资本,也称借入资本,是企业依法取得并依约运用、按期偿还的资本。企业对持有的债务资本在约定的期限内享有使用权,并承担按期付息还本的义务。

3. 混合性筹资

混合性筹资是指兼具股权性筹资和债务性筹资双重属性的筹资类型,主要包括发行优先股筹资和发行可转换债券筹资等。

(四)按筹集资金的使用期限分类

1. 长期筹资

长期筹资是指企业筹集使用期限在 1 年以上的资金筹集活动。通常企业所有权益筹资与长期负债筹资都属于长期筹资范畴。

2. 短期筹资

短期筹资是指企业筹集使用期限在 1 年以内的资金筹集活动。具体内容通常只包括企业短期负债筹资。

第二节　资金需求量预测

企业在筹资之前,应当综合考虑影响资金需求量的各种因素,并采取一定的方法预测资金需求量,使筹集的资金既能满足生产经营活动的需要,又不会因有太多的闲置而浪费。

一、资金需求预测的影响因素

(一)法律依据

所谓法律依据是指现行法律、法规对企业资金需求量的限制。

1. 注册资本限额的规定

我国相关法律对不同企业在设立时应达到的最低资本限额(即法定资本金)做出过具体的规定。例如现行《公司法》对公司注册资本的最低限额的规定为:有限责任公司注册资本的最低限额为 3 万元;一人有限责任公司注册资本最低限额为 10 万元,且股东应当一次缴足出资额;股份有限公司注册资本的最低限额为 500 万元。

2014 年 2 月 18 日国务院印发了《注册资本登记制度改革方案》,取消有限责任公司最低注册资本 3 万元、一人有限责任公司最低注册资本 10 万元、股份有限公司最低注册资本 500 万元的限制。

2. 企业负债限额的规定

现代企业的基本特征是有限责任,企业对外负债是以其完整的法人财产权作为担保的。为最大限度保护债券的权益,法律从多方面对企业的负债能力进行了制约,如限制企业债券的发行额度(根据规定,上市公司发行可转换债券,本次发行后累计公司债券余额不得超过最近一期期末净资产额的 40%),或者要求特定行业的企业进行资产负债管理等。

（二）生产经营规模

企业的生产经营规模是确定资金需求量的主要依据。一般而言,企业经营规模越大,所需资金越多;反之,所需资金则越少。企业必须根据生产经营规模、投资项目时间的长短来确定资金需求量,且不能盲目筹资,要做到以投定筹。

（三）其他因素

利息率的高低、对外投资数额的多寡、企业资信状况的好坏等都会影响企业最终的资金需求量。

二、资金需求量预测的方法

资金需求量预测的方法包括定性预测法和定量预测法。

定性预测法是指利用直观的资料,依靠个人的经验、主观分析及判断能力,对未来资金需求量做出预测的方法。定性预测法虽然实用,却无法揭示资金需求量与有关因素之间的数量关系。

定量预测法是指根据比较完备的财务数据资料,运用数学方法进行科学分析处理,对资金的需求量做出定量的预测和估计的方法。常用的定量预测法主要有以下几种:

（一）比率预测法

比率预测法是指依据财务比率与资金需求量之间的关系,预测未来资金需求的方法。能预测资金需求量的比率有很多,如存货周转率、应收账款周转率等,但最常用的是资金与销售额之间的比率,即销售额比率法。

销售额比率法又称销售百分比法,是根据资金与销售额之间的比例关系,预测企业资金需求量的一种方法。利用销售额比率法进行财务预测时,首先要根据历史资料分析收入、费用、资产与销售收入之间的比例关系,然后根据预计销售额和相应的比例预计资产、负债和所有者权益,最后根据"资产＝负债＋所有者权益"这一公式确定出企业所需要的资金数量。

销售额比率法的基本步骤如下:

第一步,根据基期资产负债表的资料,找出资产负债表中随销售额的变动而同步变动的项目,并根据基期资产负债表和基期销售额计算这些项目随销售额变动的百分比,也就是随销售额变化的幅度。资产负债表中随销售额变动而变动,并在一定时期内存在固定比率的项目称为敏感性项目;短期内不随销售额变动而变动的项目则是非敏感性项目。大部分流动资产属于敏感性项目,如货币资金、应收账款、存货等;固定资产等长期资产一般属于非敏感性项目。当生产能力有剩余时,增加销售收入不需要增加固定资产;当生产能力饱和时,增加销售收入则需要增加固定资产,但不一定按比例增加,此时视不同情况确定固定资产是否为敏感性项目。此外,部分流动负债也属于敏感性项目,如应付账款等。

第二步,分析预测年度销售收入增加数,根据销售收入增加数和敏感性项目的销售百分比,确定需要筹集的资金总额。

第三步,根据有关财务指标,如销售净利率等的约束,测算留用的利润数,从需要筹集的资金总额中扣减留用的利润数,即企业需要对外筹集的资金量。

【例3-1】 某公司2011年的销售收入为10万元,现在还有生产能力(即增加生产经营量从而增加收入),但不需要进行固定资产方面的投资。

表3-2　某公司资产负债表　　　　　单位:元

资产		负债及所有者权益	
货币资金	5 000	应付账款	15 000
应收账款	15 000	短期借款	25 000
存货	30 000	实收资本	30 000
固定资产净值	30 000	留存收益	10 000
资产合计	80 000	负债及所有者权益合计	80 000

该公司2011年12月31日的资产负债表见表3-2。假定该公司的销售净利率为10%,公司的利润分配给投资者的比率为60%,2012年的销售收入提高到12万元,预测该公司2012年需要对外筹集的资金量。

解析:

第一,分析资产负债表中随销售收入变动而变动的敏感性项目和不随销售收入变动而变动的非敏感性项目,并计算出销售百分比。

在该公司的实例中,在资产一方,除固定资产外,其余项目都将随销售收入的增加而增加,因为较多的销售量要占用较多的存货,发生较多的应收账款,导致货币资金需求量增加。在负债及所有者权益一方,应付账款也会因销售收入的增加而增加,实收资本、短期借款、留存收益等不会增加。

表3-3 公司销售百分比表

资产	占销售收入的百分比	负债及所有者权益	占销售收入的百分比
现金	5%	应付账款	15%
应收账款	15%	短期借款 长期借款	不变动 不变动
存货	30%	实收资本	不变动
固定资产净值	不变动	留存收益	不变动
合计	50%	合计	15%

将随着销售收入的增加而增加的项目列示在该公司销售百分比表中(表3-3)。表3-3中不变动的项目是指该项目不随销售收入的变化而变化,占销售收入的百分比都是用资产负债表中的有关项目除以销售收入求得的。例如,存货占销售收入的百分比 = 30 000÷100 000×100% = 30%。

第二,确定需要增加的资金量。从表3-3可以看出,该公司每增加100元的销售收入,就会增加50元的资金占用,但同时增加15元的资金来源。从50%的资金需求中减去15%自动产生的资金来源,就剩下35%的资金需求。

因此,该公司将增加7 000元[(120 000－100 000)×35%]的资金需求,即该公司2012年需筹集的资金总量为7 000元。

第三,确定需要对外筹集的资金量。上述7 000元的资金需求有些可通过企业内部来筹集,2012年的净利润预计为12 000元(120 000×10%),公司的利润分配给投资者的比率为60%,则将有40%的利润即4 800元被留存下来,因此企业向外界筹集的资金应为2 200元(7 000-4 800)。

上述预测过程也可用下列公式表示:

$$\text{需要对外筹集的资金量} = \frac{A}{S}(\Delta S) - \frac{B}{S}(\Delta S) - EP(S_2)$$

式中 A——随销售收入变化的资金(变动资产);

　　　B——随销售收入变化的负债(变动负债);

　　　S——基期销售额;

　　　S_2——预测期销售额;

　　　ΔS——销售收入的变动额;

　　　P——销售净利率;

　　　E——留存收益比率;

$\dfrac{A}{S}$——变动资产占基期销售额的百分比；

$\dfrac{B}{S}$——变动负债占基期销售额的百分比。

因此,根据该公司的资料及上述公式可求得:

2012 年需要对外筹集的资金量 = 50%×20 000 − 15%×20 000 − 10%×40%×120 000 = 2 200(元)

(二)资金习性预测法

资金习性预测法是根据资金习性预测未来资金需求量的一种方法。所谓资金习性,是指资金变动与产销量之间的依存关系。按照资金习性的不同,资金可分为不变资金、变动资金和半变动资金。

不变资金是指在一定的产销量范围内,不受产销量变化的影响,保持固定不变的那部分资金,包括为维持营业而占用的最低数额的现金、原材料的保险储备、必要的成品储备,以及厂房、机器设备等固定资产占用的资金。变动资金是指随产销量的变动而同比例变动的那部分资金,包括直接构成产品实体的原材料、外购件等占用的资金,以及最低储备以外的货币资金、存货、应收账款等。半变动资金是指虽然受产销量变动的影响,但不成同比例变动的资金,包括一些辅助材料所占用的资金。

资金习性预测法有两种形式:一种是根据资金占用总额同产销量的关系来预测资金需求量;另一种是采用先分项后汇总的方式预测资金需求量。资金习性预测法原理如下:

设产销量为自变量 x,资金占用量为因变量 y,它们之间的关系可用下式表示:

$$y = a + bx$$

式中　　a——不变资金;

b——单位产销量所需变动资金,其数值可采用线性回归法或高低点法求得。

1. 线性回归法

线性回归法是根据若干期的业务量和资金占用的历史资料,运用最小平方法原理计算不变资金 a 和单位产销量所需变动资金 b 的一种方法。从理论上来说,线性回归法是一种计算结果最为精确的方法。线性回归法的计算公式如下:

由线性方程 $y = a + bx$ 得到:

$$\sum y = na + b \sum x$$

$$\sum (xy) = a \sum x + b \sum x^2$$

得到 a 和 b 的公式如下:

$$b = \dfrac{n \sum (xy) - \sum x \sum y}{n \sum x^2 - \left(\sum x \right)^2}$$

$$a = \frac{\sum y - b \sum x}{n}$$

【例3-2】 某公司根据历史资料统计的业务量与资金需求量的有关情况见表3-4。已知该公司2012年预计的业务量为30万件,采用线性回归法预测该公司2012年的资金需求量。

表3-4　业务量与资金需求量表

年度 项目	2007	2008	2009	2010	2011
业务量/万件	10	11	14	18	25
资金需求量/万元	200	195	270	342	465

解析:

第一步,根据a、b参数公式和历史资料,得到该公司的资金需求量预测表,见表3-5。

表3-5　资金需求量预测表

年度	项目 X_i	Y_i	X_iY_i	X_i^2
2007	10	200	2 000	100
2008	11	195	2 145	121
2009	14	270	3 780	196
2010	18	342	6 156	324
2011	25	465	11 625	625
合计 n=5	$\sum X_i = 78$	$\sum Y_i = 1\,472$	$\sum X_iY_i = 25\,706$	$\sum X_i^2 = 1\,366$

第二步,将表3-5中的数据代入a、b参数公式中,求得a、b的值。

$$b = \frac{(n\sum(xy) - \sum x \sum y)}{[n\sum x^2 - (\sum x)^2]}$$

$= (5\times25\,706 - 78\times1\,472) \div (5\times1\,366 - 782)$

$= (128\,530 - 114\,816) \div (6\,830 - 6\,084)$

$= 18.38(元/件)$

$$a = \frac{\sum y - b \sum x}{n}$$

$$= \frac{1\,472 - 18.38\times78}{5}$$

$= 7.67(万元)$

第三步,将a、b的值代入 $y = a + bx$,建立预测方程式:$y = 7.67 + 18.38x$。

第四步,将 $x = 30$ 代入上式,求得 $y = 559.07$。

因此,该公司 2012 年的资金需求量为 559.07 万元。

2. 高低点法

根据两点可以决定一条直线的原理,将高点和低点代入直线方程就可以求出 a 和 b。这里的高点是指产销量最大点及其对应的资金占用量,低点是指产销量最小点及其对应的资金占用量。将高点和低点代入直线方程:

最大产销量对应的资金占用量 $= a+b×$最大产销量

最小产销量对应的资金占用量 $= a+b×$最小产销量

解方程得:

$$b = \frac{最大产销量对应的资金占用量-最小产量对应的资金占用量}{最大产销量-最小产销量}$$

$$a = 最大产销量对应的资金占用量 - b×最大产销量$$

或

$$a = 最小产销量对应的资金占用量 - b×最小产销量$$

注意:高点产销量最大,但对应的资金占用量可能最大,也可能不是最大;同样,低点产销量最小,但对应的资金占用量可能最小,也可能不是最小。高低点法在企业的资金变动趋势比较稳定的情况下较适宜采用。

【例 3-3】 某公司根据历史资料统计的销售额与资金占用量的有关情况见表 3-6。预计该公司 2012 年的销售额为 320 万元,利用高低点法预测该公司 2012 年的资金占用量。

表 3-6　销售额与资金占用量表

年份	2007	2008	2009	2010	2011
销售额/万元	200	240	260	280	300
资金占用量/万元	11	13	14	15	16

解析:根据高低点的定义,应先找出历史资料中的最高点和最低点两个销售额,然后再找出对应的资金占用量;先求 b,后求 a。

$$b = \frac{16-11}{300-200} = 0.05$$

式中:分子为"资金占用量之差",分母为"销售额之差"。

将 $a = 0.05$ 代入方程 $y = a+bx$,y 可以选择最大销售额对应的资金占用量,同时选择最大销售额,建立方程式:

$$16 = a+0.05×300$$

则:

$$a = 16-0.05×300 = 1$$

或者,y 可以选择最小销售额对应的资金占用量,同时选择最小销售额,建立方程式:

$$11 = a+0.05×200$$

则：

$$a = 11 - 0.05 \times 200 = 1$$

2012 年的资金占用量 = 1 + 0.05 × 320 = 17（万元）

第三节　主权资本筹集

主权资本是指企业投资者投入企业以及企业生产经营过程中所形成的积累性资金。它反映企业所有者的权益，可以为企业长期占有和支配，是企业一项最基本的资金来源。它的筹集方式具体可分为吸收直接投资和发行股票。

一、吸收直接投资

吸收直接投资是指非股份制企业以协议等形式吸收国家、其他企业、个人和外商等直接投入的资本，形成企业实收资本的一种筹资方式。它不以证券为媒介，直接形成企业生产能力，投入资金的主体成为企业的所有者，参与企业经营，按其出资比例承担风险、享有收益。它是非股份制企业筹集主权资本的一种基本方式。

（一）吸收直接投资的种类

吸收直接投资按投资主体的不同可分为四种类型：

1. 吸收国家投资

国家投资是指有权代表国家投资的政府部门或者机构将国有资产投入企业，这种情况下形成的资本称为国有资本。吸收国家投资是国有企业筹集主权资本的主要方式。

2. 吸收法人投资

法人投资是指法人单位将其依法可以支配的资产投入到企业，这种情况下形成的资本称为法人资本。随着我国企业之间横向经济联合的广泛开展，吸收法人投资在企业筹资中的地位将越来越重要。

3. 吸收个人投资

个人投资是指社会个人或企业职工将个人合法财产投入到企业，这种情况下形成的资本称为个人资本。近年来，随着我国城乡居民和个体经营户收入的不断增长，个人资金的数量已十分可观，将会逐步成为企业筹集资金的重要来源。

4. 吸收外商投资

外商投资是指由外国投资者以及我国港澳台地区投资者投入企业的资金，这种情况下形成的资本就是外商资本。随着我国对外开放的不断深入，吸收外商投资也逐渐成为企业筹资的重要方式。

（二）投资者的出资方式

1. 以货币资金出资

筹集货币资金是企业吸收直接投资时所乐于采用的形式。企业有了现金，可用于购置资产、支付费用,比较灵活方便。因此,企业一般争取投资者以货币资金方式出资。各国法规大多都对现金出资比例做出规定,或由融资各方协商确定。

2.以实物资产出资

以实物资产出资就是投资者以厂房、建筑物、设备等固定资产或原材料、商品等流动资产所进行的出资。

3.以工业产权出资

以工业产权出资就是指投资者以专有技术、商标权、专利权等无形资产所进行的投资。

4.以土地使用权出资

投资者可以用土地使用权投资。土地使用权是企业在一定期间内对国有土地开发、利用和经营的权利。

(三)吸收直接投资的程序

企业吸收直接投资,一般应遵循如下程序:

1.确定筹资数量

企业新建或扩大规模时,都需要一定量的资金。在筹资前企业必须认真研究、分析,合理确定所需资金的数量,以利于正确筹集所需资金。

2.选择筹资形式

企业应根据其生产经营活动的需要以及与出资方之间的协议等规定,选择合适的筹资形式。

3.签署投资协议

在选择了筹资的具体形式后,双方便可进行具体协商,确定出资数额、出资方式、资产作价、违约责任、收益分配等问题,签署投资协议或合同,以明确双方的权利和责任。

4.接受资本投入

签署投资协议后,应按规定接受投资人的资本投入,并督促出资人按时缴付出资,以便及时办理有关资产验证、注册登记的手续。

(四)吸收直接投资的优缺点

1.吸收直接投资的优点

①有利于增强企业信誉。吸收直接投资所筹集的资本属于现代企业财务管理负债资本,相比较而言,它能提高企业的资信和借款能力。

②有利于尽快形成生产能力。吸收直接投资不仅可以筹措资金,而且能够直接获得所需的先进设备和技术,与仅筹措现金的筹资方式相比较,它能尽快地形成生产经营能力。

③吸收直接投资的财务风险较低。吸收直接投资可以根据企业的经营状况和盈利状况向投资者支付报酬,比较灵活,财务风险较小。

2.吸收直接投资的缺点

①吸收直接投资资本成本较高。由于投资者要求的报酬率高,采用直接投资方式筹

资负担的资本成本通常较高。

②吸收直接投资由于没有以证券为媒介，产权关系有时不够明晰，也不便于产权交易。

二、发行股票

股票是股份公司为筹集主权资本而发行的有价证券，是持股人拥有公司股份的凭证，它代表持股人即股东在公司中拥有的所有权。发行股票是股份公司筹集主权资本最常见的方式。

（一）股票的分类

1. 按股东的权利和承担的义务的大小，股票可分为普通股与优先股

普通股是股票中最普通的一种形式，是构成公司主权资本的最基础部分。普通股没有固定股利，股利分配随利润变动而变动，并受公司股利分配政策的影响。依我国《公司法》的规定，普通股股东主要有如下权利：

①出席或委托代理人出席股东大会，并依公司章程规定行使表决权。这是普通股股东参与公司经营管理的基本方式。

②股份转让权。股东持有的股份可以自由转让，但必须符合《公司法》、其他法规和公司章程规定的条件和程序。

③股利分配请求权。

④对公司账目和股东大会决议的审查权和对公司事务的质询权。

⑤分配公司剩余财产的权利。

⑥公司章程规定的其他权利。

同时，普通股股东也基于其资格，对公司负有义务。我国《公司法》中规定了股东具有遵守公司章程、缴纳股款、对公司负有有限责任、不得退股等义务。

优先股是股份有限公司发行的具有一定优先权的股票。优先股股东享有的权利主要包括：

①股利的优先分配权。优先股股利一般是固定的，并且在支付普通股股利前支付。

②剩余财产优先分配权。在公司破产清算时，优先股股东对公司剩余财产的分配权在普通股股东之前，因此优先股的发行可以吸引部分保守者的投资。但是优先股股东不具有公司经营管理权，不具备股东大会的表决权。除涉及自身利益的重大决策外，一般无权参加股东大会。

2. 按股票票面有无记名，股票可分为记名股票和无记名股票

记名股票是在股票票面上记载股东姓名或名称的股票。这种股票除了股票上所记载的股东外，其他人不得行使股权，且股份的转让有严格的法律程序与手续，须办理过户。我国《公司法》规定，向发起人、国家授权投资的机构、法人发行的股票，应为记名股票；向社会公众发行的股票，可以为记名股票，也可以为无记名股票。

无记名股票是票面上不记载股东姓名或名称的股票。这类股票的持有人即股份的

所有者,具有股东资格,股票的转让也比较自由、方便,无须办理过户手续。

3. 按股票票面是否标明票面金额,股票可分为面值股票和无面值股票

面值股票是在票面上标有一定金额的股票。持有这种股票的股东,对公司享有权利和承担义务的大小,以其所拥有的全部股票的票面金额之和占公司发行在外股票总额的比例大小来定。我国《公司法》规定,股票应当标明票面金额。

无面值股票是不在票面上标明金额,只在股票上载明所占公司股本总额的比例或股份数的股票。无面值股票的价值随公司财产的增减而变动。

4. 按投资主体的不同,股票可分为国家股、法人股、个人股等

国家股是有权代表国家投资的部门或机构以国有资产向公司投资而形成的股份。

法人股是企业法人依法以其可支配的财产向公司投资而形成的股份,或具有法人资格的事业单位和社会团体以国家允许用于经营的资产向公司投资而形成的股份。

个人股是社会个人或公司内部职工以个人合法财产投入公司而形成的股份。

5. 按发行对象和上市地区的不同,又可将股票分为 A 股、B 股、H 股和 N 股等

A 股是供我国大陆地区个人或法人买卖的,以人民币标明票面金额并以人民币认购和交易的股票。

B 股、H 股和 N 股是专供外国和我国港、澳、台地区投资者买卖的,以人民币标明票面金额但以外币认购和交易的股票(注:自 2001 年 2 月 19 日起,B 股开始对境内居民开放)。其中,B 股在上海、深圳上市,H 股在香港上市,N 股在纽约上市。

(二)股票发行

股份有限公司在设立时要发行股票。此外,公司设立之后,为了扩大经营、改善资本结构,也会增资发行新股。股份的发行,实行公开、公平、公正的原则,必须同股同权、同股同利。同次发行的股票,每股的发行条件和发行价格应当相同。任何单位或个人所认购的股份,每股应支付相同的价款。同时,发行股票还应接受国务院证券监督管理机构的管理和监督。股票发行应执行具体的管理规定,主要包括发行条件、发行程序和方式、销售方式等。

1. 股票发行的规定与条件

按照我国《公司法》的有关规定,股份有限公司发行股票,应符合以下规定与条件:

①每股金额相等。同次发行的股票,每股的发行条件和发行价格应当相同。

②股票发行价格可以按票面金额,也可以超过票面金额,但不得低于票面金额。

③股票应当载明公司名称、公司登记日期、股票种类、票面金额及代表的股份数、股票编号等主要事项。

④向发起人、国家授权投资的机构、法人发行的股票,应当为记名股票;对社会公众发行的股票,可以为记名股票,也可以为无记名股票。

⑤公司发行记名股票的,应当置备股东名册,记载股东的姓名或者名称、住所、各股东所持股份、各股东所持股票编号、各股东取得其股份的日期;发行无记名股票的,公司应当记载其股票数量、编号及发行日期。

⑥公司发行新股,必须具备下列条件:前一次发行的股份已经募足,并间隔一年以

上;公司最近三年内连续盈利,并可向股东支付股利;公司在三年内财务会计文件无虚假记载;公司预期利润率可达到银行同期存款利率。

2. 股票发行的程序

股份有限公司在设立时发行股票与增资发行新股,在程序上有所不同。

(1)设立时发行股票的程序

①提出募集股份申请。

②公告招股说明书,制作认股书,签订承销协议和代收股款协议。

③招认股份,缴纳股款。

④召开创立大会,选举董事会、监事会。

⑤办理设立登记,交割股票。

(2)增资发行新股的程序

①股东大会做出发行新股的决议。

②由董事会向国务院授权的部门或省级人民政府申请并经批准。

③公告新股招股说明书和财务会计报表及其附属明细表,与证券经营机构签订承销合同,定向募集时向新股认购人发出认购公告或通知。

④招认股份,缴纳股款。

⑤改组董事会、监事会,办理变更登记并向社会公告。

3. 股票发行方式、销售方式和发行价格

公司发行股票筹资,应当选择适宜的股票发行方式和销售方式,并恰当地制订发行价格,以便及时募足资本。

(1)发行方式

股票的发行方式是指公司通过何种途径发行股票。一般说来,股票的发行方式可分为以下两种:

①公开间接发行。公开间接发行是指公司通过中介机构向社会公众公开发行股票。我国《证券法》规定公司通过募集设立方式向社会公众公开发行新股时,须由证券经营机构承销,即属于公开间接发行。这种发行方式的发行范围广、对象多,易于募足资金;同时股票的流通性好,变现性强;公开发行有助于提高公司的知名度和影响力。但该方式程序烦琐,发行成本较高。

②不公开直接发行。不公开直接发行是指公司不经中介机构承销,直接向少数特定的对象发行股票。我国股份公司的发起设立方式即属该种方式。这种发行方式弹性较大,发行成本低;但发行范围小,股票的变现性差。

(2)销售方式

股票的销售方式,指的是股份有限公司向社会公开发行股票时所采取的股票销售方法。股票销售方式有两类:自销和承销。

①自销。自销是指发行公司自己直接将股票销售给认购者。这种销售方式可由发行公司直接控制发行过程,实现发行意图,并节省发行费用;但往往筹资时间较长,发行公司要承担全部发行风险,并需要发行公司有较高的知名度、信誉和实力。

②承销。承销是指发行公司将股票销售业务委托证券经营机构代理。这种销售方式是发行公司发行股票所普遍采用的方式。我国《公司法》规定股份有限公司向社会公开发行股票,必须与依法设立的证券经营机构签订承销协议,由证券经营机构承销。

股票承销又分为包销和代销两种具体方法。包销是指根据承销协议商定的价格,证券经营机构一次性全部购进发行公司公开募集的全部股份,然后以较高的价格出售给社会上的认购者。对发行公司来说,包销的办法可及时募足资本,免予承担发行失败风险(股款未募足的风险由承销商承担),但股票以较低的价格销售给承销商会损失部分溢价。代销是指证券经营机构仅替发行公司代售股票,并由此获取一定佣金,但不承担股款未募足的风险。

(3)发行价格

股票的发行价格是股票发行时所使用的价格,也就是投资者认购股票时所支付的价格。它通常由股票面额、股票市场行情及其他有关因素决定。以募资方式设立的公司首次发行股票时,由发起人决定;增资发行新股时,应由股东大会做出决议。股票的发行价格可以和股票的面额一致,但多数情况下不一致。发行价格通常有等价、时价、中间价三种。

①等价,亦称平价发行,就是以股票票面面值作为发行价格的一种发行方式。等价发行多在新股发行时采用,对公司而言,较容易推销股票,但不能获得溢价收入。

②时价,亦称市价发行,就是以公司原发行股票的现行市场价格为基准确定的股票发行价格。公司增资扩股时多采用该种方式。由于时价考虑到现行市场价值,对投资者具有较大吸引力。

③中间价,就是以公司股票等价与时价的中间值为基准确定股票发行价格。采用中间价发行股票,可能使其发行价格高于或者低于其面值,高于面值时称为溢价发行,公司可以获得溢价收入,计入资本公积金;低于面值时,称为折价发行,我国法律不允许折价发行。

(三)股票上市

1.股票上市的目的

股票上市,指的是股份有限公司公开发行的股票经批准在证券交易所进行挂牌交易。经批准在交易所上市交易的股票则称为上市股票。按照国际通行做法,非公开募集发行的股票或未向证券交易所申请上市的非上市证券,应在证券交易所外的店头市场上流通转让;只有公开募集发行并经批准上市的股票才能进入证券交易所流通转让。我国《公司法》规定,股东转让其股份,即股票进入流通,必须在依法设立的证券交易场所里进行。

股份公司申请股票上市,一般出于这样一些目的:

①资本大众化,分散风险。股票上市后,会有更多的投资者认购公司股份,公司则可将部分股份转售给这些投资者,再将得来的资金用于其他方面,这就分散了公司的风险。

②提高股票的变现力。股票上市后便于投资者购买,自然提高了股票的流动性和变现力。

③便于筹措新资金。股票上市必须经过有关机构的审查批准并接受相应的管理,执行各种信息披露和股票上市的规定,这就大大增强了社会公众对公司的信赖,使之乐于购买公司的股票。同时,由于一般人认为上市公司实力雄厚,也便于公司采用其他方式(如负债)筹措资金。

④提高公司知名度,吸引更多的顾客。股票上市公司为社会所知,并被认为经营优良,会带来良好声誉,吸引更多的顾客,从而扩大销售量。

⑤便于确定公司价值。股票上市后,公司股价有市价可循,便于确定公司的价值,有利于促进公司财富最大化。

但股票上市也有对公司不利的一面。这主要是指:公司将负担较高的信息披露成本;各种信息公开的要求可能会暴露公司商业秘密;股价有时会歪曲公司的实际状况,丑化公司声誉;可能会分散公司的控制权,造成管理上的困难。

2. 股票上市的条件

公司公开发行的股票进入证券交易所挂牌买卖(即股票上市),须从严限制。我国《公司法》规定,股份有限公司申请其股票上市,必须符合下列条件:

①股票经国务院证券监督管理部门批准已向社会公开发行。不允许公司设立时直接申请股票上市。

②公司股本总额不少于人民币 5 000 万元。

③开业时间在三年以上,最近三年连续盈利;属国有企业依法改建而设立股份有限公司的,或者在《公司法》实施后新组建成立,其主要发起人为国有大中型企业的股份有限公司,可连续计算。

④持有股票面值人民币 1 000 元以上的股东不少于 1 000 人,向社会公开发行的股份达公司股份总数的 25% 以上;公司股本总额超过人民币 4 亿元,其向社会公开发行股份的比例为 15% 以上。

⑤公司在最近三年内无重大违法行为,财务会计报告无虚假记载。

⑥国务院规定的其他条件。具备上述条件的股份有限公司经申请,由国务院或国务院授权的证券管理部门批准,其股票方可上市。股票上市公司必须公告其上市报告,并将其申请文件存放在指定的地点供公众查阅。股票上市公司还必须定期公布其财务状况和经营情况,每一会计年度内半年公布一次财务会计报告。

3. 股票上市的暂停与终止

股票上市公司有下列情形之一的,由国务院证券管理部门决定暂停其股票上市:

①公司股本总额、股权分布等发生变化,不再具备上市条件(限期内未能消除的,终止其股票上市)。

②公司不按规定公开其财务状况,或者对财务报告作虚假记载(后果严重的,终止其股票上市)。

③公司有重大违法行为(后果严重的,终止其股票上市)。

④公司最近三年连续亏损(限期内未能消除的,终止其股票上市)。

另外,公司决定解散、被行政主管部门依法责令关闭或者宣告破产的,由国务院证券管理部门决定终止其股票上市。

4.股票筹资的优缺点

(1)股票筹资的优点

①没有固定的利息负担。公司有盈余,并认为适合分配股利,就可以分配给股东;公司盈余较少,或虽有盈余但资金短缺或有更有利的投资机会,就可少支付或不支付股利。

②没有固定到期日,不用偿还。利用普通股筹集的是永久性的资金,除非公司清算才需偿还。它对保证企业最低的资金需求有重要意义。

③筹资风险小。由于普通股没有固定的到期日,不用支付固定的利息,此种筹资实际上不存在不能偿付的风险,因此风险最小。

④增加公司的信誉。普通股本与留存收益构成公司所借入的一切债务的基础。有了较多的自有资金,就可为债权人提供较大的损失保障,因而,普通股筹资既可以提高公司的信用价值,同时也为使用更多的债务资金提供了强有力的支持。

⑤筹资限制较少。利用优先股或债券筹资,通常有许多限制,这些限制往往会影响经营的灵活性,而利用普通股筹资则没有这种限制。

(2)股票筹资的缺点

①资本成本高。因为投资者投资普通股,风险较高,其要求的投资报酬率也相应较高,并且公司支付普通股股利时要用税后利润支付,没有抵税的作用。另外,普通股的发行费用一般也高于其他证券的发行费用。

②容易分散控制权。利用普通股筹资,出售了新的股票,引进了新的股东,容易导致公司控制权的分散。

此外,新股东分享公司未发行新股前积累的盈余,会降低普通股的每股净收益,从而可能引起股价的下跌。

三、优先股融资

(一)优先股的特征

所谓优先股,是同普通股相对应的一种股权形式,持有这种股份的股东在盈余分配和剩余财产分配上优先于普通的股东。但是,这种优先是有限度的,在通常情况下,优先股股东的表决权要受到限制或者被剥夺。在国外的实际操作中,优先股股东权益的具体形式有一定程度的差异。优先股股票与普通股股票相比一般具有如下特征:

①优先分配权。在企业正常经营情况下,优先股股东的股息率稳定在一定水平上,普通股股东只有在优先股股东股息分配以后,才可以根据公司经营情况,分配到或多或少的红利。

②优先分配剩余财产权。当公司解散、破产清算时,优先股股东对剩余财产有优先的请求权。

③优先股股东一般无表决权。一般而言,优先股股东在股东大会上没有投票权(特别规定的除外),也无权过问公司的经营管理。

④公司可以赎回优先股或将其转换成普通股。发行优先股的公司,按照公司章程有关规定,根据公司发展需要,可以按一定的方式赎回发行在外的优先股或按照一定转换比率转换为公司的普通股,以达到调整公司资本结构之目的。

综上所述,优先股综合了债券和普通股的优点,既无到期还本的压力,也并不必担心股东控制权的分散。但这一种方式的税后资金成本要高于负债的税后资本成本,且优先股股东虽然负担了相当比例的风险,却只能取得固定的报酬,所以发行效果上不如债券。

(二)优先股融资的优缺点

1.优先股融资的优点

①优先股筹集的资本属于权益资本,通常没有固定到期日,即使其股息不能到期兑现也不会引发公司破产,因而融资后不会增加财务风险,反而可以增强公司的债务融资能力。

②不分散股东的控制权。一般来说,优先股股东没有投票权,发行优先股可以避免公司股权的稀释,也不会影响原有普通股东对公司的管理权和控制权。

③能够发挥财务杠杆作用。优先股的股息通常是固定的,在收益上升时期可为现有普通股股东"保存"大部分利润,具有一定的杠杆作用。

2.优先股融资的缺点

①融资成本高。由于优先股股息是在税后支付的,不能抵减公司所得税。优先股融资的成本一般比债务融资的成本高。

②财务负担重。由于优先股要求支付固定的股利,当公司经营不善时,可能会成为公司沉重的财务负担,当公司不能支付股利时,还会影响公司的信誉。

(三)优先股融资的财务决策

公司在融资时,如果不想承担发行普通股那样高昂的融资成本,又不愿因债务融资而削弱公司的偿债能力,公司可考虑发行优先股募集资金。

若公司已经透支其举债能力,进一步举债会产生信用危机而增大财务风险。公司股东又不愿发行普通股而削弱其对公司的控制权。此时,公司可优先考虑发行优先股进行筹资。

四、留存收益融资

(一)留存收益融资概述

留存收益融资就是指企业将留存收益转化为投资的过程,将企业生产经营所实现的净收益留在企业,而不作为股利分配给股东,其实质为原股东对企业追加投资。留存收益融资是公司很重要的一种内源融资方式。

留存收益是在会计学价值分配理论体系下对企业经营成果的一种分配,一种资金占有状态,我国企业倾向于发行新股来筹集权益资金以满足企业增长需求。股本扩张虽然可以为企业增长提供资金保证,但股本资金的增加并不一定会提高企业增长率。企业只有提高自身盈利能力,增加自身积累,不断创造价值才是企业增长的原动力。

（二）留存收益融资的途径

1.未分配利润

未分配利润是指未限定用途的留存净利润。未分配利润有两层含义:第一,这部分净利润本年没有分配给公司的股东投资者;第二,这部分净利润未指定用途,可以用于企业未来的经营发展、转增资本(实收资本)、弥补以前年度的经营亏损及以后年度的利润分配。

2.提取盈余公积金

盈余公积金是指有指定用途的留存净利润。盈余公积金是从当期企业净利润中提取的积累资金,其提取基数是本年度的净利润。盈余公积金主要用于企业未来的经营发展,经投资者审议后也可以用于转增股本(实收资本)和弥补以前年度经营亏损,但不得用于以后年度的对外利润分配(但上市公司除外,上市公司为了维持股价稳定,可以用盈余公积来分配现金股利)。

（三）留存收益融资的优缺点

1.留存收益融资的优点

①不发生实际的现金支出。留存收益融资不同于债务融资,不必支付定期的利息,也不同于股票筹资,不必支付股利。

②保持企业举债能力。留存收益实质上属于股东权益的一部分,可以作为企业对外举债的基础。

③不影响企业的控制权。增加发行股票,原股东的控制权分散;发行债券或增加负债,债权人可能对企业施加限制性条件。而采用留存收益筹资则不会存在此类问题。

2.留存收益融资的缺点

①期间限制。企业必须经过一定时期的积累才可能拥有一定数量的留存收益,从而使企业难以在短期内获得扩大再生产所需资金。

②与股利政策的权衡。如果留存收益过高,现金股利过少,则可能影响企业的形象,并给今后进一步的筹资增加困难。

第四节　债务资金筹集

债务资本,又称借入资本,是企业一项重要的资金来源,它是企业依法筹措使用并按期还本付息的资金。对负债资本,企业只具有在一定期限内的使用权,而且,必须承担按期还本付息的责任。其主要形式包括银行借款、发行债券、融资租赁、商业信用等。

一、银行借款

银行借款是企业根据借款合同从银行等借入的款项,是筹集负债资本的一种重要方式。

(一)银行借款的种类

1. 银行借款按其借款期限,可分为短期借款和长期借款

①短期借款是指企业向银行借入的偿还期限在1年以内的各种借款。其主要用途是满足企业生产周转的需要以及因季节性或临时性的原因所引起的企业对资金的紧急需要,包括生产周转借款、临时借款、结算借款等。

②长期借款是指企业向银行借入的偿还期限在1年以上的各种借款。主要是为了满足购建固定资产、进行更新改造、技术开发等用途的需要,包括固定资产投资借款、更新改造借款、科技开发和新产品试制借款。

2. 银行借款按其是否需要担保,可分为信用借款和担保借款

①信用借款是指以借款人的信誉为依据而获得的借款。企业取得这种借款,无须以财产做抵押。

②担保借款是指以一定的财产做抵押或以一定的保证人做担保为条件所取得的借款。通常作为抵押的财产有房屋、建筑物、机器设备、原材料、股票、债券等。

3. 银行借款按其提供贷款的机构,可分为政策性贷款和商业银行贷款

①政策性银行贷款一般是指执行国家政策性贷款业务的银行向企业发放的贷款。如国家开发银行为满足企业承建国家重点建设项目的资金需要提供贷款;进出口银行为大型设备的进出口提供买方或卖方信贷。

②商业银行贷款是指由各商业银行向工商企业提供的贷款。这类贷款主要为满足企业生产经营的资金需求。

此外,企业还可以从信托投资公司取得实物或货币形式的信托投资贷款,从财务公司取得各种贷款等。

(二)银行借款的程序

企业取得长期借款一般要按照规定的程序办理必要的手续。一般程序如下:

1. 企业提出借款申请

企业要取得银行借款必须先向银行递交借款申请,说明借款原因、借款金额、用款时间与计划、还款期限与计划等。

2. 银行审批

银行针对企业的借款申请,按照有关政策和贷款条件,对企业进行审查。审查的内容主要包括:企业的财务状况、资信状况、盈利能力、发展能力以及借款投资项目的经济效益等。

3. 签订借款合同

银行经审查批准借款申请后,可与借款企业进一步协商借款条件,签订正式的借款合同,为维护借贷双方的合法权益,保证资金的合理使用,应对贷款的数额、利率、期限以及限制型条款做出明确规定。

4. 企业取得借款

借款合同签订后,银行可在核定的贷款总额范围内,根据用款计划和企业实际需要,一次或分次将贷款转入企业的存款结算户,以便企业按规定的用途和时间支取使用。

5. 借款的偿还

借款的偿还方式常见的有两种:到期一次还本付息和分期分批偿还。企业应按合同约定的方式按期履行还本付息的义务。如果到期不能偿付,应提前向银行申请延期,但只能延期一次。借款逾期不偿还,银行将从企业存款户扣还贷款本息并加收罚息,或者没收抵押品。

（三）借款合同的内容

借款合同是规定当事人双方权利和义务的契约。借款合同依法签订后,具有法律约束力,当事人双方必须严格遵守合同条款,履行合同规定的义务。

1. 借款合同的基本条款

根据我国有关法规,借款合同应具备下列条款:借款种类,借款用途,借款金额,借款期限,还款资本来源及还款方式,保证条款,违约责任等。其中,保证条款规定借款公司申请借款应具有银行规定比例的自有资本,有适销或适用的财产物资作为贷款的保证,当借款公司无力偿还到期贷款时,贷款银行有权处理贷款保证的财产物资;必要时还可规定保证人,保证人必须具有足够的代偿借款的财产,如借款公司不履行合同,由保证人连带承担偿付本息的责任。

2. 借款合同的限制条款

由于长期贷款的期限长、风险大,因此,除了合同的基本条款以外,按照国际惯例,银行对借款公司通常约定一些限制性条款,归纳起来有如下三类:

①一般性限制条款。包括:公司需持有一定限度的现金及其他流动资产,保持其资产的合理流动性及支付能力;限制公司支付现金股利;限制公司资本支出的规模;限制公司借入其他长期资本等。

②例行性限制条款。多数借款合同都有这类条款,一般包括:公司定期向银行报送财务报表;不能出售太多的资产;债务到期要及时偿付;禁止应收账款的转让等。

③特殊性限制条款。例如,要求公司主要领导人购买人身保险,规定借款的用途不得改变等,这类限制条款,只有在特殊情形下才生效。

（四）银行借款的信用条件

按照国际惯例,银行发放短期贷款时往往带有一些信用条件,主要有:

1. 信贷额度

信贷额度是银行对借款人规定的无担保贷款的最高额,是一种无担保的短期银行信用。信贷额度的有效期限通常为 1 年,但是只要借款人的信用风险维持不变,银行根据情况也可延期 1 年。一般来讲,公司在批准的信贷额度内,可随时使用银行借款。但是,银行并不承担必须提供全部信贷额度的义务。如果公司信誉恶化,即使银行曾同意按信贷额度提供贷款,公司也可能得不到借款。这时银行不会承担法律责任。

2. 周转信贷协定

周转信贷协定是银行从法律上承诺向公司提供不超过某一最高限额的贷款协定。在协定的有效期内,只要公司的借款总额未超过最高限额,银行必须满足公司任何时候提出的借款要求。公司享有周转信贷协定,通常要对贷款限额的未使用部分付给银行一笔承诺费。承诺费通常按信贷额度总额中尚未使用部分的一定百分比计算。

【例 3-4】 某企业与银行商定的周转信贷额为 2 000 万元,承诺费率为 0.5%,借款企业年度内使用了 1 400 万元,余额为 600 万元。要求计算借款企业应支付银行的承诺费金额。

解:承诺费 $= 600 \times 0.5\% = 3$(万元)

3. 补偿性余额

补偿性余额是银行要求借款公司在银行中保留按贷款限额或实际借用额一定的百分比(通常为 10%~20%)的最低存款余额。从银行的角度讲,补偿性余额可降低贷款风险,补偿其可能遭受的风险。但对借款公司来说,补偿性余额则提高了借款的实际利率。

【例 3-5】 某企业以 10% 的年利率向银行借款 100 万元,银行要求企业保持 15% 的补偿性余额。要求计算该借款企业实际可动用的借款额和实际利率。

解:实际可动用借款额 $= 100 \times (1-15\%) = 85$(万元)

$$借款实际利率 = \frac{100 \times 10\%}{100 \times (1-15\%)} \times 100\% = 11.76\%$$

4. 借款抵押

银行向财务风险较大、信誉不好的企业发放贷款,往往需要有抵押品担保,以降低自己蒙受损失的风险。借款的抵押品通常是借款企业的应收账款、存货、股票、债券以及房屋等。银行接受抵押品后,将根据抵押品的账面价值决定贷款金额,一般为抵押品账面价值的 30%~90%。这一比例的高低取决于抵押品的变现能力和银行的风险偏好。抵押借款的资本成本通常高于非抵押借款,这是因为银行主要向信誉好的客户提供非抵押贷款,而将抵押贷款视为一种风险贷款,因而收取较高的利息;此外,银行管理抵押贷款比管理非抵押贷款更为困难,为此往往收取手续费。企业取得抵押借款还会限制其抵押财产的使用和将来的借款能力。

5. 偿还条件

无论何种借款,一般都会规定还款的期限。根据我国金融制度的规定,贷款到期后仍无能力偿还的,视为逾期贷款,银行要照章加收逾期罚息。贷款的偿还有到期一次偿还和在贷款期内定期等额偿还两种方式。一般来说,企业不希望采用后种方式,因为这会提高借款的实际利率;而银行不希望采用前种方式,因为这会加重企业还款时的财务负担,增加企业的拒付风险,同时会降低实际贷款利率。除了上述所说的信用条件外,银行有时还要求企业为取得借款而做出其他承诺,如及时提供财务报表,保持适当的资产流动性等。如企业违背做出的承诺,银行可要求企业立即偿还全部贷款。

(五)借款利息的支付方式

1.收款法

收款法是在借款到期时向银行支付利息的方法。银行向工商类企业发放的贷款大都采用这种方法收息。

2.贴现法

贴现法是指银行向企业发放贷款时,先从本金中扣除利息部分,而到期时借款企业则要偿还全部本金的一种计息方法。采取这种方法,企业可利用的贷款只有本金减去利息部分后的差额,因此贷款的实际利率高于名义利率。

【例3-6】 某企业从银行取得借款 20 000 元,期限 1 年,年利率(即名义利率)10%,按照贴现法付息。要求根据以上资料,计算企业实际可利用的贷款额和实际利率。

解:实际可利用贷款额 = 20 000×(1- 10%)= 18 000(元)

$$实际利率 = \frac{2\ 000}{20\ 000 - 2\ 000} \times 100\% = 11.11\%$$

3.加息法

加息法是银行发放分期等额偿还贷款时采用的利息收取方法。在分期等额贷款的情况下,银行要将根据名义利率计算的利息加到贷款本金上,计算出贷款的本利和,要求企业在贷款期内分期等额偿还。由于贷款分期均衡偿还,借款企业实际上只使用了贷款本金的一半,却支付了全部利息。这样,企业所负担的实际利率便高于名义利率,大约一倍。

【例3-7】 某企业借入年利率为10%的一年期借款 200 000 元,按月等额偿还本息。要求计算该项借款的实际利率。

$$解:实际利率 = \frac{200\ 000 \times 10\%}{\dfrac{200\ 000}{2}} \times 100\% = 20\%$$

(六)银行借款筹资的优缺点

1.银行借款筹资的优点

①筹资速度快。发行各种证券筹集长期资金所需时间一般较长。做好证券发行的准备,如印刷证券、申请批准等,以及证券的发行都需要一定时间。而银行借款与发行证

券相比,一般所需时间较短,可以迅速地获取资金。

②筹资成本低。就目前我国情况来看,利用银行借款所支付的利息比发行债券所支付的利息低,另外,也无须支付大量的发行费用。

③借款弹性好。企业与银行可以直接接触,可通过直接商谈来确定借款的时间、数量和利息。在借款期间,如果企业情况发生了变化,也可与银行进行协商,修改借款的数量和条件。借款到期后,如有正当理由,还可延期偿还。

2. 银行借款筹资的缺点

①财务风险较大。企业举借长期借款,必须定期还本付息,在经营不利的情况下,可能会产生不能偿付的风险,甚至会导致破产。

②限制条款较多。企业与银行签订的借款合同中,一般都有一些限制条款,如定期报送有关报表、不准改变借款用途等,这些条款可能会限制企业的经营活动。

③筹资数额有限。银行一般不愿借出巨额的长期借款。因此,银行借款都有一定的上限。

二、发行债券

债券是债务人为筹集债务资本而发行的,约定在一定期间内向债权人还本付息的有价证券。发行债券是企业筹集负债资本的重要方式。股份有限公司和有限责任公司发行的债券称为公司债券。公司发行债券通常是为大型投资项目筹集大额长期资本。

(一)债券的种类

债券可以从各种不同的角度进行分类,现说明其主要的分类方式。

1. 按债券有无担保,可将债券分为信用债券和抵押债券

①信用债券。信用债券又称为无担保债券,是仅凭债券发行者的信用发行的、没有抵押品作担保的债券。通常只有信誉良好、实力较强的公司才能发行这种债券,一般利率略高于抵押债券。

②抵押债券。抵押债券又称为担保债券,是指以特定财产作抵押而发行的债券。抵押债券按抵押物品的不同,又可分为动产抵押债券、不动产抵押债券、设备抵押债券和证券信托债券。

2. 按债券是否记名,可将债券分为记名债券和无记名债券

①记名债券。记名债券是在债券的票面上记载有持券人姓名或名称,并在发行单位或代理机构进行登记的债券。对于这种债券,发行公司只对票面上注明并在公司登记簿中登记的持有人支付本息。记名债券转让时,须由债券持有人以背书等方式办理过户手续。记名债券较为安全,其发行价格较无记名债券要高。

②无记名债券。无记名债券是指不需在债券的票面上记载持有人的姓名或名称,也不需要在发行单位或代理机构登记造册的债券。此种债券可随意转让,不需要办理过户手续。持券人即为领取债券利息和本金的权利人,还本付息以债券为凭,一般实行剪票

付息。无记名债券安全性较差,但其转让方便,节省费用。

3.债券的其他分类

除按上述几种标准分类外,还有其他一些分类形式。

①可转换债券。可转换债券是指一定期间内,可以按规定的价格或一定比例,由持有人自由地选择转化为普通股的债券。

②无息债券。无息债券是指票面上不标明利息,按面值出售,到期按面值归还本金的债券。债券的面值和买价的差异就是投资人的收益。

③浮动利率债券。浮动利率债券是指利息率随基本利率(一般是国库券利率或银行同业拆放利率)变动而变动的债券。发行浮动利率债券的主要目的是对付通货膨胀。

④收益债券。收益债券是指企业不盈利时,可暂时不支付利息,而到获利时支付累积利息的债券。

此外,债券还可按用途分为直接用途债券和一般用途债券;按偿还方式分为提前收回债券和不提前收回债券,分期偿还债券和一次性偿还债券等。

(二)债券的发行

公司发行债券,必须符合规定的发行资格和条件。

1.发行债券的资格

我国《公司法》规定,股份有限公司、国有独资公司和其他两个以上的国有投资主体投资设立的有限责任公司,具有发行公司债券的资格。

2.发行债券的条件

我国《公司法》还规定,有资格发行公司债券的公司,必须具备以下条件:

①股份有限公司的净资产不低于人民币3 000万元,有限责任公司的净资产不低于人民币6 000万元。

②累计债券总额不超过公司净资产的40%。

③最近3年平均可分配利润足以支付公司债券1年的利息。

④筹集的资本投向符合国家产业政策。

⑤债券的利率不得超过国务院限定的利率水平。

⑥国务院规定的其他条件。

另外,发行公司债券所筹集的资金,必须符合审批机关审批的用途,不得用于弥补亏损和非生产性支出,否则会损害债权人的利益。

发行公司凡有下列情形之一的,不得再次发行公司债券:

①前一次发行的债券尚未募足的。

②对已发行的公司债券或者其债券有违约或者延迟支付本息的事实,且仍处于持续状态的。

3.公司债券的发行程序

①做出发行债券的决议或决定。我国《公司法》规定,股份有限公司、有限责任公司

发行债券,由董事会制订方案,股东大会或股东会做出决议;国有独资公司发行债券,由国家授权投资的机构或者国家授权的部门做出决定。

②提出发行债券的申请与批准。我国《公司法》规定,凡公司发行债券,须向国务院证券管理部门提出申请,并提交相应文件(登记证明、公司章程、募集方法、资产评估报告和验资报告等),由证券管理部门按规定予以审批。

③公告公司债券募集办法。发行公司债券的申请经国务院证券管理部门批准后,公司应向社会公告募集办法,并应载明债券发行总额、债券面值、债券利率、还本付息的期限与方式、发行的起止日期、公司债券的承销机构等事项。

④委托证券机构发售,募集款项。公司向社会公开发行债券,须由有资格的证券机构承销,双方签订协议承销或代销。

⑤交割。公司发行债券由证券机构承销时,投资者向承销商付款购买,该机构代收款项,交付债券,然后,发行公司与承销机构结算款项。

4. 公司债券的发行价格

债券的发行价格是发行公司发行债券时所使用的价格,即投资者认购时所实际支付的价格。公司债券的发行价格通常有三种:平价、溢价和折价。

①平价是指以债券的票面金额为发行价格。

②溢价是指以高于债券票面金额的价格为发行价格。

③折价是指以低于票面金额的价格为发行价格。

债券发行价格主要由票面金额、票面利率、市场利率、债券期限四项因素确定。当票面利率与市场利率不一致时,会形成不同的发行价格。其具体公式可表示为:

$$债券发行价格 = \frac{债券面值}{(1+i)^n} + \sum_{t=1}^{n} \frac{债券利息}{(1+i)^t}$$

式中　t——付息期数;

　　　n——债券期限;

　　　i——债券发行时的资本市场利率。

债券利息按票面利率与债券面值计算。债券发行价格公式表明,它由两部分组成:一部分是债券各期利息的现值之和;另一部分是到期还本票面面值按市场利率折现的现值。

(三)债券筹资的优缺点

1. 债券筹资的优点

①资本成本低。与股票筹资方式相比,债券筹资的成本低。一方面由于债券利率一般低于股息率;另一方面债券利息具有抵税的作用,使企业实际利息负担减轻。

②保证控制权。债券持有人无权参与企业的经营管理,因而不会分散股东的控制权。

③财务杠杆利息。由于债券筹资只支付固定的利息费用,在经营状况好时,能够为

企业带来财务杠杆利益,提高自有资金收益水平。

④调整资金结构。当企业发行可转换债券或可提前收回债券时,能够增强筹资弹性,有利于企业资金结构的调整。

2.债券筹资的缺点

①财务风险大。由于债券须到期偿还,并支付固定的利息费用,在企业经营不景气时,会加重财务负担,增大财务风险,使未来筹资更加困难。

②限制条件多。对债券的发行,国家有严格的规定,限制了企业对债券筹资方式的使用,甚至会影响未来的筹资能力。

三、融资租赁

租赁是一种契约性协议,它是以承租人支付一定租金为条件,出租者在一定时期内将资产的占有权和使用权转让给承租人的一种交易行为。租赁是一种融物筹资,用以解决企业急需设备而又资金不足的困难。

(一)租赁的种类

租赁的种类很多,按其性质可分为两种:经营租赁和融资租赁。

1.经营租赁

经营租赁又称营业租赁,是一种典型的传统租赁形式,通常为短期租赁。其特点是:

①租赁期短,不涉及长期固定义务。

②租赁合同灵活,是一种可以解除的合同。

③经营租赁期满,租赁资产一般退还出租者。

④承租人可以随时提出租赁请求。

⑤出租人承担专门义务,如保险、维修等。

⑥由于没有所有权的转移,经营租赁风险较低。

2.融资租赁

融资租赁又称财务租赁,是指租赁公司(出租人)按承租人的要求融资购买设备,在契约或合同规定的较长期限内提供给承租人使用的租赁业务。融资租赁一般是为了满足企业对长期资金的需求,属于长期租赁。融资租赁是现代租赁的主要形式,其特点一般包括:

①由承租人向出租人提出正式申请,由出租人融资购进设备,租给承租人使用。

②租期较长,大多为设备耐用年限的一半以上。

③租赁合同稳定,在规定的租期内,非经双方同意,任何一方不得中途解约,这有利于维护双方的权益。

④由承租人负责设备的维修、保养和保险。

⑤租赁期满后,可选择退还、续租或留购三种方法处置租赁资产,通常由承租人留购。由以上特征可以看出,与租赁资产所有权相关的风险和报酬实质上已全部转移给承

租人一方,因而风险比较大。

(二)融资租赁的形式

融资租赁按其义务上的不同特点,可分为直接租赁、售后租回、杠杆租赁三种情况。

1. 直接租赁

直接租赁是指承租人直接向出租人租入所需要的资产并支付租金。它是融资租赁的典型形式,其出租人一般为设备制造厂商或租赁公司。

2. 售后租回

售后租回是租赁企业将其设备卖给租赁公司,然后再将所售资产租回使用并支付租金的租赁方式。承租企业出售资产可得到一笔资金,同时租回资产不影响企业继续使用,但其所有权已经转移到租赁公司,售后租回的出租人一般为租赁公司等金融机构。

3. 杠杆租赁

杠杆租赁是当前国际上流行的一种特殊形式的融资性租赁,在这一租赁方式中,出租人一般出资相当于租赁资产价款20%～40%的资金,其余60%～80%的资金由其将欲购置的租赁物作抵押向金融机构贷款,然后将购入的设备出租给承租人,并收取租金。

这种方式,一般要涉及承租人、出租人和贷款人三方当事人。从承租方看,这一租赁方式与前两种租赁方式没有什么差别。但从出租方看,出租人只垫付部分资金便获得租赁资产的所有权,而且租赁收益大于借款成本支出,出租方能够获得杠杆收益,故这种方式称为杠杆租赁。

(三)融资租赁的程序

1. 选择租赁公司

企业决定采用租赁方式取得某项设备时,首先要了解各家租赁公司的经营范围、业务能力、资信状况,以及与其他金融企业如银行的关系,取得租赁公司的融资条件和租赁费率等资料,加以分析比较,从中择优选取。

2. 办理租赁委托

企业选定租赁公司后,便可向其提出申请,办理委托。这时,承租公司需填写"租赁申请书",说明所需设备的具体要求,同时还要向租赁公司提供财务状况文件,包括资产负债表、利润表和现金流量表等资料。

3. 签订购货协议

由承租公司与租赁公司的一方或双方合作组织选定设备供应厂商,并与其进行技术和商务谈判,在此基础上签订购货协议。

4. 签订租赁合同

租赁合同系由承租企业与租赁公司签订,它是租赁业务的重要法律文件。融资租赁合同的内容可分为一般条款和特殊条款两部分。

(1)一般条款

一般条款主要包括:①合同说明。主要明确合同的性质、当事人身份、合同签订的日期等。②名词释义。解释合同中所使用的重要名词,以避免歧义。③租赁设备条款。详细列明设备的名称、规格型号、数量、技术性能、交货地点及使用地点等。④租赁设备交货、验收和税款、费用条款。⑤租期及起租日期条款。⑥租金支付条款,包括租金的构成、支付方式和货币名称等。这些内容通常以附表的形式被列为合同附件。

(2)特殊条款

特殊条款主要规定:①购买协议与租赁合同的关系。②租赁设备的产权归属。③租期中不得退租。④对出租人和承租人的保障。⑤承租人违约及对出租人的补偿。⑥设备的使用和保管、维修、保障责任。⑦保险条款。⑧租赁保证金和担保条款。⑨租赁期满时对设备的处理条款等。

5. 办理验货、付款与保险

承租公司按购货协议收到租赁设备时,要进行验收,验收合格后签发交货及验收保证书,并提交给租赁公司,租赁公司据以向供应厂商支付设备价款。同时,承租公司向保险公司办理投保事宜。

6. 支付租金

承租公司在租期内按合同规定的租金数额、支付方式等,向租赁公司支付租金。

7. 合同期满处理设备

融资租赁合同期满时,承租企业应按租赁合同的规定,实行退租、续租或留购。租赁期满的设备通常都以低价卖给承租企业或无偿赠送给承租企业。

(四)融资租赁租金的计算

在租赁筹资方式下,承租企业要按合同规定向租赁公司支付租金。租金的数额和支付方式对承租企业的未来财务状况具有直接的影响,也是租赁筹资决策的重要依据。

1. 融资租赁租金的构成

融资租赁的租金包括以下几个方面:

①租赁设备的购置成本,它由设备的买价、运杂费和途中保险费等构成。这是租金的主要内容。

②融资成本,是指租赁公司为购买租赁设备所筹资金的成本,即设备租赁期间的利息。

③租赁手续费,包括租赁公司承办租赁设备的营业费用以及一定的盈利。租赁手续费的高低一般无固定标准,通常由承租公司与租赁公司协商确定,按设备成本的一定比率计算。

2. 租金的支付方式

租金的支付方式也影响到租金的计算。租金通常采用分次支付的方式,具体又分为以下几种类型:

①按支付时期的长短,租金支付方式可以分为年付、半年付、季付和月付等方式。

②按支付时期的先后,租金支付方式可以分为先付租金和后付租金两种。先付租金

是指在期初支付,后付租金是指在期末支付。

③按每期支付金额,租金支付方式可以分为等额支付和不等额支付两种。

3. 租金的计算方法

在我国融资租赁业务中,计算资金的方法一般采用等额年金法。等额年金法现值的计算公式变换后即可计算每期支付的租金。因租金有先付租金和后付租金两种支付方式,需分别说明。

①先付租金的计算。承租企业有时可能会与租赁公司商定,采取先付等额租金的方式支付租金。根据先付年金的现值公式,可得出先付等额年金的计算公式为:

$$A = PV \div [(PV/A, i, n-1) + 1]$$

【例 3-8】 假如上例采用先付等额租金方式,要求计算每年年初应支付的租金额。

解:$A = 40\,000 \div [(PV/A, 18\%, 7) + 1]$

$$= \frac{40\,000}{3.811\,5 + 1}$$

$$= 8\,313.42(元)$$

②后付租金的计算。承租企业与租赁公司商定的租金支付方式,大多为后付等额年金,即普通年金。根据年资本回收额的计算公式,可确定后付租金方式下每年年末支付租金数额的计算公式:

$$A = \frac{PV}{(PV/A, i, n)}$$

【例 3-9】 某企业采用融资租赁方式于 2005 年 1 月 1 日从一租赁公司租入一设备,设备价款 40\,000 元,租期为 8 年,到期后设备归企业所有;为了保证租赁公司弥补融资成本、相关的手续费并有一定的盈利,双方商定采用 18% 的折现率,试计算该企业每年年末应支付的等额租金。

解:$A = 40\,000 \div (PV/A, 18\%, 8)$

$$= 40\,000 \div 4.077\,6$$

$$= 9\,809.69(元)$$

(五)融资租赁筹资的优缺点

1. 融资租赁筹资的优点

①筹资速度快。租赁往往比借款购置设备更迅速、更灵活,因为租赁是筹资与设备购置同时进行,可以缩短设备的购进、安装时间,使企业尽快形成生产能力。

②限制条件少。如前所述,债券和长期借款都定有相当多的限制条款,虽然类似的限制在租赁公司中也有,但一般比较少。

③设备陈旧过时的风险小。随着科学技术的不断进步,固定资产更新的周期日趋缩短。设备陈旧过时的风险很高,而多数租赁协议规定由出租人承担设备陈旧过时的风险,使承租公司免遭这种风险。

④财务风险小。租金在整个租期内分摊,不用到期归还大量本金。许多借款都在到期日一次偿还本金,这会给财务基础较弱的公司造成相当大的困难,有时会造成不能偿付的风险。而租赁则把这种风险在整个租期内分摊,可适当减少不能偿付的风险。算租金的方法一般采用等额年金法。等额年金法现无收税负担。租金可在税前扣除,具有抵免所得税的作用。

2. 融资租赁筹资的缺点

融资租赁筹资最主要的缺点就是资本成本较高。一般来说,其租金要比举借银行借款或发行债券所负担的利息高得多。在企业财务困难时,固定的租金也会构成一项较沉重的负担。

四、商业信用

商业信用是企业在商品交易中以延期付款或预收货款的方式进行购销活动而形成的借贷关系,是企业之间的直接信用行为,商业信用是商品交易中由于货币与商品在时间和空间上发生分离而产生的。它形式多样、适用广泛,已成为企业筹集短期资金的重要方式。企业之间商业信用的主要形式有应付账款、应付票据、预收账款等。

(一)应付账款

应付账款是企业购买商品或接受劳务暂未付款而形成的欠款。对于买方来说,延期付款等于向卖方融通资金购买商品或接受劳务,可以满足短期资金需要。应付账款有付款期限、现金折扣等信用条件。

应付账款可以分为免费信用、有代价的信用和展期信用。免费信用指买方公司在规定的折扣期内付款,享有折扣获得的信用;有代价的信用指公司超过折扣期付款,付出代价而获得的信用;展期信用指公司超过规定的付款期强制获得的信用。

1. 应付账款的成本

公司购买货物后,在规定的折扣期付款,便可享受免费信用,无须为享受信用而付出代价。若超过折扣期付款,就要承受因放弃现金折扣而造成的隐形损失。

【例3-10】 某公司以 2/10,n/30 的条件购入价值 20 万元的货物。要求根据资料,分析该公司的应付账款成本。

分析:2/10,n/30 表示公司在 10 天内付款可享受 2% 的现金折扣,超过 10 天,30 天内付款则要全额支付。

图 3-1 公司放弃现金折扣情况示意图

如图 3-1 所示,如果公司 10 内付款,则可以享受免费信用,免费信用额度为 19.6 万元(20 − 20×2%)。如果公司放弃现金折扣,于 10 天后付款,公司为了不违约必须在信用期期限第 30 天付款,则需要付款 20 万元,相当于公司借了一笔期限为 20 天金额为 19.6 万元的债务,利息为 0.4 万元。公司要承受放弃现金折扣的隐含利息成本。

公司该笔债务的利息成本为:$\dfrac{0.4}{19.6} \times \dfrac{360}{20} = 37.8\%$

故放弃现金折扣的成本公式为:

$$放弃现金折扣的成本 = \frac{折扣百分比}{1-折扣百分比} \times \frac{360}{信用期-折扣期}$$

具体到该例中,公司放弃现金折扣的成本为:

$$\frac{2\%}{1-2\%} \times \frac{360}{30-10} = 37.8\%$$

由公式可以看出,放弃现金折扣的成本与折扣百分比的大小、折扣期的长短呈同向变化,而与信用期的长短呈反向变化。可见,如果企业放弃折扣而获得信用,其代价是比较高的。然而,企业在放弃折扣的情况下,推迟付款的时间越长,其成本越小。

比如,企业延长至 50 天付款,其放弃现金折扣的成本为:

$$\frac{2\%}{1-2\%} \times \frac{360}{50-10} = 18.4\%$$

2. 利用现金折扣的决策

根据公司追求效益最大化,力求使其收益大于成本的原则,公司在面临是否放弃现金折扣的选择时,要根据具体情况具体分析。

当公司能以低于放弃现金折扣成本的利率借入资金时,应当借入资金,享受现金折扣;当公司有着良好的短期投资机会,可以取得高于放弃现金折扣成本的投资报酬率时,就应该放弃现金折扣,把现有的资金投入短期投资,以追求更高的收益。公司要享受展期信用时,也要在其获得的收益与付出的成本之间进行权衡,展期付款可以降低放弃现金折扣的成本,但同时会损害公司信誉、破坏公司形象,可能导致日后苛刻的信用条件,甚至丧失享受商业信用的机会。

(二)预收账款

预收账款是在卖方公司交付货物前向买方预先收取货款的信用形式,主要用于生产周期长、资金占用量大的商品销售,如轮船、房地产等。其实质相当于买方企业向卖方融通短期资金,缓解资金占用过大的困难。

(三)应付票据

应付票据是公司延期付款时开具的表明其债权债务关系的票据。根据承兑人的不同,应付票据分为商业承兑汇票和银行承兑汇票,支付期最长不超过 9 个月。应付票据可以为带息票据,也可以为不带息票据,我国多数为不带息票据,且使用应付票据提供的融资,一般不用保持补偿余额,所以资本成本很低,几乎为零。

（四）商业信用筹资的优缺点

1. 商业信用筹资的优点

①筹资便利。利用商业信用筹措资金非常方便。因为商业信用与商品买卖同时进行，属于一种自然性融资，不需做非常正规的安排。

②筹资成本低。如果没有现金折扣，或企业不放弃现金折扣，则利用商业信用筹资没有实际成本。

③限制条件少。如果企业利用银行借款筹资，银行往往对贷款的使用规定一些限制条件，而商业信用则限制较少。

2. 商业信用筹资的缺点

商业信用的期限一般较短，如果企业取得现金折扣，则时间会更短，如果放弃现金折扣，则要付出较高的资本成本。

第五节　混合资金筹集

一、认股权证

（一）认股权证的要素

认股权证是指由股份有限公司发行的、能够按照特定的价格在特定的时间内购买一定数量该公司普通股股票的选择权凭证，其实质是一种普通股股票的看涨期权。

1992 年 6 月，我国上海证券交易所推出第一张权证——大飞乐股票配股权证。同年 8 月，深圳证券交易所发行了全国第一张中长期（1 年）认股权证——宝安 93 认股权证。宝安中长期认股权证的发行开创了一种全新的融资方式与融资渠道，提供了新的交易品种。

在 2005 年股权分置改革中，很多上市公司以认股权证作为对价支付给股东，并在上海和深圳证券交易所开辟了权证交易市场，为日后备兑认股权证的面世奠定了基础。2005 年 8 月 22 日，宝钢认购权证在沪市上市，它是我国在终止权证交易近 10 年后，恢复权证交易的第一张权证。

认股权证的要素一般有：

1. 认股期限

认股期限是指认股权证的有效期。在有效期内，认股权证的持有人可以行使认股权；超过有效期，认股权自动失效。认股期限的长短因不同国家、不同地区以及不同市场差异很大，主要根据投资者和股票发行公司的要求而定。一般来说，认股期限多为 3 ~ 10 年。认股期限越长，其认股价格就越高。

2. 认股价格

认股价格也称行权价格,即行使认股权时的认购价格。认股权证在发行时,发行公司要确定其认股价格。认股价格的确定一般以认股权证发行时,发行公司的股票价格为基础确定。如果出现公司股份增加或减少等情况,就要对认股权证的认股价格进行调整。有的公司甚至这样约定:当公司股票市价过度上涨时,其发行的认股权证的认股价格可以按预定公式自行上调。这样做的目的在于维护公司原有股东的权益。

3. 认股数量

认股数量是指认股权证认购股份的数量。它可以用两种方式约定:一是确定每一单位认股权证可以认购多少公司发行的普通股;二是确定每一单位认股权证可以认购多少金额的普通股。

4. 赎回权

发行认股权证的股份有限公司大都制定了赎回权条款,即规定在特定情况下,公司有权赎回其发行的认股权证。

5. 认股价格的调整

通常情况下,认股权证按既定的认股价格运行。但在诸如送股、配股等特定情况下,认股权证的发行公司就必须对认股价格进行调整。往往还有这样的条款,即如果有购买者对某家上市公司提出了收购要约,那么收购方还要对这家上市公司已经发行在外的认股权证提出收购要约。这样一来,认股权证的持有者便能立即实施认股并接受收购要约中应有的利益。

(二)认股权证的种类与发行

1. 认股权证的种类

在国内外的公司融资实务中,认股权证的形式多种多样,可划分为不同的种类。

①按允许认股的期限分类。认股权证按允许认股的期限分为长期认股权证和短期认股权证。长期认股权证的认股期限通常持续几年,有的是永久性的。短期认股权证的认股期限比较短,一般在90天以内。

②按发行方式不同的分类。认股权证按发行方式可分为单独发行的认股权证和附带发行的认股权证。单独发行的认股权证是指不依附于其他证券而独立发行的认股权证。附带发行的认股权证是指依附于债券、优先股、普通股或短期票据发行的认股权证。

③按发行主体不同分类。认股权证按发行主体可分为公司权证和备兑权证。公司权证是指标的证券发行人所发行的权证,备兑权证是指标的证券发行人以外的第三方(如大股东、券商等金融机构)发行的权证。

2. 认股权证的发行

认股权证一般采取两种方式发行。最常用的一种方式是,在新发行优先股或公司债券时对优先股或公司债券的投资者发行认股权证,因投资者对认股权证无须支付认购款项,从而可增强公同优先股或债券对投资者的吸引力。

另一种发行方式为单独发行,是发行公司对老股东的一种回报。其具体做法是按老股东的持股数乘以一定比例对其发行。

认股权证的交易既可以在交易所内进行,也可以在场外交易市场上进行,其具体交易方式与股票类似。

(三)认股权证在融资中的使用

认股权证通常被快速增长的小公司所采用,它们在发行债券或者优先股股票时,用认股权证作为"诱饵"。从投资者角度来看,这样的公司通常风险很高,因此,债券只有在利率很高并有严格规定的偿还条款时,才能发行出去。为了避免这种不利的情况,像海达公司这样的公司通常会随债券的发行附送认股权证。

对于投资者来说,在获得债券的同时得到认股权证,就可以分享公司未来的高增长,当然前提是相应的公司在未来会有增长和发展。因此,投资者会相对愿意接受较低的利率,以及还款方面较少的限制。附认股权证的债券有债务的特征,也有权益的特征。它是一种混合证券,它为公司的财务经理提供了机会,可以拓宽公司发行的证券种类,因此也可以吸引更为广泛的投资群体。

当附认股权证的债券发行之后,相应的认股权证就可以与债券分离,并在市场上单独进行交易。而且,即使在认股权证执行之后,相应的债券仍然可以流通在外。

认股权证的执行价格通常确定在超出相应债券发行日期公司股票市场价格 20%~30%的水平上。如果公司有巨大的发展潜力和繁荣的可能性,如果公司股票价格的上升超过了执行价格,认股权证的持有者就会执行他们的认股权证,按照约定的价格购买公司的股票。然而,如果没有一定的激励,在到期日之前,认股权证就永远不会执行——因为它们本身的市场价值将大于执行所获得的价值。因此,认股权证的持有者会宁可出售认股权证,而不执行认股权证。促成持有者执行认股权证的条件有三个:

第一,如果认股权证即将到期,而股票的市场价格超过认股权证的执行价格,认股权证的持有者肯定执行认股权证并购买股票。

第二,如果公司大幅度提高普通股股票的股利水平,认股权证的持有者也会更为积极地执行认股权证。因为持有认股权证不能获得相应的股利收入,因此,也就没有现金收入。同时,如果普通股股票支付较高的股利,就会相应提供较高的股利收入,而限制股票价格的上升。这也会迫使认股权证的持有者执行其期权,购买公司的股票。

第三,认股权证有时候规定有阶梯上升的执行价格,从而会迫使认股权证的持有者尽快执行认股权证。例如,美国的威廉森科学公司有发行在外的认股权证,其执行价格为 25 美元,有效期到 2004 年 12 月 31 日。而到这一时间,执行价格上升到 30 美元。如果在 2004 年 12 月月 31 日之前,公司普通股股票的价格超过 25 美元,许多认股权证的持有者会执行他们的期权,以避免执行价格的抬升,使得认股权证的价值下降。

认股权证的另一种好处是当需要资金的时候,它们就会逐步地提供资金。如果公司增长,它很可能会需要新的权益资本。与此同时,增长将引起公司股票价格上升,从而促使认股权证的执行,因此,公司就会获得追加的现金资本。如果公司经营不成功,也就不能获得有利可图的投资机会,股票的价格也就不可能有足够幅度的上升,从而不会吸引认股权证的执行。

二、可转换债券

（一）可转换债券的基本要素

可转换债券是指可以在规定的条件下兑换为同一公司普通股股票的公司债券。多数情况下，可转换债券均被用来作为延期性的普通股融资。技术上，这些证券是公司债，而实际上只是延期的普通股。

可转换债券除了要具备普通债券的基本要素外，还应具备以下要素：

1. 标的股票

可转换债券对股票的可转换性，实际上是一种股票期权或股票选择权，它的标的物就是可转换成的股票。

2. 转换价格

转换价格是指可转换债券转换为普通股股票时投资者所支付的每股股票的价格。与转换价格相关联的是转换比率，即每份可转换债券可以转换的普通股的股数。其计算公式如下：

$$转换比率 = 债券面值 / 转换价值$$

3. 转换期

转换期是可转换债券转换为普通股股份的起始日至结束日的时间。转换期可以等于或短于债券有效期。在债券发行一定期限后开始的转换期称为递延转换期。

4. 赎回条款

赎回条款是指允许公司在债券发行一段时间后，无条件或有条件地在赎回期内提前购回可转换债券的条款。赎回价格一般高于可转换债券的面值，超出部分称为赎回溢价。赎回溢价随债券到期日的临近而减少。

5. 回售条款

回售条款是为可转换公司债券投资者提供的一项安全性保障，当公司股票的价格在一段时期内连续低于可转换公司债券的转换价格时，投资者可以要求公司以高于面值一定比例的回售价格收回可转换债券。回售条款赋予了可转换公司债券投资者一种权利，投资者可以根据市场的变化而选择是否行使这种权利，这一条款在一定程度上保护了投资者的利益，相当于发行公司提前兑付本息。回售作为投资者的权利会增加可转换债券的期权价值。

（二）可转换债券融资的原因

在大多数情况下，公司发行可转换公司债券是出于如下的考虑：

1. 维护现有股东的利益

在预测公司发展前景良好的情况下，发行可转换债券可以减轻股权的分散，保护现有股东的权益。例如，一项新工程的开工会造成短期成本太高，盈利下降，但预料明年盈利会大幅度上升，从而使普通股价格上升。公司可能会考虑，如果现在出售普通股，要筹集到所需资金，必须发行较多的股份数。但如果使用可转换债券，将转换价格定在高于普通股市价的 20%～30%以上,当把公司债券转换成普通股时,普通股数比现在直接出售普通股时的股数少 20%左右。

2. 可转换债券融资的资金成本较低

对投资者来讲,可转换债券具有双重收益,灵活性极强。股票市价上升,可将可转换债券兑换为普通股股票以求较多的股息和资本利得;股票市价下跌,持有可转换债券以保证其基本的利息收益和本金安全。因此,公司发行可转换公司债券通常利率较低,例如,2000 年 2 月 25 日,上海机场公告发行的可转换公司债券,期限为 5 年,票面利率为 0.8%,每年付息一次,而当时银行贷款利率约为 6.65%。

3. 有利于调整公司资本结构

许多公司为了保证可转换债券的转换,可能采取一些措施促使投资者行使转换权。这样,就可达到调整资本结构的目的。

4. 有利于公司现金流量的稳定

可转换债券可以直接替代发行债券以筹措资金,同时又可以避免清偿债务时大额的现金流出,有利于稳定公司的财务状况。

（三）上市公司可转换债券的发行

我国《公司法》《证券法》和中国证监会于 2006 年 5 月 7 日公布并于次日实施的《上市公司证券发行管理办法》对上市公司发行可转换债权作了相应的规定。具体内容如下:

1. 公司发行可转换债权的条件

根据《上市公司证券发行管理办法》的规定,上市公司发行可转换公司债券,除了应当符合增发股票的一般条件外,还应符合下列条件。

①最近 3 个会计年度加权平均净资产收益率平均不低于 6%,扣除非经常性损益后的净利润与扣除前的净利润相比,以低者作为加权平均净资产收益率的计算依据。

②本次发行后累计公司债券余额不超过最近一期末净资产额的 40%。

③最近 3 个会计年度实现的可分配利润不少于公司债券 1 年的利息。

上市公司可以公开发行认股权和债券分离交易的可转换公司债券(简称"分离交易的可转换公司债券")。发行分离交易的可转换公司债券,除符合公开增发股票的一般条件外,还应当符合下列条件:

①公司最近一期末经审计的净资产不低于人民币 15 亿元。

②最近 3 个会计年度实现的年均可分配利润不少于公司债券 1 年的利息。

③最近 3 个会计年度经营活动产生的现金流量净额平均不少于公司债券 1 年的利息,但最近 3 个会计年度加权平均净资产收益率平均不低于 6%(扣除非经常性损益后的净利润与扣除前的净利润相比,以低者作为加权平均净资产收益率的计算依据)除外。

④本次发行后累计公司债券余额不超过最近一期末净资产额的 40%,预计所附认股权全部行权后募集的资金总量不超过拟发行公司债券金额。

2. 可转换债券的期限、面值和利率

可转换公司债券的期限最短为 1 年,最长为 6 年;债券每张面值 100 元;债券利率由发行公司与主承销商协商确定,但必须符合国家的有关规定。

3. 可转换债券持有人的权利保护

公开发行可转换公司债券应当委托具有资格的资信评级机构进行信用评级和跟踪评级。资信评级机构每年至少公告一次跟踪评级报告。

公开发行可转换公司债券应当约定保护债券持有人权利的办法,以及债券持有人会议的权利、程序和决议生效条件。有下列事项之一的,应当召开债券持有人会议:

①拟变更募集说明书的约定。

②发行人不能按期支付本息。

③发行人减资、合并、分立、解散或者申请破产。

④保证人或者担保物发生重大变化。

⑤其他影响债券持有人重大权益的事项。

公开发行可转换公司债券,应当提供担保,但最近一期末经审计的净资产不低于人民币 15 亿元的公司除外。提供担保的,应当为全额担保,担保范围包括债券的本金及利息、违约金、损害赔偿金和实现债权的费用。以保证方式提供担保的,应当为连带责任担保,且保证人最近一期末经审计的净资产额应不低于其累计对外担保的金额。证券公司或上市公司不得作为发行可转债的担保人,但上市商业银行除外。设定抵押或质押的,抵押或质押财产的估值应不低于担保金额。估值应经有资格的资产评估机构评估。

4. 可转换公司债券转为股票

可转换公司债券自发行结束之日起 6 个月后方可转换为公司股票,转股期限由公司根据可转换公司债券的存续期限及公司财务状况确定。债券持有人对转换股票或者不转换股票有选择权,并于转股完成的次日成为发行公司的股东。转股价格应不低于募集说明书公告日前 20 个交易日该公司股票交易均价和前 1 交易日的均价。这里所说的转股价格,是指募集说明书事先约定的可转换公司债券转换为每股股份所支付的价格。

可转换债券持有人不转换为股票的,上市公司应当在可转换公司债券期满后 1 个工作日内办理完毕偿还债券余额本息的事项。

（四）可转换债券融资的优缺点

1. 可转换债券融资的优点

从发行公司的角度看,可转换债券有两个重要优势:

①与认股权证一样,可转换债券以出让公司部分发展收益为代价,换取发行低息债券的机会。

②从某种意义上说,可转换债券提供了一种以高于现行价格的价格出售普通股的方式。这就使发行公司避免了股票发行的财务损失。

如果股票价格超过转换价格,公司将如何保证进行转换呢? 可转换债券一般也规定有迫使债券持有人进行转换的提前赎回条款。例如公司规定的转换价格是 20 元,转换比率为 50,可转换债券的提前赎回价格是 1 000 元。当普通股的市价提高到 30 元时,如果公司准备提前赎回债券,债券持有人或者以市价 50×30 ＝1 500（元)转换成的普通股,或者允许公司以 1 000 元的价格赎回债券,在这种情况下债券持有人肯定选择转换。所以,在股票的市价超过转换价格的前提下,提前赎回条款给予公司强制转换的权利。不过,大部分可转换债券有着相当长的提前赎回保护期(一般为10年)。所以,如果公司打算尽早强制转换的话,就要规定一个较短的提前赎回保护期。这反过来又要求公司规定一个较高的票面利率或者较低的转换价格。

2. 可转换债券融资的缺点

对发行公司来讲,可转换债券的缺点主要表现在:

①虽然可转换债券提供了一种以高于现行价格的价格出售普通股的机会,但如果普通股的价格上涨较多,发行公司将发现,还不如最初使用成本较高的一般债务,以后再发行普通股赎回债务。

②可转换债券一般有着较低的票面利率,如果进行转换,这一低成本债务的优点将会丧失。

③如果公司真正想增加权益资本,而公司收益没有像预期的那样增长,股票的价格并没有上升到足够的价位,转换就不会发生,公司以较低的收益负担大量债务,这将是非常危险的。

本章小结

企业筹资是指企业根据生产经营、资本结构调整等需要,通过一定的渠道,采取适当的方式,获取所需资金的一种行为。企业筹资可以按照不同分类标准进行分类。企业资金需求量的预测可以采用定性预测法、比率预测法和资金习性预测法。

股票是股份有限公司为筹集主权资金而发行的有价证券,是持股人拥有公司股份的凭证,它代表持股人即股东在公司中拥有的所有权。发行股票是股份公司筹集主权资金最常见的方式。普通股筹资的优点是:①没有固定的利息负担;②没有固定到期日,不用偿还;③筹资风险小;④增加公司的信誉;⑤筹资限制较少。普通股筹资的缺点是:①资本成本高;②容易分散控制权。

留存收益融资就是指企业将留存收益转化为投资的过程,留存收益融资是公司很重要的一种内源融资方式。留存收益融资的优点是:①企业不发生实际的现金支出;②保持企业举债能力;③不影响企业的控制权。留存收益融资的缺点是:①有严格的期间限制;②有时很难与股利政策进行权衡。

债券是债务人为筹集债务资本而发行的,约定在一定期间内向债权人还本付息的有价证券。发行债券是企业筹集负债资本的重要方式。债券筹资的优点是:①资本成本低;②保证控制权;③财务杠杆作用;④调整资金结构。

课后分析案例

跃进汽车融资决策

跃进汽车制造公司是一个多种经济成分并存,具有法人资格的大型企业集团。公司现有 58 个生产厂家,还有物资、销售、进出口、汽车配件等 4 个专业公司,1 个轻型汽车研究所和 1 所汽车工学院。公司现在急需 1 亿元的资金用于轿车技术改造项目。为此,总经理赵广斌于 2004 年 5 月 10 日召开由生产副总经理张望、财务副总经理王朝、销售副总经理林立、某信托投资公司金融专家周民、某经济研究中心经济学家武教授、某大学财务学者郑教授组成的专家研讨会,讨论该公司筹资问题。下面摘要他们的发言和有关资料:

总经理赵广斌提出,公司轿车技术改造项目经专家、学者的反复论证已被国家于 2003 年正式批准立项。这个项目的投资额预计为 4 亿元,生产能力为 4 万辆。项目改造完成后,公司的两个系列产品的各项性能可达到国际同类产品的先进水平。现在项目正在积极实施中,但目前资金不足,准备在 2004 年 7 月前筹措 1 亿元资金,请大家发表自己的意见,谈谈如何筹措这笔资金。

生产副总经理张望说:“目前筹集的 1 亿元资金,主要是用于投资少、效益高的技术改进项目。这些项目在两年内均能完成建设并正式投产,到时将大大提高公司的生产能力和产品质量,估计这笔投资在改造投产后三年内可完全收回。所以应发行五年期的债券筹集资金。”

财务副总经理王朝提出了不同意见,他说:“目前公司资金总额为 10 亿元,其中自有资金 4 亿元,借入资金 6 亿元,自有资金比率为 40%,负债比率为 60%,这种负债比率在我国处于中等水平,与世界发达国家如美国、英国等相比,负债比率已经比较高了,如果再利用债券筹集 1 亿元资金,负债比率将达到 64%,显然负债比率过高,财务风险太大。所以,不能利用债券筹资,只能靠发行普通股或优先股筹集资金。”

但金融专家周民却认为:“目前我国资金市场还不够完善,证券一级市场和二级市场尚处于发展初期,许多方面还很不规范,投资者对股票投资还没有充分的认识,再加之今年股市的‘扩容’速度过快。因此,在目前条件下要发行 1 亿元普通股是很困难的。发行优先股还可以考虑,但根据目前的利率水平和生产情况,发行时年股息不能低于 16.5%,否则也无法发行。如果发行债券,因要定期付息还本,投资者的风险较小,估计以 12% 的利率便可顺利发行债券。”

来自某经济研究中心的武教授认为:“目前我国经济建设正处于改革开放的大好时期,我国已经加入世界贸易组织,汽车行业可能会受到冲击,销售量会受到影响。在进行筹资和投资时应考虑这一因素,不然盲目上马,后果将是不够理想的。”

公司的销售副总经理林立认为:“将来一段时期内销售量不成问题。这是因为公司生产的中档轿车和微型车,这几年来销售量情况一直很好,畅销全国 29 个省、自治区、直辖市,2002 年受进口汽车的影响,全国汽车滞销,但公司的销售状况仍创历史最高水平,居全国领先地位。在近几年全国汽车行业质量评比中,连续获奖。至于我国入关后,关税将大幅度下降,确实会对我国汽车行业带来冲击,但这种冲击已通过国家近期逐步降低关税这一措施得以消化,外加在入关初期,国家对轿车行业还准备采取一定的保护措施。所以,入关不会产生大的影响。"

财务副总经理王朝说:"公司属于股份制试点企业,目前所得税税率为 33%,税后资金利润率为 16%,若这项技术改造项目上马,由于采用了先进设备,投产后预计税后资金利润率将达到 18%。"所以,他认为这一技术改造项目应付诸实施。

来自某大学的财务学者郑教授听了大家的发言后指出,以 16.5% 的股息率发行优先股不可行,因为发行优先股所花费的筹资费用较多,把筹资费用加上以后,预计利用优先股筹集资金的资金成本将达到 19%,这已高于公司税后资金利润率 1%,所以不可行。但若发行债券,由于利息可以在税前支付,实际成本在 9% 左右。他还认为,目前我国正处于通货膨胀时期,利息率比较高,这时不宜发行时期较长的负担较高的利息或股息。所以,郑教授认为,应首先向银行筹措 1 亿元的技术改造贷款,期限为一年,一年以后,再以较低的股息率发行优先股股票来替换技术改造贷款。

财务副总经理王朝听了郑教授的分析后,也认为按 16.5% 发行优先股,的确会给公司带来沉重的财务负担。但他不同意郑教授后面的建议,他认为,在目前条件下向银行筹措 1 亿元技术改造贷款几乎不可能;另外,通货膨胀在近年内不会消除,要想消除通货膨胀,利息率有所下降,至少需要两年时间。金融学家周民也同意王朝的看法,他认为一年后利息率可能还要上升,两年后利息率才会保持稳定或有所下降。

资料来源:王化成.财务管理教学案例[M].北京:中国人民大学出版社,2001.

案例分析讨论:

1.这次筹资研讨会上提出了哪几种筹资方案?请归纳一下。
2.对会议上的几种筹资方案进行评价。
3.你若在场的话,听了与会同志的发言后,应该如何做出决策?

思考题

1.简述销售百分比法的基本依据。
2.简述股票上市对上市公司的意义。
3.简述我国债券发行的条件。
4.简述普通股筹资的优缺点。
5.简述筹资渠道与筹资方式之间的区别与联系。

自测题

一、单项选择题

1. 某企业按"2/10，n/45"的条件购进一批商品，若该企业放弃现金折扣优惠，而在信用期满时付款，则放弃现金折扣的机会成本为（　　）。

A. 20.99%　　　　B. 28.82%　　　　C. 25.31%　　　　D. 16.33%

2. 下列各项中，不属于融资租赁特点的是（　　）。

A. 租赁期较长　　　　　　B. 租金较高

C. 不得任意中止租赁合同　　D. 出租人与承租人之间并未形成债权债务关系

3. 出租人既出租某项资产，又以该项资产为担保借入资金的租赁方式是（　　）。

A. 直接租赁　　　B. 售后回租　　　C. 杠杆租赁　　　D. 经营租赁

4. 下列各项中属于商业信用的是（　　）。

A. 商业银行贷款　　B. 应付账款　　　C. 应付工资　　　D. 融资租赁信用

5. 在以下各项中，不能增强企业融资弹性的是（　　）。

A. 短期借款　　　　　　　B. 发行可转换债券

C. 发行可提前收回债券　　D. 发行可转换优先股

6. 利用企业自留资金渠道筹资，可利用的筹资方式为（　　）。

A. 发行股票　　B. 融资租赁　　C. 吸收直接投资　　D. 商业信用

7. 下列属于权益资金的筹资方式有（　　）。

A. 利用商业信用　　B. 发行公司债券　　C. 融资租赁　　D. 发行股票

8. 大华公司按年利率10%向银行借入200万元的款项，银行要求保留15%的补偿性余额，该项借款的实际利率为（　　）。

A. 15%　　　　B. 10%　　　　C. 11.76%　　　　D. 8.50%

9. 一般而言，企业资本成本最低的筹资方式是（　　）。

A. 发行债券　　B. 长期借款　　C. 发行普通股　　D. 发行优先股

10. 我国《公司法》规定，股票不能（　　）发行。

A. 折价　　　B. 溢价　　　C. 平价　　　D. 按票面金额

二、多项选择题

1. 下列情况中，企业不应享受现金折扣的有（　　）。

A. 借入资金的利率高于放弃现金折扣的成本

B. 借入资金的利率低于放弃现金折扣的成本

C. 延期付款的损失小于所降低的放弃现金折扣的成本

D. 国库券利率低于放弃现金折扣的成本

2. 相对于发行债券筹资,对企业而言,发行股票筹集资金的优点有(　　)。

A. 增加公司筹资能力 　　　　　B. 降低公司财务风险

C. 降低公司资本成本 　　　　　D. 筹资限制较少

3. 优先股的优先权主要表现在(　　)。

A. 优先认股 　　　　　　　　　B. 优先取得股息

C. 优先分配剩余财产 　　　　　D. 优先行使投票权

4. 在短期借款的利息计算和偿还方法中,企业实际负担利率高于名义利率的有(　　)。

A. 利随本清法付息 　　　　　　B. 贴现法付息

C. 贷款期内定期等额偿还贷款 　D. 到期一次偿还贷款

5. 下列各项目中,能够被视作"自然融资"的项目有(　　)。

A. 短期借款 　　　　　　　　　B. 应付票据

C. 应付水电费 　　　　　　　　D. 应付职工薪酬

三、判断题

1. 一般来说,在偿还贷款时,企业希望采用定期等额偿还方式,而银行希望采用到期一次偿还方式。　　　　　　　　　　　　　　　　　　　　(　　)

2. 与流动负债融资相比,长期负债融资的期限长、成本高,其偿债风险也相对较大。　　　　　　　　　　　　　　　　　　　　　　　　　　　(　　)

3. 一旦企业与银行签订周转信贷协议,则在协定的有效期内,只要企业的借款总额不超过最高限额,银行必须满足企业任何时候任何用途的借款要求。(　　)

4. 在债券面值与票面利率一定的情况下,市场利率越高,则债券的发行价格越低。　　　　　　　　　　　　　　　　　　　　　　　　　　　　(　　)

5. 对公司而言,发行债券的风险高,对投资者而言,购买股票的风险高。(　　)

四、计算题

1. 某公司拟采购一批零件,价值 5 400 元,供应商规定的付款条件如下:

立即付款,付 5 238 元;

第 20 天付款,付 5 292 元;

第 40 天付款,付 5 346 元;

第 60 天付款,付全额;

1 年按 360 天计算。

要求:回答以下相关问题:

(1)假设银行短期贷款利率为 15%,计算放弃现金折扣的成本(比率),并确定对该公司最有利的付款日期和价格。

(2)假设目前有一短期投资机会,报酬率为 40%,确定对该公司最有利的付款日期和价格。

2. A 企业按年利率 10.2% 从银行借入 180 万元,银行要求企业按贷款额的 15% 保持补偿性余额。试计算该项贷款的实际利率及企业实际动用的借款。

3. 某公司 2000 年 12 月 31 日的资产负债表见表 3-7。已知该公司 2000 年的销售收入为 400 万元,现在还有生产能力,即增加收入不需要进行固定资产投资。已知一些资产、负债和权益项目将随着销售收入的变化而成正比例变化,并计算出变化项目占销售收入的百分比,获得表 3-8,经过预测 2001 年的销售收入将增加到 500 万元。假定销售收入净利润率为 10%,留存收益为净利润的 20%。请测定该企业对外筹集的资金数额。

表 3-7　××公司简要资产负债表　　　　　　　　单位:元

资　产	金　额	负债及所有者权益	金　额
现　金	200 000	应付费用	200 000
应收账款	600 000	应付账款	400 000
存　货	1 200 000	短期借款	300 000
固定资产净值	800 000	公司债券	300 000
		实收资本	1 500 000
		留存收益	100 000
合　计	2 800 000	合　计	2 800 000

表 3-8　××公司销售百分比表

资　产	占销售收入/%	负债及所有者权益	占销售收入/%
现　金	5	应付费用	5
应收账款	15	应付账款	10
存　货	30	短期借款	不变动
固定资产净值	不变动	公司债券	不变动
		实收资本	不变动
		留存收益	10
合　计	50	合　计	25

第四章 资本成本与资本结构

学习目的

（1）了解资本成本的含义、特征及作用。

（2）熟练掌握长期借款、债券、普通股、优先股、留存收益等个别资本的计算方法。

（3）理解综合资本成本的含义及计算原理，熟悉边际资本成本的概念及计算过程。

（4）理解经营风险和财务风险的产生机理。

（5）掌握经营杠杆、财务杠杆和综合杠杆的含义及计算方法。

（6）理解企业最佳资本结构的特征，掌握最佳资本结构决策的方法。

关键术语

资本成本　经营杠杆　财务杠杆　综合杠杆　资本结构

导入案例

丰原药业资本结构特征

一、丰原药业资本结构

一般来说，反映资本结构的指标有五个：

①股东权益比率＝股东权益总额/资产总额×100%。反映所有者提供的资本在总资产中所占的比重，体现企业的基本财务结构是否稳定。

②资产负债率＝负债总额/资产总额×100%。反映总资产中有多大比例是通过借债得来的。

③资本负债比率＝负债总额/股东权益期末数×100%。该指标比资产负债率更能准确揭示企业的偿债能力，因为公司只能通过增加资本的途径来降低负债率，资本负债率为200%是警戒线，若超过应格外关注。

④长期负债比率＝长期负债/资产总额×100%。它是判断企业债务状况的一个指标，它不会增加企业的短期偿债压力，但是它属于资本结构性问题，在经济衰退时会给企业带来额外风险。

⑤有息负债比率＝（短期借款+一年内到期长期负债+长期借款+应付债券+长期应付款）/股东权益期末数×100%。该指标通过财务费用减少利润，因此，公司在降低负债率

方面,应当重点减少有息负债而不是无息负债,这对于利润增长或扭亏为盈具有重要意义。

在揭示公司偿债能力方面,100%是国际公认的有息负债对资本的比率的资本安全警戒线。

表 4-1　丰原药业资本结构特征

年份	股东权益率	资产负债率	资本负债率	长期负债率	有息负债率
2013	0.52	0.48	0.84	0.14	0.42
2014	0.51	0.49	0.95	0.07	0.46
2015	0.51	0.49	0.95	0.06	0.47

从表 4-1 中可以看出公司拥有风险小、报酬低的财务结构,股东权益比率较大;资产负债率相对较高,负债在资产中份额较高,但相对合理;资本负债率远低于 200% 的警戒线,股东权益足以清偿债务;长期负债率在近两年较低,表明企业资本结构在优化;有息负债率低于 100% 的警戒线,相对合理。

二、丰原药业资本结构优化

①适当降低资产负债率,提高股东权益率有利于提高公司效益。《公司法》规定资产负债率不超过 40% 为最佳,未来丰原药业可通过相应的借债来实现财务的杠杆效益。

②对资本负债率适宜水平的分析,要看站在谁的立场上,从债权人角度来看,债务比率越低越好,企业偿债有保证,贷款不会有太大风险;从股东的立场来看,在全部资本利润率高于借款利息率时,负债比率越大越好,因为股东所得到的利润就会增加。从财务管理角度来讲,企业应当审时度势,全面考虑,充分估计预期的利润和增加的风险,权衡利害得失,做出正确的分析和决策。

③长期负债率与企业价值密切相关,一般来说,该指标越低,表明企业偿债能力越强,但考虑到企业价值的实现,丰原药业可适当提高长期负债率来实现企业价值。

④丰原药业有息负债比率较高,未来偿债压力较大,因此,可通过适当降低该指标值来优化资本结构,减少未来偿债压力。

资料来源:佚名.资本结构的案例研究[EB/OL].(2016-08-21)[2021-06-01].百度文库.

第一节　资本成本

一、资本成本的含义、特征及作用

(一)资本成本的含义

资本成本是指企业取得和使用资本时所付出的代价。取得资本所付出的代价,主要指发行债券、股票的费用,向非银行金融机构借款的手续费用等;使用资本所付出的代价,如股利、利息等。资本成本是指企业为筹集和使用资金而付出的代价,广义讲,企业筹集和使用任何资金,不论短期的还是长期的,都要付出代价。狭义的资本成本仅指筹集和使用长期资金(包括自有资本和借入长期资金)的成本。由于长期资金也被称为资本,所以长期资金的成本也称为资本成本。

资本成本既可以用绝对数表示,也可以用相对数表示。用绝对数表示的,如借入长期资金即指资金占用费和资金筹集费;用相对数表示的,如借入长期资金即为资金占用费与实际取得资金之间的比率,但是它不简单地等同于利息率,两者之间在含义和数值上是有区别的。在财务管理中,一般用相对数表示。

资本成本有多种运用形式:一是在比较各种筹资方式时,使用的是个别资本成本率,如借款资本成本率、债券资本成本率、普通股资本成本率、优先股资本成本率、留存收益资本成本率;二是进行企业资本结构决策时,则使用综合资本成本率;三是进行追加筹资结构决策时,则使用边际资本成本率。

(二)资本成本的特征

资本成本与生产经营成本相比具有以下4个特点:

①生产经营成本全部从营业收入中抵补,而资本成本有的从营业收入中抵补,如向银行借款支付的利息和发行债券支付的利息;有的从税后利润中支付,如发行普通股支付的股利;有的则没有实际成本的支出,而只是一种潜在和未来的收益损失的机会成本,如留存收益。

②生产经营成本是实际耗费的计算值,而资本成本是一种建立在假设基础上的不够精确的估算值。如按固定增长模型计算普通股成本率,就以其股利每年平均增长作为假定基础。

③生产经营成本主要是为核算利润服务的,其着眼点是已经发生的生产经营过程中的耗费。资本成本主要是为企业筹资、投资决策服务的,其着眼点在于将来资金筹措和使用的代价。

④生产经营成本都是税前的成本,而资本成本是一种税后的成本。

(三)资本成本的作用

资本成本在企业筹资、投资和经营活动过程中具有以下3个方面的作用:

1.资本成本是企业筹资决策的重要依据

企业的资本可以从各种渠道取得,如银行信贷资金、民间资金、企业资金等,其筹资的方式也多种多样,如吸收直接投资、发行股票、银行借款等。但不管选择何种渠道,采用哪种方式,主要考虑的因素还是资本成本。

通过不同渠道和方式所筹措的资本,将会形成不同的资本结构,由此产生不同的财务风险和资本成本。所以,资本成本也就成了确定最佳资本结构的主要因素之一。

随着筹资数量的增加,资本成本将随之变化。当筹资数量增加到增资的成本大于增资的收入时,企业便不能再追加资本。因此,资本成本是限制企业筹资数额的一个重要因素。

2. 资本成本是评价和选择投资项目的重要标准

资本成本实际上是投资者应当取得的最低报酬水平。只有在投资项目的收益高于资本成本的情况下,才值得为之筹措资本;反之,就应该放弃该投资机会。

3. 资本成本是衡量企业资金效益的临界基准

如果一定时期的综合资本成本率高于总资产报酬率,就说明企业资本的运用效益差,经营业绩不佳;反之,则相反。

二、资本成本的计算

(一)债务资本成本

1. 长期借款的资本成本

长期借款的资本成本是指借款利息和筹资费。借款利息由于计入税前成本费用,可以起到抵税的作用。

①不考虑货币时间价值时的长期借款资本成本计算模型。不考虑货币时间价值的长期借款资本成本计算公式为:

$$K_l = \frac{R_1(1-T)}{1-F_l}$$

或
$$K_l = \frac{I_l(1-T)}{L(1-F_l)} \tag{4-1}$$

式中　K_l——长期借款的资本成本;

I_l——长期借款年利息;

T——公司所得税率;

L——长期借款筹资数额(借款本金);

F_l——长期借款的筹资费率;

R_l——长期借款的利率。

②考虑货币时间价值时的长期借款资本成本计算模型。在考虑货币时间价值时,长期借款资本成本计算公式为:

$$L(1-F_l) = \sum_{t=1}^{n} \frac{I_t}{(1+K)^t} + \frac{P}{(1+K)^n} \tag{4-2}$$

$$K_l = K(1-T)$$

式中　P——第 n 年末应偿还的本金;

K——所得税前的长期借款资本成本;

K_1——所得税后的长期借款资本成本。

第一个公式(4-1)中,等号左边是借款的实际现金流,等号右边为借款引起的未来现金流出的现值总额,由各年利息支出的年金现值之和加上到期偿还本金的复利现值而得。

这种办法,实际上是将长期借款的资本成本看作使这一借款的现金流入现值等于其现金流出现值的贴现率。运用时,先通过第一个公式(4-1),采用内插法求解借款的税前资本成本,再通过第二个公式(4-2)将借款的税前资本成本调整为税后的资本成本。

【例4-1】 某企业向银行贷款500万元,年利率8%,借款手续费率为0.1%,企业所得税率为25%,计算这笔借款的年成本。

解:$K_l = \dfrac{500 \times 8\% \times (1-25\%)}{500 \times (1-0.1\%)} \times 100\% = 8.00\%$

2. 长期债券的资本成本

长期债券的资本成本主要是指债券利息和筹资费。债券利息由于计入税前成本费用,可以起到抵税的作用。

①不考虑货币时间价值时的债券资本成本计算模型。在不考虑货币的时间价值时,债券资本成本计算公式为:

$$K_b = \frac{R_b(1-T)}{1-F_b}$$

或 $$K_b = \frac{I_b(1-T)}{B(1-F_b)} \tag{4-3}$$

式中 K_b——债券的资本成本;

I_b——债券年利息;

T——公司所得税率;

B——债券筹资数额(债券发行价格);

F_b——债券的筹资费率;

R_b——债券的票面利率。

②考虑货币时间价值时的债券资本成本计算模型。在考虑货币的时间价值时,债券资本成本计算公式为:

$$B(1-F_b) = \sum_{t=1}^{n} \frac{I_b}{(1+K)^t} + \frac{P}{(1+K)^n} \tag{4-4}$$

$$K_b = K(1-T)$$

式中 P——第 n 年末应偿还的本金;

K——所得税前的债券资本成本;

K_b——所得税后的债券资本成本。

【例4-2】 某企业发行一笔期限为5年的债券,债券面值为100万元,票面利率为12%,每年付息一次,发行费率为2%,所得税率为25%,根据下列不同情况计算债券的资本成本。

①面值发行时

$$K_b = \frac{100 \times 12\% \times (1-25\%)}{100 \times (1-3\%)} \times 100\% = 9.28\%$$

②溢价20%发行时

$$K_b = \frac{100 \times 12\% \times (1-25\%)}{100 \times (1+20\%) \times (1-3\%)} \times 100\% = 7.73\%$$

③折价10%发行时

$$K_b = \frac{100 \times 12\% \times (1-25\%)}{100 \times (1-10\%) \times (1-3\%)} \times 100\% = 10.31\%$$

（二）主权资本成本

1. 优先股资本成本

企业发行优先股既要支付筹资费用，又要定期支付股利，与债券不同的是股利是在税后支付，没有固定的到期日。优先股资本成本的计算公式为：

$$K_p = \frac{D_p}{P_0(1-F_p)} \tag{4-5}$$

式中　K_p——优先股成本；

　　　D_p——优先股每年支付的股利；

　　　P_0——发行优先股总额；

　　　F_p——优先股筹资费率。

【例 4-3】　某企业按面值发行 100 万元的优先股，筹资费率为 3%，每年按 10% 支付股利，则优先股资本成本是多少？

根据公式可得：

$$K_p = \frac{100 \times 10\%}{100 \times (1-3\%)} \times 100\% = 10.31\%$$

由于优先股的股利是在税后支付，而债务利息是在税前支付，且优先股筹资的是自有资金，股东承受的风险较大，必然要求较高的投资回报率，因此优先股资本成本通常高于债券的资本成本。

2. 普通股资本成本

由于普通股的股利是不固定的，即未来现金流出是不确定的，因此很难准确估计出普通股的资本成本。常用的估计普通股资本成本的方法有：股利折现模型法、资本资产定价模型法、债券收益率加风险报酬率。

（1）股利折现模型法

股利折现模型法就是按照资本成本的基本概念来计算普通股资本成本，即将企业发行股票所收到资金净额现值与预计未来资金流出现值相等的贴现率作为普通股资本成本。其中预计未来资金流出包括支付的股利和回收股票所支付的现金。因为一般情况下企业不得回购已发行的股票，所以运用股利折现模型法计算普通股资本成本时只考虑股利支付。因为普通股按股利支付方式的不同可以分为零成长股票、固定成长股票和非固定成长股票等，相应的资本成本计算也有所不同。具体如下：

①零成长股票。零成长股票是指各年支付的股利相等，股利的增长率为 0。根据其估价模型可以得到其资本成本计算公式为：

$$K_s = \frac{D}{P_c(1-F_c)} \tag{4-6}$$

式中　K_s——普通股资本成本；

　　　P_c——发行价格；

　　　F_c——普通股筹资费率；

　　　D——固定股利。

②固定成长股票。固定成长股票是指每年的股利按固定的比例 g 增长。根据其估

价模型得到的股票资本成本计算公式为：

$$K_s = \frac{D_1}{P_0(1-F_s)} + g \tag{4-7}$$

式中　K_s——普通股资本成本；

　　　P_c——发行价格；

　　　F_s——普通股筹资费率；

　　　D_1——预测的第一期股利。

使用该模型的关键是股利增长率 g 的确定,且隐含条件 $K_s > g$。

【例4-4】　某公司普通股每股发行价格为 100 元,筹资费率为 5%,第一年股利为 12 元,以后每年增长 4%,则普通股资本成本是多少?

根据公式(4-7)可得：

$$K_s = \frac{12}{100 \times (1-5\%)} + 4\% = 16.63\%$$

③非固定成长股票。有些股票股利增长率是从高于正常水平的增长率转为一个被认为正常水平的增长率,如高科技企业的股票,这种股票称为非固定成长股票。这种股票资本成本的计算不像固定成长股票和零成长股票有一个简单的公式,而是要通过解高次方程来计算。

例如某企业股票预期股利在最初 5 年中按 10% 的速度增长,随后 5 年中增长率为 5%,然后再按 2% 的速度永远增长下去。则其资本成本应该是使下面等式成立的贴现率,即：

$$P_0(1-F_c) = \sum_{t=1}^{5} \frac{D_0(1+10\%)^t}{(1+K_s)^t} + \sum_{t=6}^{10} \frac{D_5(1+5\%)^{t-5}}{(1+K_s)^t} + \sum_{t=11}^{\infty} \frac{D_{10}(1+2\%)^{t-10}}{(1+K_s)^t}$$

求出的 K_s 就是该股票的资本成本。

(2)资本资产定价模型法

在市场均衡的条件下,投资者要求的报酬率与筹资者的资本成本是相等的,因此可以按照确定普通股预期报酬率的方法来计算普通股的资本成本。资本资产定价模型法是计算普通预期报酬率的基本方法,即：

$$R_i = R_f + \beta_i(R_m - R_f) \tag{4-8}$$

整理公式(4-8)可以得到：

$$K_s = R_f + \beta_i(R_m - R_f) \tag{4-9}$$

式中　R_f——无风险报酬率；

　　　R_m——市场上股票的平均报酬率；

　　　β_i——第 i 种股票的 β 系数；

　　　$(R_m - R_f)$——市场股票的平均报酬率。

该模型使用的关键是 β 系数和市场平均收益率的确定。

(3)债券投资报酬率加上股票投资风险报酬率

普通股必须提供给股东比同一公司的债券持有人更高的期望收益率,因为股东承担了更多的风险。因此可以在长期债券利率的基础上加上股票的风险溢价来计算普通股资本成本。用公式表示为：

$$普通股资本成本=长期债券收益率+风险溢价$$

由于在此要计算的是股票的资本成本，而股利是税后支付的，没有抵税作用。因此是长期债券收益率而不是债券资本成本构成了普通股资本成本的基础。风险溢价可以根据历史数据进行估计。在美国，股票相对于债券的风险溢价为 4%~6%。由于长期债券收益率能较准确地计算出来，在此基础上加上普通股风险溢价作为普通股资本成本的估计值还是有一定科学性的，而且计算比较简单。

3. 留存收益资本成本

留存收益是由公司税后净利润形成的。从表面上看，公司使用留存收益似乎没有什么成本，其实不然，留存收益资本成本（K_e）是一种机会成本。留存收益属于股东对企业的追加投资，股东放弃一定的现金股利，意味着将来获得更多的股利，即要求与直接购买同一公司股票的股东取得同样的收益，也就是说公司留存收益的报酬率至少等于股东将股利进行再投资所能获得的收益率。因此企业使用这部分资金的最低成本应该与普通股资本成本相同，唯一的差别就是留存收益没有筹资费用。

【例 4-5】 某公司的 β 系数等于 1.4，该公司准备投资一条生产线，全部由企业自有资金筹集。现在市场上无风险利率为 6%，平均风险报酬率为 15.5%，计算该项目投资的折现率应该是多少？

该项目投资的折现率实际上就是留存收益的资本成本，根据公式（4-9）可得：

$$K_e=R_f+\beta_i(R_m-R_f)=6\%+1.4\times(15.5\%-6\%)=19.3\%$$

（三）综合资本成本的计算

企业从不同来源和渠道取得的资金，其资本成本高低不一。由于各种条件的限制和影响，企业不可能只从某种资本成本较低的来源中筹集资金。相反地，从多种来源取得资金以形成各种融资方式的组合可能更为有利。这样，企业为了进行融资决策和投资决策，则需要计算全部资金来源的综合资本成本，即加权平均资本成本。企业加权平均资本成本的计算公式如下：

$$K_w=\sum_{i=1}^{n}W_i\cdot K_i \tag{4-10}$$

式中 K_w——平均资本成本率；

W_i——来源占全部资金比重；

K_i——第 i 种资金来源资本成本率；

n——融资来源方式的种类。

【例 4-6】 海通公司管理当局已经预测了本公司各单项资本的成本，现计算加权资本成本，见表 4-2。

表 4-2 海通公司加权平均资本成本

资本来源	权重/%	个别资本成本/%	加权资本成本/%
债券	35	7（税后）	2.45
优先股	5	13	0.65

续表

资本来源	权重/%	个别资本成本/%	加权资本成本/%
普通股	60	16	9.60
全部资本加权平均成本	100	36	12.70

需要注意的是,在计算加权平均资本成本时权重的确定。一般而言,权重的确定有三种方法:账面价值法、市场价值法和目标价值法,不同的权重对加权资本成本的影响是不一样的。

账面价值权重是指个别资本占全部资本的比重,按账面价值确定权重,其资料容易取得。但当资本的账面价值与市场价值差别较大时,比如股票、债券的市场价格发生较大变动,计算结果会与实际有较大差距,从而贻误融资决策。

市场价值权重是指债券、股票以市场价格确定其权重。这样计算的加权平均资本成本能反映企业目前的实际情况。同时,为弥补证券市场价格频繁变动的不便,也可选用平均价格。

目标价值权重是指债券、股票以未来预计的目标市场价值确定其权重。这种权重能体现期望的资本结构,而不是像账面价值权重和市场价值权重那样只反映过去和现在的资本结构,所以按目标价值权重计算的加权平均资本成本更适用于企业筹措新资金。然而,企业很难客观合理地确定证券的目标价值,因此这种计算方法不易推广。

(四)边际资本成本的计算

1. 融资规模与资本成本

一般情况下,企业在保持其债务与股权组合目标结构不变时,往往会首先使用最经济的资金来源。企业的融资顺序一般是先内部融资,然后对外融资。但是,无论如何企业都无法以某一固定资本成本来筹措无限的资金,当其筹集的资金超过一定限度时,原来的资本成本就会增加。所以,在企业追加融资时,需要知道融资额在什么数额上会引起资本成本的变化,其变化幅度又是怎样的。

【例4-7】 华天公司2012年长期资本总额为400万元,其中普通股240万元,长期借款60万元,长期债券100万元。企业因扩大经营需要,管理当局拟追加筹资,经财务部人员分析,认为筹集新资金后仍然保持目前的资本结构。此外还预测出随着公司融资额外负担的变化。各种资本成本的变动资料见表4-3。

表4-3 各种资本成本的变动资料

资本种类	目标资本结构/%	新融资来源/元	个别资本成本/%
长期借款	15	45 000以内	3
		45 000~90 000	5
		90 000以上	7
长期债券	25	200 000以内	10
		200 000~400 000	11
		400 000以上	12

资本种类	目标资本结构/%	新融资来源/元	个别资本成本/%
普通股	60	300 000 以内	13
		300 000~600 000	14
		600 000 以上	15

（1）计算融资分界点

根据融资分界点的计算公式可知：在资本成本率为3%时，公司取得长期借款的融资限额为45 000元。因此，其相应的融资分界点为：

$$\frac{45\ 000}{15\%}=300\ 000（元）$$

而资本成本率为5%时，公司可以取得长期借款的融资限额为45 000元。因此，其相应的融资分界点为：

$$\frac{60\ 000}{15\%}=900\ 000（元）$$

以此类推，华天公司在不同资本成本条件下的融资分界点计算结果见表4-4。

表4-4　华天公司融资分界点

资本种类	目标资本结构/%	个别资本成本/%	新融资来源/元	筹资分界点/元
长期借款	15	3	45 000 以内	300 000
		5	45 000~90 000	600 000
		7	90 000 以上	—
长期债券	25	10	200 000 以内	800 000
		11	200 000~400 000	1 600 000
		12	400 000 以上	
普通股	60	13	300 000 以内	500 000
		14	300 000~600 000	1 000 000
		15	600 000 以上	—

（2）计算加权边际资本成本

根据上一步计算的融资分界点，可以得到7组融资范围：①30万元以内；②30万~50万元；③50万~60万元；④60万~80万元；⑤80万~100万元；⑥100万~160万元；⑦160万元以上。对上述各组融资范围的资金分别计算加权资本成本，就可得出各种融资条件下的边际资本成本。加权边际资本成本计算结果见表4-5。

表 4-5 华天公司加权边际资本成本

融资范围/元	资本种类	资本结构/%	资本成本/%	加权边际资本成本/%
300 000 以内	长期借款 长期债券 普通股	15 25 60	3 10 13	0.45 2.5 7.8 10.75
300 000~500 000	长期借款 长期债券 普通股	15 25 60	5 10 13	0.75 2.5 7.8 11.05
500 000~600 000	长期借款 长期债券 普通股	15 25 60	5 10 14	0.75 2.5 8.4 11.65
600 000~800 000	长期借款 长期债券 普通股	15 25 60	7 10 14	1.05 2.5 8.4 11.95
800 000~1 000 000	长期借款 长期债券 普通股	15 25 60	7 11 14	1.05 2.75 8.4 12.20
1 000 000~1 600 000	长期借款 长期债券 普通股	15 25 60	7 11 15	1.05 2.75 9 12.80
1 600 000 以上	长期借款 长期债券 普通股	15 25 60	7 12 15	1.05 3 9 13.05

（3）绘制融资分析图

在计算出加权边际资本成本后，还可以进一步绘制融资分析图，可以更加形象地看出融资总额增加时边际资本成本的变动趋势（融资分析图略）。

第二节 杠杆原理

一、杠杆效应的含义

自然界中的杠杆效应，是指人们通过利用杠杆。可以用较小的力量移动较重物体的现象。财务管理中的杠杆效应,则是指由于生产经营或财务方面固定成本(费用的存在),当业务量发生较小的变化时,利润会产生更大的变化。

财务管理中的杠杆效应有三种形式,即经营杠杆。财务杠杆和符合杠杆。要了解这些杠杆的原理,需要首先了解成本习性、边际贡献和息税前利润等相关术语的含义。

二、成本习性、边际贡献与息税前利润

(一)成本习性及分类

所谓成本习性(cost behavior),是指成本总额与业务量之间在数量上的依存关系,也称成本性态。

业务量是指企业在一定的生产经营期内投入或完成的经营工作量的统称。它可以使用绝对量和相对量加以衡量。绝对量可细分为实物量、价值量和时间量三种形式,相对量可以用百分比或比率形式反映。在最简单的条件下,业务量通常是指生产量或销售量。

成本按习性可划分为固定成本、变动成本和混合成本三类。

1. 固定成本

固定成本(Fixed Cost,FC)是指其总额在一定时期和一定业务量范围内不随业务量变动发生任何变动的那部分成本。随着产量的增加,它将分配给更多数量的产品。也就是说,单位固定成本将随产量的增加而逐渐变小。属于固定成本的主要有按直线法计提的折旧费、保险费、管理人员工资、办公费等。

固定成本还可进一步区分为约束性固定成本和酌量性固定成本两类。

①约束性固定成本属于企业"经营能力"成本,是企业为维持一定的业务量所必须负担的最低成本,如厂房、机器设备折旧费、长期租赁费等。企业的经营能力一经形成,在短期内很难有重大改变,因而这部分成本具有很大的约束性,管理当局的决策行动不能轻易改变其数额。要想降低约束性固定成本,只能从合理利用经营能力入手。

②酌量性固定成本属于企业"经营方针"成本,是企业根据经营方针确定的一定时期(通常为一年)的成本,如广告费、研究与开发费、职工培训费等。这部分成本的发生,可以随企业经营方针和财务状况的变化,斟酌其开支情况。因此,要降低酌量性固定成本,就要在预算时精打细算,合理确定这部分成本的数额。

应当指出的是,固定成本总额只在一定时期和一定业务量范围内保持不变。这里所说的一定范围,通常为相关范围。超过了相关范围,固定成本也会发生变动。因此,固定成本必须和一定时期、一定业务量联系起来进行分析。从较长时间来看,所有的成本都在变化,没有绝对不变的固定成本。

2. 变动成本

变动成本(Variable Cost,VC)是指总额随着业务量成正比例变动的那部分成本。直接材料、直接人工等属于变动成本,但从产品单位成本来看,则恰恰相反,产品单位成本

中的直接材料、直接人工将保持不变。

与固定成本相同，变动成本也存在相关范围，即只有在一定范围之内，产量和成本才能完全成同比例变化，即完全的线性关系，超过了一定的范围，这种关系就不存在了。例如，当一种新产品还是小批量生产时，由于生产还处于不熟练阶段，直接材料和直接人工耗费可能较多，随着产量的增加，工人对生产过程逐渐熟悉，可使单位产品的材料和人工费用降低。在这一阶段，变动成本不一定与产量完全成同比例变化，且表现为小于产量增减幅度。在这以后，生产过程比较稳定，变动成本与产量成同比例变动，这一阶段的产量便是变动成本的相关范围。然而，当产量达到一定程度后，再大幅度增产可能会出现一些新的不利因素，使成本的增长幅度大于产量的增长幅度。

3. 混合成本

有些成本介于固定成本和变动成本之间，虽然也随业务量的变动而变动，但不成同比例变动，不能简单地归入变动成本或固定成本，这类成本称为混合成本。

（1）半变动成本（Semi Variable Cost）

半变动成本通常有一个初始量，类似于固定成本，在这个初始量的基础上随产量的增长而增长，又类似于变动成本。例如，在租用机器设备时，有的租约规定租金同时按两种标准计算：①每年支付一定租金数额（固定部分）；②每运转一小时支付一定租金数额（变动部分）。又如，企业的电话费也多属于半变动成本。

（2）半固定成本（Semi-ixed Cost）

半固定成本随产量的变化而呈阶梯式增长，产量在一定限度内，这种成本不变，当产量增长到一定限度后，这种成本就跳跃到一个新水平。

4. 总成本习性模型

从以上分析可以知道，成本按习性可分为变动成本、固定成本和混合成本三类，混合成本又可以按一定方法分解成变动部分和固定部分，那么，总成本习性模型可以表示为：

$$y = a + bx$$

式中　y——总成本；

　　　a——固定成本；

　　　b——单位变动成本；

　　　x——业务量（如产销量，这里假定产量与销量相等，下同）。

显然，若能求出公式中 a 和 b 的值，就可以利用这个直线方程来进行成本预测、成本决策和其他短期决策。

（二）边际贡献及其计算

边际贡献（Contribution Margin）是指销售收入减去变动成本以后的差额。其计算公式为：

边际贡献＝销售收入－变动成本＝（销售单价－单位变动成本）×产销量

　　　　＝单位边际贡献×产销量

若以 M 表示边际贡献，p 表示销售单价，b 表示单位变动成本，x 表示产销量，m 表示单位边际贡献，则上式可表示为：

$$M = px - bx = (p-b)x = mx \tag{4-11}$$

（三）息税前利润及其计算

息税前利润（Earning Before Interest and Taxation，EBIT）是指企业支付利息和缴纳所得税前的利润。其计算公式为：

息税前利润＝销售收入总额－变动成本总额－固定成本

＝（销售单价－单位变动成本）×产销量－固定成本

＝边际贡献总额－固定成本

若以 EBIT 表示息税前利润，a 表示固定成本，则上式可表示为：

$$EBIT = px - bx - a = (p-b)x - a = M - a \tag{4-12}$$

显然，不论利息费用的习性如何，上式的固定成本和变动成本中不应包括利息费用因素。息税前利润也可以用利润总额加上利息费用求得。

【例4-8】　某公司当年年底的所有者权益总额为 2 000 万元，普通股 1 200 万股。目前的资本结构为长期负债占 40%，所有者权益占 60%，没有流动负债。该公司的所得税税率为 25%，预计继续增加长期债务不会改变目前 10% 的平均利润率水平。董事会在讨论明年资金安排时提出：①计划年度分配现金股利 0.05 元/股；②拟为新的投资项目筹集 400 万元的资金；③计划年度维持目前的资本结构，并且不增发新股。

要求：测算实现董事会上述要求所需要的息税前利润。

解：①因为计划年度维持目前的资本结构，所以，计划年度增知的所有者权益为：

$$400 \times 60\% = 240（万元）$$

因为计划年度不增发新股，所以，增加的所有者权益全部来源于计划年度分配现金股利之后剩余的净利润。

因为发放现金股利所需税后利润＝0.05×1 200＝60（万元），所以，

计划年度的税后利润＝60＋240＝300（万元）

$$计划年度的税前利润 = \frac{300}{1-25\%} = 400（万元）$$

②因为计划年度维持目前的资本结构，所以

需要增加的长期负债＝400×40%＝160（万元）

③因为原来的所有者权益总额为 2 000 万元，资本结构为所有者权益占 60%，所以，

$$原来的资金总额 = \frac{2\ 000}{60\%} = 3\ 333.33（万元）$$

因为资本结构中长期负债占 40%，所以

原来的长期负债＝3 333.33×40%＝1 333.33（万元）

④因为计划年度维持目前的资本结构，所以，计划年度不存在流动负债，

计划年度借款利息＝长期负债利息＝（原长期负债+新增长期负债）利率

$$= (1\ 333.33 + 160) \times 10\% = 149.3（万元）$$

⑤因为息税前利润＝税前利润+利息，所以，

计划年度息税前利润＝400+149.3＝549.3（万元）

三、经营杠杆

（一）经营风险

企业经营面临各种风险，可划分为经营风险和财务风险。

经营风险（operating risk）是指由经营上的原因导致的风险，即未来的息税前利润或利润率的不确定性。经营风险因具体行业、具体企业以及具体时期而异。通常不同行业的经营风险各异，即使同一行业，不同企业的经营风险也不一样。在其他条件不变的情况下，影响企业经营风险的因素有以下几个。

①市场需求的变动性：市场对产品的需求越稳定，企业的经营风险越低。

②销售价格的变动性：市场价格变动大的企业，经营风险高。

③投入要素价格的变动性：投入生产要素的价格越不确定，企业的经营风险越高。根据投入生产要素价格的变动而调整产品价格的能力：企业的定价策略弹性越大，即产品价格根据生产要素价格的变动进行调整的灵活性越大，其经营风险越低。

④产品责任诉讼风险：有些企业的产品可能对消费者产生伤害，存在或有成本，则其经营风险越高。

⑤固定成本比重：如果固定成本比重大，当需求下降时，企业的总成本水平就不容易下降，出现损失的可能性就大，经营风险就高。

（二）经营杠杆的含义

企业的经营风险通常使用经营杠杆来衡量。经营杠杆（operating leverage）是指企业的固定成本占总成本的比重。主要用于衡量销售量变动对息税前利润的影响。在一定范围内，产销量增加一般不会改变固定成本总额，但会降低单位固定成本，从而提高单位利润，使息税前利润增长率大于产销量增长率。反之，产销量减少会提高单位固定成本，降低单位利润，使息税前利润下降率大于产销量下降率。如果企业的固定成本占总成本的比重越大，企业经营杠杆越大，则销售因素略微的变动会引起息税前利润大幅度变动，企业的经营风险高。

下面举例说明经营杠杆的作用。

【例4-9】 某公司生产 A 产品，年固定成本总额为 500 万元，单位变动成本为 200元，产品单价为 280 元。表4-6 说明该公司 A 产品年产销量分别为 100 000，120 000 和144 000 件时利润变化情况。

表4-6　经营杠杆作用分析表

业务量			变动成本/万元	固定成本/万元	息税前利润	
产销量/件	销售额/万元	增长率/%			利润额/万元	增长率/%
100 000	2 800		2 000	500	300	
120 000	3 360	20	2 400	500	460	53
144 000	4 032	20	2 880	500	652	42

表4-6中,在产销量从100 000件增加到120 000件时,产销量增长了20%,而息税前利润却增长了53%。可以看出,在固定成本不变的情况下,当产销量以一定速度增长时,息税前利润总是以更快的速度增长。当然,产销量增长到一定程度时,息税前利润的增长速度会有所减弱。如在本例中,产销量在120 000件的基础上继续以20%的速度增长时,息税前利润增长速度虽然仍比产销量的增长速度快,但已减至42%。

(三)经营杠杆的计量

只要企业存在固定成本,就存在经营杠杆效应的作用。对经营杠杆的计量最常用的指标是经营杠杆系数或经营杠杆度(degree of operating leverage,DOL)。经营杠杆系数,是指息税前利润变动率相当于产销量变动率的倍数。计算公式为:

$$经营杠杆系数(DOL) = \frac{息税前利润变动率}{产销量变动率} = \frac{\Delta EBIT/EBIT}{\Delta Q/Q} \quad (4\text{-}13)$$

式中　DOL——经营杠杆系数;

$\Delta EBIT$——息税前利润的变动额;

EBIT——变动前息税前利润;

ΔQ——销售量的变动额;

Q——变动前销售量。

经营杠杆系数的简化公式为:

$$经营杠杆系数(DOL) = \frac{边际贡献}{息税前利润} = \frac{M}{EBIT} = \frac{EBIT+F}{EBIT} \quad (4\text{-}14)$$

式中　M——边际贡献;

F——固定成本。

【例4-10】　A公司有关资料见表4-7,试计算该企业的经营杠杆系数。

表4-7　A公司相关资料　　　　　　　　　　　　　　　　单位:万元

项目	2007年	2008年	变动额	变动率/%
销售额	1 000	1 200	200	20
变动成本	600	720	120	20
边际贡献	400	480	80	20

续表

项 目	2007 年	2008 年	变动额	变动率/%
固定成本	200	200	0	—
息税前利润	200	280	80	40

解:根据公式可得:

$$经营杠杆系数(DOL) = \frac{80/200}{200/1\ 000} = \frac{40\%}{20\%} = 2$$

上述计算是按经营杠杆的理论公式计算的,利用该公式,必须以已知变动前后的有关资料为前提,比较麻烦。按简化公式计算如下。

按表 4-7 中 2007 年的资料可求得经营杠杆系数:

$$经营杠杆系数(DOL) = \frac{400}{200} = 2$$

计算结果表明,两个公式计算出的经营杠杆系数是完全相同的。

同理,可按 2008 年的资料求得经营杠杆系数:

$$经营杠杆系数(DOL) = \frac{480}{280} = 1.17$$

经营杠杆系数等于 2 的意义是:当企业销售额增长 10% 时,息税前利润将增长 20%;反之,当企业销售额下降 10% 时,息税前利润将下降 20%。

(四)经营杠杆与经营风险的关系

引起企业经营风险的主要原因是市场需求和成本等因素的不确定性,经营杠杆本身并不是利润不稳定的根源。经营杠杆系数会放大企业的经营风险,经营杠杆系数应当被看作对"潜在风险"的衡量。而且,经营杠杆系数越高,利润变动越剧烈,企业的经营风险就越大。一般来说,在其他因素一定的情况下,固定成本越高,经营杠杆系数越大,企业经营风险也就越大。其关系可表示为:

$$经营杠杆系数 = \frac{边际贡献}{边际贡献 - 固定成本}$$

或 $$经营杠杆系数 = \frac{(销售单价 - 单位变动成本) \times 产销量}{(销售单价 - 单位变动成本) \times 产销量 - 固定成本}$$

从公式可以看出,影响经营杠杆系数的因素包括产品销售数量、产品销售价格、单位变动成本和固定成本总额等因素。经营杠杆系数将随固定成本的变化呈同方向变化,即在其他因素一定的情况下,固定成本越高,经营杠杆系数越大。同理,固定成本越高,企业经营风险也越大;如果固定成本为 0,则经营杠杆系数等于 1。

在影响经营杠杆系数的因素发生变动的情况下,经营杠杆系数一般也会发生变动,从而产生不同程度的经营杠杆和经营风险。由于经营杠杆系数影响着企业的息税前利润,从而也就制约着企业的筹资能力和资本结构。因此,经营杠杆系数是资本结构决策的一个重要因素。

控制经营风险的方法有:增加销售额、降低产品单位变动成本、降低固定成本比重。

四、财务杠杆

(一)财务风险

财务风险(financial risk)是由于企业决定通过债务筹资而给公司的普通股股东增加的风险。财务风险包括可能丧失偿债能力和每股收益变动率的增加。企业在资本结构中增加资本成本固定的筹资方式的比例时,固定的现金流出量增加,结果是丧失偿债能力的概率也会增加。财务风险的第二个方面涉及每股收益的相对离散程度。财务风险分析通常用财务杠杆系数来衡量。

(二)财务杠杆的概念

在资本总额及其结构既定的情况下,企业需要从息税前利润中支付的债务和利息通常都是固定的。当息税前利润增大时,每一元盈余所负担的固定财务费用(如利息、融资租赁金等)就会相对减少,就能给普通股股东带来更多的盈会;反之,每一元盈余所负担的固定财务费用就会相对增加,就会大幅度减少普通股股东的盈余。这种由于固定财务费用的存在而导致普通股每股收益变动率大于息税前利润变动率的杠杆效应,称作财务杠杆(financial leverage)。现用表4-8加以说明。

表4-8　甲、乙公司的资本结构与普通股每股收益表　　　　　单位:万元

年份	项目	甲公司	乙公司
2019	普通股发行在外股数/股	2 000	1 000
	普通股股本(每股面值:100)	200 000	100 000
	债务(年利率8%)	0	100 000
	资金总额	200 000	200 000
	息税前利润	20 000	20 000
	债务利息	0	8 000
	利润总额	20 000	12 000
	所得税(税率25%)	5 000	3 000
	净利润	15 000	9 000
	每股收益	7.5	9

续表

年份	项目	甲公司	乙公司
2020	息税前利润增长率	20%	20%
	增长后的息税前利润	24 000	24 000
	债务利息	0	8 000
	利润总额	24 000	16 000
	所得税(税率25%)	6 000	4 000
	净利润	18 000	12 000
	每股收益	9	12
	每股收益增加额	1.5	3
	普通股每股收益增长率	20%	33.3%

在表4-8中,甲、乙两个公司的资金总额相等,息税前利润相等,息税前利润的增长率也相同,不同的只是资本结构。甲公司全部资金都是普通股,乙公司的资金中普通股和债券各占一半。在甲、乙公司息税前利润均增长20%的情况下,甲公司每股收益增长20%,而乙公司却增长了33.3%,这就是财务杠杆效应。当然,如果息税前利润下降,乙公司每股收益的下降幅度要大于甲公司每股收益的下降幅度。

(三)财务杠杆的计量

只要在企业的筹资方式中有固定财务费用支出的债务,就会存在财务杠杆效应。但不同企业财务杠杆的作用程度是不完全一致的,为此,需要对财务杠杆进行计量。对财务杠杆计量的主要指标是财务杠杆系数。财务杠杆系数(Degree of Financial Leverage, DFL)是指普通股每股收益的变动率相当于息税前利润变动率的倍数,计算公式为:

$$财务杠杆系数(DFL) = \frac{普通股每股收益变动率}{息税前利润变动率} = \frac{\Delta EPS/EPS}{\Delta EBIT/EBIT} \quad (4\text{-}15)$$

式中　DFL——财务杠杆系数;

　　　ΔEPS——普通股每股收益的变动额;

　　　EPS——变动前的普通股每股收益;

　　　$\Delta EBIT$——息税前利润的变动额;

　　　EBIT——变动前的息税前利润。

上式公式可以推导为:

$$DFL = \frac{EBIT}{EBIT - I - \dfrac{D}{1-t}} \quad (4\text{-}16)$$

式中　I——债务利息;

　　　D——优先股股息;

t——公司所得税税率。

财务杠杆作用的强弱取决于企业的资本结构。在资本结构中负债资本所占比例越大，财务杠杆作用越强，财务风险越大。具体来说，影响企业财务杠杆系数的因素包括息税前利润、企业资金规模、企业的资本结构、固定财务费用水平等多个因素。财务杠杆系数将随固定财务费用的变化呈同方向变化，即在其他因素一定的情况下，固定财务费用越高，财务杠杆系数越大。同理，固定财务费用越高，企业财务风险也越大；如果企业固定财务费用为0，则财务杠杆系数为1。

【例4-11】　将表5-7中2009年的有关资料代入式(5-11)，求甲、乙两公司的财务杠杆系数。

解：
$$甲公司财务杠杆系数 = \frac{20\,000}{20\,000-0} = 1$$

$$乙公司财务杠杆系数 = \frac{20\,000}{20\,000-8\,000} \approx 1.67$$

这说明，在利润增长时，乙公司每股收益的增长幅度大于甲公司的增长幅度；当然，当利润减少时，乙公司每股收益减少得也更快。因此，公司息税前利润较多，增长幅度较大时，适当地利用负债性资金发挥财务杠杆的作用，可增加每股收益，使股票价格上涨，增加企业价值。

【例4-12】　某公司2009年的净利润为750万元，所得税税率为25%，估计该公司的财务杠杆系数为2。该公司固定成本总额为1500万元，公司年初发行一种债券，数量为10万张，每张面值为1000元，发行价格为1100元，债券票面利率为10%，发行费用占发行价格的2%。假设公司无其他债务资本。

要求：①计算2009年的利润总额。

②计算2009年的利息总额。

③计算2009年的息税前利润总额。

④计算该公司经营杠杆系数。

解：①利润总额 $= \dfrac{750}{1-25\%} 1\,000$（万元）

②2009年的利息总额 $= 10 \times 1\,000 \times 10\% = 1\,000$（万元）

③$DFL = \dfrac{EBIT}{EBIT-1\,000} = 2$

$EBIT = 2\,000$（万元）

即息税前利润总额为2000万元。

④$DOL = \dfrac{1\,500+2\,000}{2\,000} = 1.75$

(四)财务杠杆与财务风险的关系

由于财务杠杆的作用，当息税前利润下降时，税后利润下降得更快，从而给企业股权资本所有者造成财务风险。财务杠杆会加大财务风险,企业举债比重越大,财务杠杆效应越强,财务风险越大。控制财务风险的方法有控制负债比率,即通过合理安排资本结构,适度负债使财务杠杆利益抵消财务风险增大所带来的不利影响。

【例 4-13】 东方公司 2008—2010 年的息税前利润分别为 400 万元、240 万元和 160万元,每年的债务利息都是 50 万元,公司所得税税率为 25%。其财务风险测算见表 4-9。

表 4-9 东方公司财务风险测算表

年份	息税前利润	息税前利润增长率/%	债务利息	所得税（25%）	税后利润	税后利润增长率/%
2008	400		50	87.5	262.5	
2009	240	-40	50	47.5	142.5	-46
2010	160	-33	50	27.5	82.5	-42

由表 4-9 可知,东方公司 2008—2010 年每年的债务利息均为 50 万元,但随着息税前利润的下降,税后利润以更快的速度下降。与 2009 年相比,2010 年息税前利润的降幅为33%,同期税后利润的降幅达 42%。可知,由于东方公司没有有效地利用财务杠杆,因此导致了财务风险,即税后利润的降低幅度高于息税前利润的降低幅度。

五、复合杠杆

(一)复合杠杆的概念

如前所述,由于存在固定成本,产生经营杠杆的效应,使得销售量变动对息税前利润有扩大的作用;同样,由于存在固定财务费用,财务杠杆的效应,使得息税前利润对普通股每股收益有扩大的作用。如果两种杠杆共同起作用,那么,销售额的细微变动就会使每股收益产生更大的变动。

复合杠杠(combined leverage)是指由于固定生产经营成本和固定财务费用共同存在而导致普通股每股收益变动率大于产销量变动率的杠杆效应。

(二)复合杠杆的计量

复合杠杆系数(Degree of Combined Leverage,DCL)反映了经营杠杆与财务杠杆之间的关系,即为了达到某一复合杠杆系数,经营杠杆和财务杠杆可以有多种不同组合,在维持总风险一定的情况下,企业可以根据实际,选择不同的经营风险和财务风险组合,实施企业的财务管理策略。

只要企业同时存在固定生产经营成本和固定财务费用等财务支出,就会存在复合杠杆的作用。对复合杠杆计量的主要指标是复合杠杆系数或复合杠杆度。复合杠杆系数是指普通股每股收益变动率相当于产销量变动率的倍数。其计算公式为:

$$复合杠杆系数（DCL）=\frac{普通股每股收益变动率}{产销量变动率}=\frac{\Delta EPS/EPS}{\Delta Q/Q} \quad (4-17)$$

式中　DCL——复合杠杆系数；

　　　ΔEPS——普通股每股收益的变动额；

　　　EPS——变动前的普通股每股收益；

　　　ΔQ——销售量的变动额；

　　　Q——变动前的销售量。

复合杠杆系数与经营杠杆系数、财务杠杆系数之间的关系可用下式表示：

$$复合杠杆系数=经营杠杆系数×财务杠杆系数 \qquad (4-18)$$

即

$$DCL=DOL×DFL \qquad (4-19)$$

复合杠杆系数亦可直接按以下公式计算：

$$复合杠杆系数=\frac{边际贡献}{边际贡献-固定成本-利息-税前优先股股息}=\frac{M}{M-F-I-\dfrac{D}{1-t}} \qquad (4-20)$$

式中　M——边际贡献；

　　　F——固定成本；

　　　I——债务利息；

　　　D——优先股利息；

　　　t——公司所得税税率。

【例4-14】　A企业年销售额为10 000万元，变动成本率60%，息税前利润为2 500万元，全部资本5 000万元，负债比率40%，负债平均利率10%。

要求：

(1)计算A企业的经营杠杆系数、财务杠杆系数和复合杠杆系数。

(2)如果预测A企业的销售额将增长10%，计算息税前利润及每股收益的增长幅度。

解：(1)计算A企业的经营杠杆系数、财务杠杆系数和复合杠杆系数：

$$经营杠杆系数=\frac{10\ 000-10\ 000×60\%}{2\ 500}=1.6$$

$$财务杠杆系数=\frac{2\ 500}{2\ 500-5\ 000×40\%×10\%}=1.087$$

复合杠杆系数=1.6×1.087=1.739 2

(2)计算息税前利润及每股收益的增长幅度：

息税前利润增长幅度=1.6×10%=16%

每股收益增长幅度=1.739 2×10%=17.39%

(三)复合杠杆与企业风险的关系

企业复合杠杆系数越大，每股收益的波动幅度越大，因复合杠杆作用使普通股每股收益大幅度波动而造成的风险，称为复合风险，复合风险直接反映企业的整体风险。在其他因素不变的情况下，复合杠杆系数越大，复合风险越大；复合杠杆系数越小，复合风险越小。

第三节　资本结构

一、资本结构的含义

所谓资本结构(capital structure)，从狭义上讲，指企业长期债务资本与权益资本之间的比例关系。从广义上讲，是指企业多种不同形式的负债与权益资本之间多种多样的组合结构。资本结构是企业筹资决策的核心问题。企业应综合考虑有关影响因素，运用适当的方法确定最佳资本结构，并在以后追加筹资中继续保持。企业现有资本结构不合理，应通过筹资活动进行调整，使其趋于合理化。

企业资本结构是由企业采用的各种筹资方式筹集资金而形成的。各种筹资方式不同的组合类型决定着企业资本结构及其变化。企业筹资方式有很多，但总的来看分为负债资本和权益资本两类。因此，资本结构问题总的来说是负债资本的比例问题，即负债在企业全部资本中所占的比重。

二、影响资本结构的因素

从理财人员的角度，确定企业的资本结构，应当与企业的理财目标紧密结合，同时还要充分考虑理财环境各种可能的变化。按照现代财务理论，最广为接受的理财目标是企业价值最大化，要达到这一目标，企业必须合理确定并不断优化其资本结构，使企业的资金得到充分有效的使用。因此，从这一角度出发，企业的目标资本结构应是实现企业价值最大化，并且同时实现资本成本最小化。

企业确定目标资本结构时，应该考虑以下因素。

（一）企业的行业规模与成长性

①不同的企业资本结构区别较大；同一行业不同规模的企业，筹资能力不同。企业的规模越大，筹资能力越强，筹资成本越低；反之，企业的筹资能力弱，筹资成本高。

②处于高速发展的企业，对于资金的需求量大，依靠股权筹资难以满足企业发展的需要，需要依靠更多的债务筹资。

（二）所得税的影响

一般来讲，所得税税率越高，利息的抵税收益就越多，较多的债务可以带来较多的现金流量，企业举债的愿望就越强。

（三）企业的经营风险

当企业不采用债务筹资而开展经营的固有风险，主要是由企业的销售数量、销售价格与成本等因素引起的，企业的经营风险越高，资本结构中债务的比重应越低。

（四）企业财务状况

企业财务状况主要包括企业资产结构、变现能力与赢利能力等因素。

①企业资产结构，如果企业拥有的固定资产比例较高，在资金筹集中更多可以依赖长期筹资；反之，则依赖于短期筹资。

②企业变现能力与赢利能力强，偿还债务能力强，财务风险承受能力也高，可以增加债务占资本总额的比重，获取更大的财务杠杆效益；反之，则不行。

（五）股东与经营者的态度

①股东与经营者的风险态度，敢于冒险的企业筹资时倾向于高负债；反之，倾向于低负债。

②股东与经营者对企业的控制态度，如果想保持对企业的控制，在筹资中倾向于股权筹资；反之，倾向于债务与优先股筹资。

（六）企业的信用等级与负债率

企业的信用等级较差造成已有负债率较高，将会降低企业债务筹资的能力；反之，会提高企业债务筹资的能力。

三、资本结构理论

资本结构理论经过长期的发展，已经日趋成熟，并在西方的财务活动中得到较为广泛的应用。最早提出资本结构理论的是美国经济学家戴维·杜兰德。杜兰德认为，早期企业的资本结构是按照净收益法、净营业收益法和传统折中法建立的。1958 年，莫迪格利尼和米勒又提出了著名的 MM 理论。在此基础上，后人又进一步提出了代理理论和等级筹资理论等。

（一）净收益理论

净收益理论认为，利用债务可以降低企业的综合资本成本，由于债权的投资报酬率固定，债权人有优先求偿权，债权投资风险低于股权投资风险，债权资本成本率一般低于股权资本成本率，因此，负债程度越高，加权平均资本成本就越低。当负债比率达到100%时，企业价值将达到最大。

这是一种极端的资本结构理论观点。这种观点虽然考虑到财务杠杆利益，但忽略了财务风险。很明显，如果公司的债权资本比例过高，财务风险就会很高，公用的加权平均资本成本率就会上升，公司的价值反而下降。

（二）净营业收益理论

净营业收益理论认为，资本结构与企业的价值无关，决定企业价值高低的关键要素是企业的净营业收益。如果企业增加成本较低的债务资本，即使债务成本本身不变，但由于加大了企业的风险，导致权益资本成本提高。这一升一降，相互抵消，企业的加权平均资本成本仍保持不变。也就是说，不论企业的财务杠杆程度如何，其整体的资本成本不变,企业的价值也就不受资本结构的影响,因而不存在最佳资本结构。

这是另一种极端的资本结构理论观点。这种观点虽然认为债权资金比例的变动会产生财务风险,也可能影响公司的股权资本成本率,但实际上公司的加权平均资本成本不可能是一个常数。公司净营业收益的确会影响公司价值,但公司价值不仅仅取决于公司净营业收益的多少。

(三)MM 理论

1958 年,莫迪格利尼和米勒提出了著名的 MM 理论。在无税收、资本可以自由流通、充分竞争、预期报酬率之间的证券价格相同、完全利息、利率一致、高度完善和均衡的资本市场等一系列假定之下,MM 理论提出了两个重要命题。

命题 1:无论企业有无债权资本。其价值(普通股资本与长期债权资本的市场价值之和)等于公司 Q 所有资产的预期收益额按适合该公司风险等级的必要报酬率予以折现。其中,企业资产的预期收益额相当于企业扣除利息、税收之前的预期赢利,即息税前利润,企业风险等级相适应的必要报酬率相当于企业的加权资本成本率。

命题 2:利用财务杠杆的公司,其股权资本成本率随筹资额的增加而提高。因为便宜的债务给公司带来的财务杠杆利益会的上升被股权资本成本率抵消,所以,公司的价值与其资本结构无关,因此,在没有企业和个人所得税的情况下。任何企业的价值,不论其有无负债,都等于经营利润除以适用于其风险等级的收益率。风险相同的企业,其价值不受有无负债及负债程度的影响。

修正的 MM 资本结构理论提出,有债务的企业价值等于有相同风险但无债务企业的价值加上债务的节税利益。因此,在考虑所得税的情况下,由于存在税额庇护利益,企业价值会随负债程度的提高而增加,股东也可获得更多好处。于是,负债越多,企业价值也会越大。

(四)代理理论

代理理论的创始人詹森和麦克林认为,企业资本结构会影响经理人员的工作水平和其他行为选择,从而影响企业未来现金流入和企业市场价值。该理论认为,公司债务的违约风险是财务杠杆系数的增函数,随着公司债权资本的增加,债权人的监督成本随之上升,债权人会要求更高的利率。这种代理成本最终要由股东承担(即股权代理成本增加),公司资本结构中债权比率过高会导致股东价值的降低。均衡的企业所有权结构是由股权代理成本和债权代理成本之间的平衡关系来决定的,债权资本适度的资本结构会增加股东的价值。除债务的代理成本之外,还有一些代理成本涉及公司雇员、消费者和社会等,在资本结构决策中也应予以考虑。

(五)优序筹资理论

1984 年,梅耶斯等学者提出了一种新的优序筹资理论。该理论认为:首先,外部筹资的成本不仅包括管理和证券承销成本,还包括不对称信息所产生的"投资不足效应"而引起的成本。为消除"投资不足效应"而引起的成本,企业可以选择用内部积累的资金去满足净现值为正的投资机会。所以,通过比较外部筹资和内部筹资的成本,当企业面临投资决策时,理论上首先考虑运用内部资金。其次,债务筹资优于股权投资。

优序筹资理论的两个中心思想是:①偏好内部筹资;②如果需要外部筹资,则偏好债务筹资。由于企业所得税的节税利益,负债筹资可以增加企业的价值,即负债越多,企业价值增加越多,这是负债的第一种效应;但是,财务危机成本期望值的现值和代理成本的现值会导致企业价值的下降,即负债越多,企业价值减少额越大,这是负债的第二种效应。负债比率较小时,第一种效应大,负债比率较大时,第二种效应大。由于上述两种效应相互抵消,企业应适度负债。最后,由于非对称信息的存在,企业需要保留一定的负债容量以便有利可图的投资机会来临时可发行债券,避免以过高的成本发行新股。按照等级筹资理论,不存在明显的目标资本结构,因为虽然留存收益和增发新股均属股权筹资,但前者最先选用,后者最后选用。获利能力较强的公司之所以安排较低的债权比率,并不是因为已确立较低的目标债权比率,而是因为不需要外部筹资;获利能力较差的公司选用债权筹资是因为没有足够的留存收益,而且在外部筹资选择中债权筹资为首选。

从成熟的证券市场来看,企业的筹资优序模式首先是内部筹资,其次是借款、发行债券、可转换债券,最后是发行新股筹资。但是,对于新兴证券市场来说却未必如此。

四、资本结构优化决策

从上述分析可知,利用负债资本具有双重作用,适当利用负债,可以降低企业资本成本,但当企业负债比率太高时,会带来较大的财务风险。为此,企业必须权衡财务风险和资本成本的关系,确定最佳资本结构。最佳资本结构是指在一定条件下使企业加权平均资本成本最低、企业价值最大的资本结构。其判断的标准有:

①有利于最大限度地增加所有者财富,能使企业价值最大化。

②企业加权平均资本成本最低。

③资产保持适当的流动,并使资本结构富有弹性。

其中加权平均资本成本最低是其主要标准。

确定最佳资本结构的方法有每股收益无差别点法、比较资本成本法和公司价值分析法。

(一)每股收益无差别点法

每股收益无差别分析(又称每股利润无差别点或息税前利润-每股收益分析法,EBIT-EPS分析法)是利用每股收益的无差别点进行的分析。所谓每股收益无差别点,是指每股收益不受融资方式影响的销售水平,一般用息税前利润表示。利用每股收益无差别点法,可以判断在什么情况下的销售水平适用于何种融资方式,以进行资本结构的决策。

每股收益无差别点处息税前利润的计算公式为:

$$\frac{(\overline{\text{EBIT}}-I_1)(1-T)}{N_1}=\frac{(\overline{\text{EBIT}}-I_2)(1-T)}{N_2} \tag{4-21}$$

$$\overline{\text{EBIT}}=\frac{N_2I_1(1-T)-N_1I_2(1-T)}{(N_2-N_1)(1-T)}$$

$$\overline{\text{EBIT}}=\frac{N_2I_1-N_1I_2}{N_2-N_1}$$

式中　$\overline{\text{EBIT}}$——每股收益无差别点处的息税前利润；

I_1、I_2——两种筹资方式下的年利息；

N_1、N_2——两种筹资方式下的流通在外的普通股股数；

T——所得税税率。

根据每股收益无差别点，可以分析判断在什么样的销售水平下，适合采用何种资本结构。每股收益无差别点可以用销售额、息税前利润来表示，还可以用边际贡献表示。如果已知每股收益相等时的销售水平，也可以计算出有关的成本水平。

进行每股收益分析时，当销售额（或息税前利润）大于每股无差别点的销售额（或息税前利润）时，运用负债筹资可获得较高的每股收益；反之，运用权益筹资可获得较高的每股收益。每股收益越大，风险也越大，如果每股收益的增长不足以补偿风险增加所需要的报酬，尽管每股收益增加，股价仍会下降。

【例4-15】　甲公司目前有资金7 500万元，现因生产发展需要准备再筹集2 500万元资金，这些资金可以利用发行股票来筹集，也可以利用发行债券来筹集，该公司适用所得税税率为25%。表4-10列示了原资本结构和筹资后资本结构的情况。

表4-10　甲公司资本结构变化情况表　　　　单位：万元

筹资方式	原资本结构	增加筹资后资本结构	
		增发普通股（A方案）	增发公司债券（B方案）
公司债券（利率8%）	1 000	1 000	3 500
普通股（每股面值1元）	2 000	3 000	2 000
资本公积	2 500	4 000	2 500
留存收益	2 000	2 000	2 000
资金总额合计	7 500	10 000	10 000
普通股股数（万股）	2 000	3 000	2 000

发行股票时，每股发行价格为2.5元，筹资2 500万元，发行1 000万元，普通股股本增加10 000万元，资本公积增加1 500万元。

根据资本结构的变化情况，可采取每股收益无差别点法分析资本结构对普通股每股收益的影响。详细的分析情况见表4-11。

表4-11 甲公司不同资本结构下的每股收益　　　　　单位:万元

项 目	增发股票	增发债券
预计息税前利润(EBIT)	2 000	2 000
利息	80	280
利润总额	1 920	1 720
所得税(税率25%)	480	430
净利润	1 440	1 290
普通股股数/万股	3 000	2 000
每股收益/元	0.48	0.645

　　从表4-11中可以看出,在息税前利润为2 000万元的情况下,利用增发公司债券的形式筹集资金能使每股收益上升较多,这可能更有利于股票价格上涨,更符合理财目标。

　　那么,究竟息税前利润为多少时发行普通股有利,息税前利润为多少时发行公司债券有利呢? 这就要测算每股收益无差别点处的息税前利润。

　　现将甲公司的资料代入公式(4-21):

$$\overline{\text{EBIT}}=\frac{2\ 000\times80-3\ 000\times280}{2\ 000-3\ 000}$$

求得:$\overline{\text{EBIT}}=680(万元)$

此时:$\text{EPS}_1=\text{EPS}_2=0.15(元)$

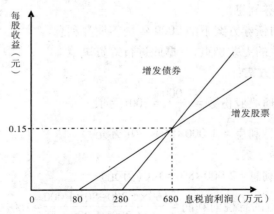

图4-1　每股利润无差别点示意图

　　这就是说,当息税前利润等于680万元时,每股收益为0.15元。如图4-1所示,当息税前利润大于680万元时,增发债券的每股收益大于增发股票的每股收益,利用负债筹资较为有利;当息税前利润小于680万元时,增发债券的每股收益小于增发股票的每股收益,不应再增加负债,以发行普通股为宜;当息税前利润等于680万元时,采用两种方式没有差别。甲公司预计息税前利润为2 000万元,故采用发行公司债券的方式较为有利。

应当说明的是,这种分析方法只考虑了资本结构对每股收益的影响,并假定每股收益最大,股票价格也最高。但把资本结构对风险的影响置于视野之外,是不全面的。因为随着负债的增加,投资者的风险加大,股票价格和企业价值也会有下降的趋势,所以,单纯地用 EBIT-EPS 分析法有时会做出错误的决策。但在资金市场不完善的时候,投资人主要根据每股收益的多少来做出投资决策,每股收益的增加也的确有利于股票价格的上升。

每股收益无差别点法的原理比较容易理解,测算过程较为简单。它以普通股收益最高为决策标准,没有考虑财务风险因素,其决策目标实际上是每股收益最大化而不是公司价值最大化,可用于资本规模不大、资本结构不太复杂的股份有限公司。

【例 4-16】 东圣公司 2009 年初的负债即所有者权益总额为 9 000 万元,其中,公司债券为 1 000 万元(按面值发型,票面年利率为 8%,每年年末付息,三年后到期);普通股股本为 4 000 万元(面值 1 元,4 000 万股);资本公积为 2 000 万元;其余为留存收益。

2009 年该公司为扩大生产规模,需要再筹集 1 000 万元资金,有以下两个筹资方案可供选择。

方案一:增加发行普通股,预计每股发行价格为 5 元。

方案二:增加发行同类公司债券,按面值发型,票面年利率为 8%。

预计 2009 年可实现息税前利润 2 000 万元,适用的企业所得税税率为 25%。

要求:

(1)计算增发股票方案的下列指标。

①2009 年增发普通股股份数。

②2009 年全年债券利息。

(2)计算增发公司债券方案下的 2009 年全年债券利息。

(3)计算每股收益的无差别点,并据此进行筹资决策。

解 :(1)增发股票方案:

①2009 年增发普通股股份数 $= \dfrac{1\ 000}{5} = 200$(万股)

②2009 年全年债券利息 $= 1\ 000 \times 8\% = 80$(万元)

(2)增发公司债券方案:

2009 年全年债券利息 $= 2\ 000 \times 8\% = 160$(万元)

每股收益无差别点的息税前利润 $= \dfrac{160 \times 4\ 200 - 80 \times 4\ 000}{4\ 200 - 4\ 000} = 160$(万元)

因为预计 2009 年实现的息税前利润 2 000 万元大于每股收益无差别点的息税前利润 1 760 万元,所以应采用方案二,负债筹资。

(二)比较资本成本法

比较资本成本法是指计算不同资本结构的加权平均资本成本,并根据加权平均资本成本的高低来确定最优资本结构。其计算公式为:

$$k_w = \sum_{j=1}^{n} k_j W_j$$

式中　k_w——综合资本成本,即加权平均资本成本;

k_j——第 j 种个别资本成本;

W_j——第 j 种个别资本成本占全部资金的比重。

资本成本实质是机会成本,是投资者对企业要求的最低报酬率。在其确定过程中,需要做好的工作为:首先确定单项资本成本,然后确定各类资金来源并计算各类资金比重。

资本结构决策的原则是企业价值最大化(与资本成本最小化是一致的),而企业价值最主要来自企业的经营活动所创造的现金流量。因此,加权平均资本成本的计算要能够反映对企业经营活动予以支持的全部资金的资本成本。

资本成本的计算是对企业以往各期单项成本的加权,还是对未来时期新资本及其新单项资本成本的加权计算,是应该思考的问题。从资本成本的实质来看应该用未来的预测数据,因为其实质是投资者要求的报酬率。

【例 4-17】 甲公司 2009 年初的资本结构见表 4-12。普通股每股面值 1 元,发行价格 10 元,目前价格也为 10 元,今年期望股利为 1 元/股,预计以后每年增加股利 5%。该企业使用的所得税税率假设为 25%,假设发行的各种证券均无筹资费。

表 4-12　甲公司 2009 年初的资本结构　　　　　　　　单位:万元

筹资方式	金额
债券(年利率 10%)	8 000
普通股(每股面值 1 元,发行价 10 元,共 800 万股)	8 000
合计	16 000

该公司 2009 年拟增资 4 000 万元,以扩大生产经营规模,现有如下两种方案可供选择。甲方案:增加发行 4 000 万元的债券,因负债增加,投资人风险加大,债券利率增加至 12%才能发行,预计普通股股利不变,但由于风险加大,普通股市价降至 8 元/股。

乙方案:发行债券 2 000 万元,年利率为 10%,发行股票 200 万股,每股发行价 10 元,预计普通股股利不变。

要求:分别计算其加权平均资本成本,并确定哪个方案最好。

解:(1)甲公司 2009 年初的各种资金的比重和资本成本分别为:

$$W_{债} = \frac{8\,000}{16\,000} \times 100\% = 50\%$$

$$W_{股} = \frac{8\,000}{16\,000} \times 100\% = 50\%$$

$$k_{债} = 10\% \times (1 - 25\%) = 7.5\%$$

$$k_{股} = 10\% + 5\% = 15\%$$

2009 年初加权平均资本成本为

WACC = 50%×7.5%+50%×15% = 11.25%

（2）计算甲方案的加权平均资本成本。各种资金的比重和资本成本分别为：

$$W_{债1} = \frac{8\ 000}{20\ 000} \times 100\% = 40\%$$

$$W_{债2} = \frac{4\ 000}{20\ 000} \times 100\% = 20\%$$

$$W_{股} = \frac{8\ 000}{20\ 000} \times 100\% = 40\%$$

$$k_{债1} = 10\% \times (1-25\%) = 7.5\%$$

$$k_{债2} = 12\% \times (1-25\%) = 9\%$$

$$k_{股} = 12.5\% + 5\% = 17.5\%$$

甲方案的加权平均资本成本为

$$k_{w甲} = 40\% \times 7.5\% + 20\% \times 9\% + 40\% \times 17.5\% = 11.8\%$$

（3）计算乙方案的加权平均资本成本。各种资金比重分别为 50%，50%；资本成本分别为 7.5%，15%。（计算过程略）

乙方案的加权平均资本成本为：

$$k_{w乙} = 50\% \times 7.5\% + 50\% \times 15\% = 11.25\%$$

从计算结果可以看出，乙方案的加权平均资本成本最低，所以，应该选用乙方案，即该企业保持原来的资本结构。

该方法通俗易懂，计算过程也不是十分复杂，是确定资本结构的一种常用方法。因所拟定的方案数量有限，故有把最优方案漏掉的可能。资本成本比较法一般适用于资本规模较小、资本结构较为简单的非股份制企业。

（三）公司价值分析法

公司价值分析法是在充分反映公司财务风险的前提下，以公司价值的大小为标准，经过测算确定公司最佳资本结构的方法。与比较资本成本法和每股收益无差别点法相比，公司价值分析法充分考虑了公司的财务风险和资本成本等因素的影响，进行资本结构的决策以公司价值最大为标准，更符合公司价值最大化的财务目标；但其测算原理及测算过程较为复杂，通常用于资本规模较大的上市公司。

关于公司价值的内容和测算基础与方法，目前主要有两种认识。

①公司价值等于其未来净收益（或现金流量，下同）按照一定的折现率折现的价值，即公司未来净收益的折现值。这种测算方法的原理有其合理性，但因其中所含的不易确定的因素很多，难以在实践中加以应用。

②公司价值是其股票的现行市场价值。公司股票的现行市场价值可按其现行市场价格来计算，有其客观合理性。但一方面，股票的价格经常处于波动之中，很难确定按哪个交易日的市场价格计算；另一方面，只考虑股票的价值而忽略长期债务的价值不符合实际情况。

本章小结

资本成本是指企业取得和使用资本时所付出的代价。它包括资金筹集费和资金占用费两部分。资金占用费经常发生,资金筹集费是企业在筹措资金过程中为获取资金而支付的费用。资本成本的表示形式有绝对数和相对数两种,但在财务管理实务中通常用相对数表示形式。

个别资本成本是企业各种具体筹资方式的资本成本,包括债券成本、银行借款成本、优先股成本、普通股成本和留存收益成本,前两者可统称为负债资本成本,后三者统称为权益资本成本。它主要用于衡量某一筹资方式的优劣。综合资本成本率是指企业全部长期资本的成本率,综合反映资本成本总体水平的一项重要指标。它是公司取得资金的平均成本,因此在计算时必须考虑所有不同的资金来源及其占总资本的比重。主要用于衡量筹资组合方案的优劣或用于评价企业资金结构的合理性。边际资本成本率是指企业追加长期资本的成本率,用于衡量在某一资本结构下,资金每增加一个单位而增加的成本。它是公司取得额外1元新资金所必须负担的成本,实质上是一种加权平均资本成本。

企业经营风险的大小常常使用经营杠杆来衡量。经营杠杆是指在某一固定成本比重下,销售量变动对息税前利润产生的作用。债务对投资者收益的影响称作财务杠杆。财务杠杆作用的大小通常用财务杠杆系数表示。财务杠杆系数表明息税前利润的增长所引起的每股净收益的增长幅度。经营杠杆和财务杠杆的连锁作用称为总杠杆(复合杠杆)作用。

资本结构是指企业各种长期资金筹集来源的构成和比例关系。公司最佳资本结构应当是可使其预期的综合资本成本率最低同时又能使企业总价值最高的资本结构。资本结构决策的方法主要介绍两种即每股收益无差异分析(EBIT-EPS分析)和比较资本成本法。每股收益的无差别点是指每股收益不受融资方式影响的销售水平,一般用息税前利润表示。根据每股收益无差别点,可以分析判断在什么样的销售水平下适合采用何种资本结构。比较资本成本法即分别计算筹资方案的加权平均资本成本,再根据加权平均资本成本的高低来确定资本结构,哪个方案的加权平均资本成本最低就选哪个。

课后分析案例

民营重工神话的破灭:"熔盛重工"

熔盛重工是一家处于领先地位的大型重工企业集团,业务涵盖造船、海洋工程、动力工程、工程机械等多个领域。熔盛重工在香港与上海设立总部,并在上海设立研发、营销、采购中心,在江苏南通和安徽合肥分别设立大型生产基地。熔盛重工的创始人为来自江苏如皋的张志熔。张志熔 1972 年出生,其父长期在上海从事建筑工作。1994 年,年仅 22 岁的张志熔在上海成立弘耘置业,后成立上海阳光集团,其后又改组为恒盛地产,2009 年在港交所上市。靠房地产发家的张志熔颇有雄心壮志,曾有意进入钢铁业。2001 年结识时任上海外高桥造船有限公司总经理陈强后,其转而对造船业产生兴趣。在造船行业浸润多年的陈强告诉张志熔,造船业现在还很落后,又受到国家扶持,市场空间很大。其后,张志熔开始筹备进入造船业。

2005 年,张志熔从外高桥造船挖来陈强,成立熔盛重工,张志熔任董事长,陈强任总裁。有媒体报道,陈强赴熔盛重工任总裁时,带来了 49 艘船舶制造的合约,总值 32.37 亿美元。陈强又从外高桥造船和江南造船挖来陈国荣等人组成业务团队,有此基础,加上如皋、南通、江苏三级政府的支持,熔盛重工迅速脱颖而出,次年即成为手持订单最多的民营船厂。张志熔、陈强与时任如皋市委书记的陈惠娟被称为“熔盛三剑客”。

2007 年 10 月,高盛、新天域等 5 家著名私募股权基金入股,以 3 亿美元取得熔盛重工母公司熔盛控股约 20%股份。熔盛重工的产能和实力由此大增,并计划在次年上市。但席卷全球的国际金融危机,给了熔盛重工当头一棒。2008 年,公司净亏损 5.4 亿元,资产负债率达到 100%。高盛等基金退出后,熔盛重工并未放弃上市计划。在 2009 年实现扭亏为盈后,熔盛重工于 2010 年 11 月在港交所上市,成为当年在港上市市值最高的内地民营企业。在上市公司,张志熔及其家族持股 95.5%,陈强持股 3.5%。

上市后,熔盛重工的接单量持续上升,即使在 2011 年全国造船厂行业严重不景气、全行业新增订单下滑近 50%的情况下,依然逆势截获 39 艘新船的订单,合同总价 18.1 亿美元。熔盛重工手持订单位居中国第一、世界第三。事后的情况表明,此时熔盛重工已经危机重重,许多所谓订单,不过是自买自卖充充门面而已。熔盛重工需要以持续发展的假象,源源不断从金融机构获取资金。2011 年年中开始,熔盛重工股价开始不断下跌,2012 年 9 月跌破 1 港元,大批投资者损失惨重。

在资金压力下,张志熔不惜铤而走险。2012 年 7 月,张志熔深陷中海油收购加拿大尼克森公司内幕交易案,遭美国证券交易委员会(SEC)调查,后以缴纳 1 400 万美元罚金并辞去熔盛重工董事局主席职务与 SEC 达成和解。祸不单行,2012 年 8 月,熔盛重工又因在关键时刻放弃收购来自安徽全椒的全柴动力(600218)而遭到投资机构起诉。此后,熔盛重工每况愈下,弃单、欠薪等情况接连发生,为了节约成本,公司总部亦从上海搬回江苏南通。雪上加霜的是,因为管理等方面的原因,张志熔与陈强失和。2012 年,陈惠娟亦辞任如皋市委书记,曾经的“熔盛三剑客”宣告解体,熔盛重工的形势急转直下。

根据熔盛重工 2013 年年报,因大额拨备,当年亏损 86.84 亿元,存货周转期上升到 254 天,经营活动产生的现金流量净额为-32 亿元,年终现金及现金等价物仅有 1.17 亿元,负债规模达到 298 亿元。根据熔盛重工 2014 年 10 月 18 日发布的 2014 年三季度财报,熔盛重工 2014 年前三季度仅实现营业收入 2.79 亿元,净亏损 33.62 亿元,亏损同比大增 155%。其债务总额已达 313.52 亿元,负债率升至 93.4%,其中短期借款高达 76.13 亿元,而货币资金仅有 5.34 亿元。

资料来源:陶喜年.熔盛重工背负 200 亿巨债造船老大盛极而衰[N].时代周报,

2015-3-17.

案例分析问题:

1. 试对财务杠杆进行界定,并对"财务杠杆效应是一把'双刃剑'"这句话进行评述。

2. 取得财务杠杆利益的前提条件是什么?

3. 何为最优资本结构? 其衡量的标准是什么?

4. 我国资本市场上的上市公司应该从"熔盛神话"中吸取哪些教训?

思考题

1. 什么是资本成本? 资本成本有哪些作用?

2. 简述经营杠杆基本原理。

3. 简述财务杠杆的作用原理对企业筹资决策的意义。

4. 简述联合杠杆系数的含义和作用。

5. 什么是最佳资本结构? 如何确定最佳资本结构?

自测题

一、单项选择题

1. 某企业的财务杠杆系数为 2,经营杠杆系数也为 2.5,当企业的产销业务量的增长率为 30% 时,企业的每股利润将会增长(　　　)。

A. 60%　　　　　B. 150%　　　　　C. 75%　　　　　D. 100%

2. (　　　)是通过计算和比较各种资本结构下公司的市场总价值来确定最佳资本结构的方法。

A. 比较资本成本法　　　　　　　　B. 公司价值分析法

C. 每股利润无差别点法　　　　　　D. 因素分析法

3. 某公司发行总面额为 500 万元的 10 年期债券,票面利率 12%,发行费用率为 5%,公司所得税率为 33%。该债券采用溢价发行,发行价格为 600 万元,该债券的资本成本为(　　　)。

A. 8.46%　　　　　B. 7.05%　　　　　C. 10.24%　　　　　D. 9.38%

4. 某企业上年的息税前利润为 6 000 万元,利息为 300 万元,融资租赁的租金为 200 万元,假设企业不存在优先股,本年的利息费用和融资租赁的租金较上年没有发生变化,但是本年的息税前利润变为 8 000 万元。则该企业本年度财务杠杆系数为(　　　)。

A. 1.2　　　　　B. 1.07　　　　　C. 1.24　　　　　D. 1.09

5. 某企业的产权比率为 80%(按市场价值计算),债务平均利率为 12%,权益资本成本是 18%,所得税税率为 40%,则该企业的加权平均资本成本为( )。

    A. 12.4%   B. 10%   C. 13.2%   D. 13.8%

6. 公司增发的普通股的市价为 10 元/股,筹资费用率为市价的 5%,最近刚发放的股利为每股 0.5 元,已知该股票的股利年增长率为 6%,则该股票的资本成本率为( )。

    A. 11%   B. 11.58%   C. 11.12%   D. 11.26%

7. ( )成本的计算与普通股基本相同,但不用考虑筹资费用。

    A. 债券   B. 银行存款   C. 优先股   D. 留存收益

8. 一般来说普通股、优先股和长期债券的资本成本由高到低的顺序正确的是( )。

    A. 优先股、普通股、长期债券

    B. 优先股、长期债券、普通股

    C. 普通股、优先股、长期债券

    D. 以上都不正确

9. 某公司的经营杠杆系数为 2.5,预计息税前利润将增长 30%,在其他条件不变的情况下,销售量将增长( )。

    A. 75%   B. 15%   C. 12%   D. 60%

10. 关于经营杠杆系数,下列说法不正确的是( )。

    A. 在其他因素一定时,产销量越大,经营杠杆系数小

    B. 在其他因素一定时,固定成本越大,经营杠杆系数越大

    C. 在固定成本趋近于 0 时,经营杠杆系数趋近于 0

    D. 经营杠杆系数越大,反映企业的经营风险越大

二、多项选择题

1. 企业财务风险主要体现在( )。

    A. 增加了企业产销量大幅度变动的机会

    B. 增加了普通股每股利润大幅度变动的机会

    C. 增加了企业资本结构大幅度变动的机会

    D. 增加了企业的破产风险

2. 影响债券资本成本的因素包括( )。

    A. 债券的票面利率   B. 债券的发行价格

    C. 筹资费用的多少   D. 公司的所得税税率

3. 关于复合杠杆系数,下列说法正确的是( )。

    A. 等于经营杠杆系数和财务杠杆系数之和

    B. 该系数等于普通股每股利润变动率与息税前利润变动率之间的比率

    C. 等于经营杠杆系数和财务杠杆系数之积

    D. 复合杠杆系数越大,复合风险越大

4. 企业调整资本结构的存量调整方法主要包括( )。

    A. 债转股   B. 发行债券

    C. 股转债   D. 调整权益资金结构

5. 如果企业的全部资本中权益资本占 70%,则下列关于企业风险的叙述不正确的是( )。

A. 只存在经营风险　　　　　　B. 只存在财务风险

C. 同时存在经营风险和财务风险　D. 财务风险和经营风险都不存在

三、判断题

1. 资本成本的本质就是企业为了筹集和使用资金而实际付出的代价,其中包括用资费用和筹资费用两部分。　　　　　　　　　　　　　　　　　　　　　( )

2. 根据财务杠杆作用原理,使企业净利润增加的基本途径包括在企业固定成本总额一定的条件下,增加企业销售收入。　　　　　　　　　　　　　　　　( )

3. 公司增发普通股的市价为 10 元/股,筹资费用率为市价的 6%,最近刚发放的股利为每股 0.5 元,已知该股票的资本成本率为 10%,则该股票的股利年增长率为 4.44%。

( )

4. 在其他因素不变的情况下,企业的销售收入越多,复合杠杆系数越小,企业的复合风险也就越小。　　　　　　　　　　　　　　　　　　　　　　　( )

5. 企业在选择追加筹资方案时的依据是个别资本成本的高低。　　　( )

四、计算题

1. 某企业资金总额 6 000 万元,其中:长期借款 1 200 万元,长期债券 1 600 万元,普通股 3 200 万元,长期借款为 4 年,年利率 8%,筹资费率忽略不计;长期债券票面利率 10%,筹资费率 3%;普通股 1 000 万股,预期股利为 0.2 元每股,股利增长率为 4%,普通股筹资费率为 6%,所得税税率为 25%,计算企业的综合资本成本。

2. 某企业 2004 年资产总额为 1 000 万元,资产负债率为 40%,负债平均利息率 5%,实现的销售收入为 1 000 万元,全部的固定成本和费用为 220 万元,变动成本率为 30%,若预计 2005 年的销售收入提高 50%,其他条件不变:

(1)计算 DOL、DFL、DTL。

(2)预计 2005 年的每股利润增长率。

3. 某公司 2004 年销售产品 15 万件,单价 80 元,单位变动成本 40 元,固定成本总额 150 万元。公司有长期负债 80 万元,年平均利息率为 10%;有优先股 200 万元,优先股股利率为 8%;普通股 100 万股(每股面值 1 元),每股股利固定为 0.5 元;融资租赁的租金为 20 万元。公司所得税税率为 40%。

要求:

(1)计算 2004 年该公司的边际贡献总额。

(2)计算 2004 年该公司的息税前利润总额。

(3)计算该公司 2005 年的复合杠杆系数。

4. 某公司目前拥有资本 850 万元,其结构为:债务资本 100 万元,普通股权益资本 750 万元。现准备追加筹资 150 万元,有三种筹资选择:增发新普通股、增加债务、发行优先股。有关资料详见表 4-13。

表4-13　公司资本结构　　　　　　　　　　单位：万元

资本　　种类	现行资本结构		追加筹资后的资本结构					
			增发普通股		增加债务		发行优先股	
	金额	比例	金额	比例	金额	比例	金额	比值
债务	100	0.12	100	0.10	250	0.25	100	0.1
优先股	0		0		0		150	0.15
普通股	750	0.88	900	0.90	750	0.75	750	0.75
资本总额	850	1.00	1 000	1.00	1 000	1.00	1 000	1.00
其他资料								
年利息额	9		9		27		9	
年优先股股利额							15	
普通股股份数（万股）	10		13		10		10	

要求：

（1）当息税前利润预计为160万元时，计算三种增资方式后的普通股每股利润及财务杠杆系数，该公司所得税率为40%。

（2）计算增发普通股与增加债务两种增资方式下的无差别点。

（3）计算增发普通股与发行优先股两种增资方式下的无差别点。

（4）按每股利润无差别点分析法的原理，当息税前利润预计为160万元时，应采用哪种筹资方式。

5.某企业为了进行一项投资，计划筹集资金500万元，所得税税率为40%。有关资料如下：

（1）向银行借款100万元，借款年利率为6%，手续费率为3%。

（2）按溢价发行债券，债券面值50万元，溢价发行价格为60万元，票面利率为8%，期限为10年，每年支付一次利息，其筹资费率为4%。

（3）按面值发行优先股240万元，预计年股利率为10%，筹资费率为5%。

（4）发行普通股75万元，每股发行价格15元，筹资费率为6%，今年刚发放的股利为每股股利1.5元，以后每年按5%递增。

（5）其余所需资金通过留存收益取得。

要求：

（1）计算该企业各种筹资方式的个别资本成本。

（2）计算该企业的加权平均资本成本。

第五章 项目投资决策

学习目的

（1）掌握项目投资的含义、内容及项目计算期的构成。

（2）重点掌握项目投资现金流量的构成与测算。

（3）重点掌握各种投资决策评价指标的计算方法和决策规则。

（4）掌握各种投资决策评价方法的相互区别与具体应用。

关键术语

项目投资　现金流量　净现值　内含报酬率

导入案例

马来西亚南北高速公路 BOT 投资项目

马来西亚南北高速公路项目全长 912 千米，最初是由马来西亚政府所属的公路管理局负责建设，但是在公路建成 400 千米之后，由于财政方面的困难，政府无法将项目继续建设下去，采取其他融资方式完成项目成为唯一可取的途径。在众多方案中，马来西亚政府选择了 BOT 融资模式。

一、项目融资结构

1987 年年初开始，经过为期两年的项目建设、经营、融资安排的谈判，马来西亚政府与当地的马来西亚联合工程公司签署了一项有关建设经营南北高速公路的特许权合约。马来西亚联合公路公司为此成立了一家项目子公司——南北高速公路项目有限公司。以政府的特许权合约为核心组织起来的 BOT 项目融资结构，由三部分组成：政府的特许权合约、项目的投资者和经营者以及国际贷款银团。

（一）政府的特许权合约

马来西亚政府是南北高速公路项目的真正发起人和特许权合约结束后的拥有者。政府通过提供一项为期 30 年的南北高速公路建设经营特许权合约，不仅使得该项目由于财政困难未能动工的 512 千米公路得以按照原计划建设并投入使用，而且通过项目建设和运营带动了周边经济的发展。

对于项目的投资者和经营者以及项目的贷款银行,政府的特许权合约是整个 BOT 融资的关键核心。这个合约的主要内容包括以下几个方面:

①南北高速公路项目公司负责承建 512 千米的高速公路,负责经营和维护高速公路,并有权根据一个双方商定的收费方式对公众收取公路的使用费。

②南北高速公路项目公司负责安排项目建设所需的资金。但是,政府将为项目提供一项总金额为 1.65 亿马来西亚元(6 000 万美元)的从属性备用贷款,作为对项目融资的信用支持;该项贷款可在 11 年内分期提取,利率 8%,并具有 15 年的还款限期,最后的还款期是在特许权合约结束的时候。

③政府将原先已建好的 400 千米高速公路的经营权益在特许权期间转让给南北高速公路项目公司。但是,项目公司必须根据合约对其公路设施加以改进。

④政府向项目公司提供最低公路收费的收入担保,即在任何情况下,如果公路交通流量不足,公路的使用费用收入低于合约中规定的水平,政府负责向项目公司支付其差额部分。

⑤特许权合约期为 30 年。在特许权合约的到期日,南北高速公路项目公司将无偿地将南北高速公路的所有权转让给马来西亚政府。

(二)项目的投资者和经营者

项目的投资者和经营者是 BOT 模式的主体,在这个案例中,主体是马来西亚联合工程公司所拥有的马来西亚南北高速公路项目公司。

在这个总造价为 57 亿马来西亚元(21 亿美元)的项目中,南北高速公路项目公司作为经营者和投资者除股本资本投入之外,还需要负责项目建设的组织,与贷款银行谈判安排项目融资,并在 30 年的时间内经营和管理这条高速公路。

马来西亚联合工程公司作为工程的总承包商,负责组织安排由 40 多家工程公司组成的工程承包集团,在为期七年的时间内完成 512 千米高速公路的建设。

(三)项目的国际贷款银团

英国投资银行——摩根格兰福(Morgan Grenfell)作为项目的融资顾问,为项目组织了为期 15 年总金额为 25.35 亿马来西亚元(9.21 亿美元)的有限追索项目贷款,占项目总建设费用的 44.5%,其中 16 亿马来西亚元(5.81 亿美元)来自马来西亚的银行和其他金融机构,是当时马来西亚国内银行提供的最大的一笔项目融资贷款,9.35 亿马来西亚元(3.4 亿美元)来自由十几家国外银行组成的国际银团。

项目贷款是有限追索的,贷款银团被要求承担项目的完工风险和市场风险。然而,由于实际上政府特许权合约中所提供的项目最低收入担保,项目的市场风险相对减轻了,并在某种意义上转化成为一种政治风险,因而贷款银团所承担的主要商业风险为项目的完工风险。项目的延期将在很大程度上影响到项目的收益。但是,与其他项目融资的完工风险不同,公路项目可以分段建设,分段投入使用,从而相对减少了完工风险对整个项目的影响。

项目建设所需要的其他资金将由项目投资者在 7 年的建设期内以股本资本的形式

投入。

二、项目融资方案评析

（一）BOT 模式为马来西亚政府和项目投资者以及经营者均带来了很大利益

从政府的角度，采用 BOT 模式，可以使南北高速公路按原计划建成并投入使用，对于促进国民经济的发展具有很大的好处，同时，可以节省大量的政府建设资金，并且在 30 年特许权合约结束以后，可以无条件收回这一公路。

从项目投资者和经营者的角度，BOT 模式的收入是十分可观的。马来西亚联合工程公司可以获得两个方面的利益：第一，根据预测分析，在 30 年的特许权期间内南北高速公路项目公司可以获得大约 2 亿美元的净利润；第二，工程总承包商在 7 年的建设期内从承包工程中可以获得大约 1.5 亿美元的净税前利润。

（二）对 BOT 融资模式中的风险问题的分析

采用 BOT 模式的基础设施项目，在项目的风险方面具有自己的特殊性。这些特殊性对 BOT 模式的应用具有相当的影响。

基础设施项目的建设期比一般的项目要长得多。如果采用净现值的方法（DCF）计算项目的投资收益，则会由于建设期过长而导致项目净现值大幅度减少，尽管类似高速公路这样的项目，可以分段建设，分段投入使用。然而，基础设施项目的固定资产寿命比一般的工业项目要长得多，经营成本和维护成本按照单位使用量计算也比工业项目要低，从而经营期的资金需求量也相对比较低。

因此，从项目融资的角度，项目建设期的风险比较高，而项目经营期的风险比较低。

成功的 BOT 项目融资方案的结果是一个多赢的局面。从案例中我们知道项目的发起人（项目的最终所有者）、项目的直接投资者和经营者还有项目的贷款银行，都通过项目的建设和运营获得了可观的收益，这也正是一个项目能够得以实施的最根本的动力。

资料来源：佚名. 马来西亚南北高速公路项目融资［EB/OL］.（2018-11-18）［2021-06-01］. 人人文库.

案例分析讨论：

1. 进行投资决策时需要考虑哪些因素？

2. 同一个项目对于不同投资人而言，其价值是相同的吗？

3. 如何理解项目投资的可行性？

项目投资是企业发展生产的重要手段，项目投资管理是一项具体而复杂的系统工程。尤其是在市场经济条件下，对项目投资进行科学管理，把资金投放到能够提高企业竞争力、增加收益的项目上去，有助于企业更好地拓展生存和发展空间。

第一节　项目投资概述

作为投资活动的重要内容,无论是维持简单再生产还是实现扩大再生产,都必须进行一定的项目投资。例如,简单再生产要求及时对机器设备进行更新、对产品和生产工艺进行改造;扩大再生产需要新建、扩建厂房,增添机器设备等。

一、项目投资的定义、分类及特点

(一)项目投资的定义及分类

项目投资是一种以特定建设项目为对象,与新建项目或更新改造项目有关的长期投资行为。

本章主要介绍工业企业投资项目,包括新建项目和更新改造项目两种类型。新建项目是以新增工业生产能力为主要目的的投资项目,更新改造项目则以恢复、改善生产能力为主要目的。新建项目按其涉及的内容可以进一步细分为单纯固定资产投资项目和完整工业投资项目两种类型。其中,单纯固定资产投资项目简称固定资产投资,其特点是只涉及固定资产投资而不涉及无形资产投资、其他资产投资和流动资金投资;而完整工业投资项目不仅包括固定资产投资,还包括流动资金投资,甚至涉及无形资产投资、其他资产投资。更新改造投资项目则可以进一步细分为以恢复固定资产生产效率为目的的更新项目和以改善企业经营条件为目的的改造项目两种类型。工业企业投资项目的分类如图 5-1 所示。

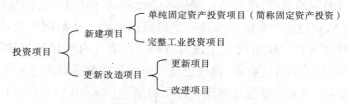

图 5-1　工业企业投资项目的分类

可见,项目投资的范围要比固定资产投资更为广泛,将项目投资简单地等同于固定资产投资是不合适的。

(二)项目投资的特点

从性质上看,项目投资是企业直接的、生产性的对内投资,与其他形式的投资相比,具有以下主要特点。

1.投资金额大

项目投资,特别是战略性的扩大生产能力的投资一般都需要较多的资金,其投资额往往是企业及其投资人多年的资金积累,在企业总资产中占有相当大的比重,对企业未来现金流量和财务状况都将产生深远的影响。

2.影响时间长

项目投资决策一经做出，便会在较长时间内影响企业，对企业今后长期的经济效益，甚至对企业的命运都有着决定性的影响。这就要求企业进行项目投资必须小心谨慎，认真地进行可行性研究。

3.变现能力差

项目投资的形态主要是厂房、机器设备等实物资产或无形资产，这些资产不易改变用途，出售困难，变现能力差。

4.发生频率低

与短期投资相比，项目投资一般较少发生，尤其是大规模的项目投资，可能几年甚至十几年才发生一次。

5.投资风险高

影响项目投资的因素特别多，加上其投资金额大、影响时间长、变现能力差，必然造成投资风险比其他投资高。

二、项目投资的程序

项目投资的程序主要包括以下环节。

（一）项目提出

项目投资领域和投资对象，要在把握良好投资机会的情况下，根据企业长远发展战略、中长期投资计划和投资环境的变化来确定，可以由企业管理当局或高层管理人员提出，也可以由各级管理部门和相关部门领导提出。

（二）项目评价

投资项目的评价主要涉及以下几项工作：①对提出的投资项目进行适当分类，为分析评价做好准备；②确定项目计算期，测算项目投产后的收入、费用和经济效益，预测现金流入和现金流出；③运用各种投资评价指标对有关项目的财务可行性做出评价并排序；④写出详细的评价报告。

（三）项目决策

在财务可行性评价的基础上，对可供选择的多个投资项目进行比较和选择，其结论一般可分成以下三种：①接受该投资项目，可以投资；②拒绝该投资项目，不能进行投资；③发还给项目提出的部门，重新论证后，再进行处理。

（四）项目执行

决定对某项目进行投资后，要积极筹措资金，实施投资行为，并对工程进度、工程质量、施工成本和工程概算进行监督、控制和审核，确保工程质量，保证按时完成。

（五）项目再评价

在投资方案的执行过程中，应注意原来做出的投资决策是否合理、正确。一旦出现新情况，应适时做出新的评价和调整。如果情况发生重大变化，原来的投资决策变得不合理,就要进行是否终止投资或怎样终止投资的决策,以避免更大损失。

三、项目计算期的构成和项目投资的内容

(一)项目计算期的构成

项目计算期是指投资项目从投资建设开始到最终清理结束整个过程的全部时间,包括建设期和运营期。建设期是指从项目资金正式投入开始到项目建成投产为止所需要的时间,建设期的第一年初称为建设起点,建设期的最后一年末称为投产日。在实践中,确定建设期通常应参照项目建设的合理工期或项目的建设进度计划。项目计算期的最后一年年末称为终结点,一般假定项目最终报废或清理均发生在终结点(但更新改造除外)。运营期是指从投产日到终结点之间的时间间隔,包括试产期和达产期(完全达到设计生产能力)两个阶段。试产期是指项目投入生产,但生产能力尚未完全达到设计能力时的过渡阶段。达产期是指生产运营达到设计预期水平后的时间。一般应根据项目主要设备的经济使用寿命期确定运营期。项目计算期、建设期和运营期之间的关系可用图 5-2 表示。

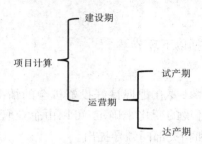

图 5-2　项目计算期的构成示意图

(二)项目投资的内容

1. 原始投资

项目投资的原始投资又称初始投资,等于企业为使该项目完全达到设计生产能力、开展正常经营而投入的全部现实资金,包括建设投资和流动资金投资两项内容,即:

原始投资(初始投资)= 建设投资+流动资金投资

(1)建设投资

建设投资是指在建设期内按一定生产经营规模和建设内容进行的投资,具体包括固定资产投资、无形资产投资和其他投资三项内容。

①固定资产投资是指项目用于购置或安装固定资产应当发生的投资。固定资产投资的金额加上建设期内资本化的借款利息,构成固定资产原值。

②无形资产投资是指项目用于取得无形资产应当发生的投资。

③其他资产投资是指建设投资中除固定资产和无形资产以外的投资,包括生产准备和开办费投资。

(2)流动资金投资

在项目投资决策中,流动资金是指在运营期内长期占用并周转使用的营运资金。流

动资金投资是指项目投产前后分次或一次投放于流动资产项目的投资增加额,又称垫支流动资金或营运资金投资。由于这部分资金的垫支一般要到项目寿命终结时才能收回,因此,这种投资应看成长期投资而不是短期投资。

2. 项目总投资

项目总投资是反映项目投资总体规模的价值指标,等于原始投资与建设期资本化利息之和,即项目总投资=原始投资(初始投资)+建设期资本化利息。

项目总投资的内容如图 5-3 所示。

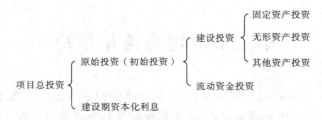

图 5-3　项目总投资的内容示意图

【例 5-1】　原野公司拟建一条新生产线,预计 2011 年年初开始动工,2011 年年末竣工投产,预期使用寿命 15 年。该项目需在建设起点一次性投入固定资产 235 万元,在建设期末投入无形资产 30 万元,建设期资本化的利息为 15 万元,在投产前需增加营运资金25 万元。

根据上述资料确定项目计算期及项目投资的内容,分析如下。

(1)项目计算期的构成

该项目属于新建项目,建设起点为 2011 年年初,建设期为 1 年,运营期为 15 年,因此项目终结点为 2026 年年末,项目计算期一共为 16 年:

项目计算期=1+15=16(年)

项目计算期的构成如图 5-4 所示。

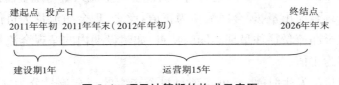

图 5-4　项目计算期的构成示意图

(2)项目投资的内容

①建设投资。该项目的建设投资包括固定资产投资和无形资产投资。建设投资=235+30=265(万元)

需要注意的是,固定资产投资与固定资产原值的金额并不总是相等。本项目中所形成的固定资产,其原值不仅包括固定资产投资,还应考虑需在建设期内资本化的利息 15万元。固定资产原值=265+15=280(万元)

②原始投资。需增加的 25 万元营运资金属于流动资金投资,应和建设投资一并计入原始投资。原始投资=265+25=290(万元)

③项目总投资。该项目投资的总体规模等于原始投资与建设期资本化利息之和。项目总投资 = 290+15 = 305(万元)

四、项目投资资金的投入方式

原始投资的投入方式包括一次投入和分次投入两种方式。一次投入方式是指投资行为集中发生在项目计算期第一个年度的年初或年末;分次投入方式是指投资行为涉及两个或两个以上年度,或虽然只涉及一个年度但同时在该年的年初和年末发生。

第二节 现金流量估算

现金流量(Cash Flow)也称现金流动量,简称现金流。在投资决策中,现金流量是一个项目在其计算期内产生的现金流入、流出数量及其总量情况的总称。这里的"现金"不仅包括各种货币资金,而且还包括项目需要投入的企业现有的非货币资源的变现价值。例如,一个项目需要使用企业原有的厂房、机器设备和原材料等,相关的现金流量指的是它们的变现价值而不是账面价值。

现金流量是计算各种投资决策评价指标的基础性数据,对投资方案进行可行性分析,首先要测算现金流量。

一、现金流量的构成

根据现金流动的方向,可将项目投资产生的现金流量分为现金流入量、现金流出量和净现金流量。现金流入量(Cash Inflow)是指投资项目引起的企业现金收入的增加额;现金流出量(Cash Outflow)是指该项目引起的企业现金收入的减少额;净现金流量又称现金净流量(Net Cash Flow,NCF),是指同一时点上现金流入量与现金流出量的差额。当现金流入量大于现金流出量,现金净流量为正值;反之,现金净流量为负值。项目计算期不同阶段上的现金净流量往往呈现不同的特点,如建设期内的净现金流量一般小于等于0,在运营期则多为正值。

根据现金流量的发生时间,又可将项目投资产生的现金流量分为初始现金流量、营业现金流量和终结现金流量。由于使用这种分类方法分析现金流量比较方便,因此下面主要介绍这三种现金流量。

（一）初始现金流量

初始现金流量是指开始投资时发生的现金流量,既包括投资在固定资产上的资金,也包括投资在流动资产上的资金,多为现金流出。

1. 投资前费用

投资前费用是指在正式投资之前为做好各项准备工作而花费的费用,如勘察设计费、技术资料费、土地(使用权)购入费等。投资前费用的总额应综合考虑、合理预测。

2. 设备购置费用

设备购置费用是指为购买投资项目所需各项设备而花费的费用。设备购置费的多少需要企业财务人员根据所需设备的数量、规格、型号、性能、价格水平、运输费用等进行预测。

3. 设备安装费用

设备安装费用是指安装各种设备所需的费用。这部分费用的预测需考虑安装设备的多少、安装难度、工作量及当地的安装收费标准等各种因素。

4. 建筑工程费

建筑工程费是指进行土建工程所花费的费用。预测这部分费用的主要依据包括建筑类型、建筑面积大小、建筑质量要求、当地建筑造价标准等。

5. 垫支营运资金

投资项目建成后,必须垫支一定的营运资金才能投入运营。

6. 固定资产变价收入扣除相关税金后的净收益

变价收入主要是指固定资产更新改造时变卖原有固定资产所得的现金收入。

7. 不可预见的费用

不可预见的费用是指在投资项目正式建设之前不能完全估计但又很可能发生的一系列费用,如价格上涨、自然灾害等。对这些因素进行合理预测,可以为现金流量预测留有余地。

(二)营业现金流量

营业现金流量是指投资项目投入使用后,在其寿命期内由于生产经营所带来的现金流入和流出的数量。这里现金流入一般是指营业现金收入,现金流出是指营业现金支出和缴纳的税金。营业现金净流量是一定时期内营业现金收入减去营业现金支出和缴纳的税金之后的差额,一般以年为单位进行计算,可用公式表示为:

营业现金净流量(NCF) = 营业现金流入量 - 营业现金流出量

=营业现金收入-(营业现金支出+缴纳的税金)

=营业现金收入-营业现金支出-缴纳的税金　　　　　　　　　　(5-1)

根据相关假设,营业现金收入可用营业收入代替,营业现金支出可用付现成本(指不包括折旧的成本)代替,缴纳的税金只考虑所得税,则式(5-1)简化为:

营业现金净流量(NCF) = 营业收入 - 付现成本 - 所得税　　　　　　　(5-2)

=税后净利+折旧　　　　　　　　　　　　　　　　　　　　(5-3)

=营业收入×(1-所得税率)-付现成本 ×(1-所得税率)+ 折旧×所得税率　　(5-4)

不同的投资项目产生营业现金流量的模式会有很大差异。有的项目各年收入、支出比较稳定,现金净流量与年金非常接近;有的项目则可能情况比较复杂,会产生非常不规则的现金流量,分析的难度也随之增加。

（三）终结点现金流量

终结点现金流量是指投资项目完结时所发生的现金流量，主要包括：①固定资产的残值收入或变价收入（须扣除相关税金）；②垫支的营运资金的回收；③停止使用的土地（使用权）的变价收入等。

二、现金流量的测算

由于项目投资的投入、回收及收益的形成均以现金流量的形式表现，因此，在整个项目计算期的各个阶段上，都有可能发生现金流量。不同类型的投资项目，其现金流量的具体内容也会有所差异。

（一）单纯固定资产投资项目

单纯固定资产投资项目的初始现金流量只涉及固定资产投资而不涉及无形资产投资、其他资产投资和流动资金投资，营业现金流量主要来自增加的营业收入、营业成本及各项税款等，终结现金流量主要是固定资产的残值收入。

【例5-2】 已知甲公司准备购入一套设备以扩充生产能力，项目编号为101号。该项目需一次性投入设备价款200万元，设备可立即用于生产经营，使用寿命为10年，采用直线法计提折旧，期满时的净残值为0。10年中每年销售收入为120万元（假设全部收现，以下各例同，不再赘述），每年的付现成本为40万元。假设所得税率为40%，计算该方案的现金流量。

分析：可以首先计算营业现金流量。由于项目每年的收入、成本等均不发生变化，因此第1～5年的营业现金流量相同，详见表5-1。

表5-1　101号项目营业现金流量计算表　　　　　　　单位：万元

项　目	计　算
销售收入（1）	120
付现成本（2）	40
折旧（3）	$\dfrac{200}{10}=20$
税前利润（4）=（1）-（2）-（3）	120-40-20=60
所得税（5）=（4）×40%	60×40%=24
税后净利（6）=（4）-（5）	60-24=36
营业现金净流量（7）=（1）-（2）-（5）=（3）+（6）	120-40-24=56 或 36+20=56

然后，再结合初始现金流量和终结现金流量确定全部现金流量。该设备可立即投入使用，其初始现金流量为需一次性投入的设备价款200万元，属于现金流出，发生在第1年年初即0期；由于设备使用期满时的净残值为0，因此发生在第5年年末的终结现金流量为0。该方案的全部现金流量见表5-2。

表 5-2 101 号项目现金流量计算表 单位:万元

项 目	第 0 年	第 1 年	…	第 10 年
初始现金流量	−200			
营业现金净流量		56	…	56
终结现金流量				0
各年现金净流量	−200	56	…	56

(二)完整工业投资项目

完整工业投资项目的初始现金流量不仅包括固定资产投资,还包括垫支的流动资金,有时还可能涉及无形资产或其他资产投资。其营业现金流量主要源于营业收入、营业成本及缴纳税款等业务。完整工业投资项目的终结现金流量除了固定资产的残值收入,还需考虑收回的流动资金投资。

【例 5-3】 已知甲公司有一项编号 201 的完整工业投资项目,需要固定资产投资 1 100 万元,流动资金投资 300 万元,建设期为一年。固定资产投资于建设起点投入,流动资金于投产前一次性投入。该项目寿命期 10 年,固定资产按直线法折旧,期满有 100 万元净残值,流动资金于项目结束时一次性回收。投产后,项目每年的税前利润分别为 50 万元、100 万元、150 万元、200 万元、250 万元、300 万元、350 万元、400 万元、400 万元、400 万元。假设所得税率为 25%。该项目的现金流量计算如下。

①项目计算期 $n = 1 + 10 = 11$(年)

项目计算期 11 年包括 1 年建设期和 10 年运营期。

②固定资产年折旧 $= \dfrac{1\ 100 - 100}{10} = 100$(万元)

③初始现金流量。项目建设期发生的初始现金流量是第一年年初的固定资产投资 1 100 万元和建设期结束后、投产前于第 1 年年末、第 2 年年初垫支的流动资金 300 万元,即:

$$NCF_0 = -1\ 100(万元)$$

$$NCF_1 = -300(万元)$$

④营业现金流量。题中并未给出销售收入、销售成本等有关数据,因此需根据税前利润和折旧的资料确定各年的营业现金流量。

$$NCF_2 = 50 \times (1 - 25\%) + 100 = 137.5(万元)$$

$$NCF_3 = 100 \times (1 - 25\%) + 100 = 175(万元)$$

$$NCF_4 = 150 \times (1 - 25\%) + 100 = 212.5(万元)$$

$$NCF_5 = 200 \times (1 - 25\%) + 100 = 250(万元)$$

$$NCF_6 = 250 \times (1 - 25\%) + 100 = 287.5(万元)$$

$$NCF_7 = 300 \times (1 - 25\%) + 100 = 325(万元)$$

$$NCF_8 = 350 \times (1-25\%) + 100 = 362.5 (万元)$$

$$NCF_9 = 400 \times (1-25\%) + 100 = 400 (万元)$$

第 10、11 年的营业现金流量与第 9 年相同,均为 400 万元。

⑤终结现金流量 = 300 + 100 = 400(万元)

项目在第 11 年年末结束,终结点上发生的现金流量除了正常的营运现金流量,还需考虑两笔终结现金流量:收回的 300 万元营运资金和 100 万元固定资产净残值,均为现金流入。

该项目的全部现金流量见表 5-3。

表 5-3 201 号项目现金流量计算表   单位:万元

第 n 年	初始现金流量	营业现金净流量	终结现金流量	各年现金流量合计
0	−1 100			−1 100
1	−300			−300
2		137.5		137.5
3		175		175
4		212.5		212.5
5		250		250
6		287.5		287.5
7		325		325
8		362.5		362.5
9		400		400
10		400		400
11		400	400	400

(三)固定资产更新改造项目

如果新旧固定资产的可使用年限不同,须对其各自的现金流量分别测算,具体方法同前。如果新旧固定资产的可使用年限相同,则可以采用差量分析法,比较两个方案现金流量的差量。具体来说,固定资产更新改造项目初始现金流量的差量主要来自购置新固定资产的投资、处置旧固定资产的变现净收入及流动资金投资的变化;营业现金流量的差量取决于新旧固定资产营业收入、营业成本及税款的差异;终结现金流量的差量源于新旧固定资产净残值及回收营运资金金额的不同。

【例 5-4】 甲公司正在考虑用一台效率更高的新设备来代替旧设备,项目编号 301,新旧设备的有关资料如下:旧设备原值 60 万元,有效使用年限 10 年,已使用 5 年,尚可继续使用 5 年,采用直线法折旧,净残值为 0,目前的变价净收入为 30 万元。使用旧设备时,每年的销售收入为 51 万元,付现成本为 35 万元。

取得新设备的投资额为 105 万元,使用寿命 5 年,采用直线法折旧,预计净残值 5 万元。使用新设备后每年的销售收入可增加到 95 万元,付现成本增加到 55 万元。

假设新旧设备的替换在当年完成(即更新设备的建设期为 0),企业所得税税率为 25%。

分析:由于此例中新旧设备的可使用年限相同,都是 5 年,因此可以采用差量分析法,将新旧设备各年的现金流量进行对比,计算现金流量的差量(习惯上用希腊字母"Δ"表示)。需注意的是,现金流量差量既可以用甲方案减去乙方案计算,也可以用乙方案减去甲方案计算,关键是对同一案例一旦确定就应自始至终前后统一,否则将影响分析的正确性。本例用新设备产生的现金流量减去旧设备产生的现金流量作为差量。

①计算初始现金流量的差量。本例中,初始现金流量的差量就是新旧设备原始投资的差额。取得新设备的投资额为 105 万元,这一点没有争议。而对于旧设备而言,如果将其变卖,会获得 30 万元的变价净收入,如果继续使用旧设备,则无法获得这笔收入,形成机会成本,即旧设备初始投资额为 30 万元。至于旧设备的原值 60 万元,则属于与决策无关的沉没成本,不应予以考虑。

Δ 初始投资 = 105−30 = 75(万元)

②计算各年营业现金流量的差量。首先需计算新旧设备的年折旧额:

$$新设备年折旧额 = \frac{105-5}{5} = 20(万元)$$

$$旧设备年折旧额 = \frac{30}{5} = 6(万元)$$

无论新设备还是旧设备,各年的收入、成本均稳定不变,因此各年营业现金的差量相同,详见表5-4。

表5-4　新旧设备营业现金流量差量　　　　　　　　　　单位:万元

项　　目	新设备	旧设备	Δ 现金流量
销售收入(1)	95	51	44
付现成本(2)	55	35	20
折旧(3)	20	6	14
税前利润(4) = (1)−(2)−(3)	20	10	10
所得税25%(5)	5	2.5	2.5
税后利润(6)	15	7.5	7.5
营业现金净流量(7) = (1)−(2)−(5) = (3)+(6)	35	13.5	21.5

③计算终结现金流量的差量。

Δ 终结现金净流量 = 5−0 = 5(万元)

④计算两个方案全部现金流量的差量,详见表5-5。

表5-5　新旧设备现金流量的差量　　　　　　　　　　单位:万元

项　目	第0年	第1年	第2年	第3年	第4年	第5年
△原始投资	-75					
△营业现金净流量		21.5	21.5	21.5	21.5	21.5
△终结现金流量						5
△现金净流量	-75	21.5	21.5	21.5	21.5	26.5

需要说明的是,上例中旧设备的账面折余价值30万元与其变价净收入是相等的,没有变价亏损或盈余,因此不需考虑抵减所得税的问题。如果二者不等,例如变价净收入为25万元,则有变价亏损5(30-25)万元,由于这部分亏损可抵减部分所得税,抵减的所得税为1.25(5×25%)万元。也就是说,如果继续使用旧设备,所放弃的不仅包括变价净收入25万元,而且还包括未享受到的纳税抵减额1.25万元。因此,这时初始现金流量的差量应为80(105-25)万元,而1.25万元的节税额则基于"税金等项目的确认均发生在年末"的假设,计入第1年年末的营业现金流量差量。

三、投资决策中使用现金流量的原因

项目投资决策应以现金流量为依据,将现金流入作为项目的收入、现金流出作为项目的支出,以净现金流量作为项目的净收益,并在此基础上评价投资项目的经济效益,其原因如下。

(一)采用现金流量有利于科学地考虑时间价值因素

科学的投资决策需要认真考虑资金的时间价值,这就要求在决策时一定要弄清楚每笔预期收入和支出发生的具体时间,因为不同时间的资金具有不同的价值。

财务会计以收入减去费用后的利润作为评价企业经济效益的重要指标,但是这些指标是按权责发生制计算的,没有考虑资金收付的时间,不适合作为决策的依据。

现金流量则是按收付实现制确定的,充分考虑了资金收付的时间,以现金流量作为评价项目经济效益的基础,有利于在投资决策中考虑时间价值因素。

(二)现金流量的确定更具有客观性

收入、费用和利润的确定,往往受到会计政策与方法的影响,比现金流量的计算有更大的主观随意性,作为决策的依据不如现金流量可靠。

第三节　投资决策评价方法

对投资项目评价时使用的指标可分为两类,一类是折现指标,即考虑了时间价值因素的指标,如净现值、获利指数、内含报酬率等,这类指标也被称为动态指标;另一类是非折现指标,即没有考虑时间价值因素的指标,如投资回收期、平均报酬率等,这类指标也

被称为静态指标。根据分析评价指标的类别,投资项目评价分析的方法,可以分为两种:折现的分析评价方法和非折现的分析评价方法。

一、折现的分析评价方法

折现的分析评价方法,是指考虑资金时间价值的分析评价方法,也被称为折现现金流量分析技术。利用这种方法进行投资决策,就是根据折现现金流量的思想,把未来现金流量折现,用现金流量的现值计算各种动态评价指标,并据以进行决策。

(一)净现值法

这种方法通过比较备选方案的净现值来评价方案优劣。所谓净现值(Net Present Value,NPV)是指在项目计算期内,按资本成本或企业要求达到的报酬率计算的各年净现金流量现值的代数和。

1. 净现值的计算

净现值理论上的通用计算公式为:

$$净现值(NPV) = \sum_{t=0}^{n} \frac{第\ t\ 年的现金净流量}{(1+k)^t} \tag{5-5}$$

式中,n 表示项目计算期;k 表示折现率,一般为资本成本或企业要求的投资报酬率。由式(5-5)可知,净现值就是从投资开始时的第 0 年至项目寿命终结时的第 n 年所有现金流量(包括现金流入和现金流出)的现值之和。

除此之外,净现值还可以表述为项目投产进入运营期后产生的现金流量,按资本成本或企业要求达到的报酬率折算为现值,再减去原始投资(如果项目建设期超过一年,应减去原始投资的现值)之后的余额。按照这一思路,式(5-5)又可进一步推导为:

$$净现值(NPV) = 运营期各年现金净流量的现值合计 - 原始投资的现值合计 \tag{5-6}$$

当一项投资的净现值为正数,说明其报酬率大于预定的折现率;如果净现值等于 0,说明投资项目的报酬率等于预定的折现率;如果净现值为负数,说明项目的报酬率小于预定的折现率。一般情况下,随着折现率的增加,净现值越来越小,逐渐从正数转为负数,如图 5-5 所示。

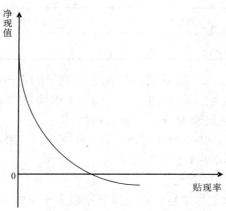

图 5-5　净现值曲线示意图

【例 5-5】　沿用例 5-2 的资料,假设资本成本为 10%,计算 101 号项目的净现值。

分析:101号项目建设期为0,原始投资为一次性投入200万元,运营期10年,每年的现金净流量均为56万元,属于普通年金,其净现值的计算如下。

$$净现值(NPV) = 56×(P/A,10\%,10)-200$$
$$= 56×6.144\ 6-200$$
$$=144.098(万元)$$

项目的净现值大于0,说明其投资报酬率大于10%的资本成本。

【例5-6】 沿用例5-3的资料,假设资本成本为10%,计算201号项目净现值。

分析:201号项目建设期为1年,原始投资分两次投入,运营期每年的现金净流量不相等,故套用通用式(5-5)列表计算,见表5-6。

表5-6 201号项目净现值计算表

第 n 年	各年现金净流量/万元	10%的复利现值系数	现值/万元
	（1）	（2）	（3）=（1）×（2）
0	−1 100	1	−1 100
1	−300	0.909 1	−272.73
2	137.5	0.826 4	113.63
3	175	0.751 3	131.477 5
4	212.5	0.683	145.137 5
5	250	0.620 9	155.225
6	287.5	0.564 5	162.293 75
7	325	0.513 2	166.79
8	362.5	0.466 5	169.106 25
9	400	0.424 1	169.64
10	400	0.385 5	154.2
11	800	0.350 5	280.4
净现值(NPV)	—	—	275.17

如果套用推导式(5-6),则"运营期各年现金净流量的现值合计"应从第2年投产开始计算,将各年现金净流量的现值相加,一直到第11年项目结束为止,"原始投资的现值合计"为第1年年初和年末现金净流量的现值相加,即:

$$净现值(NPV) = （113.63+131.477\ 5+\cdots+280.4）-（1\ 100+272.73）$$
$$= 1\ 647.9-1\ 372.73$$
$$=275.17(万元)$$

净现值大于0,说明201号项目的投资报酬率也大于10%。

2. 净现值法的决策规则

只有净现值指标大于等于0的投资项目才具有财务可行性。具体来说,净现值法的决策规则是,在只有一个备选方案的采纳与否决策中,净现值大于等于 0 则采纳,净现值为负则不采纳;在有多个备选方案的互斥项目选择决策中,应选择净现值非负方案中的最大者。

101 号项目和 201 号项目的净现值均大于 0,在采纳与否的决策中都是可以接受的。

3. 对净现值法的评价

净现值法综合考虑了项目计算期内的全部现金净流量、资金时间价值和投资风险。作为绝对数指标的净现值,能够较好地反映项目的投资效益。但是,净现值法无法直接揭示投资项目可能达到的报酬率究竟是多少,只能定性地反映它是大于、等于还是小于预定的折现率。

(二)获利指数法

这种方法使用获利指数作为评价方案的指标。所谓获利指数(profitability index,PI)是指项目投产后按资本成本或企业要求达到的报酬率计算的各年现金净流量的现值合计与原始投资的现值合计之比。

1. 获利指数的计算

根据获利指数的含义,可知其计算公式为:

$$获利指数(PI) = \frac{运营期各年现金净流量的现值合计}{原始投资的现值合计} \tag{5-7}$$

如果一项投资的获利指数大于 1,说明其收益大于成本,即投资报酬率超过预定的折现率;如果获利指数等于 1,说明折现后现金流入等于现金流出,投资报酬率与预定的折现率相同;如果获利指数小于 1,说明项目的投资报酬率没有达到预定的折现率。

【例 5-7】 沿用例 5-2 的资料,假设资本成本为 10%,计算 101 号项目的获利指数。

分析:101 号项目建设期为 0,初始投资为一次性投入 200 万元,运营期 10 年,每年的现金净流量均为 56 万元。

$$获利指数(PI) = \frac{56 \times (P/A, 10\%, 10)}{200} = \frac{56 \times 6.144\ 6}{200} = 1.720$$

项目的获利指数大于 1,说明其未来报酬的总现值超过了初始投资。

【例 5-8】 沿用例 5-3 的资料,假设资本成本为 10%,计算 201 号项目的获利指数。

分析:201 号项目建设期为 1 年,原始投资分两次投入,运营期每年的净现金流量不等,利用表 5-6 中的数据计算获利指数。

$$获利指数(PI) = \frac{113.63 + 131.477\ 5 + \cdots + 280.4}{1\ 100 + 272.73} = \frac{1\ 647.9}{1\ 372.73} = 1.20$$

获利指数大于 1,说明项目未来报酬的总现值超过了初始投资的现值。

2. 获利指数法的决策规则

只有获利指数大于等于 1 的投资项目才具有财务可行性。具体来说,获利指数法的决策规则是:在只有一个备选方案的采纳与否决策中,获利指数大于等于 1 则采纳,否则就拒绝;在有多个备选方案的互斥项目选择决策中,应选择获利指数超过 1 最多的方案。

上述两个项目的获利指数均大于 1,在采纳与否的决策中都是可以接受的。

3. 对获利指数法的评价

获利指数法考虑了资金的时间价值,能够从动态的角度反映项目的资金投入与产出之间的关系。而且,获利指数是用相对数来表示的,它可以看成 1 元的原始投资渴望获得的现值净收益,因此有利于在原始投资额不同的项目之间进行投资效率的对比。

但是,与净现值法一样,获利指数法也无法反映项目可能达到的投资报酬率究竟是多少。此外,获利指数只代表获得收益的能力而不代表实际可能获得的财富,由于忽略互斥项目之间投资规模的差异,因此在多个互斥项目的选择中,可能会做出错误的决策。

(三)内含报酬率法

内含报酬率法是根据方案本身内含报酬率来评价方案优劣的一种方法。所谓内含报酬率(internal rate of return,IRR)又称内部报酬率、内部收益率等,是指能够使未来现金流入量现值等于未来现金流出量现值的折现率,或者说是使投资方案净现值等于 0 的折现率。当净现值曲线与横轴相交时,纵轴净现值为 0,交点在横轴上的位置,即为内含报酬率,如图 5-6 所示。

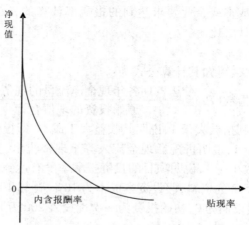

图 5-6　内含报酬率示意图

1. 内含报酬率的计算

本质上,内含报酬率反映的是项目实际可望达到的收益率。目前越来越多的企业使用该指标对投资项目进行评价。其计算公式为:

$$内含报酬率(IRR) = \sum_{t=0}^{n} \frac{第\ t\ 年的现金净流量}{(1+r)^t} = 0 \tag{5-8}$$

式中,r 即代表内含报酬率。当把一项投资的内含报酬率与其资本成本或基准收益率相比较时,如果两者正好相等,说明在考虑了时间价值的基础上,项目各年带来的现金净流量刚好能够补偿其需要的资本成本或基准收益率;如果内含报酬率大于资本成本,说明补偿之后还有剩余,反之说明项目的收益未能达到所要求的标准。

(1)计算内含报酬率的一般方法

内含报酬率的计算,通常需要采用逐步测试法。该法通过计算项目不同设定折现率的净现值,然后根据内含报酬率的定义所揭示的净现值与设定折现率的关系,采用一定的技巧,最终设法找到能使净现值等于零的折现率,即内含收益率。其具体应用步骤如下。

第一步,先预估一个折现率,按此折现率计算净现值,并进行下面的判断。

第二步,如果计算出的净现值为正数,表示预估的折现率小于该项目的内含报酬率,应提高折现率,再进行测算;如果计算出的净现值为负数,则表明预估的折现率大于方案的内含报酬率,应降低折现率,再进行测算。如此反复,直到找到净现值由正到负并且比较接近0的两个折现率。

第三步,根据上述两个邻近的折现率,利用插值法,计算出方案的内含报酬率。

(2)计算内含报酬率的简便方法

如果项目建设期为0,运营期内每年的现金净流量相等,则可按下列步骤计算内含报酬率。

第一步,计算年金现值系数:

$$年金现值系数=\frac{原始投资额}{营运期每年现金净流量} \qquad (5-9)$$

第二步,查年金现值系数表,在相同的期数内,找出与上述年金现值系数相等的折现率,即为内含报酬率。如果找不到正好的数值,就取邻近的较大和较小的两个折现率,并进入下一步。

第三步,根据上述两个相邻的折现率和已求得的年金现值系数,采用插值法计算内含报酬率。

【例5-9】　沿用例5-2的资料,计算101号项目的内含报酬率。

分析:101号项目建设期为0,原始投资为一次性投入200万元,运营期10年每年的现金净流量相等,都是56万元,可用简便方法计算内含报酬率。

$$年金现值系数=\frac{200}{56}=3.571$$

查年金现值系数表可知,当期限为10时,与3.571最接近的年金现值系数为3.5705,所对应的折现率是25%,由于3.571与3.5705非常接近,因此可以认为项目的内含报酬率为25%。

但是,很多情况下在系数表上并不能直接找到一个如此接近甚至相等的数值,而只能取得与之邻近的较大和较小的两个折现率,然后采用插值法计算内含报酬率。

【例5-10】　沿用例5-3的资料,计算201号项目的内含报酬率。

分析:201号项目各年的现金流量不相等,因而必须逐次进行测算,测算过程见表5-7。

表5-7　201号项目内含报酬率测算表

第 n 年	各年现金净流量/万元	测　算			
		13%的复利现值系数	现值/万元	14%的复利现值系数	现值/万元
0	−1 100	1	−1 100	1	−1 100
1	−300	0.885	−265.5	0.877 2	−263.16

续表

第 n 年	各年现金净流量/万元	测　算			
		13%的复利现值系数	现值/万元	14%的复利现值系数	现值/万元
2	137.5	0.783 1	107.676	0.769 5	105.806
3	175	0.693 1	121.293	0.675	118.125
4	212.5	0.613 3	130.326	0.592 1	125.821
5	250	0.542 8	135.7	0.519 4	129.85
6	287.5	0.480 3	138.086	0.455 6	130.985
7	325	0.425 1	138.158	0.399 6	129.87
8	362.5	0.376 2	136.373	0.350 6	127.093
9	400	0.332 9	133.16	0.307 5	123
10	400	0.294 6	117.84	0.269 7	107.88
11	800	0.260 7	208.56	0.236 6	189.28
净现值(NPV)	—		1.672		−75.45

在表 5-7 中,先按 13% 的折现率进行测算,净现值为 1.672,大于 0,说明所选用的折现率偏低,因此调高折现率,按 14% 进行第二次测算,净现值变为负数,说明该项目的内含报酬率在 13%～14%,再应用插值法进一步计算:

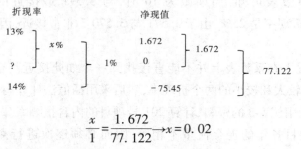

$$\frac{x}{1}=\frac{1.672}{77.122}\rightarrow x=0.02$$

则:内含报酬率=13%+0.02%=13.02%

2. 内含报酬率法的决策规则

只有内含报酬率大于等于资本成本或必要报酬率的投资项目才具有财务可行性。具体来说,在只有一个备选方案的采纳与否决策中,如果其内含报酬率大于等于企业的资本成本或必要报酬率,就可以采纳,否则,应拒绝;在有多个备选方案的互斥项目选择决策中,应选择内含报酬率超过资本成本或必要报酬率最多的投资项目。

如例 5-9 和例 5-10 所示,当资本成本是 10% 时,101 号项目及 201 号项目的内含报酬率都超过了这一标准,因此在采纳与否决策中都是可以接受的。但是,如果资本成本提高为15%,101号项目25%的内含报酬率仍然超过资本成本,可以采纳;201号项目则由于其内含报酬率只有13.02%,没有达到资本成本的要求,将会被拒绝。

3.对内含报酬率法的评价

内含报酬率法不仅考虑了资金的时间价值,而且能够不受基准收益率的影响直接反映项目本身的收益能力和获利水平,更具客观性。但是,这种方法的计算过程比较复杂,如果每年的现金流量不相等,一般需要经过多次测算才能求得内含报酬率,特别是当经营期内大量追加投资时,甚至可能出现多个内含报酬率,导致决策规则失效。

二、非折现的分析评价方法

非折现的分析评价方法不考虑时间价值,把不同时间的货币收支看作等效的,可以直接进行比较、相加或相减。这些方法在投资决策中一般只起次要或辅助作用。

(一)投资回收期法

投资回收期(Payback Period,PP)是指投资引起的现金流入累计到与原始投资额相等所需要的时间。它代表收回投资所需要的年限,投资回收期越短,方案越有利。投资回收期包括建设期的投资回收期(PP)和不包括建设期的投资回收期(PP')两种形式。

1.投资回收期的计算

(1)计算投资回收期的一般方法

一般情况下,投资回收期需要根据累计现金净流量或每年年末尚未回收的投资额计算,投资间收期应该是累计现金净流量恰好为0的年限。如果项目建设期不为0,按这种方法算出的投资回收期是包括建设期在内的,如式(5-10):

包括建设期的投资回收期(PP)=

$$\text{最后一项为负值的累计现金净流量对应的年数}+\frac{\text{最后一项为负值的累计现金净流量绝对值}}{\text{下年现金净流量}}$$

或包括建设期的投资回收期(PP)=

$$\text{累计现金净流量第一次出现正值的年份}-1+\frac{\text{该年初尚未回收的投资}}{\text{该年现金净流量}} \tag{5-10}$$

不包括建设期的投资回收期(PP')应按式(5-11)计算:

不包括建设期的投资回收期(PP')=包括建设期的投资回收期(PP)-建设期 (5-11)

(2)计算投资回收期的简便方法

如果项目建设期为0,原始投资为一次性支出,并且营运期内每年的现金净流量相等,投资回收期的计算便可以采用简便方法,按式(5-12)计算如下:

$$\text{投资回收期}=\frac{\text{原始投资额}}{\text{营业期每年现金净流量}} \tag{5-12}$$

【例5-11】 沿用例5-2的资料,计算101号项目的投资回收期。

分析:101号项目建设期为0,原始投资为一次性投入200万元,运营期10年每年的

163

现金净流量相等,都是 56 万元,可用简便方法计算投资回收期。

$$投资回收期 = \frac{200}{56} = 3.571(年)$$

【例 5-12】 沿用例 5-3 的资料,计算 201 号项目的投资回收期。

分析:该项目属于非常规项目,需用表格计算投资回收期,详见表 5-8。

表 5-8　201 号项目投资回收期计算表(含建设期)　　　　　　单位:万元

第 n 年	各年现金净流量	累计现金净流量
0	−1 100	−1 100
1	−300	−1 400
2	137.5	−126.5
3	175	−1 087.5
4	212.5	−875
5	250	−625
6	287.5	−337.5
7	325	−12.5
8	362.5	350
9	400	750
10	400	1 150
11	800	1 950

根据表 5-8,累计至第 7 年年末的现金净流量为−12.5 万元(即第 8 年年初尚未收回的投资额),到了第 8 年转为正值,说明包括建设期的投资回收期在第 7~8 年。

$$包括建设期的投资回收期(PP') = 7 + \frac{|-12.5|}{362.5} = 7.034(年)$$

$$或 = 7 - 1 + \frac{|-12.5|}{362.5} = 7.034(年)$$

不包括建设期的投资回收期(PP') = 7.034−1 = 6.034(年)

2. 投资回收期法的决策规则

利用投资回收期对方案进行评价时,需事先确定一个基准投资回收期,应选择投资回收期小于等于基准投资回收期的方案。习惯上,可以以项目计算期(或运营期)的一半作为包括(或不包括)建设期的基准投资回收期。

3. 对投资回收期法的评价

投资回收期法能够直观地反映原始投资的返本期限,便于理解,计算也比较简单。但这种方法的缺点也十分显著,它既没有考虑资金的时间价值,也没有考虑回收期满之后的现金流量状况,只能反映投资的回收速度,并且它往往优先考虑急功近利的项目,那些早期收益较低而中后期收益较高的项目则常常被忽略;此外,其基准投资回收期多以经验或主观判断为基础确定,缺乏客观依据。

【例5-13】 假设有两个项目的预计现金净流量见表5-9,试计算投资回收期,并比较优劣。

表5-9 A、B两个方案的预计现金净流量 单位:万元

项 目	第0年	第1年	第2年	第3年	第4年	第5年
A	−100	50	50	30	30	30
B	−100	50	50	60	60	60

分析:两个方案的投资回收期都是2年,如果仅以投资回收期判断,A方案和B方案没有区别。但是,如果继续观察投资回收期之后的现金流量会很容易发现,B方案在后期所带来的回报显然比A方案丰厚得多。可见,仅仅以投资回收期作为方案取舍的标准,很可能会做出错误的决策。因此,虽然投资回收期法在过去曾经是评价投资方案最常用的方法,但是现在仅作为辅助方法使用,主要用来测定投资项目的流动性而非营利性。

（二）平均报酬率法

平均报酬率(Average Rate of Return,ARR)是投资项目寿命周期内平均的年投资报酬率,也称平均投资报酬率。

1. 平均报酬率的计算

平均报酬率有多种计算方法,其中最常见的计算公式为:

$$平均报酬率(ARR)=\frac{营业期平均现金净流量}{原始投资额}\times100\% \tag{5-13}$$

【例5-14】 沿用例5-2的资料,计算101号项目的平均报酬率。

分析:101号项目建设期为0,原始投资为一次性投入200万元,在运营期每年的现金流量相等,都是56万元。

$$平均报酬率(ARR)=\frac{56}{200}\times100\% = 28\%$$

【例5-15】 沿用例5-3的资料,计算201号项目的平均报酬率。

分析:201号项目原始投资额为1 400(1 100 + 300)万元,营运期各年现金净流量见表5-10。

表5-10 201号项目第2-11年现金净流量 单位:万元

第n年	2	3	4	5	6	7	8	9	10	11	合计
各年现金净流量	137.5	175	212.5	250	287.5	325	362.5	400	400	800	3 350

$$平均报酬率(ARR) = \frac{(137.5+175+\cdots+800)\div 10}{1\ 100+300}\times 100\%$$

$$= \frac{3\ 350\div 10}{1\ 400}\times 100\%$$

$$= 23.93\%$$

2. 平均报酬率法决策规则

在采用平均报酬率法进行决策时,应事先确定一个企业要求达到的平均报酬率,或称必要平均报酬率,并选择平均报酬率高于必要平均报酬率的方案。

3. 对平均报酬率法的评价

平均报酬率的计算公式比较简单、容易理解。但是,这种方法将各年的现金流量等同看待,没有考虑资金的时间价值,实际上会夸大项目的盈利水平。此外,必要平均报酬率的确定往往带有主观色彩,影响决策的客观性、科学性。

第四节　投资决策实务

对于企业而言,面临的最大挑战往往就是项目投资决策,例如购买新的生产线,或者投资大型项目等,此类投资一旦完成,再进行资金变更非常困难。因此,采用合理的方法和适当的指标对项目进行评价分析及科学的投资决策对于企业至关重要。

一、独立项目财务可行性评价及投资决策

(一)独立项目的含义

独立项目是一组互相分离、互不排斥的项目。在独立项目中,各方案之间没有什么关联,互相独立,不存在相互比较和选择的问题,选择某一项目并不排斥选择另一项目,企业既可以都接受,也可以都不接受或只接受一个或多个。

(二)独立项目财务可行性评价的判定条件

一个项目能否被接受,首先需要对其财务可行性进行评价。项目的财务可行性评价有四种可能的结论:完全具备财务可行性、完全不具备财务可行性、基本具备财务可行性、基本不具备财务可行性,每一种结论的得出都有一定的判定条件。

1. 完全具备财务可行性的判定条件

项目的财务可行性分析不能只根据一个评价指标就得出结论,而是需要对一系列的财务评价指标进行综合分析和判断,既包括净现值、获利指数、内含报酬率等主要指标,也包括投资回收期、平均报酬率等次要指标和辅助指标。无论哪一项评价指标,都有自己的可行区间和不可行区间。如净现值指标要求的可行区间是净现值大于等于0,若一个项目的净现值小于0说明其处于净现值指标的不可行区间。一个完全具备财务可行

性的项目,除了应满足净现值指标的可行区间,还应满足其他所有评价指标值的可行区间。

（1）主要指标的可行区间

净现值0,获利指数≥1,内含报酬率≥资本成本或必要报酬率。

（2）次要及辅助指标的可行区间

包括建设期的投资回收期 ≤ 项目计算期÷2

不包括建设期的投资回收期 ≤项目运营期÷2

平均报酬率≥企业要求的平均报酬率

如果一个独立项目的所有评价指标均处于可行区间,就可以判定该项目无论从哪个方面看都具备财务可行性,或者说完全具备财务可行性。

2.完全不具备财务可行性的判定条件

如果一个独立项目的所有评价指标均处于不可行区间,就可以判定该项目无论从哪个方面看都不具备财务可行性,或者说完全不具备财务可行性。对于完全不具备财务可行性的项目应该彻底放弃投资。

3.基本具备财务可行性的判定条件

如果一个独立项目的主要指标处于可行区间,但是有次要指标或辅助指标处于不可行区间,则可以判定该项目基本上具备财务可行性。

4.基本不具备财务可行性的判定条件

如果一个独立项目的主要指标处于不可行区间,即使有次要指标或辅助指标处于可行区间,也可以判定该项目基本上不具备财务可行性。

上述各项判定条件总结见表5-11。

表5-11　项目财务可行性的判定条件

评价指标及可行区间		完全具备财务可行性	完全不具备财务可行性	基本具备财务可行性	基本不具备财务可行性
主要指标	净现值≥0 获利指数≥1;内含报酬率 ≥资本成本或必要报酬率	满足	不满足	满足	不满足
次要及辅助指标	包括建设期的投资回收率 ≤项目计算期÷2 不包括建设的投资回收期 ≤项目运营期÷2 平均报酬率≥企业要求的 平均报酬率	满足	不满足	不满足	满足

在对独立方案进行财务可行性评价的过程中,除了要熟练掌握和运用上述判定条件外,还需明确以下两点。

①主要评价指标起主导作用。在对独立项目进行财务可行性评价和投资决策的过程中,当投资回收期(次要指标)或平均报酬率(辅助指标)的评价结论与净现值等主要指标的评价结论发生矛盾时,应当以主要指标的结论为准。

②主要评价指标会得出一致的结论。在对同一个投资项目进行财务可行性评价时,净值、获利指数和内含报酬率等动态指标的评价结论相同。

(三)独立项目财务可行性评价与投资决策的关系

独立项目的决策是指对待定投资项目采纳与否的决策,这种决策可以不考虑任何其他投资项目是否得到采纳和实施,这种投资的收益和成本也不会因为其他项目的采纳或否决而受到影响,即项目的取舍只取决于项目本身的经济价值。从财务角度看,各独立性投资所引起的现金流量是互不相关的。

对于独立项目而言,投资决策过程就是评价项目财务可行性的过程。对于一组独立项目中的任何一个方案,都存在着接受或拒绝的选择。只有完全具备或基本具备财务可行性的项目,才可以接受;完全不具备或基本不具备财务可行性的项目,只能选择拒绝。

【例 5-16】 沿用例 5-2、例 5-3 的资料,假设 101 号项目、201 号项目均为独立项目,资本成本均为 10%。101 号项目的行业基准投资回收期为 5 年,企业要求达到的平均报酬率为 25%;201 号项目包括建设期的行业基准投资回收期为 5.5 年,企业要求达到的平均报酬率为 20%。现将前面各例中,有关两个项目的投资决策评价指标汇总见表 5-12。

表 5-12 101 号项目、201 号项目投资决策评价指标汇总表

投资决策评价指标	净现值 NPV/万元	获利指数 PI	内含报酬率 IRR/%	包括建设期的投资回收期 PP/年	平均报酬率 ARR/%
101 号项目	144.098	1.720	25	3.571	28
201 号项目	275.17	1.2	13.02	7.034	23.93

分析与评价上述项目的财务可行性。

①101 号项目:净现值大于 0,获利指数大于 1,内含报酬率高于资本成本,投资回收期和平均报酬率均超过行业基准及企业的要求。由于所有评价指标均处于可行区间,因此可以判定该项目完全具备财务可行性。

②201 号项目:折现指标均处于可行区间,净现值大于 0,获利指数大于 1,内含报酬率高于资本成本。而在两个非折现指标中,虽然平均报酬率也高于企业要求的水平,但是投资回收期却比行业基准投资回收期长 1.534(7.034-5.5)年。究其原因,通过回顾项目从第 2 年到第 11 年的运营期内各年的现金净流量(137.5 万元、175 万元、212.5 万元、250 万元、287.5 万元、325 万元、362.5 万元、400 万元、400 万元、800 万元)可见,该项目现金流量的特点是早期收益较低而中后期收益较高,正是早期较低的现金净流量影响了投资回收的速度。但是,不应忽视项目后期带来的丰厚回报,毕竟投资回收期不是

判定项目财务可行与否的主要指标,不适合作为取舍方案的唯一标准。

总之,由于各项主要评价指标均超过相应标准,因此可以得出结论,201 号项目基本上具有财务可行性,但是有一定风险,企业需综合考量各方面因素,在项目的流动性和盈利性之间做出权衡,如果条件允许,可实施投资。

二、互斥项目投资决策

互斥项目是指相互关联、互相排斥的项目,即一组项目中的各个方案彼此可以相互替代,采用其中某一项目意味着放弃其他项目。因此,互斥项目具有排他性。

互斥项目投资决策是指在每一个入选方案已具备财务可行性的前提下,利用具体决策方法比较各方案的优劣,利用评价指标从各个备选方案中最终选出一个最优方案的过程。

对于互斥项目,要根据项目计算期和原始投资额的不同情况,选用不同的方法进行决策。

(一)项目计算期相同的互斥项目投资决策

计算期相同说明项目的各项评价指标在时间维度上是具有可比性的,原始投资则影响项目在资金规模上的可比性。

1. 原始投资额相同

如果项目的原始投资额相同,那么采用净现值法、获利指数法和内含报酬率法会得到相同的结论。

【例 5-17】　某固定资产投资项目需要原始投资 300 万元,有 A、B、C、D 四个相互排斥的备选方案可以选择,各方案的净现值及获利指数见表 5-13。

表 5-13　净现值及获利指数表

评价指标	A	B	C	D
净现值/万元	295	116	225	193
获利指数	1.983	1.387	1.75	1.643

要求:对互斥项目做出投资决策。

分析:四个方案的净现值均大于 0,获利指数大于 1,都具有财务可行性。将四个项目按净现值大小排列的结果是:A ≥ C ≥ D ≥ B;按获利指数大小排列的结果是:A≥C≥D≥B。

两个评价指标得出的结论一致,项目 A 为最优方案。

2. 原始投资额不同

如果项目的原始投资额规模不同,各种评价指标之间就可能得出相互矛盾的结论。在没有资金限量的情况下,本着使企业获得最大利益的原则,应选用净现值最高的项目。

在实际应用中可采用以下两种具体的方法。

（1）逐一计算并比较净现值

分别计算每个项目的净现值，然后进行比较，做出决策。

【例5-18】 A、B是计算期相同的两个互斥项目。A项目原始投资现值为450万元，净现值90万元；B项目原始投资现值为200万元，净现值50万元。

要求：计算两个方案的获利指数并将其与净现值指标相比较，做出投资决策。

分析：本例中的获利指数不能直接根据定义式得出，但可推导计算。

由于净现值=运营期各年现金净流量的现值合计÷原始投资的现值合计

=（原始投资的现值合计+净现值）÷原始投资的现值合计则

项目A的获利指数=（450+90）÷450=1.2

项目B的获利指数=（200+50）÷200=1.25

A项目的净现值90万元，高于B项目的净现值50万元，在净现值法下，A项目胜出；但是A项目的获利指数为1.2，低于B项目的获利指数1.25，在获利指数法下B项目胜出。这种相互矛盾的结论是原始投资规模不同造成的。A项目的资本规模比较大，投资效益较好，创造的财富更多；而B项目由于投资规模较小，创造的财富也较少，但是投资效率更高。除非企业有足够的机会对项目进行反复投资（现实生活中很难做到），否则应该按净现值法进行决策。

综上所述，企业应选择净现值更大的A方案。

（2）差量分析法

由于项目计算期相同，可以采用差量分析法，只对两个方案各期的现金流量差额（Δ现金净流量）进行分析，计算净现值的差量（Δ净现值），并选择"Δ净现值"大于0的项目。显然，对于只有两个备选方案的互斥项目，这种方法更加简便。

【例5-19】 沿用例5-4的资料，对甲公司编号为301的固定资产更新改造项目进行决策，假设资本成率为10%。

分析：新旧设备的可使用年限都是5年，可采用差量分析法，各年Δ现金净流量见表5-14。

表5-14 新旧设备各年现金流量的差量（新设备-旧设备） 单位：万元

年限	第0年	第1年	第2年	第3年	第4年	第5年
Δ现金流量表	-75	21.5	21.5	21.5	21.5	26.5

$$\Delta 净现值 = 21.5 \times (P/A,10\%,4) + 26.5 \times (P/F,10\%,5) - 75$$
$$= 21.5 \times 3.1699 + 26.5 \times 0.6209 - 75$$
$$= 84.6067 - 75$$
$$= 9.6067（万元）$$

Δ净现值大于0,说明固定资产更新,将使净现值增加9.6067万元,故应进行更新。

当然,也可以分别计算新旧固定资产的净现值再进行比较,结论是相同的,但差量分析法可以少计算一次净现值,减少工作量。

(二)项目计算期不同的互斥项目投资决策

在现实的经济生活中,备选方案的项目计算期并不总是相同的,这使互斥项目的投资决策变得更加复杂。

1. 直接使用净现值法得出错误结论

如果项目的计算期不同,它们的净现值等指标就不具有可比性,不能直接进行比较。比如固定资产的更新改造,多数情况下,新设备的使用年限要长于旧设备,此时的固定资产更新决策就演变成计算期不同的互斥项目的选择问题。下面的例题能够解释为什么直接比较不同寿命的方案的净现值会得出错误的结论。

【例5-20】 假设甲公司301号项目新设备的使用寿命为10年(而不是5年),每年的销售收入为81万元,其他条件沿用例5-4的资料,资本成本为10%。试对该固定资产更新改造项目进行决策。

分析:先分别确定新旧方案的现金流量,然后再计算各自的净现值。

①新旧设备的初始现金流量:新设备的原始投资额为105万元,旧设备的初始投资额为30万元的变价净收入。

②计算新旧设备的年折旧额,然后测算各年营业现金流量。

新设备年折旧额＝(105−5)÷10＝10(万)

旧设备年折旧额＝30÷5＝6(万)

无论是新设备还是旧设备,各年的收入、成本均稳定不变,因此各年营业现金流量相同,见表5-15。

新旧设备的终结现金流量:新设备终结现金净流量为设备净残值5万元,旧设备终结现金流量为0。

③两个方案各年全部现金流量见表5-16。

表5-15　各年营业现金流量　　　　　　　　　单位:万元

项目	新设备	旧设备
销售收入(1)	81	51
付现成本(2)	55	35
折旧(3)	10	6
税前利润(4)=(1)−(2)−(3)	16	10
所得税25%(5)	4	2.5
税后利润(6)	12	7.5
营业现金净流量 (7)=(1)−(2)−(5)=(3)+(6)	22	13.5

表 5-16　新旧设备的现金流量　　　　　　　　　单位:万元

项目	新设备			旧设备	
	第 0 年	第 1-9 年	第 10 年	第 0 年	第 1-5 年
原始投资	-105			-30	
营业现金净流量		22	22		13.5
终结现金流量			5		
现金净流量	-105	22	27	-30	13.5

④分别计算新旧设备的净现值并进行比较。

$$新设备的净现值 = 22×(P/A,10\%,9) + 27×(P/F,10\%,10) - 105$$
$$= 22×5.759 + 27×0.385\ 5 - 105$$
$$= 137.106\ 5 - 105$$
$$= 32.106\ 5(万元)$$

$$旧设备的净现值 = 13.5×(P/A,10\%,5) - 30$$
$$= 13.5×3.790\ 8 - 30$$
$$= 51.175\ 8 - 30$$
$$= 21.175\ 8(万元)$$

显然,新设备的净现值更大,因此很容易得出应更新设备的结论,但其实这个结论是错误的。这是因为,新设备的净现值虽然较大,但是它是在 10 年的期间内创造的,而旧设备的净现值虽然较小,却只需用 5 年的时间。使用寿命的不同,使直接比较新旧设备的净现值难以做出正确的决策。

2. 用最小公倍寿命法或年均净现值法做出正确选择

要判断不同项目的优劣,所使用的评价指标应在方案之间具有可比性。如果采用适当方法将净现值进行一定处理,使其在相同的期间内进行比较,就可以解决项目计算期不同的互斥项目投资决策问题了。可以采用的方法有最小公倍寿命法和年均净现值法。

(1)最小公倍寿命法

最小公倍寿命法又称项目复制法,是将两个方案使用寿命的最小公倍数作为比较期间,并假定两个方案在这个比较区间内进行多次重复投资,将各自多次投资的净现值进行比较的分析方法。

【例 5-21】　沿用例 5-20 的资料,用最小公倍寿命法做出决策。

分析:例 5-20 中,新旧设备的最小公倍数是 10 年。在这个共同期间内,新设备寿命较长,只能完成一个周期,并实现净现值 32.106 5 万元。而旧设备则可以完成两个周期:第一个周期中,旧设备折算到第 1 年年初的净现值为 21.175 8 万元;在第 6 年年初,假设可以按照现在的变现价值 30 万元重新购置一台同样的旧设备进行第二次投资,并获得与第一个周期相同的净现值,只是第二个周期的净现值是相对于第 6 年年初而言的,还需将其折算到第 1 年年初,如图 5-7 所示。

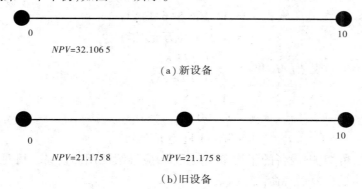

（a）新设备

（b）旧设备

图 5-7　最小公倍寿命法示意图

因此,使用新设备和旧设备的净现值分别为:

新设备的净现值 = 32.106 5(万元)

旧设备的净现值 = 21.175 8 + 21.175 8× $(P/F,10\%,5)$

= 21.175 8 + 21.175 8×0.620 9

= 34.323 9(万元)

可见,继续使用旧设备的净现值比使用新设备的净现值高出了 2.217 4(34.323 9−32.106 5)万元,所以应该继续使用旧设备。

最小公倍寿命法的优点是易于理解,缺点是计算比较麻烦。当不同方案之间的寿命期相差很大,按最小公倍数所确定的计算期就可能很长。假定有三个互斥项目的寿命期分别为 6 年、11 年和 15 年,那么它们的最小公倍数就是 330 年,显然考虑这么长时间内的重复计算既复杂又无必要。这时,可以使用年均净现值法。

（2）年均净现值法

年均净现值法是把投资项目在寿命期内总的净现值转化为每年的平均净现值并进行比较分析的方法。其计算公式为:

$$年均净现值(ANPV) = \frac{净现值}{年金现值系数} \qquad (5-14)$$

计算年均净现值,其实就是把本已折算到 0 期的净现值再化整为零转化为年金,如图 5-8 所示。

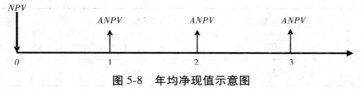

图 5-8　年均净现值示意图

当共同的比较期间无限延长时,每一个项目都可以在寿命期满后进行再投资,循环往复直至无穷,于是寿命不同的方案之间的比较就变成了永续年金之间的比较,即年均净现值最大的方案为最佳方案。

【例 5-22】　沿用例 5-20 的资料,采用年均净现值法做出决策:

新设备的年均净现值($ANPV$) = $32.106\ 5 \div (P/A, 10\%, 10)$

= $32.106\ 5 \div 6.144\ 6$

= $5.225\ 2$(万元/年)

旧设备的年均净现值($ANPV$) = $\dfrac{21.175\ 8}{(P/A, 10\%, 5)}$

= $\dfrac{21.175\ 8}{3.790\ 8}$

= $5.586\ 1$(万元/年)

从计算结果可知,旧设备的年均净现值更高,应继续使用旧设备。可见,用年均净值法得出的结论与最小公倍寿命法一致。

由年均净现值法的原理还可以推导出年均成本法。当两个方案的未来收益相同,但准确数字不好估计时,可以比较年均成本,并选取年均成本最小的项目。年均成本法是把项目的总现金流出值转化为年平均现金流出值,其计算公式为:

$$平均成本(AC) = \frac{项目总成本的现值}{年金现值系数}$$

三、组合或排队项目投资决策

如果一组项目既不相互独立,又不相互排斥,而可以实现互相组合或排队,则这些项目被称为组合或排队项目。在对组合或排队项目进行决策时,除了要求首先评价所有方的财务可行性,淘汰不具有财务可行性的方案外,还需要反复衡量和比较不同组合条件下有关评价指标的大小,从而做出最终决策。

组合排队项目投资决策的主要依据,就是能否在充分利用资金的前提下,获得尽可能多的净现值总量,采用的具体方法取决于资金总量及各项目之间的组合是否受限制。

（一）资金总量不受限制,且各个投资项目可任意组合排队

在这种情况下,只要净现值非负的项目,都是可以接受的。按每一项目的净现值大小排队,可以确定优先考虑的项目顺序。

【例 5-23】　　A、B、C、D、E 五个投资项目为非互斥方案,有关原始投资额、净现值和获利指数数据见表 5-17。

表 5-17　项目投资资料

投资项目	原始投资额	净现值(万元)	获利指数
A	240	134	1.558
B	300	159	1.53
C	600	222	1.37
D	250	42	1.168
E	200	36	1.18

要求:在投资总额不受限制的条件下,进行多方案组合的决策。

分析:由于投资总额不受限制,各项目又是可以任意组合的非互斥方案,因此只要净现值不是负数就可以接受。显而易见,五个项目都符合条件,所需的投资总额是各项目原始投资的合计数。

投资总额 = 240+300+600+250+200 = 1 590(万元)

虽然五个项目都能够接受,但它们对企业的贡献是不一样的,因此还需按净现值大小排队,以便确定优先考虑的顺序,见表5-18。

根据排队的结果,最优顺序为:C、B、A、D、E。

表 5-18　投资项目净现值排序　　　　　　单位:万元

投资项目	原始投资额	净现值
C	600	222
B	300	159
A	240	134
D	250	42
E	200	36

(二)存在资本限额

资本限额是指企业可用于投资的资金总量的上限。在前面各例中,投资所需的资金总量是没有限制的,也就是说,只要项目本身可行,企业就可以进行投资,不需要考虑资本限额的问题。但是事实上,很多公司都会受到资本限额的约束,特别是那些以内部融资为经营策略或外部融资受到限制的企业,即使有很多获利项目可供投资,但企业无法筹集到足够的资金,因而不能投资所有可接受的项目。

当存在资本限额时,对组合排队项目进行投资决策就不能简单地按单一项目的净现值大小排序筛选,而需从整体出发,选择净现值合计数最大的投资组合,使企业获得最大利益。可以采用的方法有两种:净现值法和加权平均获利指数法。

1. 净现值法

采用净现值法对组合排队项目进行投资决策,不仅要计算每个单一项目的净现值,而且要比较各个可能组合的净现值,只有净现值合计数最大的投资组合才是最优组合,具体步骤如下:

第一步,列出每个项目的原始投资额并计算净现值,排除净现值小于0的项目。

第二步,如果第一步筛选留下的项目可以任意组合排队,并且资本限额能够满足所有可接受的项目,则决策过程完成,否则进入下一步。

第三步,对所有留下来的项目在资本限额内进行各种可能的组合,然后计算出每种可能组合的净现值合计数。

第四步,接受净现值合计数最大的投资组合。

2. 加权平均获利指数法

对组合排队项目进行投资决策不能仅以单一项目的获利指数为依据,而是要比较各个可能组合的加权平均获利指数,并选择加权平均获利指数最大的投资组合。由于各项目是在资本限额之内进行各种可能的组合,这就意味着不同组合的初始投资总额(即资本限额)总是相同的,因此,采用加权平均获利指数法可以得到与净现值法一致的结论,其步骤如下:

第一步,列出每个项目的原始投资额并计算获利指数,排除获利指数小于 1 的项目。

第二步,如果第一步筛选留下的项目可以任意组合排队,并且资本限额能够满足所有可接受的项目,则决策过程完成,否则进入下一步。

第三步,对所有留下的项目在资本限额内进行各种可能的组合,然后计算出每种可能组合的加权平均获利指数。

第四步,接受加权平均获利指数最大的投资组合。

【例 5-24】 沿用例 5-23 的资料,但是假设投资总额的资金总量限定为 800 万元,其他条件相同,各项目按净现值和获利指数的排序结果见表 5-19。

表 5-19　投资项目净现值和获利指数排序

投资项目	原始投资(万元)	净现值(万元)	获利指数
A	240	134(3)	1.558(1)
B	300	159(2)	1.530(2)
C	600	222(1)	1.370(3)
D	250	42(4)	1.168(4)
E	200	36(5)	1.180(5)

要求:分别采用净现值法和加权平均获利指数法选择最优投资组合。

分析:本例属于资本限额为 800 万元条件下的多项目组合决策。如果只考虑个别项目净现值的大小,应首选净现值排序第一的 C,然后在资本限额内就只能是 E 与之组合,CE 组合的净现值合计为 258 万元;若按获利指数的大小选取,则应首先锁定获利指数最高的 A、B,然后在资本限额内由 E 与之组合,ABE 组合的净现值合计为 329 万元。其实这两种选择都是错误的,上述两个组合都没有 ABD 组合的净现值(335 万元)大。可见,要找到最优投资组合,只考虑个别项目的净现值或获利指数是行不通的,而是需从整体出发,比较各组合净现值合计数或加权平均获利指数。

(1)净现值法

五个项目的净现值均大于 0,并且可以任意组合,如果全部接受所需的资金为 1 590 万元,显然超出了 800 万元的资本限额。因此需在资本限额内对五个项目进行各种可能的组合,并分别计算出净现值合计数,然后选出最优组合。

由穷举法可知,五个项目所有可能的投资组合共有 31 种,其中经过筛选符合资本限额条件的有 16 个,分别是:A、AB、AD、AE、ABD、ABE、ADE、B、BD、BE、BDE、C、CE、D、

DE、E。

很明显地，上列投资组合中，ABD 组合优于 A、B、D、AB、AD、BD 等组合，ABE 组合优于 E、AE、BE 等组合，ADE、BDE 组合优于 DE 组合，CE 组合则优于 C。经过此轮筛选，符合条件的组合只留下 5 个：ABD、ABE、ADE、BDE、CE。下面列表（表 5-20）计算这五个备选组合的净现值合计并排序。

表 5-20　投资组合净现值合计计算表　　　　　　单位:万元

投资项目	原始投资	净现值合计	优先级排序
ABD	240+300+250=790	134+159+42=335	（1）
ABE	240+300+200=740	134+159+36=329	（2）
ADE	240+250+200=690	134+42+36=212	（5）
BDE	300+250+200=750	159+42+36=237	（4）
CE	600+200=800	222+36=258	（3）

从表 5-20 可以看出，ABD 是最优的投资组合，其净现值合计为 335 万元，项目 C 虽然是净现值最高的单一项目，但并不属于最优组合。

（2）加权平均获利指数法

在计算加权平均获利指数时需注意的是，有时候一个投资组合所需的原始投资总额并不刚好等于资本限额。如本例中，只有 CE 组合所需资金正好等于 800 万元的资本限额，而 ABD 组合需要的资金是 790 万元，比限定的标准低 10 万元;ABE、ADE、BDE 组合也各自有一部分资金没有用完。在这种情况下，一般假设这些剩余的资金可投资于有价证券，获利指数为 1。

根据前面的筛选结果可知，符合条件的组合为 ABD、ABE、ADE、BDE、CE。各组合的加权平均获利指数计算如下:

ABD 组合的加权平均获利指数 $= \dfrac{240}{800} \times 1.558 + \dfrac{300}{800} \times 1.53 + \dfrac{250}{800} \times 1.168 + \dfrac{10}{800} \times 1.00 = 1.419$

ABE 组合的加权平均获利指数 $= \dfrac{240}{800} \times 1.558 + \dfrac{300}{800} \times 1.53 + \dfrac{200}{800} \times 1.18 + \dfrac{60}{800} \times 1.00 = 1.411$

ADE 组合的加权平均获利指数 $= \dfrac{240}{800} \times 1.558 + \dfrac{250}{800} \times 1.168 + \dfrac{200}{800} \times 1.18 + \dfrac{110}{800} \times 1.00 = 1.265$

BDE 组合的加权平均获利指数 $= \dfrac{300}{800} \times 1.53 + \dfrac{250}{800} \times 1.168 + \dfrac{200}{800} \times 1.18 + \dfrac{50}{800} \times 1.00 = 1.296$

CE 组合的加权平均获利指数 $= \dfrac{600}{800} \times 1.37 + \dfrac{200}{800} \times 1.18 = 1.323$

将计算结果排序并列入表 5-21。

表 5-21　投资组合加权平均获利指数排序

投资组合	原始投资(万元)	加权平均获利指数	优先级排序
ABD	790	1.419	(1)
ABE	740	1.411	(2)
ADE	690	1.265	(5)
BDE	750	1.296	(4)
CE	800	1.323	(3)

可见,用加权平均获利指数法得出的结论与净现值法完全一致,即 ABD 是最优的投资组合,其净现值合计数为 335 万元。

(三)各个投资项目不能任意组合排队

在某些情况下,各项目在进行组合或排队时会受到一定制约,导致项目之间不能实现任意组合,如存在先决方案、互补方案或不完全互斥方案等。这时就需要先把存在矛盾的组合剔除掉,然后再利用净现值法或加权平均获利指数法进行选择。

【例 5-25】　沿用例 5-23 的资料,假设五个项目中,B 与 C 互斥,D 与 E 互斥,资本限额仍为 800 万元,其他数据不变。

要求:选择最优投资组合。

分析:根据例 5-24 的分析结果,允许任意组合下的备选方案为五种:ABD、ABE、ADE、BDE、CE。现在由于 B 与 C 互斥、D 与 E 互斥,其中的 ADE、BDE 两个组合就被筛选掉了,只剩下 ABD、ABE、CE 三个备选组合。显然,ABD 仍是最优组合。

本章小结

项目投资是一种以特定项目为对象直接与新建项目或更新改造项目有关的长期投资行为。它与其他形式的投资相比,具有投资金额大、投资周期长、变现能力差和投资风险高等特点。工业企业投资项目主要包括新建项目和更新改造项目两类。项目投资资金的投入方式通常有集中性一次投入和分次投入。企业项目投资决策的指标通常有贴现和非贴现两种现金流量指标。贴现指标是指考虑货币时间价值的指标,主要包括净现值、内部报酬率、净现值率和现值指数等。非贴现指标是指不考虑货币时间价值的指标,主要包括投资回收期和平均报酬率。计算这些指标的基础是现金流量,它主要由初始现金流量、营业现金流量和终结点现金流量三部分内容构成。项目投资决策指标通常运用于完整工业项目投资决策、固定资产更新决策、资本限量决策、投资开发时机决策和项目周期不等决策等决策中。

课后分析案例

红光照相机厂投资决策

红光照相机厂是生产照相机的中型企业,该厂生产的照相机质量优良,价格合理,长期以来供不应求。为了扩大生产能力,红光照相机厂准备新建一条生产线。王禹是该厂助理会计师,主要负责筹资和投资工作。总会计师张力要求王禹搜集建设新生产线的有关资料,写出投资项目的财务评价报告,以供厂领导决策参考。王禹经过十几天的调查研究,得到以下有关资料。该生产线的初始投资是12.5万元,分两年投入。第1年投入10万元,第2年年初投入2.5万元,第2年可完成建设并正式投产。投产后,每年可生产照相机1 000架,每架销售价格是300元,每年可获销售收入30万元。投资项目可使用5年,5年后残值可忽略不计。在投资项目经营期间要垫支流动资金2.5万元,这笔资金在项目结束时可如数收回。该项目生产的产品年总成本的构成情况见表5-22。

表5-22 产品年总成本构成情况表

项 目	金额(万元)
原材料费用	20
工资费用	3
管理费(扣除折旧)	2
折旧费	2

王禹又对红光照相机厂的各种资金来源进行了分析研究,得出该厂加权平均的资本成本为10%。王禹根据以上资料,计算出该投资项目的营业现金流量、现金流量、净现值(表5-23、表5-24、表5-25),并把这些数据资料提供给全厂各领导参加的投资决策会议。

表5-23 投资项目的营业现金流量计算表   单位:元

项 目	第1年	第2年	第3年	第4年	第5年
销售收入	300 000	300 000	300 000	300 000	300 000
付现成本	250 000	250 000	250 000	250 000	250 000
其中:原材料	200 000	200 000	200 000	200 000	200 000
工资	30 000	30 000	30 000	30 000	30 000
管理费	20 000	20 000	20 000	20 000	20 000
折旧费	20 000	20 000	20 000	20 000	20 000
税前利润	30 000	30 000	30 000	30 000	30 000

续表

项　目	第1年	第2年	第3年	第4年	第5年
所得税(税率为25%)	7 500	7 500	7 500	7 500	7 500
税后利润	22 500	22 500	22 500	22 500	22 500
现金流量	42 500	42 500	42 500	42 500	42 500

表5-24　投资项目的现金流量计算表　　　　　　　单位:元

项　目	投产前	投产后				
	第-1年	第0年	第1年	第2年	第3年	第4年	第5年
初始投资	-100 000	-25 000					
流动资产垫支		-25 000					
营业现金流量			42 500	42 500	42 500	42 500	42 500
设备残值							25 000
流动资金收回							25 000
现金流量合计	-100 000	-50 000	42 500	42 500	42 500	42 500	92 500

表5-25　投资项目的现金流量计算表　　　　　　　单位:元

时　间	现金流量	10%的贴现系数	现值
-1	-100 000	1.000	-100 000
0	-50 000	0.909 1	-454 55
1	42 500	0.826 4	35 122
2	42 500	0.715 3	30 400.25
3	42 500	0.683 0	29 027.5
4	42 500	0.620 9	26 388.25
5	92 500	0.564 4	52 207
		净现值=27 690	

　　在厂领导会议上,王禹对他提供的有关数据作了说明。他认为,建设新生产线有3 353元净现值,故这个项目是可行的。厂领导对王禹提供的资料进行了分析研究,认为王禹在搜集资料方面作了很大努力,计算方法正确,但却忽略了物价变动因素,这便使得小王提供的信息失去了客观性和准确性。

　　总会计师张力认为,在项目投资和使用期内,通货膨胀率为10%左右,他要求各有关负责人认真研究通货膨胀对投资项目各方面的影响。

基建处长李明认为,受物价变动的影响,初始投资将增长 10%,投资项目终结后,设备残值将增加到 37 500 元。

生产处长赵芳认为,受物价变动的影响,原材料费用每年将增加 14%,工资费用也将增加 10%。

财务处长周定认为,扣除折旧以后的管理费用每年将增加 4%,折旧费用每年仍为 20 000 元。

销售处长吴宏认为,产品销售价格预计每年可增加 10%。

厂长郑达指出,除了考虑通货膨胀对现金流量的影响以外,还要考虑通货膨胀对货币购买力的影响。

案例来源:上官敬芝.财务管理学习题与案例[M].2 版.北京:高等教育出版社,2014.

案例分析讨论:

1. 根据以上意见,你认为该投资项目的现金流量和净现值应如何计算?

2. 你认为该项目是否可行?

思考题

1. 什么是项目投资?有何特点?

2. 简述项目投资总额、原始总投资、建设投资的含义以及这三者之间的数量关系。

3. 简述投资项目现金流量的构成。

4. 项目投资决策的指标有哪些?如何计算?其各自的优缺点是什么?

5. 项目投资决策指标在实际工作中如何应用?

自测题

一、单项选择题

1. 与投资项目建设期长短、现金流量的大小都无关的指标是(　　)。

A. 投资收益率　　　　　　　B. 内部收益率

C. 净现值率　　　　　　　　D. 投资回收期

2. 互斥方案比较决策中,原始投资额不同,项目计算期也不相同的多方案比较决策,适合采用的评价方法是(　　)。

A. 净现值法　　　　　　　　B. 净现值率法

C. 差额投资内部收益率法　　D. 年等额净回收额法

3. 如果一个投资项目的投资额为 5 000 万元,建设期为 1 年,投产后 1 至 5 年的每年净现金流量为 800 万元,第 6 至 10 年的每年净现金流量为 900 万元,则该项目包括建设期的静态投资回收期为(   )年。

    A. 6. 11   B. 7   C. 8. 11   D. 7. 11

4. 某投资项目于建设期初一次投入原始投资 400 万元,建设期为 0,获利指数为 1. 35。则该项目净现值为(   )万元。

    A. 540   B. 140   C. 100   D. 200

5. 某公司正在考虑处理一台闲置设备。该设备原购入价 100 000 元,税法规定的残值率为 5%,已提折旧 90 000 元;目前可以按 5 000 元的价格卖出。若该公司适用的所得税税率为 25%,则处置该设备产生的现金流量为(   )。

    A. 5 000 元   B. 3 750 元   C. 6 250 元   D. 10 000 元

6. 某投资项目建设期 1 年,经营期 5 年,经营期初垫付流动资金 150 万元,固定资产投资 1 000 万元,预计残值率 10%,年营业收入 2 000 万元,经营成本 1 500 万元,所得税税率 25%,采用直线法计提折旧,预计报废收入与残值相等。则该项目经营期第 5 年现金净流量为(   )。

    A. 240 万元   B. 420 万元   C. 520 万元   D. 670 万元

7. 某公司在对一个项目进行研发时,2006 年已投资 1 000 万元用于研制,结果研制失败;2007 年再次投资 500 万元,但仍没成功,随后搁置。现经过论证,认为如果再继续投资 2 000 万元,应当有成功的把握,则研制成功后至少取得收入(   )才能进行第三次投资。

    A. 3 500 万元   B. 2 000 万元   C. 2 500 万元   D. 1 500 万元

8. 某项目经营期为 10 年,预计投产第一年初流动资产需用额为 50 万元,预计投产第一年流动负债为 15 万元,投产第二年初流动资产需用额为 80 万元,预计第二年流动负债为 30 万元,预计以后各年的流动资产需用额均为 80 万元,流动负债均为 30 万元,则该项目终结点一次回收的流动资金为(   )。

    A. 35 万元   B. 15 万元   C. 95 万元   D. 50 万元

9. 在下列评价指标中,属于静态指标的是(   )。

    A. 内部收益率   B. 净现值   C. 静态投资回收期   D. 投资收益率

10. 企业为使项目完全达到设计生产能力、开展正常经营而投入的全部现实资金是(   )。

    A. 建设投资   B. 原始投资   C. 项目总投资   D. 现金流量

11. 一项目原始投资额为 1 500 万元,建设期资本化利息为 100 万元,运营期净利润为 100 万元,所得税率 25%,年均利息费用为 20 万元,该项目的投资收益率是(   )。

    A. 8. 33%   B. 7. 5%   C. 9. 58%   D. 10. 22%

12. 在资金总量受到限制时,多方案投资组合最优组合的标准是(   )。

    A. 平均静态投资回收期最短   B. 平均投资收益率最高

    C. 各方案累计投资额最小   D. 各方案净现值之和最大

13. 一投资项目在建设期内投入全部原始投资,其获利指数为 1. 5,则该项目的净现值率为(   )。

A. 0.5   B. 0.67   C. 1   D. 1.5

14. 对一投资项目分别计算投资收益率与净现值,发现投资收益率小于行业基准投资收益率但净现值大于0,可以断定(   )。

A. 该方案不具备财务可行性   B. 该方案基本具备财务可行性

C. 需要进一步计算净现值率再作判断   D. 以上说法都不正确

15. 某方案,当贴现率为16%时,其净现值为338元,当贴现率为18%时,其净现值为-22元,该方案的内部收益率为(   )。

A. 15.88%   B. 16.12%   C. 17.88%   D. 18.14%

二、多项选择题

1. 对于项目投资,下列表述正确的有(   )。

A. 资本成本越高,净现值越高

B. 资本成本等于内部收益率时,净现值为零

C. 资本成本高于内部收益率时,净现值为负数

D. 资本成本越低,净现值越高

2. 对内部收益率有影响的有(   )。

A. 资本成本   B. 投资项目有效年限

C. 原始投资额   D. 投资项目的现金流量

3. 某企业拟按15%的期望投资报酬率进行一项固定资产投资决策,所计算的净现值指标为100万元,货币时间价值为8%。假定不考虑通货膨胀因素,下列表述中不正确的有(   )。

A. 该项目的现值指数小于1   B. 该项目的内部收益率小于8%

C. 该项目的风险报酬率为7%   D. 该企业不应进行此项投资

4. 关于项目投资,下列说法错误的有(   )。

A. 经营成本中包括折旧但不包括利息费用

B. 估算经营税金及附加时需要考虑增加的增值税

C. 维持运营投资矿山等行业为维持正常经营需要在运营期投入的流动资产投资

D. 调整所得税等于税前利润与适用的所得税税率的乘积

5. 在计算现金流量时,为了防止多算或少算有关内容,需要注意的问题有(   )。

A. 必须考虑现金流量的增量   B. 充分关注机会成本

C. 要考虑沉没成本因素   D. 尽量利用现有的会计利润数据

6. 独立方案存在的前提条件是(   )。

A. 投资资金来源没有限制

B. 投资方案所需的人力、物力均能得到满足

C. 投资资金存在优先使用的排列

D. 每一方案是否可行,仅取决于本方案的经济效益,与其他方案无关

7. 对于投资决策指标优缺点,下列表述中正确的有(　　)。

A. 静态投资回收期缺点是没有考虑资金时间价值因素和回收期以后的现金流量

B. 内部收益率的优点是既可动态反映投资项目的实际收益水平又不受基准收益率的影响

C. 净现值率的缺点是无法直接反映投资项目的实际收益率

D. 投资收益率的缺点是无法直接利用净现金流量信息

8. 关于投资决策中净现值法,下列表述中正确的有(　　)。

A. 体现了流动性与收益性的统一

B. 可用于多个互斥方案的比较

C. 不能从动态的角度直接反映投资项目的实际收益水平

D. 考虑了资金时间价值,但没有考虑投资的风险性

9. 项目总投资包括的内容有(　　)。

A. 建设投资　　　　　　　　　　B. 流动资金投资

C. 经营成本　　　　　　　　　　D. 资本化利息

10. 一投资项目的获利指数为 1.5,下列表述正确的有(　　)。

A. 项目净现值大于 0

B. 净现值率等于 0.5

C. 内含报酬率大于计算获利指数时设定的折现率

D. 项目投资回收期小于设定的基准回收期

三、判断题

1. 在独立方案中,如果一个项目的内部收益率大于基准折现率,投资收益率低于基准投资收益率,则可以断定该项目基本具有财务可行性。　　　　　　(　　)

2. 在固定资产售旧购新决策中,旧设备的变现价值是继续使用旧设备的机会成本。

(　　)

3. 在不考虑时间价值的前提下,可以得出投资回收期越短则投资的获利能力越强的结论。　　　　　　　　　　　　　　　　　　　　　　　　　　(　　)

4. 在项目投资决策时,经营期计入财务费用的利息费用不属于现金流出量的内容,但在计算固定资产原值时,必须考虑建设期资本化利息。　　　　　(　　)

5. 同一项固定资产,如果采用加速折旧法计提折旧,则计算出来的净现值比采用直线折旧法计算出来的净现值要小。　　　　　　　　　　　　　　　(　　)

四、计算题

1. 甲企业打算购入一个新设备,以替换目前使用的旧设备。新设备的投资额为 25 000 元,不需安装,可使用五年,使用新设备每年的营业收入 9 000 元,营业成本 3 500 元。旧设备尚可使用 5 年,目前折余价值为 14 000 元,如立刻变卖可取得 12 000 元变价净收入。继续使用旧设备每年的营业收入 6 000 元,营业成本 4 000 元。5 年后新设备净

残值比旧设备净残值多 1 000 元。新旧设备均采用直线法计提折旧,甲企业适用的所得税税率为 25%,行业基准折现率为 8%。

要求:

(1)计算更新设备比继续使用旧设备增加的投资额。

(2)计算因旧设备提前报废发生净损失而抵减的所得税额。

(3)计算经营期因更新设备每年增加的折旧。

(4)计算项目计算期起点的所得税后差量净现金流量 ΔNCF_0。

(5)计算经营期第 1—5 年的所得税后差量净现金流量 $\Delta NCF_1 - \Delta NCF_5$;

(6)计算差额投资内部收益率 ΔIRR,判断是否应该更新设备。

2. 某投资项目需固定资产投资 600 万元,开办费投资 80 万元。固定资产和开办费投资于建设起点一次投入,建设期 1 年,发生建设期资本化利息 100 万元。该项目运营期 10 年,到期净残值 50 万元。预计投产后每年增加营业收入 350 万元,每年增加经营成本 200 万元。开办费在投产当年一次性摊销完毕。所得税税率为 30%,直线法计提折旧,行业基准折现率为 10%,基准投资收益率 9%。

要求:

(1)计算该项目各个时间点的所得税后净现金流量。

(2)分别计算该项目所得税后的净现值、净现值率、获利指数、内部收益率。

(3)分别计算该项目的所得税后不包括建设期的投资回收期、包括建设期的投资回收期、投资收益率。

(4)根据(2)(3)问的结果判断该项目的财务可行性。

3. B 投资项目的固定资产投资 500 万元,无形资产投资 100 万元,流动资金投资 80 万元。固定资产投资在建设期内分两次平均投入。建设期 2 年,运营期 5 年,到期残值收入 50 万元。无形资产从投产年份起分 5 年平均摊销,无形资产和流动资金投资于建设期期末投入。该项目投产后预计年增加营业收入 800 万元,年增加经营成本 480 万元,年缴纳增值税 50 万元。该项目按直线法计提折旧,所得税税率为 30%,城市维护建设税 7%,教育费附加 3%。

该项目采用加权平均资本成本作为折现率。β 系数为 2.05,市场平均收益率为 8%,国债利率为 4%,负债占全部资金的 40%,负债平均利率为 6%。

要求:

(1)计算 B 项目使用的折现率。

(2)计算 B 项目计算期内的所得税后净现金流量。

(3)计算 B 项目所得税后的净现值和内部收益率。

4. 某公司准备投资一个项目,为此投资项目计划按 40% 的资产负债率融资,固定资产原始投资额为 1 000 万元,当年投资当年完工投产。负债资金通过发行公司债券筹集,期限为 5 年,利息分期按年支付,本金到期偿还,发行价格为 100 元/张,面值为 95 元/张,票面年利率为 6%;权益资金通过发行普通股筹集。该项投资预计有 5 年的使用年限,该方案投产后预计销售单价 50 元,单位变动成本 35 元,每年经营性固定付现成本 120 万元,年销售量为 50 万件。预计使用期满有残值为 10 万元,采用直线法提折旧。该公司适用的所得税税率为 33%,该公司股票的 β 系数为 1.4,股票市场的平均收益率为 9.5%,无风险收益率为 6% 系数(折现率小数点保留到 1%)

要求:

(1)计算债券年利息。

(2)计算每年的息税前利润。

(3)计算每年的息前税后利润和净利润。

(4)计算该项目每年的现金净流量。

(5)计算该公司普通股的资本成本、债券的资本成本和加权平均资本成本(按账面价值权数计算)。

(6)计算该项目的净现值(以加权平均资本成本作为折现率)。

第六章　营运资金管理

学习目的

（1）了解营运资金的概念，理解营运资金政策。

（2）掌握最佳现金持有量的确定方法，了解现金日常管理的内容。

（3）掌握应收账款信用政策决策方法，理解应收账款日常管理的内容。

（4）掌握确定经济订货量的基本模型及其相关拓展，了解存货日常管理的内容。

关键术语

最佳现金余额　信用政策　经济订货量

导入案例

海尔业务流程再造的奥妙

海尔在 1998 年实行了一场"业务流程再造"工程。在一次关于"业务流程再造"的高级经理人培训会议上，海尔集团 CEO 张瑞敏目光如炬地看着讲台下的中层干部们，提出了一个类似脑筋急转弯的问题。

"石头怎样才能在水上漂起来？"

"把石头掏空。"有人喊了一句，张瑞敏摇了摇头。

"把石头放在木板上。"又有人答道，张瑞敏又摇了摇头。

"做一块假石头。"这个回答引来了一片笑声，张瑞敏还是摇了摇头："石头是真的。"

"速度。"海尔集团见习副总裁喻子达回答道。

"正确。"张瑞敏脸上露出了笑容："《孙子兵法》上说'激水之疾，至于漂石者，势也'。速度决定了石头能否漂起来。网络时代，速度同样决定了企业能否跃上新的高峰！"

这一细节形象地表明了海尔"业务流程再造"能解决企业的循环与周转的速度问题。海尔"业务流程再造"主要从采购和销售这一资本循环的两个重要环节入手。海尔的采购和配送，过去是各个事业部各自采购，现在成立物流本部，实行集团统一采购。这一改革效果显著。其一是降低了集团对外采购成本，仅 1999 年降低的采购成本就达 5 亿元，2001 年在 1999 年的基础上又降低了 10 亿元。其二是择优采购，带来了零部件产品质量的整体提高。其三是库存减少，其中零部件仓库存放面积减少了 32 万平方米。目前在海尔开发区的物流中心,原材料只有不到 7 天的库存,成品 24 小时就发往全国的 42 个配送中心,闲置物资降低了 90%,原材料库存资金周转天数从 30 天以上降低到不到 10 天。海尔的销售过去在市场布阵上各自为战,造成资源浪费。现在实行商流整合,全国销售人员减少了 30%,全国的营销网络增加到 2 000 多家。这一改革使营销成本降低,与用户实现零距离,对客户需求作出快速反应。海尔接到客户订单,在 10 天内即可完成从采购、制造到配送的全过程,而一般企业完成这个过程要 36 天。

通过改革,海尔与商家之间实现了现款现货,资金周转速度快了,不良资产少了。目前国内应收账款几乎为零,集团流动资产的周转速度,1999 年为 118 天,2001 年为 79 天。一年资金吞吐量高达千亿元,日均相互结算为 3 亿元。

案例来源:上官敬芝. 财务管理学习题与案例［M］. 2 版. 北京:高等教育出版社,2014.

思考题:为什么速度对一个企业有这么重要的意义? 在现代社会,企业更加注重资本循环的哪一环节? 为什么?

第一节　营运资金管理概述

一、流动资产的概念及其分类

(一)流动资产的概念

流动资产(Current Assets)是指企业可以在 1 年(含 1 年)或者超过 1 年的一个营业周期内变现或者运用的资产,是企业资产中必不可少的组成部分。流动资产在周转过渡中,从货币形态开始,依次改变其形态,最后又回到货币形态(货币资金→储备资金、固定资金→生产资金→成品资金→货币资金),各种形态的资金与生产流通紧密相结合,周转速度快,变现能力强。加强对流动资产业务的审计,有利于确定流动资产业务的合法性、合规性,有利于检查流动资产业务账务处理的正确性,揭露其存在的弊端,提高流动资产的使用效益。

(二)流动资产的分类

与非流动资产相比,流动资产具有周转速度快、变现能力强、财务风险小等特点。流动资产按占用的时间长短分为永久性流动资产和波动性流动资产。

1.永久性流动资产

永久性流动资产是指满足企业一定时期生产经营最低需要的那部分流动资产,如企业保留的最低库存、生产过程中的产品等。这部分资产与固定资产相比,有两个方面相似:一是尽管是流动资产,但投资的金额是长期性的,且相对稳定;二是对一个处于成长过程的企业来说,流动资产水平与固定资产一样会随时间而增长。但流动资产不会像固定资产一直停留在原地,其具体形态在不断地变化与转换。

2. 波动性流动资产

波动性流动资产是指随生产的周期性或季节性需求而变化的流动资产,所以也称临时性流动资产。例如,产品销售高峰期比年内其他时期要求对应收账款和存货做更多的投资。

二、流动负债的概念及其分类

(一)流动负债的概念

短期负债也叫流动负债,是指将在1年(含1年)或者超过1年的一个营业周期内偿还的债务,包括短期借款、应付票据、应付账款、预收账款、应付工资、应付福利费、应付股利、应交税费、其他暂收应付款项、预提费用和一年内到期的长期借款等。

(二)流动负债的分类

1. 按照清偿手段分类

按照清偿手段不同,流动负债可以分为货币性流动负债和非货币性流动负债。

①货币性流动负债是指需要以货币资金清偿的流动负债。一般包括:短期借款、应付票据、应交税费以及非货币性职工薪酬以外的应付职工薪酬等。

②非货币性流动负债是指不需要以货币资金清偿的流动负债。一般包括:预收账款以及其他应付款中不需要以货币资金清偿的债务。

2. 按照清偿金额是否确定分类

按照清偿的金额是否确定,可以分为以下三类:

①金额确定的流动负债,是指债权人、偿还日期和需要偿付的金额确定的流动负债。如短期借款、应付票据、预收账款以及已取得结算凭证的应付账款等。

②金额视经营情况而定的流动负债,是指债权人、偿还日期等确定,但其负债金额需要根据企业实际经营过程中的销售额或营业额的实际情况确定。如应付股利、应交税费等。

③金额视或有事项是否成立而定的流动负债,是指债权人和偿还日期不确定、偿还金额需要根据情况估计的流动负债。如未决诉讼中的或有负债、担保事项产生的或有负债等。

3. 按照形式的方式不同分类

按照形式的方式不同,流动负债可以分为以下三类:

①筹资活动形成的流动负债,是指企业向金融机构借入资金形成的流动负债。如短期借款及应付利息等。

②经营活动形成的流动负债,是指企业在日常生产经营活动中形成的流动负债。如应付账款、应付票据、预收账款、应交税费、应付职工薪酬等。

③收益分配活动形成的流动负债,是指企业在对净利润进行分配过程中形成的流动负债。如应付股利等。

三、营运资本的概念

营运资本又称净营运资本,是指流动资产减去流动负债后的差额。

营运资本是计量财务风险的指标,主要用来衡量企业流动资产与流动负债的对应关系。如果流动资产大于流动负债,则营运资本为正数,说明流动资产除了运用全部流动负债作资金来源外,还运用了部分长期资金,财务风险较低;如果流动资产小于流动负债,则营运资本为负数,说明流动负债除了部分用到流动资产上外,还被用到了长期资产上,出现所谓的"短债长投",财务风险较高;如果流动资产等于流动负债,则营运资本为0,说明流动负债刚好全部用到流动资产上,形成一一对应关系,财务风险适中。

四、营运资本政策

流动资产运用何种筹资来源,取决于营运资本政策,即流动资产与流动负债的匹配关系。当营运资本减少时,公司资产的收益性上升,但流动性下降;反之,当营运资本增加时,公司资产的收益性下降,但流动性上升。因此,制定营运资本政策,需要在公司资产的流动性和收益性之间进行权衡。

研究营运资本政策,重点应考虑流动资产与流动负债之间的匹配关系。就如何安排临时性流动资产和永久性流动资产的资金来源而言,一般可以分为配合型、激进型和稳健型策略三种。

(一)配合型筹资策略

配合型筹资策略的特点是:对于临时性流动资产,运用临时性负债筹集资金满足其资金需要;对于永久性流动资产和固定资产(统称为永久性资产,下同),运用长期负债、自发性负债和权益资本筹集资金满足其资金需要,如图6-1所示。

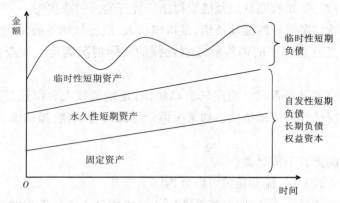

图 6-1　配合型筹资策略

配合型筹资策略要求企业临时负债筹资计划严密,实现现金流动与预期安排相一致。在季节性低谷时,企业应当除了自发性负债外没有其他流动负债;只有在临时性流动资产的需求高峰期,企业才举借各种临时性债务。

这种筹资策略的基本思想是将资产与负债相配合,以降低企业不能偿还到期债务的风险和尽可能降低债务的资本成本。但是,事实上由于资产使用寿命不确定,往往达不到资产与负债的完全配合。因此,这是一种理想的、对企业有着较高资金使用要求的营运资本政策。

(二)激进型筹资策略

激进型筹资策略的特点是:临时性负债不但融通临时性流动资产的资金需要,还解决部分永久性流动资产的资金需要,如图6-2所示。

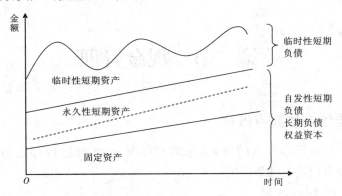

图6-2　激进型筹资策略

由图6-2可知,一方面,激进型筹资策略下临时性负债在企业全部资金来源中所占比重大于配合型筹资策略。由于临时性负债(如短期银行借款)的资本成本一般低于长期负债和权益资本的资本成本,而激进型筹资策略下临时性负债所占比重较大,所以这种策略下企业的资本成本较低。另一方面,为了满足永久性资产的长期资金需要,企业必须要在临时性负债到期后重新举债或申请债务展期,这样企业便会因为经常举债和还债,加大筹资困难和风险;还可能面临由于短期负债利率的变动而增加企业资本成本的风险。所以,激进型筹资策略是一种收益性和风险性均较高的营运资本政策。

(三)稳健型筹资策略

稳健型筹资策略的特点是:临时性负债是融通部分临时性流动资产的资金需要。另一部分临时性流动资产和永久性资产,则由长期负债、自发性负债和权益资本作为资金来源,如图6-3所示。

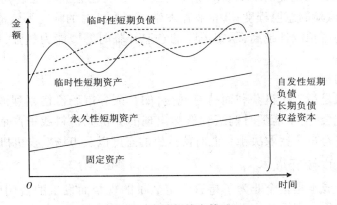

图6-3　稳健型筹资策略

由图 6-3 可知,一方面,与配合型筹资策略相比,稳健型筹资策略下临时性负债占企业全部资金来源的比例较小。这种策略下由于临时性负债所占比重较小,所以企业无法偿还短期债务的风险较低,同时蒙受短期利率变动损失的风险也较低。另一方面,因为长期债务资本成本高于临时性负债的资本成本,以及企业在经营淡季时仍需负担长期负债利息,从而降低收益。所以,稳健型筹资策略是一种风险和收益均较低的营运资本政策。

第二节　现金管理

一、现金管理的目标与内容

现金是指以货币形态存在的资金,包括库存现金、各种银行存款和其他货币资金。现金是流动性最强而盈利性最弱的资产。

(一)持有现金的动机

1. 支付性动机

支付性动机也称交易性动机,是指为满足企业日常交易需要而持有现金,如支付职工工资、购买原材料、缴纳税款、支付股利、偿还到期债务等。企业在日常经营活动中,每天发生的现金流入量与现金流出量在数量和时间上通常都存在一定差异,因此,企业必须持有一定数量的现金才能满足企业日常交易活动的正常进行。一般来说,满足交易活动持有现金的数量主要取决于企业的生产经营规模,生产经营规模越大的企业,交易活动所需要的现金越多。

2. 预防性动机

预防性动机是指为应付意外事件发生而持有现金,如为了应付自然灾害、生产事故、意外发生的财务困难等。企业的现金流量受市场情况和企业自身的经营状况影响较大,一般很难被准确地预测,因此,企业必须在正常的现金持有量基础上,追加一定数量的现金以防不测。预防性现金的多少取决于以下三个因素:①企业对现金流量预测的准确程度;②企业承担风险的意愿程度;③企业在发生不测事件时的临时筹资能力。一般来说,企业现金流量的可预测性越高,承担风险的意愿和临时筹资能力越强,所需要的预防性现金持有量越少。

3. 投机性动机

投机性动机是指为投机获利而持有现金,如在证券市场价格剧烈波动时,进行证券投机所需要的现金;为了能随时购买到偶然出现的廉价原材料或资产而准备的现金等。投机性现金的持有量主要取决于企业对待投机的态度以及市场上投机机会的多少。

(二)现金的持有成本

现金的持有成本是指企业为了持有一定数量的现金而发生的费用以及现金发生短缺时所付出的代价。现金的成本主要由以下四个部分构成。

1. 机会成本

机会成本是指企业因持有现金而丧失的再投资收益。企业持有现金就会丧失其他方面的投资收益,如不能进行有价证券投资,由此所丧失的投资收益就是现金的机会成本。它与现金的持有量成正比,持有量越大,机会成本越高。通常可以用有价证券的收益率来衡量现金的机会成本。

2. 管理成本

管理成本是指企业因持有一定数量的现金而发生的管理费用,如现金保管人员的工资、保管现金发生的必要的安全措施费用等。现金的管理成本具有固定性,在一定的现金余额范围内与现金的持有量关系不大。

3. 转换成本

转换成本是企业用现金购入有价证券以及转让有价证券换取现金时付出的交易费用,即现金同有价证券之间相互转换的成本,如委托买卖佣金、委托手续费、证券过户费、实物交割手续费等。在现金需求量既定的前提下,现金持有量越少,证券变现的次数越多,相应的转换成本就越大;反之,就越小。

4. 短缺成本

短缺成本是指因现金持有量不足而又无法及时通过有价证券变现加以补充而给企业造成的损失,包括直接损失与间接损失。现金的短缺成本与现金持有量呈反方向变动关系。

(三)现金管理的目标

现金是一种非营利性资产,现金持有量过多,会降低企业的收益;但现金持有量过低,又可能出现现金短缺,不能满足企业生产经营需要。因此,现金管理的目标是在降低风险与增加收益之间寻求一个平衡点,在保证生产经营活动所需现金的同时,尽可能节约现金,减少现金的持有量,并将闲置现金用于投资以获取一定的投资收益。

(四)现金管理的内容

现金管理主要内容包括:
①编制现金预算。
②确定最佳现金余额。
③现金的日常管理。

二、现金预算

现金预算是企业财务预算的一个重要组成部分,是现金管理的一个重要方法。现金预算应在对企业现金流量进行合理预测的基础上编制,其主要目的是利用现金预算规划现金收支活动,充分合理地利用现金,提高现金的利用效率。

现金预算可按年、月、旬或按日编制。现金预算的编制方法主要有现金收支法和调整净收益法两种。这里主要介绍现金收支法。

采用现金收支法编制现金预算的步骤是:

第一步,预测企业的现金流入量。据销售预算和自身生产经营情况等因素,测算预测期的现金流入量。现金流入量主要包括经营活动的现金流入量和其他现金流入量。

第二步,预测企业的现金流出量。根据生产经营的目标,预测为实现既定的经营目标所需要购入的资产、支付的费用等所要发生的现金流出量。现金流出量包括经营活动的现金流出量和其他现金流出量。

第三步,确定现金余缺。根据预测的现金流入量与现金流出量,计算出现金净流量,然后在考虑期初现金余额和本期最佳现金余额后,计算出本期的现金余缺。

【例6-1】 使用现金收支法编制乐和公司的现金收支预算表。编制该公司现金收支预算表见表6-1。

表6-1　现金收支法下乐和公司的现金收支预算表　　　　单位:万元

序号	现金收支项目	上月实际数	本月预算数
1	现金收入		
2	营业现金收入		
3	现销和当月应收账款的回收		700
4	以前月份应收账款的回收		400
5	营业现金收入合计		1 100
6	其他现金收入		
7	固定资产变价收入		35
8	利息收入		5
9	租金收入		50
10	股利收入		10
11	其他现金收入合计		100
12	现金收入合计(12)=(5)+(11)		1 200
13	现金支出		
14	营业现金支出		
15	材料采购支出		400
16	当月支付的采购材料支出		300
17	本月付款的以前月份采购材料支出		100
18	工资支出		100
19	管理费用支出		50
20	营业费用支出		40
21	财务费用支出		10

续表

序号	现金收支项目	上月实际数	本月预算数
22	营业现金支出合计		600
23	其他现金支出		
24	厂房、设备投资支出		150
25	税款支出		50
26	归还债务		60
27	股利支出		60
28	证券投资		80
29	其他现金支出合计		400
30	现金支出合计(30)=(22)+(29)		1 000
31	净现金流量		
32	现金收入减去现金支出(32)=(12)-(30)		200
33	现金余缺		
34	期初现金余额		200
35	净现金流量		200
36	期末现金余额(36)=(34)+(35)		400
37	最佳现金余额		170
38	现金多余或短缺(38)=(36)-(36)		230

现金余缺是指计划期现金期末余额与最佳现金余额(又称理想现金余额)相比后的差额。如果期末现金余额大于最佳现金余额,说明现金有多余,应设法进行投资或偿还债务;如果期末现金余额小于最佳现金余额,则说明现金短缺,应进行筹资予以补充。期末现金余缺的计算公式为:

现金余缺=期末现金余额-最佳现金余额

=期初现金余额+(现金收入-现金支出)-最佳现金余额

=期初现金余额+净现金流量-最佳现金余额　　　　　　　(6-1)

从表 6-1 中可以看到,根据该公司的最佳现金余额,乐和公司的现金出现多余,可以考虑适当的投资计划以增加收益。

三、最佳现金余额的确定

为了实现现金管理的目标,需要根据企业对现金的需求情况,确定最佳现金余额。

确定最佳现金余额的方法很多,但常用方法有以下四种。

(一)现金周转期模式

现金周转期模式是从现金周转的角度出发,根据现金的周转速度来确定最佳现金余额。利用这一模式确定最佳现金余额,分以下三个步骤:

第一步,计算现金周转期。现金周转期是指企业从购买材料支付现金到销售商品收回现金的时间。其计算公式为:

$$现金周转期=平均存货期+平均收款期-平均付款期 \qquad (6-2)$$

第二步,计算现金周转率。现金周转率是指一年中现金的周转次数,其计算公式为:

$$现金周转率=360/现金周转期$$

第三步,计算最佳现金余额。其计算公式为:

$$最佳现金余额=年现金需求额/现金周转率$$

【例6-2】 天辰公司的原材料购买和产品销售均采用信用的方式。经测算其应付账款的平均付款天数为35天,应收账款的平均收款天数为70天,平均存货期天数为85天,每年现金需求量预计为360万元,则

$$现金周转期=85+70-35=120(天)$$

$$现金周转率=360÷120=3(次)$$

$$最佳现金余额=360÷3=120(万元)$$

(二)成本分析模式

成本分析模式是根据现金有关成本,分析其总成本最低时现金余额的一种方法。运用成本分析模式确定现金最佳余额,只考虑因持有一定量的现金而产生的机会成本及短缺成本,而不考虑管理费用和转换成本。

$$机会成本=平均现金持有量×有价证券利率(或报酬率) \qquad (6-3)$$

短缺成本与现金持有量呈反方向变动关系。现金的持有成本同现金持有量之间的关系如图6-4所示。

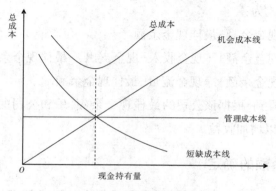

图6-4 成本分析模式示意图

从图6-4可以看出,由于各项成本同现金持有量的变动关系不同,使得总成本曲线呈抛物线形,抛物线的最低点,即为成本最低点,该点所对应的现金持有量便是最佳现金持有量,此时总成本最低。

运用成本分析模式确定最佳现金持有量的步骤是:①根据不同现金持有量测算并确定有关成本数值;②按照不同现金持有量及其有关成本资料编制最佳现金持有量测算表;③在测算表中找出总成本最低时的现金持有量,即最佳现金持有量。在这种模式下,最佳现金持有量,就是持有现金而产生的机会成本与短缺成本之和最小时的现金持有量。

【例6-3】　润和公司现有A、B、C、D四种现金持有方案,有关成本资料见表6-2。

表6-2　现金持有备选方案表

方　案	A	B	C	D
现金持有量/元	200 000	400 000	600 000	800 000
机会成本率/%	10	10	10	10
短缺成本/元	48 000	25 000	10 000	8 000

根据表6-2,可运用成本分析模式编制该企业最佳现金持有量测算表,见表6-3。

表6-3　最佳现金持有量测算表

方　案	A	B	C	D
机会成本/元	20 000	40 000	60 000	80 000
短缺成本/元	48 000	25 000	10 000	8 000
总成本/元	68 000	65 000	70 000	88 000

通过分析比较表6-3中各方案的总成本可知,B方案的相关总成本最低,因此企业平均持有400 000元的现金时,各方面的总代价最低,400 000元为最佳现金持有量。

(三)存货模式

存货模式,是将存货经济订货批量模型原理用于明确目标现金持有量的一种模式,其着眼点也是现金相关成本之和最低。

运用存货模式确定最佳现金持有量时,是以下列假设为前提的:①企业所需要的现金可通过证券变现取得,且证券变现的不确定性很小;②企业预算期内现金需要总量可以预测;③现金的支出过程比较稳定、波动较小,而且每当现金余额降至零时,均通过部分证券变现得以补足;④证券的利率或报酬率以及每次固定性交易费用可以获悉。

利用存货模式计算最佳现金持有量时,对短缺成本不予考虑,只对机会成本和转换成本予以考虑。机会成本和转换成本随着现金持有量的变动而呈现出相反的变动趋向,因而能够使现金管理的机会成本与转换成本之和保持最低的现金持有量,即为最佳现金持有量。

设 T 为一个周期内现金总需求量,F 为每次转换有价证券的成本,Q 为最佳现金持有量(每次证券变现的数量),K 为有价证券利息率(机会成本),TC 为现金管理相关总成本,则

现金管理相关总成本=持有机会成本+转换成本

即:

$$TC=(Q/2)\times K+(T/Q)\times F$$

现金管理相关总成本与持有机会成本、转换成本的关系如图 6-5 所示。

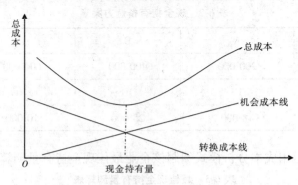

图6-5　存货模式示意图

从图 6-5 可以看出,现金管理的相关总成本与现金持有量呈凹形曲线关系。持有现金的机会成本与证券变现的转换成本相等时,现金管理的相关总成本最低,此时的现金持有量为最佳现金持有量,即:

$$Q=\sqrt{2TF/K} \tag{6-4}$$

将上式代入总成本计算公式得:

$$TC=\sqrt{2TFK} \tag{6-5}$$

【例 6-4】　天业公司现金收支状况比较稳定,预计全年需要现金 3 600 000 元,现金与有价证券的转换成本每次为 400 元,有价证券的年利率为 5%,则该企业的最佳现金持有量为:

$$Q=\sqrt{2\times3\,600\,000\times400\div5\%}=240\,000(元)$$

$$TC=\sqrt{2\times3\,600\,000\times400\times5\%}=12\,000(元)$$

其中,

$$持有现金成本=(240\,000\div2)\times5\%=6\,000(元)$$

$$有价证券转换次数=3\,600\,000\div240\,000=15(次)$$

$$转换成本=(3\,600\,000\div240\,000)\times400=6\,000(元)$$

（四）随机模式

随机模式是在现金需求量难以预知的情况下进行现金持有量控制的方法。对企业来说,现金需求量往往波动大且难以预知,但企业可以根据历史经验和现实需要,测算出一个现金持有量的控制范围,即制定出现金持有量的上限和下限,将现金量控制在上、下限之内。当现金量达到控制上限时,用现金购入有价证券,使现金持有量下降;当现金量降低到控制下限时,则抛售有价证券换回现金,使现金持有量回升。若现金量在控制的上、下限之内,便不必进行现金与有价证券的转换,保持它们各自的现金存量。这种对现金持有量的控制,称为随机模式,如图6-6所示。

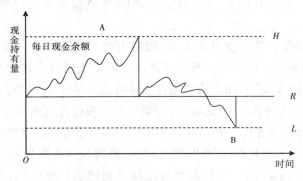

图6-6　随机模式示意图

图6-6中,虚线 H 为现金存量的上限,虚线 L 为现金存量的下限,实线 R 为最优现金回归线。从图中可以看出,企业的现金存量(表现为现金每日余额)是随机波动的,当其达到 A 点时,即达到了现金控制量的上限,企业应当应用现金购买有价证券,使现金持有量回落到现金目标控制线(R 线)的水平;当现金存量降低至 B 点时,即达到了现金控制的下限,企业则应转让有价证券换回现金,使其存量回升至现金控制线水平。现金存量在上下限之间的波动属于控制范围内的变化,是合理的,不予理会。以上关系中上限 H 、目标控制线 R 可按下列公式计算:

$$R=\sqrt[3]{\frac{3b\delta^2}{4i}}+L \tag{6-6}$$

$$H=3R-2L \tag{6-7}$$

式中, b 为每次有价证券的转换成本; i 为有价证券的日利息率; R 为预期每日现金余额变化的标准差(可根据历史资料测算)。式中下限 L 的确定,则要受到企业每日的最低现金需求、管理人员的风险承受倾向等因素的影响。

【例6-5】　假定乐和公司有价证券的年利率为10%,每次有价证券的转换成本为40元,公司的现金最低持有量为4 000元,根据历史资料分析出现余额波动的标准差为600元,假设公司现有现金20 000元。现金目标控制线 R 、现金控制上限 H 的计算如下:

$$R=\sqrt[3]{\frac{3b\delta^2}{4i}}+L=\sqrt[3]{\frac{3\times40\times600^2}{4\times10\%\div360}}+4\ 000=7\ 388(元)$$

$$H=3R-2L=3\times7\ 388-2\times4\ 000=14\ 164(元)$$

这样,当公司的现金余额达到 14 164 元时,即应以 7 776 元(即 14 164 元-6 388 元)投资于有价证券,使现金持有量回落到 7 388 元;当公司的现金余额降至 4 000 元时,则应转让 3 388 元的有价证券,使现金持有量回升为 7 388 元。

四、现金的日常管理

现金日常管理的目的在于提高现金使用效率。现金日常管理的主要内容有以下五个方面:

①力争现金流量同步。如果企业能尽量使它的现金流入与现金流出发生的时间趋于一致,就可以使其所持有的交易性现金余额降到最低水平。这就是所谓现金流量同步。

②使用现金浮游量。从企业开出支票,收票人收到支票并存入银行,至银行将款项划出企业账户,中间需要一段时间。现金在这段时间的占用称为现金浮游量。在这段时间里,尽管企业已开出了支票,却仍可动用在活期存款账户上的这笔资金。不过,在使用现金浮游量时,一定要控制好使用的时间,否则会发生银行存款的透支。

③加速收款。这主要指缩短应收账款的时间。发生应收款会增加企业资金的占用;但它又是必要的,因为它可以扩大销售规模,增加销售收入。问题在于如何既利用应收款吸引顾客,又缩短收款时间。这要在两者之间找到适当的平衡点,并需实施妥善的收账策略。

④推迟应付款的支付。推迟应付款的支付是指企业在不影响自己信誉的前提下,尽可能地推迟应付款的支付期,充分运用供货方所提供的信用优惠。如遇企业急需现金,甚至可以放弃供货方的折扣优惠,在信用期的最后一天支付款项。当然,这要权衡折扣优惠与急需现金之间的利弊得失而定。

⑤利用信用卡透支。当企业存款暂时不足,但又必须开支,可以采用信用卡透支的方式,以解决支付延期而造成企业的信誉损失。特别是目前各家银行发放的信用卡都有免息期,免息期最短有 25 天,最长有 56 天,企业可以充分利用这一优惠措施。采用信用卡支付,可以灵活调度现金与节省现金的开支。使用得当,最长可以享受 56 天的免息期。

第三节　应收款项管理

一、应收账款的功能与成本

(一)应收账款的功能

应收账款是指企业因对外赊销产品、材料、提供劳务等而应向购货或接受劳务的单位收取的款项。应收账款的主要功能有以下两种:

1. 促进销售

在激烈的市场竞争中,采用赊销方式,为客户提供商业信用,可以扩大产品销售,提高产品的市场占有率。对客户企业而言,享受企业提供的商业信用实际上等于得到一笔无息贷款,这对其具有极大的吸引力。

2. 减少存货

一般来讲,企业的应收账款所发生的相关费用与存货的仓储、保管费用相比较少。企业通过赊销的方式,将产品销售出去,把存货转化为应收账款,可以减少存货占用,加速存货周转。

(二)应收账款的成本

企业持有应收账款需付出相应的代价,这种代价即应收账款的成本。其内容包括以下几个方面。

1. 机会成本

应收账款的机会成本是指因资金投放在应收账款上而丧失的其他收入,如投资有价证券便会有利息收入。其计算公式为:

$$应收账款机会成本=应收账款占用资金×资本成本率(或最低投资报酬率) \qquad (6\text{-}8)$$
$$应收账款占用资金=应收账款平均余额×变动成本率 \qquad (6\text{-}9)$$
$$应收账款平均余额=日销售额×平均收账期 \qquad (6\text{-}10)$$

在计算过程中,资本成本一般可按有价证券利息率计算;平均收账期是各种产品的收账期以各种产品销售比重为权数计算的加权平均数。

在上述分析中,假设企业有剩余生产能力,此时信用销售所需的投入只是随产销量增加而增加的变动成本,固定成本总额不变。如果企业现有生产能力已经饱和,此时信用销售所需的投入就是全部成本,应收账款占用的资金就等于应收账款平均余额。

2. 管理成本

应收账款的管理成本是指企业对应收账款进行日常管理而发生的开支。应收账款的管理成本主要包括:对客户的资信调查费用;应收账款账簿记录费用;催收拖欠账款发生的费用等。

3. 坏账成本

坏账成本是指因应收账款无法收回而产生的坏账损失。坏账成本与应收账款数量成正比。坏账成本在数量上等于赊销收入与坏账损失率的乘积。

二、应收账款管理的目标与内容

提供信用销售的结果,一方面可以扩大销售,另一方面又形成了应收账款,并产生了应收账款成本,从而增加了企业的经营风险。因此,应收账款管理的目标,就是要实现上述信用销售的功能与成本之间的平衡。这种平衡是通过制定并有效执行适当的信用政策来实现的。因此,应收账款管理的内容应当包括:①制定适当的信用政策;②严格执行信用政策;③应收账款的控制。

三、信用政策

信用政策又称应收账款政策,是指企业为对应收账款进行规划与控制而确立的基本原则与行为规范,是企业财务政策的一个重要组成部分。企业要管好用好应收账款,必须事先制定科学合理的信用政策。信用政策包括信用标准、信用条件和收账政策三部分内容。

(一)信用标准

信用标准是客户获得企业商业信用所应具备的最低条件,通常以预期的坏账损失率表示。信用标准的设置,直接影响到对客户信用申请的审批,与销售部门的工作密切相关,它能帮助企业的销售部门定义企业的信用销售对象,在很大程度上决定了企业客户群的规模。信用标准的宽严也在很大程度上决定了应收账款的规模和相关成本。

如果企业信用标准过高,许多客户会因信用品质达不到设定的标准而被拒之门外,其结果尽管有利于降低违约风险及收账费用,但也会影响企业市场竞争能力的提高和销售收入的扩大。相反,如果企业采取较低的信用标准,虽然有利于企业扩大销售,提高市场竞争力和占有率,但同时也会导致坏账损失风险加大和收账费用增加。

【例6-6】 天地公司原来的信用标准是只对预计坏账5%以下的客户提供商业信用。其销售产品的边际贡献率为20%,同期有价证券的利息率为年利率的10%。公司拟修改原来的信用标准,为了扩大销售,决定降低信用标准,有关资料见表6-4。

表6-4 两种不同的信用标准下的有关资料

项 目	原方案	新方案
信用标准(预计坏账损失率)/%	5	6.5
销售收入/元	100 000	150 000
应收账款的平均收账期/天	45	75
应收账款的管理成本/元	1 000	1 200

根据表6-4,计算两种信用标准对利润的影响,结果见表6-5。

表6-5 两种不同的信用标准下的利润计算 单位:元

项目	原方案	新方案	差异
边际贡献	100 000×20%＝20 000	150 000×20% ＝ 30 000	10 000
应收账款的机会成本	100 000×45×80%×10%÷360＝1 000	150 000×75×80%×10%÷360 ＝ 2 500	1 500
应收账款的管理成本	1 000	1 200	200
坏账成本	100 000×5%＝5 000	150 000×6.5% ＝ 9 750	4 750

续表

项目	原方案	新方案	差异
应收账款成本总额	7 000	13 450	6 450
净收益	13 000	16 550	3 550

(二)信用条件

信用条件是指企业要求客户支付赊销款项的条件,包括信用期限、折扣期限和现金折扣。信用条件的基本表现方式如"2/10,n/40",即 40 天为信用期限,10 天为折扣期限,2%为现金折扣率。

1.信用期限

信用期限是指企业允许客户从购货到支付货款的时间间隔。企业产品销售量与信用期限之间存在着一定的依存关系。通常,延长信用期限,可以在一定程度上扩大销售量,从而增加毛利。但不适当地延长信用期限,会给企业带来不良后果:一是使平均收账期延长,占用在应收账款上的资金相应增加,引起机会成本增加;二是引起坏账损失和收账费用的增加。因此,企业是否给客户延长信用期限,应视延长信用期限增加的边际收入是否大于增加的边际成本而定。

【例 6-7】　　大海公司现采用 30 天付款的信用政策,公司财务主管拟将信用期限放宽到 60 天,仍按发票金额付款不给予折扣,假设资本成本率为 15%,有关数据见表 6-6。

表 6-6　两种不同信用政策下的基础数据

信用期　　项　　目	信用期 30 天	信用期 60 天
销售量/万件	200	240
销售额/万元:单价 50 元/件	10 000	12 000
销售成本		
变动成本/(40 元/件)	8 000	9 600
固定成本/万元	1 000	1 000
发生的收账费用/万元	70	95
发生的坏账损失/万元	105	190

(1)收益增加

$$增加的收益=增加的销售量×单位边际贡献$$
$$=(240-200)×(50-40)= 400(万元)$$

(2)应收账款机会成本增加

$$30 天信用期限应收账款的机会成本=\frac{10\ 000}{360}×30×\frac{40}{50}×15\%=100(万元)$$

$$60\,天信用期限应收账款的机会成本 = \frac{12\,000}{360} \times 60 \times \frac{40}{50} \times 15\% = 240(万元)$$

$$应收账款机会成本增加 = 140(万元)$$

（3）收款费用和坏账损失增加

$$收款费用增加 = 95 - 70 = 25(万元)$$

$$坏账损失增加 = 190 - 105 = 85(万元)$$

（4）改变信用期限损益

$$收益增加 - 成本费用增加 = 400 - (140 + 25 + 85) = 150(万元)$$

由于收益的增加大于成本的增加,故应采用60天信用期。

2. 折扣期限和折扣率

许多企业为了加速资金周转,及时收回货款,减少坏账损失,往往在延长信用期限的同时,给予一定的现金折扣,即在规定的时间内提前偿付货款的客户可按销售收入的一定比率享受折扣。现金折扣实际上是产品售价的降低,但也会促使客户提前付款,从而降低本企业应收账款占用资金,减少相应的成本费用。

【例6-8】 沿用上例,假定该公司在放宽信用期限的同时,为了吸引顾客尽早付款,提出了$(1/30, n/60)$的现金折扣条件,估计会有一半的顾客(按60天信用期限所能实现的销售量计算)将享受现金折扣优惠。

（1）收益增加

$$增加的收益 = 增加的销售量 \times 单位边际贡献$$

$$= (240 - 200) \times (50 - 40) = 400(万元)$$

（2）应收账款机会成本增加

$$30\,天信用期限应收账款的机会成本 = \frac{10\,000}{360} \times 30 \times \frac{40}{50} \times 15\% = 100(万元)$$

$$提供现金折扣的应收账款的平均收款期 = 30 \times 50\% + 60 \times 50\% = 45(万元)$$

$$提供现金折扣的应收账款的机会成本 = \frac{12\,000}{360} \times 45 \times \frac{40}{50} \times 15\% = 180(万元)$$

$$应收账款机会成本增加 = 180 - 100 = 80(万元)$$

（3）收款费用和坏账损失增加

$$收款费用增加 = 95 - 70 = 25(万元)$$

$$坏账损失增加 = 190 - 105 = 85(万元)$$

（4）估计现金折扣成本变化

现金折扣成本增加 = 新的销售水平 × 新的现金折扣率 × 享受新现金折扣的顾客比例 −

旧的销售水平 × 旧的现金折扣率 × 享受旧现金折扣的顾客比例

$$= 12\,000 \times 1\% \times 50\% - 10\,000 \times 0 \times 0 = 60(万元)$$

（5）改变现金折扣后的损益

$$收益增加 - 成本费用增加 = 400 - (80 + 25 + 85 + 60) = 150(万元)$$

由于收益的增加大于成本的增加,故采用 60 天信用期限。

(三)收账政策

收账政策是指企业信用被违反时,拖欠甚至拒付账款时所采用的收账策略与措施。正常情况下,客户应该按照信用条件中规定期限及时还款,履行其购货时承诺的义务。但实际中出于种种原因,有的客户在期满后仍不能付清欠款。因此,企业将采取相应收款方式收回账款。收款方式主要有两种:一是自行收账,二是委托追账公司追收。委托追账公司追收即委托专业收账公司追讨。企业涉外业务追账的追收,一般可以委托境外专业公司追讨。而国内业务一般是企业自行收账不成功时,才委托专业收账。目前,应收账款主要靠自行收账。

一般而言,企业加强收账管理,及早收回货款,可以减少坏账损失,减少应收账款上的资金占用,但会增加收账费用。因此,制订收账政策就是要在增加收账费用与减少坏账损失、减少应收账款机会成本之间进行权衡,若前者小于后者,则说明制订的收账政策是可取的。

四、应收账款的日常控制

(一)应收账款的事前控制

事前控制是应收账款控制的首要环节,其目的是将未来可能发生的信用风险控制在事前,以防患未然。事前控制主要通过对客户信用调查、资信分析和信用评估三个方面进行分析。

1. 信用调查

对客户的信用情况进行调查,包括客户的付款历史、产品的生产状况、公司的经营状况、财务实力的估算数据、公司主要所有者及管理者的背景等。

信用调查的方法大体上分为两类:一类是直接调查,是指调查人员直接与被调查单位接触,通过当面采访、询问、观看、记录等方式获取信用资料的一种方法;另一类是间接调查,它是以被调查单位以及其他单位保存的有关原始记录为基础,通过加工整理获得被调查单位信用资料的一种方法。这些资料主要源自以下几个方面:①客户的财务报表;②信用评估机构;③银行;④其他,如财税部门、工商管理部门、企业的上级主管部门、证券交易部门等。

2. 资信分析

对客户的资信分析是在信用调查的基础上,通过"5C"分析法进行分析。所谓"5C",是指评估客户信用品质的五个主要方面,包括:

品额(character),是指客户履行其偿债义务的态度。这是决定是否给予客户信用的首要因素,也是"5C"中最为主要的因素。

能力(capacity),是指客户偿付能力。其高低取决于资产特别是流动资产的数量、质量(变现能力)及其与流动负债的比率关系。

资本(capital),是指客户的权益资本或自有资本状况,代表客户的财务实力,反映客户对其债务的保证能力。

抵押品(collateral),是指客户为取得信用而提供的担保资产。

条件(conditions),是指客户所处的社会经济条件,即社会经济环境发生变化时,其经营状况和偿债能力可能会受到的影响。

3. 信用评分法

在信用调查和自信分析的基础上,运用信用评分法对客户进行信用评估。信用评分法是对一系列财务比率和信用情况指标进行评分,然后进行加权平均,得出客户综合的信用分数,并以此进行信用评估的一种方法。进行信用评分的基本公式为:

$$Y=\beta_1 X_1+\beta_2 X_2+\beta_n X_n$$

式中,Y 为企业的信用评分;β_1 代表事先拟定的对第 i 种财务比率和信用品质进行加权的系数;X_i 代表第 i 种财务比率和信用品质的评分。

企业可以根据自身所处的行业环境、经营情况等因素确定不同财务比率和信用品质的重要程度,选择需要纳入公式的财务比率和信用品质。然后根据历史经验和未来发展对各财务比率和信用品质赋予相应的权数。将客户企业的具体资料代入公式后,最终计算得出客户企业的信用评分。

【例6-9】 根据黄河公司对其顾客 XY 公司的调查,得到 XY 公司信用情况评分,见表6-7。

表6-7 XY公司信用情况评分表

项 目	财务比率和信用品质(1)	分数(X)0~100(2)	预计权数(3)	加权平均数(4)=(2)×(3)
流动比率	1.5	90	0.15	13.5
资产负债率	40	90	0.10	9
资产报酬率	25	95	0.20	19
信用评估等级	AA	90	0.10	9
信用记录	良好	70	0.25	17.5
未来发展预计	良好	70	0.15	10.5
其他因素	好	80	0.05	4
合计	—	—	1.00	82.5

在表6-7中,第(1)栏资料根据搜集得到的客户企业情况分析确定;第(2)栏根据第(1)栏的资料确定;第(3)栏根据财务比率和信用品质的重要程度确定。

在采用信用评分法进行信用评估时,分数在 80 以上者,说明企业信用状况良好;分数在 60~80 分者,说明信用状况一般;分数在 60 分以下者,说明信用状况较差。

【例 6-10】 ABC 公司 2008 年 6 月 30 日,对企业应收账款进行追踪分析,把所有应收账款账户进行账龄分析,有关资料及分析情况见表 6-8。

表 6-8 ABC 公司账龄分析表

应收账款		账户数(个)	百分率(%)	金额(千元)	百分率(%)
信用期内		100	43.29	500	50
超信用期	1 个月内	50	21.65	200	20
	2 个月内	20	8.66	60	6
	3 个月内	10	4.33	40	4
	6 个月内	15	6.49	70	7
	12 个月内	12	5.19	50	5
	18 个月内	8	3.46	20	2
	24 个月内	16	6.93	60	6
	合计	131	56.71	500	50
总计余额		231	100	1 000	100

表 6-8 分析表明,ABC 公司提高账龄分析可以看到公司所有应收账款,有多少尚在信用期:账户数 231 个中在信用期内的账户数有 100 个,占 43.29%;金额 100 万元中在信用期内为 50 万元,占 50%。有多少欠款超过了信用期:超信用期账户数 131 个,占 56.71%;超信用期金额 50 万元,占 50%。这有助于企业进一步对应收账款管理采取相应措施。

(二)应收账款的事中控制

1. 应收账款追踪分析法

为了如期足额地收回销售货款,赊销企业有必要在收账之前,对该项应收账款的运行过程进行追踪分析。分析的重点应放在赊销商品的销售与变现环节。客户以欠账方式购入商品后,迫于获利与付款信誉的动力与压力,必然期望迅速地实现销售并收回账款。如果客户的期望能顺利实现,又具有良好的信用品质,则企业一般能如期足额地收回客户欠款。

对应收账款的追踪分析,有利于赊销企业准确预测应收账款发生坏账的可能性,研究和制定有效的收账政策,在与客户交涉中做到心中有数,有理有据,从而提高收账效率,降低坏账损失。当然,赊销企业不可能也没有必要对全部的应收账款实施跟踪分析。在通常情况下,主要应以那些金额大或信用品质较差的客户的欠款为考虑的重点。同时,也可对客户的信用品质与偿还能力进行延伸性调查与分析。

2. 应收账款账龄分析

应收账款账龄分析是指对应收账款账龄结构的分析。应收账款账龄结构是指企业在某一时点,将发生在外的各笔应收账款按照开票日期进行归类,并计算出各账龄应收账款的余额占总计余额的比重。

(三)应收账款的事后控制

1. 制订合理的收账策略

收账策略的积极与否,直接影响到收账数量、收账期与坏账比率。企业采取积极的收账策略,收账费用增加,坏账成本可能增加。收账费用与坏账成本之间存在着反比例变动的非线性关系。企业应当在权衡不同收账策略下的成本和收益后确定合理的收账策略。

2. 确定合理的收账程序与讨债方法

催收账款的一般程序是:信函通知;电话催收;派员面谈;法律行动。当顾客拖欠账款时,应当分析原因,确定合理的讨债方法。一般而言,顾客拖欠账款的原因有两类:一是无力偿付,即顾客经营管理不善出现财务困难,没有资金支付到期债务。对这种情况要具体分析,如果顾客所出现的无力支付是暂时的,企业应帮助其渡过难关,以便收回更多的账款;如果顾客所出现的无力支付是严重的财务危机,已达破产界限,则应及时向法院起诉,以期在破产清算时得到债权的部分赔偿。二是故意拖欠,即顾客具有正常的支付能力,但为了自身利益,想方设法不付款。针对这种情况,则需要确定合理的讨债方法。常见的讨债方法有讲理法、恻隐术法、疲劳战法、激将法、软硬术法等。

3. 建立有效的应收账款管理制度

①建立坏账准备金制度。按规定计提坏账准备金是企业风险自担的一种制度,也是应对应收账款坏账风险的方式。

②建立应收账款绩效考核制度,把应收账款周转率、应收账款回笼率指标落实到部门和个人,将其管理业绩与奖惩挂钩。

以上三个阶段可以简单地概括为信用管理的"防、控、救",即事前要防,事中要控,事后要救。其中,事前如何做好防是关键。

第四节　存货管理

一、存货的含义和作用

(一)存货的含义

存货,是指企业在日常活动中持有以备出售的产成品或商品、处在生产过程中的在产品、在生产过程或提供劳务过程中耗用的材料等。在制造企业中,存货一般包括各种原料、燃料、委托加工材料、包装物和低值易耗品、在产品及自制半成品、产成品等;在商品流通企业中,存货主要有商品、材料物资、低值易耗品、包装物等。在企业中,各种存货不仅品类繁多,而且所占用的资金数量也很大,一般可能达到企业资金总量的30%～40%。因此,企业占用于材料物资上的资金,其利用效果如何,对企业的财务状况与经营成果将有很大的影响。因此,加强存货的计划与控制,在存货的功能与成本之间权衡利弊,运用科学的方法来确定并保持存货的最优水平,以使这部分资金得到最经济合理的使用,就成为企业经营管理必须研究的重要问题。

(二)存货的作用

存货对于企业至关重要。它不仅对生产运作很有必要,而且有助于满足顾客需求。一般来说,存货有以下作用:

1. 节约订货费用和采购成本

企业在每次订货的过程中,都会发生一定的订货费用,如资料信息的收集整理费用、电话通信费用、采购人员的差旅费等。在企业的年需求总量既定的前提下,大批量订货可以减少年订货次数,节约订货费用。同时,大批量订货可以获得一定的数量折扣,降低采购成本。

2. 避免不确定因素影响,维持生产经营过程的顺利进行

在企业的生产过程中,存在大量的不确定因素,对整个生产过程产生严重的影响,可能导致生产过程暂停或中断,使企业面临无法及时交货的困境。此时,一定量的存货储备是十分必要的。例如,当供应延迟或中断(罢工、恶劣的天气和企业破产等都是引起供应中断的不确定性事件)时,原材料和零配件等存货缓冲储备的存在可确保生产的顺利进行。此外,考虑到生产过程会产生大量的不合格品,公司为了满足顾客的需求,会决定按照超出需求量的生产量组织生产。同样,为保证顾客供应和生产供应的连续性(即使是在某台机器出故障,生产量下降的情况下),也需要一定的存货缓冲储备。

3. 平滑生产需求

经历季节性需求模式的企业总是在淡季积累库存,满足特定季节的过高需求,这种库存称为季节性库存。加工新鲜水果蔬菜的公司和生产季节性商品的企业都会涉及季节性库存。

4. 避免价格上涨等不利因素的影响

当公司预测到实际物价要上涨时,为避免增加成本,就会以超过平时正常水平的数量进行采购,储存多余商品的能力也允许公司利用更大订单获取价格折扣。

二、存货成本的基本概念

(一)采购成本

采购成本又称购置成本、进货成本,是指存货本身的价值,即存货采购的单价与采购数量的乘积。一般情况下,采购成本与存货的进货总量和存货的进价成本相关。

在存货的年需求量既定的情况下,进价通常保持一定;但是,有时在单次进货量较大时,供应商会对进价给予一定的数量折扣。

设年采购成本为TC_j,年需求总量为D,可以得到如下公式:

①当不存在数量折扣时,设单位产品采购成本为 p ,则年采购成本为:

$$TC_r = pD \qquad (6\text{-}11)$$

通过这个公式可以看出,当不存在数量折扣时,年采购成本与年需求量正相关,当年需求量既定时,无论企业如何安排订货次数或每次订购量,存货的采购成本都是相对稳定的,对订货决策没有影响。在这种情况下进行订购决策时,存货的采购成本都不需要考虑,属于决策无关成本。

②当存在数量折扣时,设折扣率为 $u(\%)$,则单位产品采购成本为 $p(1-u)$,此时,年采购成本为:

$$TC_r = p(1-u)D \qquad (6\text{-}12)$$

可见,当存在数量折扣时,采购成本不仅与年需求量有关,还与数量折扣的折扣率有关,在这种情况下,必须把采购成本纳入决策之中,充分考虑不同折扣率对订货总成本的影响。

(二)订货成本

订货成本又称订货费用,是指企业为组织每次订货而支出的费用,如与材料采购有关的办公费、差旅费、电话通信费、运输费、检验费、入库搬运费等。这些费用支出根据与订货次数的关系可以分为变动性订货成本和固定性订货成本。

变动性订货成本与订货的次数有关,如差旅费、电话通信费等费用支出,这些支出与订货次数成正比例变动,属于决策的相关成本。

固定性订货成本与订货次数的多少无关,如专设采购机构的基本开支等,属于决策的无关成本。

在订货批量决策中,一般无须考虑固定性订货成本,因此订货成本通常指的是变动性订货成本,即订货成本随订货次数的变化而变化,与每次订货数量无关。设每次订货的订货成本为 S ,年需求 D 既定,每次订货数量为 Q ,则年订货次数为:

$$N = \frac{D}{Q}$$

年订货成本为:

$$TC_a = \frac{D}{Q}S = NS \qquad (6\text{-}13)$$

(三)储存成本

存货的储存成本是指企业为持有存货而发生的费用,主要包括存货资金的占用费或机会成本、仓储费用、保险费用、存货残损霉变损失等。储存成本可以按照与储存数量的关系分为固定性储存成本和变动性储存成本。

固定性储存成本与存货储存数额的多少没有直接的联系,如仓库折旧费、仓库职工的固定月工资等,这类成本属于决策的无关成本。变动性储存成本随着存货储存数额的增减成正比例变动关系,如存货资金的应计利息、存货残损和变质的损失、存货的保险费用等,这类成本属于决策的相关成本。

单位货物和单位储备资金的年储存成本称为储存费率。前者以单位存货储存单位期间(通常为 1 年)所需的储存费用表示,后者以平均储备金额或单位存货的购入成本的一定百分比表示。若以 TC_c 代表年储存成本,H 代表单位存货年储存费,则年储存成本可按下述两种情况分别计算:

当每次(批)订货一次全额到达,在订货间隔期(即供应周期)内陆续均衡耗用时,年储存成本应为:

$$TC_c = \frac{Q}{2}H \tag{6-14}$$

当每次(批)订货在一定的到货期间内分若干日(或若干个周期)均匀到达,且在订货间隔期内陆续均衡耗用时,年储存成本应为:

$$TC_c = \frac{Q}{2}\left(1 - \frac{y}{x}\right)H \tag{6-15}$$

式中,x 为到货期间内每日到货量(单位);y 为供应周期内每日耗用量(单位)。

(四)缺货成本

缺货成本是因存货不足而给企业造成的损失,包括由于材料供应中断造成的停工损失、成品供应中断导致延误发货的信誉损失及丧失销售机会的损失等。如果生产企业能够以替代材料解决库存材料供应中断之急,缺货成本便表现为替代材料紧急采购的额外开支。缺货成本能否作为决策的相关成本,应视企业是否允许出现存货短缺的不同情况而定。若允许缺货,则缺货成本便与存货数量反向相关,即属于决策相关成本。反之,若企业不允许发生缺货情形,此时的缺货成本假设为零,也就无须加以考虑。

缺货成本的多少与存货储备量的大小有关:当订购数量、保险储备量较大时,缺货的次数和数量就较少,缺货成本就较低;反之,缺货次数和数量就较多,缺货成本就较高。不过,当订购数量、保险储备量较大时,储存成本也较高;而当订购数量、保险储备量较小时,储存成本也较低。

单位存货短缺一年的成本称为缺货费率,单位存货短缺一个供应周期的成本称为单位缺货成本。当发生缺货将造成极大的经济损失时,通常不允许缺货。

若以 TC_s 代表年缺货成本,$\bar{Q}_s$ 代表年平均缺货量,K_s 代表缺货费率,N_s 代表年缺货次数,Q_s 代表每次缺货量,K_u 代表单位缺货成本,则年缺货成本可按下式计算:

$$TC_s = \bar{Q}_s K_s$$

或

$$TC_s = N_s Q_s K_u \tag{6-16}$$

综上所述,年存货总成本(TC)可用下式表示,即

$$TC = TC_r + TC_a + TC_c + TC_s \tag{6-17}$$

亦即

年存货总成本=年采购成本+年订货成本+年储存成本+年缺货成本

该式将在后面的模型中反复使用,具体进入模型的变量视条件而定。

三、存货管理的一般模型

由上面的介绍我们知道,企业中存货的总成本由存货的采购成本、订货成本、储存成本和缺货成本构成,存货的订货次数和每批订货的数量会影响每种成本的变化。在实际应用中,我们要通过存货管理的经济订货批量模型(Economic Order Quantity,EOQ)确定订货批量。所谓经济订货批量,是指在保证生产经营需要的前提下,能使企业在存货上所花费的相关总成本最低的每次订货量。在不同条件下,经济订货量控制所考虑的相关成本的构成不同。下面首先介绍一般经济订货批量模型,即基本经济订货批量模型。

(一)基本假设

基本经济订货批量模型是存货管理中最简单的一个,用来辨识持有库存的年储存成本与订货成本之和最小的订货批量。在这个模型中,涉及以下几个假定:

①只涉及一种产品。

②年需求量既定。

③每批订货一次收到。

④不考虑允许缺货的情况。

⑤没有数量折扣。

在这个模型中,因为不存在数量折扣,在年需求一定的条件下,年采购成本是既定的,与订货批次的多少无关;同时由于不允许缺货,所以缺货成本也是决策无关成本。因此,最后进入模型的只有订货成本与储存成本。即年存货相关总成本=年订货成本+年储存成本。

(二)基本经济订货批量模型

当订货批量变化时,一种成本上升同时另一种成本下降。当订货批量比较小时,平均库存就会比较低,储存成本也相应较低。但是,小批量必然导致经常性的订货,又会迫使年订货成本上升。相反,大量订货使订货数量下降,订货成本缩减,但会导致较高的平均库存水平,从而使储存成本上升(图6-8)。因此,基本经济订货批量模型必须在持有存货的储存成本与订货成本之间取得平衡,订货批次既不能特别少次大量,又不能特别多次少量。

设 Q 代表每批订货量;H 代表单位储存成本;D 代表年需求总量;S 代表每次订货的成本。则

$$TC = 年储存成本+年订货成本 = \frac{Q}{2}H + \frac{D}{Q}S$$

其中,年储存成本 $= \frac{Q}{2}H$,是一个关于 Q 的线性函数,与订货批量 Q 的变化成正比,如图6-7(a)所示;另一方面,年订货成本 $= \frac{D}{Q}S$,年订货次数 $\frac{D}{Q}$ 随 Q 上升而下降,则年订货成本与订货批量反向相关,如图6-7(b)所示。则年总成本如图6-8中的虚线所示,最低点A即为最优订货批量点。

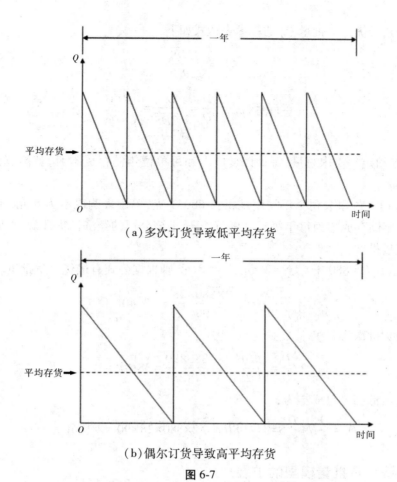

（a）多次订货导致低平均存货

（b）偶尔订货导致高平均存货

图 6-7

平均库存水平与年订货次数反向相关：一个升高则另一个降低。

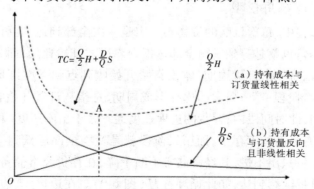

图 6-8　最优订货批量点的确定

运用微积分，将 $TC = \dfrac{Q}{2}H + \dfrac{D}{Q}S$ 对 Q 求导，并设导数为 0，则有

$$\frac{\mathrm{d}TC}{\mathrm{d}Q} = \frac{H}{2} - \frac{DS}{Q^2} = 0$$

即可得到最优订货批量 Q_0 的算术表达式如下：

$$Q_0 = \sqrt{\frac{2DS}{H}} \qquad\qquad (6-18)$$

$$年订货批次 = \frac{D}{Q} = \frac{D}{\sqrt{\frac{2DS}{H}}} = \sqrt{\frac{DH}{2S}} \qquad\qquad (6-19)$$

因此，当给定年需求总量、每批订货成本和每单位年储存成本时，就能算出最优（经济）订货批量。

【例6-11】 红星公司全年需用某材料880千克，单位采购成本为5元，每次订货成本为28元，年储存成本为每年每千克90元。试求该公司的经济订货批量，年最低相关总成本及年订货批次。

解：依题有 $D=880$ 千克，$S=28$ 元，$H=90$ 元，则根据公式有最优订货批量

$$Q_0 = \sqrt{\frac{2DS}{H}} = \sqrt{\frac{2\times880\times28}{90}} \approx 23.40(千克)$$

全年订货批次为：

$$\frac{D}{Q} = \sqrt{\frac{DH}{2S}} = \sqrt{\frac{880\times90}{2\times28}} = 38(次)$$

全年的最低相关总成本为：

$$TC = \frac{Q}{2}H + \frac{D}{Q}S = \sqrt{2DSH} = \sqrt{2\times880\times28\times90} = 2\ 106(元)$$

四、经济订货批量模型的扩展

（一）边进货边耗用模型

在实际生产过程中，每次订购的货物不一定是一次全部到达，有可能分批陆续到达；同时企业内生产经营也不是等到货物全部运抵仓库后才开始耗用，而是边补充、边耗用。在这种情况下，可以将一个订货周期（本次订货开始收到点到下次订货开始收到点间的这段时间）分为两个阶段：第一阶段为库存形成周期，是指从订货开始收到点到货物全部运抵仓库这段时间，此时间段内，存货的进库速度通常大于出库速度（耗用速度），当货物全部运抵仓库时，有最高的库存量；而第二阶段就是货物全部运抵到下次订货开始收到点，此时，有关存货将只出不进，其经常储备不断下降，在存货经常储备下降到零时，下一批订货又将开始分批陆续到达，如此循环往复（图6-9）。在边进库、边耗用的情况下，存货的库存周期、库存期间消耗量和存货实际库存量等多种因素及其变化会影响存货经济订货批量的确定，因此管理者要综合考虑各方因素，正确制定边进库、边耗用条件下的存货决策，科学计算边进库、边耗用条件下的经济订货量。

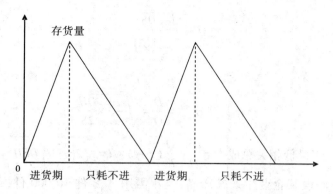

图 6-9 边进库、边耗用条件下库存量的变化

在边进库、边耗用的模型中,决策相关成本包括订货成本和储存成本。其中,储存成本又与存货的每日进库量和每日消耗量相关。

设以 x 代表存货每日进库量,y 代表每日消耗量,每次订货成本为 S,单位储存成本为 H,则有

$$库存形成周期\ T=\frac{Q}{x}$$

$$入库期间总消耗量=Ty=\frac{Q}{x}y$$

$$每日增加净库存量=x-y$$

$$最高库存量=Q-\frac{Q}{x}y=\frac{Q}{x}(x-y)$$

$$平均库存量=\frac{1}{2}\left(Q-\frac{Q}{x}y\right)=\frac{Q}{2x}(x-y)$$

$$订货成本=\frac{D}{Q}S$$

$$储存成本=平均库存量\times 单位储存成本=\frac{Q}{2x}(x-y)\times H$$

$$存货相关总成本=\frac{DS}{Q}+\frac{Q}{2x}(x-y)\times H$$

即

$$TC=TC_a+TC_c$$

$$=\frac{DS}{Q}+\frac{Q}{2x}(x-y)\times H$$

以 Q 为自变量,对 TC 求导,并令其为零,应有

$$\frac{\mathrm{d}TC}{\mathrm{d}Q}=\frac{-DS}{Q^2}+\frac{x-y}{2x}\times H=0$$

$$Q^2=\frac{2DS}{H}\times\frac{x}{x-y}$$

$$Q = \sqrt{\dfrac{2DS}{\dfrac{x-y}{x} \times H}}$$

同时可以得到

$$全年订货次数 = \frac{D}{Q} = \sqrt{\frac{x-y}{x} \times \frac{DH}{2S}} \qquad (6\text{-}20)$$

$$年最低相关总成本 = \frac{DS}{Q} + \frac{Q}{2x}(x-y) \times H = \sqrt{2\left(\frac{x-y}{y}\right)DSH} \qquad (6\text{-}21)$$

【例 6-12】 假设某企业生产某产品,全年需用 A 零件 10 000 件,每次订购成本为 100 元,每个 A 零件年储存成本为 1.2 元。该零件在供应周期内每日进库量为 200 件,每日耗用量为 80 件。为使存货相关成本达最低值,该企业应如何确定 A 零件的经济订货量?

解:将本例有关数据代入上述公式,则

$$Q = \sqrt{\frac{2 \times 10\,000 \times 100}{\dfrac{200-80}{200} \times 1.2}} \approx 1\,667(件)$$

计算结果表明,某企业在现有边进货、边消耗的条件下,A 零件的经济订货量应为 1 667 件,此时该种零件的相关总成本达最低值。

$$全年订货次数 = \frac{D}{Q} = \frac{10\,000}{1\,667} = 6(次)$$

$$年最低相关总成本 = \frac{DS}{Q} + \frac{Q}{2x}(x-y) \times H = \frac{10\,000 \times 100}{1\,667} + \frac{1\,667}{2 \times 200} \times (200-80) \times 1.2 = 1\,200(元)$$

(二)数量折扣模型

所谓数量折扣,是指当企业每批(次)购买某种货物的数量达到或超过一定限度时,供应商在价格上给予的优惠。对供应商而言,给予一定的数量折扣可以鼓励买方大量购货,从而扩大自己的销售量,增强自己在市场上的声誉和地位;对购货方而言,实行数量折扣制度可以获取商品降价的收益,但也存在着增加储存费用、占压资金、多付利息等不利因素的影响。此时,企业管理者应该全面权衡接受数量折扣的利弊得失,为保障企业的经济利益制订正确的存货数量折扣决策。

当存在数量折扣时,货物的采购成本随折扣的增加而减少,此时的存货经济批量模型就不只包括订货成本和储存成本,还应该包括采购成本。即:

$$TC = 采购成本 + 订货成本 + 储存成本 = PD + \left(\frac{D}{Q}\right)S + \left(\frac{Q}{2}\right)H$$

式中,P 为折扣后的货物单价;D 为年需求总量;S 为每次订货的成本;H 为单位储存成本;Q 为每批订货量。

在数量折扣模型下,随着每次订货批量的增加,企业将获取更低的价格折扣,同时也能降低年总采购成本,但平均库存水平的上升会造成存货储存成本的上升。对数量折扣决策一般采用成本比较法,即对不接受数量折扣、仅按经济订货量购货的存货总成本与接受数量折扣条件下的存货总成本进行比较,从中选取成本较低者为决策行动方案的一种经济分析方法。

另外,关于该模型,一般有两种情形。一种是储存成本为常数(如每单位 2 元);另一种则是储存成本用购买价格的百分比表示(如单位价格的 20%)。当储存成本为常数时,将会有一个单一的经济订货批量,对所有成本曲线都相同。但储存成本用单位成本百分比表示时,每条曲线都有不同的经济订货批量,因为储存成本是价格的百分比,价格越低意味着储存成本越低,经济订货批量越大。下面分别介绍这两种情况的分析方法。

1. 储存成本为常数的情况

在储存成本为常数的情形下,最优订货批量确定过程如下:

①计算不接受数量折扣的经济订货批量 Q_a。

②对照数量折扣的区间和折扣率,看 Q_a 属于哪个范围。

a. 如果 Q_a 在最低折扣率的区间内,即为最优订货批量。

b. 如果 Q_a 在其他区间内,不仅计算 Q_a 所对应的年最低相关总成本,还需计算折扣率更低的区间的年最低相关总成本(此时,因为这些区间要求的最低订货数量均大于 Q_a,因此在计算总成本时只需用该区间的最低订货数量即可)。比较这些总成本,其中最低总成本对应的数量即最优订货批量。

【例 6-13】　一家企业的装配车间需要 A 型零件,年需求量约 900 件。订货成本为 15 元/次,储存成本为每件每年 6 元。供应商给出的最新价目表显示,当每次订货数量较大时,可以获得不等的数量价格折扣,其折扣区间见表 6-9。

表 6-9　A 型零件的数量折扣区间

范围(件)	价格(元/件)
1~49	20
50~79	18
80~99	17
100 以上	16

请确定最优订货批量与年相关总成本。

解:首先,计算不考虑折扣下的经济订货批量:

$$EOQ = \sqrt{\frac{2DS}{H}} = \sqrt{\frac{2 \times 900 \times 15}{6}} \approx 67(件)$$

由于 67 件落在 50~79 件的范围内,应以 18 元的价格购买。一年购买 900 件的总成本以每批 67 件计算,得

$$TC_{67} = 采购成本+订货成本+储存成本 = PD + \left(\frac{D}{Q}\right)S + \left(\frac{Q}{2}\right)H$$

$$= 18 \times 900 + \left(\frac{900}{67}\right) \times 15 + \left(\frac{67}{2}\right) \times 6 \approx 16\ 602(元)$$

由于存在更低的成本范围,因此应该再检查一下是否还有比每单位 18 元、每批量 67 件成本更低的订货方式存在。

为了以 17 元每件的成本购买,至少需要每批 80 件,其相关总成本为:

$$TC_{80} = 17 \times 900 + \left(\frac{900}{80}\right) \times 15 + \left(\frac{80}{2}\right) \times 6 \approx 15\ 709(元)$$

为了以 16 元每件的成本购买,至少需要每批 100 件,其相关总成本为:

$$TC_{100} = 16 \times 900 + \left(\frac{900}{100}\right) \times 15 + \left(\frac{100}{2}\right) \times 6 = 14\ 835(元)$$

比较 TC_{67}, TC_{80}, TC_{100}, 可以看出 TC_{100} 最低,即最优订货批量为每批 100 件,年最低相关总成本为 14 835 元。

2. 储存成本以价格百分比形式表达的情况

当储存成本以价格百分比形式表达时,用以下步骤确定最优订货批量:

①从最低的单位价格范围开始,为各价格范围计算其经济订货批量,直到经济订货批量可行(即该批量正好落入与其价格相对应的数量范围之内)为止。

②如果最低单位价格的经济订货批量可行,计算它的最低相关总成本,并将其与更低价格范围的最低订货批量的相关总成本相比较,较低者为最优订货批量。

③如果每个价格范围计算出的经济订货批量都不可行,就在所有较低价格的价格间断点上计算总成本,并比较得出最大可行经济订货批量,与最低总成本对应的数量即为最优订货批量。

【例 6-14】 某电气公司每年需用 4 000 个拨动开关。开关定价见表 6-10。公司每准备与接受一次订货大约花费 30 元,每年的单位储存成本为买价的 40%。请确定最优订货批量与年相关总成本。

表 6-10 拨动开关的折扣范围

范围(个)	单位价格(元)	单位储存成本(H)(元)
1~499	0.90	0.40×0.90=0.36
500~999	0.85	0.40×0.85=0.34
1 000 以上	0.80	0.40×0.80=0.32

解:从最低价格开始,为价格范围寻找经济订货批量,直到确定出可行的经济订货批量为止。

(1)范围 1 000 个以上。

$$EOQ_{0.80} = \sqrt{\frac{2DS}{H}} = \sqrt{\frac{2 \times 4\ 000 \times 30}{0.32}} = 866(个)$$

由于 866 个开关的订货批量成本为 0.85 元而非 0.80 元,866 不是 0.80 元/个开关的可行解。

(2)然后再试 500~999 个范围内的情形。

$$EOQ_{0.85} = \sqrt{\frac{2DS}{H}} = \sqrt{\frac{2 \times 4\ 000 \times 30}{0.34}} = 840(个)$$

这是一个可行解,它落在 500~999 个之间,为 0.85 元/个开关。

现在,计算批量为 840 个开关时的总成本,并与获得 0.80 元所需的最小数量总成本做比较。

$$TC = 采购成本+订货成本+储存成本$$

$$= PD+\left(\frac{D}{Q}\right)S+\left(\frac{Q}{2}\right)H$$

$$TC_{840} = 0.85 \times 4\ 000 + \frac{4\ 000}{840} \times 30 + \frac{840}{2} \times 0.34 = 3\ 686(元)$$

$$TC_{1\ 000} = 0.80 \times 4\ 000 + \frac{4\ 000}{1\ 000} \times 30 + \frac{1\ 000}{2} \times 0.32 = 3\ 480(元)$$

于是,最小成本的订货批量为 1 000 个开关,其年相关总成本为 3 480 元。

(三)允许缺货条件下的经济订货批量模型

前面在对经济订货批量进行决策计算时,曾设置过企业不允许缺货的假定。但是在实际生产经营过程中,种种原因导致存货短缺的情况经常发生,因此,某些容易缺货的企业还需要在允许缺货的情况下计算经济订货批量。所谓允许缺货,是指某种原因导致存货短缺,但只要支付少量的缺货费用,对企业信誉、生产经营活动就不会造成重大损失;或为避免存货短缺而增加保险储备量所耗费的代价,比因缺货所发生的经济损失还要大,此时,发生存货短缺在经济上对企业是有利的,故应当允许缺货。这时,企业管理者的职责就是根据有关存货短缺的具体情况进行分析计量,确定在允许缺货条件下的经济订货量,以使其存货成本达到最低水平。

在允许缺货条件下,企业对经济订货批量的确定,除了要考虑订货成本与储存成本以外,还需对可能发生的缺货成本加以考虑,即能使三项成本总和最低的批量是经济订货批量。

设 U 代表缺货量,Q 代表最优订货批量,S 代表每次订货的订货成本,H 代表单位年储存成本,K_u 代表单位缺货年缺货成本,d 代表存货日消耗量,T_1 为不缺货天数,则一个购货周期 $T = T_1 + T_2$,如图 6-10 所示。

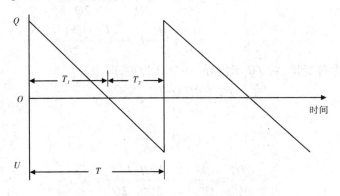

图 6-10 允许缺货条件下库存量的变化

由图易知:T 时间段内最高库存量为 $(Q-T)$;T_1 时间内平均库存为 $(Q-U)/2$;T_2 时间内平均库存为 $U/2$,则

$$T_1 = \frac{Q-U}{d}$$

$$T_2 = \frac{U}{d}$$

$$T = T_1 - T_2 = \frac{Q-U}{d} + \frac{U}{d} = \frac{Q}{d}$$

由此得到

$$平均库存量 = \frac{T_1 \times \frac{Q-U}{2}}{T} = \frac{\frac{Q-U}{d} \times \frac{Q-U}{2}}{\frac{Q}{d}} = \frac{(Q-U)^2}{2Q}$$

$$平均缺货量 = \frac{T_2\left(\frac{U}{2}\right)}{T} = \frac{\left(\frac{U}{d}\right)\left(\frac{U}{2}\right)}{\frac{U}{d}} = \frac{U^2}{2Q}$$

则

$$订货成本 = \frac{D}{Q}S$$

$$储存成本 = \frac{(Q-U)^2}{2Q}H$$

$$缺货成本 = \frac{U^2}{2Q}K_u$$

此时,有

存货总成本 = 订货成本 + 储存成本 + 缺货成本

即

$$TC = TCA + TCC + TCS$$

$$= \frac{DS}{Q} + \frac{(Q-U)^2 H}{2Q} + \frac{(U^2)K_u}{2Q}$$

$$= \frac{DS}{Q} + \frac{QH}{2} - UH + \frac{(U^2)H + (U^2)K_u}{2Q}$$

以 U 和 Q 为自变量,对 TC 求偏导,并令其为零,即

$$\frac{\mathrm{d}TC}{\mathrm{d}U} = \frac{-H(Q-U)}{Q} + \frac{K_u U}{Q} = 0$$

$$U = Q\frac{H}{H+K_u}$$

$$\frac{\mathrm{d}TC}{\mathrm{d}Q} = \frac{-DS}{Q^2} + \frac{H}{2} - \frac{U^2 H}{2Q^2} - \frac{U^2 K_u}{2Q^2} = 0$$

$$Q^2 = \frac{\frac{2DS}{H} + (U^2)(H+K_u)}{H}$$

整理得

$$Q^2 = \frac{2DS}{H} \times \frac{H+K_u}{K_u}$$

$$Q = \sqrt{\frac{2DS}{H} \times \frac{H+K_u}{K_u}} \tag{6-22}$$

【例6-15】　某企业生产某种零件,全年需用某特种材料9 000千克,假设企业允许缺货,每次订货成本40元,每千克材料年储存成本为0.5元,其单位损失为2元。现要求解决,为尽可能降低缺货条件下的存货成本,该企业应如何确定所需的某特种材料的经济订货量。

解:依题意有 $D = 9\,000, S = 40, H = 0.5, K_u = 2$,将以上数据引入上述有关公式,则允许缺货条件下的经济订货批量为:

$$Q = \sqrt{\frac{2 \times 9\,000 \times 40}{0.5} \times \frac{0.5+2}{2}} = 1\,342(千克)$$

允许的缺货量为:

$$U = 1\,342 \times \frac{0.5}{0.5+2} = 268(千克)$$

计算结果表明,在目前允许缺货的条件下,某材料的经济订货量为1 342千克,允许缺货量应为268千克,这样可以使其有关成本保持在最低水平。

五、再订货点及储存期控制

经济订货批量模型解决了每次订购多少货的问题,但还没有回答何时订货,以及在何时必须进货的问题。在存货管理和控制过程中,通常会遇到发出订单与接收到货物不在一个时点的情况,一般是发出订单后的若干天后,才会陆续到货。因此必须对再订货点进行确认。另外,对于某些易腐坏易过期的商品而言,最长可以储存多久、何时打折或清货才能保证企业的预期利润或成本,是储存期控制所要解决的问题。下面分别对这两个存货管理的重要组成部分进行分析。

(一)一般再订货点模型的确定

在存货管理和控制过程中,通常会遇到发出订单与接受到货物不在一个时点的情况。从发出订单到接收到货物中间这段时间称为提前期。再订货点(Re-Order Point,ROP)则是指发出新订单的时点,通常是根据订货提前期倒推计算得出的。

订货点模型是根据库存数量和提前期来确定再订货点(ROP)的一个函数模型:一旦库存数量降低至某一事先确定的数量,就会发生再订货。这个数量一般包括生产提前期以及额外可能的期望需求(即当需求不确定时可能要留有的保险储备)。注意,为确定何时为再订货点,需要采用永续盘存制。

再订货的库存数量取决于以下4个因素:

①平均日消耗量(通常是基于预测的需求率)。

②生产提前期。

③需求范围与生产提前期的变化量。

④管理者可以接受的缺货风险程度。

（二）需求确定下的再订货点

如果需求与生产提前期都是常数，再订货点就很简单：

$$ROP=d\times LT \tag{6-23}$$

式中　d——平均日耗用量（通常是基于预测的需求率）；

　　　LT——生产提前期天数或周数。

例如，某车间 C 存货平均日耗用量为 50 件，每次订货 4 天后才收到货物，此时 C 存货的再订货点为：

$$ROP=50\times 4=200（件）$$

因此，当 C 存货还有 200 件时开始再订货（图 6-11）。

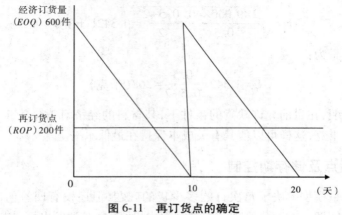

图 6-11　再订货点的确定

（三）需求不确定情况下的再订货点

一旦需求或生产提前期发生变化，实际需求就有可能超过期望需求。因此，为减少生产提前期内用光库存的风险，企业一般会建立保险储备。保险储备的实施是在企业存货管理中增加一个安全库存量。此时，再订货点就为：

$$ROP =生产提前期内的期望需求+安全库存量$$
$$=（平均日耗用量\times 提前期）+安全库存量 \tag{6-24}$$

例如，如果生产提前期内的期望需求为 200 单位，想要的库存安全量为 60 单位，再订货点就是 260 单位。

（四）储存期控制

对于某些容易腐烂的物品（新鲜蔬菜、水果、海鲜）以及有效期短的细项（报纸、杂志、专用仪器的备件等），在考虑订货批量和再订货点的同时，还必须考虑物品的储存期限。这些物品如果超期仍然未售出或未使用将会损害企业的利益。例如，一天没卖出的烤面包往往会降价出售，剩余的海鲜可能会被扔掉，过期杂志则会廉价出售给旧书店。同时，处置剩余商品还会发生费用。这时，就需要对这些易过期的货物进行储存期控制。

储存期控制是根据本量利的平衡关系式来分析的,即:

$$利润 = 毛利 - 固定储存费 - 销售税金及附加 - 每日变动储存费 \times 储存天数 \quad (6\text{-}25)$$

从式中可以看出,由于变动储存费随着存货储存期的延长而不断增加,造成了储存成本的增加,使利润不断减少,利润与费用之间此增彼减的关系实际上是利润与变动储存费之间的此增彼减的关系。当毛利扣除固定储存费和销售税金及附加后的差额,被变动储存费抵消到恰好等于企业目标利润时,表明存货已经到了保利期,当它完全被变动储存费抵消时,便意味着存货已经到了保本期。无疑,存货如果能够在保利期内售出,可获得的利润便会超出目标值,反之,将难以实现既定的利润目标。倘若存货不能在保本期内售出,企业便会蒙受损失。

【例6-16】 某海鲜批发市场进购某种鲜鱼 1 000 条,假设每条鱼的重量相等,平均进价为 10 元,售价 13.5 元,经销该批鲜鱼的一次性固定储存费用为 200 元,若货款均来自银行贷款,年利率 8.8%,该批存货的月保管费用率为 86.3%,价内的销售税金及附加为 80 元。

要求:

(1)计算该批存货的保本储存期。

(2)若该企业要求获得 2% 的投资利润率,计算保利期。

(3)若该批存货实际储存了 9 天,问:能否实现 2% 的目标投资利润率?差额多少?

(4)若该批存货亏损了 160 元,求实际储存天数。

解:现根据上述资料计算如下:

(1)每日变动储存费 = 购进批量×购进单价×日变动储存费率

$$= 1\,000 \times 10 \times (8.8\%/360 + 86.35\%/30)$$

$$= 1\,000 \times (0.024\% + 2.877\%) = 290(元)$$

保本储存天数 = (毛利-固定储存费-销售税金及附加)/每日变动储存费

$$= [(13.5-10) \times 1\,000 - 200 - 80] \div 290$$

$$= 3\,220 \div 290 = 11.1(天)$$

(2)目标利润 = 投资额×投资利润率 = $1\,000 \times 10 \times 2\% = 200$(元)

保利储存天数 = (毛利-固定储存费-销售税金及附加-目标利润)/每日变动储存费

$$= [(13.5-10) \times 1\,000 - 200 - 80 - 200] \div 290$$

$$= 3\,020/290 = 10.4(天)$$

(3)批进批出经销该商品实际获利额

$$= 每日变动储存费 \times (保本储存天数-实际储存天数)$$

$$= 290 \times (11-9) = 580(元)$$

Δ利润 = 实际利润-目标利润 = $580 - 200 = 380$(元)

Δ利润率 = 实际利润率-目标利润率

$$= 580 \div (1\,000 \times 10) - 2\%$$

$$= 5.8\% - 2\% = 3.8\%(能够超额完成)$$

(4)实际储存天数=保本储存天数-该批存货获利额/每日变动储存费

$$=11-(-160)÷290=11.6(元)$$

或 $$=[(13.5-10)×1\ 000-200-80-(-160)]÷290$$

$$=3\ 380÷290=11.6(天)$$

通过对存货储存期的分析与控制,可以及时了解企业的存货信息,比如有多少存货已过保本期或保利期、金额多大、比重多高。经营决策部门收到这些信息后,可以针对不同情况采取相应的措施。一般而言,凡是已经过了保本期的商品大多属于积压的存货,企业应当积极推销,压缩库存,将损失降至最低限度。对超过保本期但未过保利期的存货,应当首先检查销售状况,查明原因,分析是人为所致还是市场行情已经逆转,有无过期积压存货的可能,若有,需尽早采取措施。至于那些尚未超过保本期的存货,企业应密切监控,以防发生过期损失。财务部门还应当通过调整资金供应政策,促使经营部门调整产品结构和投资方向,推动企业存货结构的优化,压缩存货储存,提高存货的投资效率。

六、相关存货管理方法

(一)ABC存货管理

对某些大中型企业,如果其存货品种繁多,数量、价格上差别比较大时,对其存货可以考虑ABC分类管理法进行管理。ABC分类管理法认为,企业中的某些存货尽管存货不多,数量也很少,但每件存货的金额相当巨大,管理稍有不善,会给企业造成极大的损失。相反,有的存货虽然品种繁多,数量巨大,但其总金额在存货中占用资金量的比重较低,对于这类存货即使管理当中出现一些问题也不至于对企业产生较大的影响。因此,从经济角度和人力物力财力的有限性角度看,企业应该对不同的存货给予不同程度的关注。ABC分类管理的目的在于使企业分清主次,突出重点,以提高存货资金管理的效果。

ABC分类管理法的具体操作通常分为以下步骤:先按一定的标准将企业的存货分类。分类的标准主要有金额标准(主要是年平均耗用总额)和数量标准。其中金额标准是最基本的,品种数量标准仅作为参考。例如,先将企业各种存货按其单位成本、数量、年平均耗用总额(其中,年平均耗用总额=全年平均耗用量×单位成本),然后按照一定金额标准把它们分成A,B,C三类。其中A类存货单位价值高、数量少,这类存货一般只占用年耗用总数量的10%,其中价值占年耗用金额的70%;B类存货金额一般,品种数量相对较多;C类存货品种数量繁多,但是价值金额很小,金额比重只占年耗用金额的10%,但占年耗用总数量的70%。如一个拥有上万种商品的百货公司,精品服饰、皮具、高档金饰、手表、家用电器、大型家具、健身器材等商品的品种数量并不很多,价值却相当高,大众化的服装、鞋帽箱包、床上用品、文具用品等商品品种数量比较多,但价值相对A类商品要低得多。至于各种小百货,如日用百货、化妆品等品种数量非常多,但所占的金额很小。

ABC各类存货分类划定以后就可以针对不同存货实行分品种重点管理、分类别一般控制和按总额灵活掌握的存货管理方法。由于 A 类存货占用企业绝大多数的资金,只要能控制好 A 类存货,基本上不会出现较大问题,因此必须对 A 类存货实行分品种重点管理,即对每一种存货都列出详细的数量、单价情况,严格按照事先计算确定的数量和时间进行订货,使日常存量达到最优水平,同时对每件存货的订购、收入、发出、结余情况都详细登记。由于 B 类存货的数量远远多于 A 类存货,企业通常没有能力对每一具体品种进行控制,因此可以通过划分类别的方式管理,即将 B 类存货中相似的存货归类,以这些类别来控制存货收发数量和金额。尽管 C 类存货品种数量繁多,但其所占金额很小,对此,企业只要把握一个总金额就可以了。

【例 6-17】 某车间某年计划耗用零件 15 种,其具体的单位成本、年耗用量和耗用总成本见表 6-11,现拟采用 ABC 分类管理法对该车间的零件存货进行管理,分类标准为耗用总成本:耗用总成本大于 40 000 元的列入 A 类重点管理;耗用总成本大于 20 000 元、小于 40 000 元的为 B 类存货一般管理;耗用总成本小于 20 000 元的归入 C 类综合管理。

表 6-11 某车间零件计划耗用情况表

零件编号	单位成本(元)	年均耗用量(件)	比例(%)	耗用总成本(元)	比例(%)	类别
1001	18.00	2 200	1.98	39 600	5.92	B
1002	42.00	2 530	2.28	106 260	15.88	A
1003	2.00	7 600	6.83	15 200	2.27	C
1004	5.00	5 420	4.87	2 710	4.05	B
1005	1.60	9 900	8.90	15 840	2.37	C
1006	0.50	16 500	14.84	8 250	1.23	C
1007	71.00	1 500	1.35	10 6500	15.92	A
1008	7.00	4 800	4.32	33 600	5.02	B
1009	2.20	4 000	3.60	8 800	1.32	C
1010	19.00	2 550	2.29	48 450	7.24	A
1011	5.00	4 000	3.60	20 000	2.99	B
1012	0.80	12 300	11.06	9 840	1.47	C
1013	0.15	30 800	27.70	4 620	0.69	C
1014	15.60	4 200	3.78	65 520	9.79	A
1015	55.00	2 900	2.61	159 500	23.84	A
合计		111 200	100.00	669 080	100.00	

根据表 6-11 提供的资料,按实物数量和占用金额分别计算各类存货在总量中所占

的比重,见表6-12。

表 6-12　各类存货在总量中所占的比重

零件类别	耗用数量		耗用成本	
	单位数(件)	比例(%)	耗用总成本(元)	比例(%)
A	13 680	12.30	486 230	72.67
B	16 420	14.77	120 300	17.98
C	81 100	72.93	62 550	9.35
合计	111 200	100.00	669 080	100.00

从表6-12的分析中可以看出,A类存货虽然数量只占总量的12.30%,其价值却占了存货总价值的72.67%;而C类存货正好相反,数量虽然占了总量的72.93%,价值却只有9.35%;B类存货介于A类存货和C类存货之间。对于这种情况,该车间应该对A类存货实行分品种重点管理,至于B类和C类存货,则按具体情况采取适当的分类别控制和总额控制。

(二)JIT 管理和零存货控制

1. JIT 管理产生的背景

20世纪中叶以前,世界汽车制造业均采用福特式的大批量生产、高生产准备成本的总动员生产方式。这种生产方式以其规模性制造的成本优势为企业创造了巨大的收益,然而随着经济的不断发展,需求的异质性暴露了"福特式"传统生产模式的缺陷。一方面,技术进步缩短了产品的生命周期,使得产品花色品种不断多样化和独特化,市场需求也向多品种、小批量转变,这对大批量生产、高生产准备成本的国内公司形成了巨大的挑战。另一方面,市场竞争已经突破了国界的限制。运输和通信手段的进步,推动全球竞争市场的形成,外国公司将高质量、低成本并且各具特色的产品推向市场。这促使本国公司在追求提高产品质量、增加花色品种的同时,还要积极降低总成本。

在这种背景下,日本丰田汽车公司副总裁大野耐一意识到必须采取一种更灵活、更能适应市场需求变化的生产方式。他综合了批量生产和单件生产的特点和优点,创造了一种在多品种小批量混合生产条件下高质量、低消耗的生产方式,即适时生产(Just In Time,JIT)。JIT促进了日本汽车制造业的飞速发展,被当作日本企业成功的秘诀,在全世界受到广泛的尊崇和推广。

2. JIT 管理的基本理念与零存货管理

传统生产属于推压式生产,各项生产是从购入原材料开始被推动着通过整个生产系统的:当某个工作岗位上的工作完成时,产出物就被"推"到下一个工作岗位;或者在最终作业阶段,产出物被推进产成品库。推式系统中的工作随着自己的结束而前进,不管下道工序是否已经做好准备,因此,工作可能会堆积在由于设备故障或发现质量问题而落后于进度安排的某些岗位上。

在适时生产环境下,这一过程倒了过来。适时系统主张生产应由现在的需求拉动,市场上产品需求的信号是企业进行生产的命令,下一环节需要什么,上一环节就供给什么,整个生产过程被需求所拉动。在这种方式下,生产信号是顾客的要求;生产中可能隐藏的问题能够及时暴露、及时解决;各种物资的控制可通过简单、醒目的自动控制实现,无须通过传统的进出存账簿记录或报表、单据等来实现;生产过程和产品质量的监控不再是生产调度和质检部门的事,而是由生产一线工人随时直接进行的。

零存货是适时生产的特征之一,也是其显著成果之一。在传统推压式制造中,原材料在等待着生产的耗用,产品要尽量多地生产出来,以备需求。因此,必然产生较多的存货。事实上,存货不仅被视为一种浪费,而且被认为与公司的竞争能力直接相关。公司如果持有大量存货,则表明存在应引起重视的问题。存货水平高通常意味着产品质量低、提前期长以及在及时处理其他事情方面做得差。JIT 存货管理为公司提供了一种解决问题的备选方法,这种方法并不要求保持大量的存货,在这种理念指导下的 JIT 存货管理,是追求一种无库存的生产系统,或使库存最小化的生产系统,是消除一切只增加成本,而不向产品中增加价值的过程,即存货水平最低,浪费最小,空间占用最小,事务量最小。适时生产 JIT 系统的核心是一个没有中断倾向的系统,根据产品品种及其所能控制的数量范围而具备柔性,最终形成一个使材料平滑、迅速地流经整个系统的和谐系统。

3. 保证 JIT 管理的措施

为保证企业的 JIT 生产顺利进行,停产、物价变化、废品的情况要尽量避免,因此 JIT 在综合预防性维修和全面质量管理的过程中,必须在每个环节做好以下工作:

(1)全面质量管理——保持最低废品量

消除各种不合理因素,并对加工过程中的每一工序精益求精。对原材料、零配件从购进到生产的每个工序以至完工产品的产出整个过程实施全面质量管理,保证产品的质量。低的机器故障率是生产线对新产品方案做出快速反应的保障。

(2)缩短生产准备时间——减少非增值作业

零件搬运是非增值作业,减少零件、装配件运送量和搬运次数,可以节约装配时间,并减少这一过程中可能出现的问题。生产提前期最短,短的生产提前期与小批量相结合的系统,应变能力强,柔性好。准备时间最短,准备时间长短与批量选择有关,如果准备时间趋于零,准备成本也趋于零,就有可能采用极小批量。

(3)降低订货成本——发展与供货商的密切关系

就外购材料的供应而言,与供应商谈判签订长期合同,能够减少订货次数和相应的订货成本。JIT 的解决方法是与一些经过挑选的供应商(包括价格、地理位置、质量、交货能力等方面的考察)谈判签订长期合同,让供应商广泛参与企业的生产经营。另外,签订长期合同还有其他好处。首先,合同规定了产品价格以及可接受的质量水平;其次,长期合同还大幅消减了下达订单的次数,有助于降低订货成本。有些购货方也通过建立电子数据交换系统(EDI),让供应商进入自己的联机数据库,当供应商在知悉购货方的生产安排后,就可以将购货方所需要的零配件适时送达购货方的生产部门。

4. 适时系统的局限性

JIT 的实施是一个渐进的过程。比如,与供货商建立有效的协作关系需要的时间。坚持要求供应商在送货次数和产品质量方面做出迅速的改变是不切实际的,有可能导致公司与供应商之间形成对抗。从长远看,供应商会寻找新的市场,寻找卖出更高价格的各种途径,或寻找宽松的条款。上述种种行为,会抵消许多JIT带来的收益。因此,合作,而不是强制,应该成为与供应商关系的基础。

另外,工人也会受到JIT管理的影响。研究表明,存货缓冲储备显著降低后,工作流程将严密地组织起来,生产工人的劳动紧张程度将提高。有人提议应有计划地、审慎地降低存货水平,激发工人的独立自主感,鼓励他们积极参与,追求更广泛的进步。

JIT的最大缺陷在于没有储备存货作为缓冲来应付生产中断的局面,当期的销售时刻受到意料之外的生产中断的威胁。事实上,JIT的对策是在继续生产活动以前,找出并解决该问题。如果需求的增加远远超出了零售商存货的供应,零售商就不可能迅速地对订货做出调整,从而无法避免失去销售额,触怒顾客。

然而,尽管存在这些不利因素,零售商们似乎仍十分喜爱JIT,因为由意外打击造成的销售额损失要小于保持大量存货所付出的代价。推行JIT的制造型公司为了确保实现未来的销售额,也愿意让本期的销售额承受风险。这种保证来源于更优的质量、更快的反应速度,以及更小的营运成本。即使如此,我们也必须意识到,销售额的丧失,就是永远的丧失,建立一个中断次数非常少的JIT系统,不是一项短期就能完成的工作。

第五节　流动负债管理

一、短期借款

短期借款通常指银行短期借款,又称为银行流动资金借款,是企业为解决短期资金需求而向银行申请借入的款项,是筹集短期资金的重要方式。

(一)短期借款的种类

企业短期借款按照是否需要担保可分为以下三类。

1. 信用借款

信用借款又称为无担保借款,是指以借款人的信誉为依据而获得的款项,取得这种借款无须以财产作为抵押。信用借款又可分为两类:信用额度借款和循环协议借款。信用额度借款是商业银行与企业之间商定的在未来一段时间内银行能向企业提供无担保贷款的最高额度。循环协议借款是一种特殊的信用额度借款,企业与银行之间也要商定贷款的最高额度,在最高限额内,企业可以借款、还款、再借款、再还款,可以不停周转使用。

2. 担保借款

担保借款是指有一定的保证人担保或者以一定的财产作为抵押或质押而取得的借款。担保借款可分为三类:保证借款、抵押借款和质押借款。保证借款是指以第三人承诺在借款人不能偿还借款时,按照约定承担一般保证责任或连带责任而取得的借款。抵押借款是指以借款人或第三人的财产作为抵押物而取得的借款。质押借款是指以借款人或第三人的动产或权利作为质押物而取得的借款。

3. 票据贴现

票据贴现是指企业以持有的未到期的商业票据向银行贴付一定的利息而取得借款

的一种借贷行为。

(二)短期借款的决策

在做短期借款决策时,主要考虑两方面因素:短期借款成本和贷款银行服务。

1. 短期借款成本

银行借款的成本通常用借款利率来表示。短期借款的利率会因借款企业的类型、借款金额及时间的不同而不同。另外,银行贷款利率有单利、复利、贴现利率、附加利率等种类,企业应根据不同情况做出选择。

(1)单利计息

单利计息是将贷款金额乘以贷款期限与利率计算出利息的方法。多数银行采用此种方式计息,企业可通过比较单利来比较不同银行的短期借款成本。在单利情况下,短期借款成本取决于设定利率和银行收取利息的方法。若在到期日,利息与本金一并支付,则设定利率与实际利率相同。

(2)复利计息

复利计息是除了对贷款金额计息外还要对利息计息的方法。按照复利计息,借款人实际负担的利率(即有效利率)要高于名义利率,如在贷款到期以前付息次数越多,有效利率高出名义利率的部分就越大。

(3)贴现利率计息

在贴现利率情况下,银行发放贷款时,先扣除贷款的贴现利息,再以贷款面值与贴现利息的差额贷给企业。此时,借款人的借款成本也会高于名义利率,且高出的程度远远大于复利贷款方式。其计算公式为:

$$贴现贷款的有效利率 = \frac{利息}{贷款面额 - 利息} \tag{6-26}$$

【例6-18】 A企业以贴现方式借入一年期贷款30 000元,名义利率是15%,此时A企业实际得到的资金为25 500元,利息为4 500元。因此,贴现贷款的有效利率为:

$$\begin{aligned}贴现贷款的有效利率 &= \frac{利息}{贷款面额 - 利息} \\ &= \frac{4\ 500}{30\ 000 - 4\ 500} \\ &= 17.65\%\end{aligned}$$

(4)附加利率计息

附加利率计息是指即使分期偿还贷款,银行也按贷款总额和名义利率来计算收取利息。在此方式下,企业可以利用的借款逐期减少,但利息并不减少,因此,负担的利息费用较高。其计算公式为:

$$有效利率 = \frac{利息}{借款人收到的贷款金额/2} \tag{6-27}$$

【例6-19】 A公司以分期付款方式借入一年期贷款30 000元,名义利率是15%,付款方式为12个月等额偿还。因此全年平均拥有的借款额为15 000元(30 000÷2)。按照4 500元的利息,实际成本为:

$$有效利率=\frac{利息}{借款人收到的贷款金额/2}$$

$$=\frac{4\ 500}{30\ 000÷2}$$

$$=30\%$$

2. 贷款银行服务

企业在选择贷款银行时,通常要考虑如下因素。

（1）银行对待风险的政策

不同的银行对待风险的政策是不同的,有的保守,只愿承担较小的风险,而有的银行则敢于承担较大的风险。通常情况下,业务范围大、分支结构多的银行能够很好地分散风险,有承担较大贷款风险的能力;相反,一些小银行分散风险的能力差,能够接受的风险要小得多。

（2）银行提供的职务

有的银行有良好的服务,能够积极地帮助企业分析财务问题,为企业提出建议,而某些银行甚至没有向客户提供咨询的专门机构。

（3）银行的忠诚度

有些银行在企业遇到困难时能够帮助企业渡过难关;而有些银行在企业遇到困难时一味要求企业清偿债务。

（4）贷款的专业化程度

有些银行有专门的部门针对行业特征负责不同类型的专业化贷款,企业与这些拥有丰富经验的银行合作,会受益更多。

（5）银行的稳定性

稳定的银行可以保证企业的借款不会中途发生变故,稳定性好的银行一般资本雄厚,存款水平波动小、定期存款比重大。

（三）短期借款的优缺点

1. 短期借款的优点

①银行资金充足,能随时为企业提供较多的短期贷款。②借款弹性好。在借款期间,如果企业情况发生变化,可与银行进行协商,修改借款的数量和条件,如可在资金需求增加时借款,在资金需求减少时还款。

2. 短期借款的缺点

①资本成本较高,借款成本要高于商业信用和短期融资券。②限制条件较多。借款合同中的限制条款,如要求企业把流动比率控制在一定的范围,可能对企业构成限制。

二、商业信用

（一）商业信用的形式

所谓商业信用是指在商品购销活动中由于延期付款或延期交货所形成的买卖双方的借贷关系,它是由商品交易形成的企业之间的一种信用关系。

1. 赊购商品

这是一种最典型、最常见的商业信用形式,卖方可利用这种方式促销,而买方则可以满足短期的资金需求。当双方发生商品买卖交易时,卖方不需要立即支付现金,而是可以延迟到一定时期以后付款。

2. 预收贷款

预收贷款是卖方先向买方收取部分或全部贷款,但要延迟到一定时期后交货的信用形式,这相当于向买方借入资金后再用货物抵偿。购买方为取得供不应求的商品常常采用这种形式。此外,对于生产周期长、售价高的产品,为了缓解资金占用过多的压力也常采用这种形式。

(二) 商业信用的条件

商业信用的条件是指销货方对付款时间和现金折扣所做的具体规定。例如"2/10,1/20,n/30",信用条件主要有以下三种形式。

1. 预付贷款

预付贷款是指买方在卖方发出货物之前支付货款,一般用于以下两种情形:卖方知道买方信用欠佳;销售周期长,售价高的产品,在此条件下,销贷方可得到暂时的资金来源,而购贷方则要预先垫付现金。

2. 延期付款,但不提供现金折扣

在这种条件下,卖方允许买方在发生交易后的一定时期内按发票金额付款。例如,"net40"是指在 40 天内按发票金额付款。该条件下的信用期间一般为 30~60 天,但有些季节性的生产企业可能为顾客提供更长的信用期,在此情况下,购货企业可因延期付款而取得资金来源。

3. 延期付款,早付有现金折扣

在此条件下,买方若提前付款就会得到卖方提供的现金折扣,如果买方不享受现金折扣,则应在一定时期内偿付款项,如"2/10,n/30"就是这种信用条件,如果销售单位提供现金折扣,但购买方未能享受,则丧失现金折扣的成本提高,可用以下公式计算:

$$资本成本 = \frac{CD}{1-CD} \times \frac{360}{N} \qquad (6\text{-}28)$$

式中,CD 表示现金折扣的百分比;N 表示失去现金折扣后延期付款的时间。

【例 6-20】 某企业按"2/10,n/30"的条件购入价值 20 000 元的原材料。现计算不同情况下该企业所承受的商业信用成本。

①如果企业在 10 天内付款,便享受了 10 天的免费信用期间,并获得 2% 的现金折扣,免费信用额为:

$$20\ 000 - 20\ 000 \times 2\% = 19600(元)$$

②如果企业在 10 天后、30 天内付款,则将承受因放弃现金折扣的机会成本:

$$资本成本 = \frac{CD}{1-CD} \times \frac{360}{N} = \frac{2\%}{1-2\%} \times \frac{360}{30-10} = 36.73\%$$

由此可见,企业放弃现金折扣的机会成本是比较高的。如果企业不能因放弃现金折扣而获得高于这一成本的收益,那么放弃折扣是不理想的选择。

③如果企业当前的流动性确实很紧张,应进一步考虑是否放弃现金折扣。如果企业面临两家以上具有不同信用条件的供应商,则应比较放弃现金折扣的机会成本,选择信用成本最小的供应商。

【例6-21】 续例6-20,某企业除了上述"2/10,n/30"的信用条件外,还面临另一家供应商提供的"1/20,n/40"信用条件,试确定该企业应当选择的供应商。

④如果企业在 20 天内付款,便享受到了 20 天的免费信用期间,并获得 1% 的现金折扣,免费信用额为:

$$20\ 000 - 20\ 000 \times 1\% = 19\ 800(元)$$

⑤如果在 20 天后,40 天内付款,将承受的机会成本如下:

$$资本成本 = \frac{CD}{1-CD} \times \frac{360}{N} = \frac{1\%}{1-1\%} \times \frac{360}{40-20} = 18.18\%$$

这一成本远远低于"2/10,n/30"信用条件下的机会成本,因此该企业应选择信用条件为"1/20,n/40"的供应商。

(三)商业信用的控制

1. 信息系统的监督

对商业信用进行有效管理需要一个健全、完整的信息系统,以应付账款为例,当企业收到账单时,企业应确认该经济活动是否已发生、企业是否已收到货物等情况。确认后,应将账单与企业的订货单进行核对,核对无误后转入支付程序。这时,需要考虑支付的时间,即考虑是否在现金折扣期内付款、是否按期付款或是否拖延付款时间等问题。这就要求信息系统做出及时有效的反应,以便管理者做出决策。

2. 应付账款余额的控制

当管理者做出支付决策后,对日常政策执行的监督就显得非常重要。通常应考虑应付账款周转率和应付账款余额百分比。

(1)应付账款周转率

考察应付账款周转率是对企业商业信用进行控制的传统做法。应付账款周转率的公式可表示为:

$$应付账款周转率 = \frac{采购成本}{同期应付账款平均余额}$$

【例6-22】 某企业 2010 年采购成本为 100 000 元,年度应付账款平均余额为 50 000 元,则该企业的应付账款周转率为:

$$应付账款周转率 = \frac{采购成本}{同期应付账款平均余额} = \frac{100\ 000}{50\ 000} = 2$$

在经济生活中,企业的财务人员仅在年底进行应付账款分析是不够的,还需要掌握更短期间内应付账款的情况变化,这样才能做出是否享受现金折扣或延期付款等恰当的决策。

(2)应付账款余额百分比

应付账款余额百分比是指采购当月发生的应付账款在当月末及随后的每一个月末尚未支付的数额占采购当月的采购成本的比例。通过这种方法,可以考察企业对应付账款的管理情况,可以清楚地了解企业支付款项的程度及速度。

【例6-23】 某企业2010年上半年采购成本和应付账款余额见表6-13。

表6-13 2010年上半年采购成本和应付账款余额表　　　单位:万元

月份	采购成本	应付账款余额					
		1月	2月	3月	4月	5月	6月
1月	150	100	30				
2月	200		160	10			
3月	100			40	10		
4月	110				50	10	
5月	230					90	90
6月	30						15
合计	820	100	190	50	60	100	105

依据表6-13计算应付账款余额百分比:以1月为例,该企业发生的采购成本为150万元,当月有100万元没有支付,到了2月份仍有30万元未支付,3月份将款项支付完毕。则1月份的应付账款占当月采购成本的66.7%(即100/150),2月份的应付账款占1月份采购成本的20%(即30/150),以此类推,该企业的应付账款余额百分比见表6-14。

表6-14 2010年上半年采购成本和应付款项余额百分比

月份	采购成本	应付账款余额					
		1月	2月	3月	4月	5月	6月
1月	150	66.7%	20%				
2月	200		80%	5%			
3月	100			40%	10%		
4月	110				45.5%	9%	
5月	230					39.1%	39.1%
6月	30						50%

计算出应付账款余额百分比,能够直观地反映出该企业应付账款的周转情况。由表6-14可以看出,该企业的应付账款在2个月内基本能够支付完毕,但其支付比率并不稳定。因此,财务人员需要认真考察每笔款项的具体情况,避免较大的波动给企业带来不良的影响。

3.道德控制

企业应当权衡放弃现金折扣的成本与因延期偿还所带来的机会投资收益,以做出有利于企业的最优选择。但在实际中,还应注意到许多隐形的成本和潜在的收益。若企业总是违反合同拖延付款时间,那么,企业的信用评级将会受到损害,供货商会对企业做出不利评价,破坏企业的商业道德形象。而这属于企业的无形资产,无法精确地计算衡量。因此,应对商业道德予以足够的重视。

(四)商业信用的优缺点

1. 商业信用的优点

①使用方便。因为商业信用通常与商品买卖同时进行,这是一种自发性筹资,不必进行正式的融资安排,随时可以取得。②限制少。商业信用的使用比较灵活且具有弹性。在大多数类型的短期融资方式中,尤其是利用银行借款进行筹资,往往会有严格的限制条件,甚至要求担保。虽然商业信用也有限制,但其限制条件远没有其他形式的短期筹资多。③成本较低。如果没有现金折扣,或企业不愿放弃现金折扣,则采用商业信用筹资,其筹资成本较低或者没有实际成本。

2. 商业信用的缺点

①商业信用的信用期一般比较短。通常,信用期限较短,不利于企业统筹运用资本,并且如果拖欠还款还会造成企业信用等级下降等不利影响。②在存在现金折扣的情况下,如果企业选择放弃现金折扣,则要付出较高的成本。③如果企业缺乏信誉,容易造成企业间相互拖欠,影响资金运转。

三、短期债券

短期债券源于商业票据。商业票据是随着商品买卖及劳务交易而产生的商业信用。它是一种双名票据,即票据上要列明收款方和付款方的名称,商业票据的持有者如在约定的付款期之间需要现金,可向商业银行或贴现企业贴现。贴现是指票据的持有人因急需现金,将未到期的商业汇票背书后转让给银行或贴现企业,再由后者扣除贴现息后将余额付给持票企业,票据到期后,再持票向付款方索取款项的商业行为。而对于银行或贴现公司而言,通过贴现方式既得到了利息,又收回了本金,是一种很好的短期投资方式。

(一)短期债券的种类

短期债券可根据不同的标准分为不同的种类。

1. 直接销售融资券和间接销售融资券

按发行方式不同,融资券分为直接销售融资券和间接销售融资券。直接销售融资券是指发行人直接销售给最终投资者的融资券。直接发行融资券的企业通常是经营金融业务或有附属金融机构的公司,它们都有自己的分支网点和专门的人才,因此,有足够的能力自己组织推销工作,节省了委托证券公司发行的手续。直接销售金融证券在西方国家目前已占据了相当大的比重。间接销售融资券又称为经纪人代销的融资券,它是指发行人先卖给经纪人,再由经纪人卖给投资者的融资券,经纪人主要有银行、证券公司、投资信托公司等。该方式要求支付一定数额的手续费。

2. 金融公司融资券与非金融公司融资券

按发行人不同,融资券分为金融公司融资券和非金融公司融资券。金融公司融资券主要是指各大企业所属的财务公司、银行控股公司、各种信托投资公司等发行的融资券。这类融资券多采用直接发行方式。非金融公司融资券又称为一般公司融资券,是指那些没设立财务公司的工商企业发行的融资券。这类企业一般采用间接方式发行融资券。

3. 国内融资券和国际融资券

按发行和流通范围不同,融资券分为国内融资债券和国际融资债券。国内融资债券是指一国发行者在国内金融市场上发行的融资券。发行这种融资券通常只要求遵循本国法规和金融市场惯例即可。国际融资券是指一国发行者在本国以外的金融市场上发行的融资券。发行这种融资券,要遵循有关国家的法律及国际金融市场上的惯例。这种短期融资券在美国和欧洲货币市场上比较常见。

(二)短期债券的优缺点

1. 短期债券的主要优点

①融资成本低。短期债券成本包括:利息费用、经纪人手续费和等级评定服务手续费。在西方国家,短期债券利率加上发行成本往往要比银行同期贷款利率低。②融资数额大。银行通常不会向企业发放巨额的短期贷款,而企业如果需要大量的资金,则可通过短期融资券进行筹措。③可提高企业声誉。因为能在货币市场上发行短期融资券的都是大企业,如果一个企业能够发行短期融资券,则会给公众留下信用良好的形象。

2. 短期债券的主要缺点

①风险较大。短期融资券到期必须偿还,一般不会延期。如果到期不能归还,则会产生严重的后果。②灵活性较小。只有企业资金需求达到一定数量时才能使用短期融资券,而在数额较小的情况下不宜采用。此外,短期融资券一般不能提前偿还,因此,即使企业资金比较宽裕,也只能到期还款。③发行条件高。发行短期融资券对企业要求很高,必须是信誉好、实力强、效益高、风险低的企业才能发行,而一些小企业或信誉不太好的企业则很难用此方式进行筹资。

本章小结

本章主要介绍的是营运资金管理方面的问题,具体分为营运资金管理政策、流动资金的管理以及流动负债的管理问题。

营运资金又称为营运资本、循环资本,是指企业在生产经营活动中占用在流动资上的资金。企业应持有适量的营运资金,较高的运营资本持有量会降低企业的收益,而较低的运营资本会加大企业的风险。

流动负债主要介绍了短期借款、商业信用、短期融资券的含义及其优缺点。企业采用短期负债方式筹集的资金,通常使用期限在 1 年以内或超过 1 年的一个营业周期以内。流动负债相对于长期负债筹资方式而言,筹资速度快且有弹性,付出的资本成本较低,但筹资风险大。

营运资金管理主要包括对现金、应收账款和存货的管理。现金管理包括最佳现金持有量的确定和现金的日常管理。应收账款的管理主要是制定包括信用标准、信用条件和收账政策三方面内容的信用政策及应收账款的日常管理。存货包括确定经济订货量和存货的日常管理。

课后分析案例

燕京啤酒的营运资本状况

2013年,中国啤酒行业的产量为506.15亿升。啤酒行业作为酒水行业中成熟度最高的行业,行业整体需求疲软,竞争格局已经稳定,啤酒企业微利生存。行业的增长方式处于转型期,结构性增长和精细化管理成为啤酒企业转型的重点。

2015年,燕京啤酒集团公司(以下简称"燕京啤酒")实现了正的净利润,然而主营业务收入增长率为-7%,净利润增长率为-21%。营业收入和净利润的缩水与宏观经济环境有一定关系,同时也与其自身的经营密不可分。2015年,燕京啤酒的营运资金达到了近15亿元,而净现金需求却居高不下,营运资金中很大一部分由存货构成。燕京啤酒内部营运资金管理的深入分析也许可以为我们找到公司业绩不振的原因提供一条思路。

燕京啤酒资产负债构成见表6-15。

表6-15　燕京啤酒2013—2015年年度报告期内公司资产与负债构成

	2015		2014		2013	
	金额 (亿元)	比例 (%)	金额 (亿元)	比例 (%)	金额 (亿元)	比例 (%)
货币资金	17.44	9.56	17.32	9.15	16.09	8.51
应收票据	—	0.00	—	0.00	0.03	0.02
应收账款	1.32	0.73	1.35	0.71	1.23	0.65
预付账款	1.11	0.61	1.83	0.97	2.39	1.26
其他应收款	0.57	0.31	0.55	0.29	0.98	0.52
存货	38.54	21.13	40.81	21.56	40.50	21.42
其他流动资产	1.10	0.60	1.59	0.84	1.97	1.04
流动资产合计	60.09	32.94	63.45	33.52	63.19	33.43
长期股权投资	1.69	0.93	1.66	0.88	1.60	0.85
固定资产净额	104.66	57.37	105.88	55.93	102.04	53.97
在建工程	1.69	0.93	4.58	2.42	9.00	4.76
非流动资产合计	122.34	67.07	12.59	6.65	125.86	66.57

	2015		2014		2013	
	金额 (亿元)	比例 (%)	金额 (亿元)	比例 (%)	金额 (亿元)	比例 (%)
资产总计	182.43	100.00	189.31	100.00	189.05	100.00
短期借款	8.51	4.66	15.91	8.40	13.15	6.96
应付票据	0.02	0.01	—	0.00	0.04	0.02
应付账款	10.23	5.61	10.02	5.30	10.81	5.72
预收账款	6.44	3.53	6.19	3.27	8.37	4.43
应交税费	1.57	0.86	1.41	0.74	1.76	0.93
其他流动负债	—	0.00	—	0.00	21.07	11.14
流动负债合计	45.32	24.84		28.71	58.80	31.10
负债合计	45.49	24.94	55.52	29.33	59.65	31.55
营运资金	14.76	8.09	9.10	4.81	4.39	2.32

燕京啤酒、青岛啤酒 2015 年营运资金及相关指标的比较见表 6-16。

表 6-16 燕京啤酒、青岛啤酒 2015 年营运资金及相关指标比较

项目	燕京啤酒	青岛啤酒
流动资产(亿元)	60.09	118.87
流动负债(亿元)	45.32	97.53
营运资金(亿元)	14.76	21.34
财务费用(亿元)	0.51	-3.00
净现金需求(亿元)	2.43	-1.32
应收账款周转天数(天)	8	4
存货周转期(天)	190	49
应付账款周转天数(天)	49	74
现金周期(天)	149	-21

案例分析讨论:

1.通过分析燕京啤酒的营运资金结构、周转速度、净现金需求等情况,说明燕京啤酒营运资金的特点以及对经营业绩的影响。

2.通过和青岛啤酒的对比分析可以发现燕京啤酒存在哪些问题?

3.燕京啤酒应该如何通过营运资金管理脱离业绩不振的困境?

思考题

1.企业现金管理的目标和持有现金的动机是什么?

2.如何确定最佳现金持有量?

3.如何进行现金的日常管理?

4.应收账款的功能和成本有哪些?

5.如何进行信用政策决策?

6.如何确定经济订货量?

7.存货的日常管理的内容有哪些?

自测题

一、单项选择题

1.某企业规定的信用条件是"3/10,1/20,n/30",一客户从该企业购入原价为 10 000 元的原材料,并于第 18 天付款,则该客户实际支付的货款为(   )。

A. 7 700 元　　　　B. 9 900 元　　　　C. 1 000 元　　　　D. 9 000 元

2.下列订货成本中属于变动成本的是(   )。

A. 采购人员计时工资　　　　　　　　B. 采购部门管理费用

C. 订货业务费　　　　　　　　　　　D. 预付定金的机会成本

3.衡量信用标准的是(   )。

A. 预计的坏账损失率　　　　　　　　B. 未来收益率

C. 未来损失率　　　　　　　　　　　D. 账款收现率

4.为了应付各种现金支付需要,企业确定的现金余额一般应(   )。

A. 大于各项动机所需现金之和

B. 等于各项动机所需现金之和

C. 适当小于各项动机所需现金之和

D. 根据具体情况,不用考虑各动机所需现金之和

5.企业现金管理目的应当是(   )。

A. 尽量减少每一分钱的开支

B. 使每一项开支都纳入事前的计划,使其严格控制

C. 在资金的流动性与盈利能力之间做出抉择以获得最大长期利润

D. 追求最大的现实获利能力

6. 通过(　　)周转所实现的价值是企业最重要、最稳定的收益来源。

A. 固定资产　　　　B. 总资产　　　　C. 金融资产　　　　D. 流动资产

7. 最佳现金持有量的确定,实际上是指如何安排(　　)间的最佳分割比例,以及二者保持怎样的转换关系才能最大限度地实现现金管理的目标。

A. 资金需求与供给　　　　　　　　　　B. 现金资产与有价证券

C. 订货成本与储存成本　　　　　　　　D. 持有成本与转换成本

8. 某企业购进甲存货 1 000 件,日均销量为 10 件,购进批量为 800 件,日增长费用为 1 300 元,预计获利为 5 万元时其保本期应为(　　)天。

A. 140　　　　　　B. 79　　　　　　C. 89　　　　　　D. 88

9. 在确定应收账款信用期的过程中,需要运用的计算公式有(　　)。

A. 应收账款=应收账款占用资金×销售成本率

B. 收益的增加=销售量增加×边际贡献率

C. 应收账款占用资金=应收账款平均余额×资本成本率

D. 应收账款平均余额=日销售额×平均收现期

10. 在估计企业的短期偿债能力时,(　　)往往不作为重点考虑的因素。

A. 企业的一般信用状况

B. 所能提供的诸如抵押财产等保证

C. 金融市场的状况和银行借贷情况

D. 企业的盈利能力

11. 在下列现金持有方案中,(　　)方案为最佳。

A. 投资成本 3 000 元,管理成本 20 000 元,短缺成本 12 000 元

B. 投资成本 6 000 元,管理成本 20 000 元,短缺成本 6 750 元

C. 投资成本 9 000 元,管理成本 20 000 元,短缺成本 2 500 元

D. 投资成本 12 000 元,管理成本 20 000 元,短缺成本 0 元

12. 某企业上年度现金的平均余额为 800 000 元,经分析发现有不合理占用 200 000 元;预计本年度销售收入将上涨 10%,则该企业本年度的最佳现金余额应为(　　)。

A. 600 000 元　　　　B. 660 000 元　　　　C. 680 000 元　　　　D. 800 000 元

13. 流动资产项目按变现能力的强弱排列,其正确的排列顺序是(　　)。

A. 应收账款、应收票据、预付账款、待摊费用

B. 预付账款、待摊费用、应收账款、应收票据

C. 预付账款、应收票据、应收账款、待摊费用

D. 应收票据、应收账款、预付账款、待摊费用

14. 在对存货采用 ABC 法进行控制时应重点控制的是(　　)。

A. 价格昂贵的存货　B. 数量大的存货　C. 占用资金多的存货　D. 品种多的存货

15. 下列关于营运资金的正确表述是(　　)。

A. 营运资金只能来源于长期性债权

B. 营运资金在数量上等于流动资产加所有者权益减非流动资产

C. 营运资金不仅来自短期性流动负债,也来自长期负债

D. 营运资金只能来源于流动负债以外的项目

二、多项选择题

1. 下列(　　)在流动资产中没有变现问题。

A. 现金　　　　　　B. 应收票据　　　　　C. 待摊费用　　　　　　D. 短期投资

2. 应收账款信用条件的组成要素有(　　)。

A. 信用期限　　　　B. 现金折扣期　　　　C. 现金折扣率　　　　　D. 商业折扣

3. 营运资金多,意味着(　　)。

A. 企业资产的流动性高　　　　　　B. 流动资产的周转速度快

C. 企业资本成本相对较高　　　　　D. 企业销售收入多

4. 缺货成本指由于不能及时满足生产经营需要而给企业带来的损失,它包括(　　)。

A. 商誉损失　　　　　　　　　　　B. 延期交货的罚金

C. 采取临时措施而发生的超额费用　　D. 停工待料损失

5. 如果企业出现临时性现金短缺,主要通过(　　)来加以弥补。

A. 归还短期借款　　　　　　　　　B. 出售短期证券

C. 筹集短期负债　　　　　　　　　D. 增加长期负债

E. 变卖长期有价证券

6. 利用存货模式计算最佳现金持有量时,一般考虑的相关成本有(　　)。

A. 现金短缺成本　　　　　　　　　B. 委托佣金

C. 固定性交易费用　　　　　　　　D. 现金管理成本

E. 机会成本

7. 如果企业信用标准过高,将会(　　)。

A. 扩大销售　　　　　　　　　　　B. 增加坏账损失

C. 降低违约风险　　　　　　　　　D. 降低企业竞争能力

E. 降低收账费用

8. 企业在对信用标准、信用条件等变动方案进行优劣选择时,应着重考虑的因素为(　　)。

A. 净收益孰高　　　　　　　　　　B. 坏账损失率大小

C. 管理费用大小　　　　　　　　　D. 市场竞争对手情况

9. 客户能否严格履行赊销企业的信用条件,取决于(   )。
A. 客户信用品质   B. 市场利率
C. 客户现金持有量   D. 客户现金可调剂程度
E. 客户的资本成本

10. 在无数量折扣情况下,决定存货经济批量的成本因素没有包括(   )。
A. 进价成本   B. 固定性进货费用
C. 变动性储存成本   D. 缺货成本
E. 固定性储存成本

11. 现金交易动机是指企业持有现金以满足企业(   )。
A. 购买生产经营所需原材料的需要   B. 支付生产经营中应付工资的需要
C. 进行正常短期投资所需   D. 防止主要客户不能及时付款而影响的
                                      正常收支的需要

12. 在确定经济采购批量时,下列(   )表述是正确的。
A. 经济批量是指一定时期储存成本和订货成本总和最低的采购批量
B. 随着采购量变动,储存成本和订货成本呈反向变动
C. 储存成本的高低与采购量的多少成正比
D. 订货成本的高低与采购量的多少成反比
E. 年储存成本与年订货成本相等时的采购批量

13. 客户资信程度的高低通常取决于(   )方面。
A. 客户的信用品质   B. 客户偿付能力
C. 客户资本   D. 客户抵押品
E. 客户经济状况

14. 企业如果采用较积极的收款政策,可能会(   )。
A. 增加应收账款投资   B. 减少坏账损失
C. 减少应收账款投资   D. 增加坏账损失
E. 增加收账费用

15. 应收账款的管理成本包括(   )。
A. 调查信用费用   B. 收集信息费用
C. 收账费用   D. 坏账损失
E. 现金折扣

三、判断题

1. 一般而言,资产流动性越高,获利能力越强。(   )
2. 存货管理的经济批量,即达到订货成本最低时的订货批量。(   )
3. 存货周转率越高,则存货控制越佳。(   )
4. 缺货成本,即缺少的存货的采购成本。(   )
5. 有时企业虽有盈利但现金拮据,有时虽亏损现金却余裕。(   )

241

6. 应收账款未来是否发生坏账损失对企业并非最为重要,更为关键的是实际收现的账项能否满足同期必要的现金支出要求。(　　)

7. 当企业的应收账款已经作为坏账处理后,并非意味着企业放弃了对该项应收账款的索取权。(　　)

8. 在一定时期进货总量既定的条件下,无论企业采购次数如何变动,存货的进价成本与采购税金总计数通常是保持相对稳定的,属于决策的无关成本。(　　)

9. 信用条件是指企业接受客户信用定单时所提出的付款要求。(　　)

10. 营运周期短,正常的流动比率越低,营运周期长,流动比率越高。(　　)

四、计算分析题

1. 某企业原信用标准为只对预计坏账损失率在 10% 以下的顾客赊销,其销售利润率为 20%,同期有价证券利息率为 15%,现有两种改变信用标准的方案见表 6-17。

表 6-17

	方案 A	方案 B
预计坏账损失率(信用标准)	5%	15%
信用标准变化对销售收入的影响	−10 000 元	+15 000 元
平均付款期限(增减赊销额的)	60 天	75 天
对应收账的管理成本的影响	−100 元	+150 元
增减赊销额的预计坏账损失率	7.5%	12.5%

试计算两方案的影响结果,并选择方案。

2. 某厂每年需某零件 6 480 件,日平均需用量 18 件,该零件自制每天产量 48 件,每次生产准备成本 300 元,每件储存成本 0.5 元,每件生产成本 50 元;若外购,单价 60 元,一次订货成本 50 元,请问选择自制还是外购?

3. 某企业售出商品 5 000 件,不含税售价 15 元,每件不含税成本 9 元,销售税金及附加率 8%,该批商品一次性费用 5 000 元,该批存货月保管费率 6%,贷款利率为 10%。

(1)计算该批存货的保本储存期。

(2)若企业要求获得 7% 的投资利润率,计算保利期。

(3)若该批存货实际储存 160 天,能否实现 5% 的利润?

(4)若该批存货亏损 6 560 元,则实际储存了多少天?

4. 东方公司 A 材料年需求量为 6 000 吨,每吨平价为 50 元,销售企业规定:客户每批购买量不足 1 000 吨,按平价计算;每批购买量 1 000 吨以上 3 000 吨以下的,价格优惠5%;每批购买量 3 000 吨以上,价格优惠 8%。已知每批进货费用为 100 元,单位材料平均储存成本 3 元,计算最佳经济批量。

5. 某公司现在采用 30 天按发票金额付款的信用政策,拟将信用期放宽至 60 天,仍按发票金额付款,即不给折扣,该公司投资的最低报酬率为 15%。其他有关资料见表 6-18。

表 6-18

项目	信用期	
	30 天	60 天
销售量(件)	100 000	120 000
销售额(单价 5 元)	500 000	600 000
销售成本:		
变动成本 4 元	400 000	480 000
固定成本	50 000	50 000
毛利	50 000	70 000
可能发生的收账费用	3 000	4 000
可能发生的坏账损失	5 000	9 000

要求:试分析是否延长信用期。

6. 某公司现金收支平衡,预计全年(360 天)现金需求量为 25 万元,现金与有价证券的转换成本为每次 500 元,有价证券年利率为 10%。计算:

(1)最佳现金持有量。

(2)最低现金管理总成本、转换成本、持有机会成本。

(3)有价证券交易次数、有价证券交易间隔期。

第七章　收益分配管理

学习目的

（1）掌握收益分配的基本原则及确定收益分配政策时应考虑的因素。

（2）了解股利支付形式，理解股利支付程序。

（3）掌握各种股利政策的基本原理、优缺点和适用范围。

（4）了解股票股利、股票分割和股票回购的含义及其区别。

关键术语

利润分配　股利政策　股票股利　股票分割　股票分割

导入案例

贵州茅台股利分配

贵州茅台酒股份有限公司（600519）2014 年度利润分配方案在 2015 年 5 月 20 日召开的公司 2014 年度股东大会上获得表决通过。经贵州省证券管理办公室审核批准后，公司于 2015 年 5 月 21 日就分红事宜进行了公告，公告声明如下：以 2014 年年末总股本 114 119.80 万股为基数，对公司全体股东每股派送红股 0.100 00 股、每股派发现金红利 4.374 元（含税），共分配利润 5 109 299 052.00 元。合格境外机构投资者（QFII）股东每股派发现金红利 3.926 60 元，通过沪港通投资本公司 A 股股份的香港市场投资者每股派发现金红利 3.926 6 元。股权登记日为 2015 年 7 月 16 日，除权（除息）日为 2015 年 7 月 17 日，现金红利发放日为 2015 年 7 月 17 日。

资料来源：秦小丽.贵州茅台股利分配及其影响因素剖析［J］.财会月刊，2017（10）：79-84.

第一节　利润分配概述

利润是企业生存和发展的基础，追求利润是企业生产经营的根本动力。搞好利润管理具有十分重要的意义：①利润是衡量企业生产经营水平的一项综合性指标；②利润是企业实现财务管理目标的基础;利润是企业再生产的主要资金来源。

分配活动是财务活动的重要一环,利润分配是很重要的工作,它不仅影响企业的筹资和投资决策,而且涉及国家、企业、投资者、职工等各方面的利益关系,关系到企业长远利益与近前利益、整体利益与局部利益等关系的处理和协调,必须慎重对待。

一、利润的构成

进行利润分配的前提是企业实现利润,合理分配利润需要正确地计算利润总额。利润是企业在一定会计期间的经营成果,一定程度上利润的多少决定了利润分配者的利益和企业的发展能力。

利润包括收入减去费用后的净额、直接计入当期利润的利得和损失等。其中,收入减去费用后的净额反映企业日常活动的业绩、直接计入当期利润的利得和损失反映企业非日常活动的业绩。利润的构成可以用公式表示如下:

$$利润总额=营业利润+营业外收支净额$$
$$净利润=利润总额-所得税费用$$

(一)利润总额的构成

营业利润是企业在一定时期从事生产经营活动所取得的利润,它集中反映了企业生产经营的成果。

营业利润=营业收入-营业成本-营业税金及附加-销售费用-管理费用-财务费用-资产减值损失+公允价值变动收益+投资收益。营业外收支净额是指与企业生产经营活动没有直接联系的营业外收入与营业外支出的差额。

(二)税前利润调整

对企业计征所得税不是以利润总额为基础,而是以应税所得为基础。因此,要计算出税前利润就需要对利润总额进行调整,对利润总额的调整包括永久性差异调整、暂时性差异调整和弥补亏损调整三个方面。永久性差异是指某一会计期间由于会计准则和税法在计算收益、费用和损失的口径不同,所产生的税前会计利润和应税所得之间的差异。这种差异在本期产生,不会在以后各期转回。暂时性差异是指资产与负债的账面价值与计税基础之间的差异。这种差异发生在某一会计期间,但在以后某一期或若干期内能够转回。为了减轻亏损企业的所得税负担,企业发生的年度亏损,可以在以后五年内用所得税前利润进行弥补;延续五年未弥补的亏损,可用税后利润进行弥补。

(三)所得税计征和税后利润的形成

企业利润总额经过上述三项调整后,便可确定当期的应税所得额,所得税额为应税所得与适用所得税率的乘积。企业利润总额减去所得税额就是企业净利润,它是利润分配的基础。

二、利润分配的原则

(一)依法分配原则

税后净利润是利润分配的基础,净利润是企业的权益,企业有权自主分配。国家相关法律法规对利润分配的基本原则、一般顺序和重大比例做出了明确规定,目的是保证企业利润分配的有序进行,维护企业和所有者、债权人和职工的合法权益,促使企业增加积累、提高风险防范能力。企业在利润分配中必须依照公司法,企业利润分配在内部属于重大事件,必须严格按照企业章程的规定进行分配。

(二)兼顾各方利益原则

利润分配是利用价值形式对社会产品的分配,直接关系到有关各方的切身利益。因此,要坚持全局观念,兼顾各方利益。国家为行使其自身职能,必须有充足的资金保证,这就要求企业以缴纳税款的方式,无偿上缴一部分利润,这是每个企业应尽的义务;投资者作为资本投入者、企业所有者,依法享有收益分配权,企业的净利润归投资者所有,是企业的基本制度,也是企业所有者投资企业的根本动力所在;企业的利润离不开全体职工的辛勤工作,职工作为利润的直接创造者,除获得工资及奖金等劳动报酬外,还要以适当方式参与净利润的分配。利润分配涉及投资者、经营者和职工等多方面的利益,企业必须兼顾,并尽可能保持稳定的利润分配。在企业具有稳定的利润增长时,应增加利润分配的比例。

(三)分配与积累并重原则

企业进行收益分配,应正确处理长远与近期利益的辩证关系,将两者有机结合起来。坚持分配与积累并重。企业除按规定提取法定盈余公积金以外,可适当留存一部利润作为积累。这部分留存收益虽暂时未予分配,但仍归企业所有者所有。而且,这部分积累不仅为企业扩大再生产筹措了资金,也增强了企业抵抗风险的能力,提高了企业经营的安全系数和稳定性,这也有利于增加所有者的回报。通过处理收益分配和积累的关系,留存一部分利润以供企业未来分配之需,还可以达到以丰补歉,平抑收益分配数额波动幅度,稳定投资报酬率的效果。同时出于发展和优化资本的考虑,可以合理留用利润,应以积累优先为原则,合理确定提取盈余公积金、公益金和分配给投资者利润的比例,使利润分配真正成为促进企业发展的手段。

(四)资本保全原则

资本保全是责任有限的现代企业制度的基础性原则之一。企业在分配中不得侵蚀资本,利润分配是对经营中资本新增额的分配,不是资本金的返还。因此,如果企业有亏损,先弥补亏损,再进行分配。

(五)投资与收益对等原则

企业分配收益应当体现"谁投资谁受益"、收益大小与投资比例相适应,即投资与收益对等的原则,这是正确处理投资者利益关系的关键。这就要求企业在向投资者分配收益时,应本着平等一致的原则,按照各方出资的比例来进行,以保护投资者的利益。

(六)充分保护债权人利益原则

债权人的利益按照风险承担的顺序及合同契约的规定,企业必须在利润分配前偿清所有债权人到期债务,否则不得进行分配。如果有长期债务契约,企业的利润分配方案经债权人同意才可执行。

三、利润分配的项目

利益机制是制约机制的核心,而利润分配的合理与否是利益机制最终能否发挥作用的关键。利润分配的项目支付股利是一项税后净利润的分配,但不是利润分配的全部。按照《公司法》的规定,利润分配的项目包括:

(一)法定公积金

法定公积金从净利润中提取形成,用于弥补公司亏损、扩大公司生产经营规模或者转为增加公司资本。公司分配当年税后利润时应按照其净利润的10%提取法定公积金,当公积金累计额达到公司注册资本的50%时,可不再继续提取。任意公积金的提取与否及提取数量由股东会根据需要决定。

(二)股利

在提取完公积金后,公司开始支付股利。股利的分配以各股东持有的股份数额为依据,每一股东取得的股利与其持有的股份数成正比。股份有限公司原则上应从累计盈利中分配股利,无盈利不得分配股利。但若公司用公积金抵补亏损以后,为维护其股票信誉,经股东大会特别决议,也可用公积金支付股利。

四、利润分配的顺序

按照《公司法》的规定,公司应当按照如下顺序分配利润:

①计算可供分配的利润。将本年净利润(或亏损)与年初未分配利润(或亏损)合并,计算出可供分配的利润。如果可供分配的利润为负数(即亏损),则不能进行后续分配;如果可供分配利润为正数(即本年累计盈利),则进行后续分配。

②计提法定公积金。按抵减年初累计亏损后的本年净利润计提法定公积金。提取公积金的基数,不一定是可供分配的利润,也不一定是本年的税后利润。只有不存在年初累计亏损时,才能按本年税后利润计算应提取数。

③计提任意公积金。

④向股东分配利润。

公司股东会或董事会不得违反上述规定顺序来进行利润分配,在抵补亏损和提取法定公积金之前对投资者分配利润的,必须将违反规定发放的利润退还公司。

五、股利支付形式

常见的股利支付形式有以下四种:

(一)现金股利

现金股利,又称红利,是指公司用现金支付的股利,它是股利支付最常见的方式。公司选择发放现金股利除了要有足够的留存收益外,还要有足够的现金,而现金充足与否往往会成为公司发放现金股利的主要制约因素。

（二）股票股利

股票股利，是公司以增发股票的方式所支付的股利，我国实务中通常称其为"送股"。对公司来说，发放股票股利并没有现金流出公司，也不会导致公司的资产减少，而只是将公司的留存收益转化为股本。但股票股利会增加流通在外的普通股数量，同时降低股票的每股价值。它不改变公司股东权益总额，但会改变股东的权益结构。

（三）财产股利

财产股利，是以现金以外的其他资产支付的股利，主要是以公司所拥有的其他公司的有价证券，如债券、股票等，作为股利支付给股东。

（四）负债股利

负债股利，是以负债方式支付的股利，通常以公司的应付票据支付给股东，有时也以发放公司债券的方式支付股利。

财产股利和负债股利实际上是现金股利的替代，但这两种股利支付形式在我国公司实务中很少被使用。

六、股利支付程序

股份有限公司分配股利必须遵循法定程序，先由董事会提出分配预案，然后提交股东大会决议，股东大会决议通过分配预案之后，向股东宣布发放股利的方案，并确定股权登记日、除息日和股利发放日等。

（一）股利宣告日

股利宣告日是指公司董事会将股利支付情况予以公告的日期。公告中将宣布每股支付的股利、股权登记期限、除去股息的日期和股利支付日期。

股份公司董事会根据定期发放股利的周期举行董事会会议，讨论并提出股利分配方案，由股东大会讨论通过后，正式宣告股利的发放方案，宣布方案的这一天被称为宣告日。在当日，股份公司应登记有关股利负债（应付股利）。

（二）股权登记日

上市公司在送股、派息、配股或召开股东大会的时候，需要定出某一天，界定哪些主体可以参加分红、参与配股或具有投票权利，定出的这一天就是股权登记日。也就是说，在股权登记日这一天收盘时仍持有或买进该公司的股票的投资者是可以享有此次分红或参与此次配股或参加此次股东大会的股东，这部分股东名册由证券登记公司统计在案，届时将所应送的红股、现金红利或者配股权划到这部分股东的账上。

（三）除息日

除息日是指领取股利的权利与股票相分离的日期。在除息日前，股利权从属于股票，持有股票者即享有领取当期股利的权利；除息日开始，股利权与股票相分离，新购入股票的股东不能分享当期股利。除息日对股票的价格有明显的影响，在除息日之前进行的股票交易，股票价格包括应得的股利收入，除息日后进行的股票交易，股票价格不包括股利收入,股票价格会有所下降,下降的幅度等于分派的股利。

（四）股利发放日

股利发放日是指将股利正式支付给股东的日期。在这一天,公司应按公布的分红方案通过各种手段将股利支付给股权登记日在册的股东。

第二节　股利政策

一、影响股利政策的因素

公司股利的分配是在各种制约因素下进行的,影响公司股利政策的因素主要包括:

（一）法律法规因素

企业的利润分配必须依法进行,这是正确处理各方面利益关系的关键。为规范企业的收益分配行为,国家制定和颁布了若干法律法规,主要包括企业制度方面的法律法规、财务制度方面的法律法规,《证券法》《公司法》等,这些法律法规规定了企业收益分配的基本要求和一般程序,企业必须严格执行。在这些法律中,为了保护企业债权人和股东的利益,通常对企业的股利分配作如下限制。

1. 资本保全

资本保全要求公司股利的发放不能侵蚀资本,即公司不能因支付股利而引起资本减少。资本保全的目的,在于防止企业任意减少资本结构中的所有者权益的比例,以保护债权人的利益。

2. 资本积累

资本积累即规定公司股利只能从当期的利润和过去累积的留存收益中去支付。也就是说,公司股利的支付,不能超过当期与过去的留存收益之和。如我国规定公司的年度税后利润必须计提10%的法定盈余公积金或按一定比例计提任意盈余公积金,只有当公司提取公积金累计数达到注册资本的50%时可以不再计提。

3. 净利润

公司实现的净利润在弥补以前年度的亏损,提取法定盈余公积后,再加上年初未分配利润和其他转入数（公积金弥补的亏损等）,形成的公司年度累计净利润必须为正数时才可发放股利,以前年度亏损必须足额弥补。

4. 偿债能力

公司如果要发放股利,就必须保证有充分的偿债能力。如果企业已经无力偿还债务或因发放股利将极大地影响企业的偿债能力,则不能分配现金股利。

（二）公司因素

公司资金的灵活周转,是公司生产经营得以正常进行的必要条件,公司在制定股利政策时应考虑如下因素。

1. 变现能力

公司资产的变现能力,即保有一定的现金和其他适当的流动资产,是维持正常商品经营的重要条件。较多地支付现金股利会减少公司的现金持有量,降低公司资产的流动性。因此,公司现金股利的支付能力,在很大程度上受其资产变现能力的限制。

2. 举债能力

不同公司在资本市场上举借债务的能力有一定的差别,具有较强举债能力的公司因为能够及时地筹措到所需的资金,可能采取较宽松的股利政策;而举债能力弱的公司则不得不保留盈余,因而往往采取较紧的股利政策。

3. 盈利能力

公司的股利政策在很大程度上会受其盈利能力的限制。一般而言,盈利能力比较强的公司,通常采取较高的股利支付政策,而盈利能力较弱或不够稳定的公司,通常采取较低的股利支付政策。

4. 投资机会

公司的股利政策与其所面临的新的投资机会密切相关。如果公司有良好的投资机会,必然需要大量的资本支持,因而往往会将大部分盈余用于投资,而少发放股利;如果公司暂时缺乏良好的投资机会,则倾向于先向股东支付股利,以防止保留大量现金造成资本浪费。正因为如此,许多成长中的公司,往往采取较低的股利支付率,而许多处于经营收缩期的公司,却往往采取较高的股利支付率。

5. 资本成本

与发行新股和举债筹资相比,采用留存收益作为内部筹资的方式,不需支付筹资费用,其资本成本较低。当公司筹措大量资本时,应选择比较经济的筹资渠道,以降低资本成本。在这种情况下,公司通常采取较低的股利支付政策,同时,以留存收益进行筹资,还会增加股东权益资本的比重,进而提高公司的借贷能力。

6. 公司所处的生命周期

公司应当采用最符合其当前所处生命周期阶段的股利政策。一般来说,处于快速成长期的公司具有较多的投资机会,它们需要大量的现金流量来扩大公司规模,通常不会发放很多股利,而处于成熟期的公司,一般会发放较多的股利。

(三)股东因素

股东在稳定收入、股权稀释、税负等方面的要求也会对公司的股利政策产生影响。

1. 稳定收入

公司股东的收益包括两部分,即股利收入和资本利得。对于永久性持有股票的股东来说,往往要求较为稳定的股利收入,如果公司留存较多的收益,将首先遭到这部分股东的反对,而且,公司留存收益带来的新收益或股票交易价格产生的资本利得具有很大的不确定性,因此,与其获得不确定的未来收益,不如得到现实的确定的股利。

2. 避税

尽管股票持有者获得的股利收入和资本利得都需要缴纳一定的所得税,但在许多国家,股利收入的所得税税率(累进税率)高于资本利得的所得税税率。因此,税收政策的不同,会导致不同的股东对股利的分配持有不同的态度。对高股利收入的股东来讲,出于节税的考虑(股利收入的所得税高于股票交易的资本利得税),往往反对公司发放较多的股利。在我国由于目前对股息收入只采用20%的比例税率征收个人所得税,还没有采用累进税率,而且对股票交易所得暂时不征个人所得税的情况下,低股利分配政策,可以给股东带来更多的资本利得收入,达到避税目的。

3. 股权稀释

公司举借新债,除要付出一定的代价外,还会增加公司的财务风险。如果通过增募股本的方式筹集资本,现有股东的控制权就有可能被稀释,当他们没有足够的现金认购新股时,为防止自己的控制权降低,宁可公司不分配股利而反对募集新股。另外,随着新股的发行,流通在外的普通股的股数必将增加,最终将导致普通股的每股收益和每股市价下跌,从而对现有的股东产生不利的影响。

4. 规避风险

一部分投资者认为,股利的风险小于资本利得的风险,当期股利的分配解除了投资者心中的不确定性,因此,他们往往会要求公司分配较多的股利,从而减少其投资风险。

(四)其他因素

1. 债务合同约束

公司的债务合同,特别是长期债务合同,为了保障债权人债权的安全性,往往有限制公司现金支付程度的条款,这使公司只得采取低股利政策。这种限制条款主要有:限制运用以前的留存收益进行未来股息的支付;当企业的营运资本低于一定的标准时不得向股东支付股利;当企业的利息保障倍数低于一定的标准时,不得向股东支付股利。

2. 通货膨胀

在通货膨胀情况下,公司固定资产的价值会增长较快,折旧基金的购买力水平会下降,将导致公司没有足够的资金来源重置固定资产。这时盈余会被当作弥补折旧基金购买力水平下降的资金来源,因此在通货膨胀时期公司股利政策往往偏紧。

另外,国家有关的宏观经济环境、金融环境以及文化因素等都会对企业的股利政策产生较大的影响,如经济增长的速度等。

二、常见股利政策

股利政策是指在法律允许的范围内,企业是否发放股利、发放多少股利以及何时发放股利的方针及对策。企业的净收益可以支付给股东,也可以留存在企业内部,股利政策的关键问题是确定分配和留存的比例。股利政策不仅会影响股东的财富,而且会影响企业在资本市场上的形象及企业股票的价格,更会影响企业的长短期利益。因此,合理的股利政策对企业及股东来讲是非常重要的。企业应当确定适当的股利政策,并使其保持连续性,以便股东据以判断其发展的趋势。在实际工作中,通常有下列几种股利发放政策可供选择。

(一)剩余股利政策

剩余股利政策(residual dividend policy)是指公司生产经营所获得的净收益首先应满

足公司的资金需求,如果还有剩余,则派发股利;如果没有剩余,则不派发股利。剩余股利政策的理论依据是 MM 股利无关理论。根据 MM 股利无关理论,在完全理想状态下的资本市场中,上市公司的股利政策与公司普通股每股市价无关,公司派发股利的高低不会给股东的财富价值带来实质性的影响,投资者对于盈利的留存或发放毫无偏好,公司决策者不考虑公司的分红模式,公司的股利政策只需随着公司的投资、融资方案的制订而自然确定。另外,很多公司有自己的最佳目标资本结构,公司的股利政策不应当破坏最佳资本结构。因此,根据这一政策,公司按如下步骤确定其股利分配额:

①根据公司的投资计划确定公司的最佳资本预算。

②根据公司的目标资本机构及最佳资本预算预计公司资金需求中所需要的权益资本数额。

③尽可能用留存收益来满足资金需求中所需增加的股东权益数额。

④留存收益在满足公司股东权益增加需求后,如果有剩余再用来发放股利。

【例 7-1】 假设某公司 2008 年在提取了公积金之后的税后净利润为 2 000 万元,2009 年的投资计划需要资金 2 200 万元,公司的目标资本结构为权益资本占 60%,债务资本占 40%。那么,按照目前资本结构的要求,公司投资方案所需的权益资本额为:

$$2\ 200 \times 60\% = 1\ 320(万元)$$

公司当年全部可用于分的盈利为 2 000 万元,除了可以满足上述投资方案所需的权益性资本以外,还有剩余可以用于分派股利。2008 年可以发放的股利额为:

$$2\ 000 - 1\ 320 = 680(万元)$$

假设该公司当年流通在外的普通股为 1 000 万股,那么,每股股利为:

$$680 \div 1\ 000 = 0.68(元/股)$$

剩余股利政策的优点是:留存收益优先保证再投资的需要,有助于降低再投资的资本成本,保持最佳的资本结构,实现企业价值的长期最大化。其缺点是:如果完全遵照执行剩余股利政策,股利发放额就会每年随投资机会和盈利水平的波动而波动。即使在盈利水平不变的情况下,股利也将与投资机会的多寡呈反方向变动:投资机会越多,股利越少;反之,投资机会越少,股利发放越多。而在投资机会维持不变的情况下,股利发放额将因公司每年盈利的波动而同方向波动。剩余股利政策不利于投资者安排收入与支出,也不利于公司树立良好的形象,一般适用于公司初创阶段。

(二)固定或稳定增长的股利政策

固定或稳定增长的股利政策(stable dividend policy)是指公司将每年派发的股利额固定在某一特定水平或是在此基础上维持某一固定比率逐年增长。只有在确信公司未来的盈利增长不会发生逆转时,才会宣布实施固定或稳定增长的股利政策。在固定或稳定增长的股利政策下,首先应确定的是股利分配额,而且该分配额一般不随资金需求的波动而波动。

近年来,为了避免通货膨胀对股东收益的影响,最终达到吸引投资的目的,很多公司开始实行稳定增长的股利政策。即为了避免股利的实际波动,公司在支付某一固定股利的基础上,还制订了一个目标股利增长率,依据公司的盈利水平按目标股利增长率逐步提高公司的股利支付水平。

1. 固定或稳定增长股利政策的优点

①由于股利政策本身的信息含量,它能将公司未来的获利能力、财务状况以及管理层对公司经营的信心等信息传递出去。固定或稳定增长的股利政策可以传递给股票市场和投资者一个公司经营状况稳定、管理层对未来充满信心的信号,这有利于公司在资本市场上树立良好的形象、增强投资者信心,进而有利于稳定公司股价。

②固定或稳定增长股利政策,有利于吸引那些打算长期投资的股东,这部分股东希望其投资的获利能够成为其稳定收入的来源,以便安排各种经常性的消费和其他支出。

2. 固定或稳定增长股利政策的缺点

①固定或稳定增长股利政策下的股利分配只升不降,股利支付与公司盈利相脱离,即不论公司盈利多少,均要按固定的甚至固定增长的比率派发股利。

②在公司的发展过程中,难免会出现经营状况不好或短暂的困难时期,如果这时仍执行固定或稳定增长的股利政策,那么派发的股利金额大于公司实现的盈利,必将侵蚀公司的留存收益,影响公司的后续发展,甚至侵蚀公司现有的资本,给公司的财务运作带来很大压力,最终影响公司正常的生产经营活动。

因此,采用固定或稳定增长的股利政策,要求公司对未来的盈利和支付能力能做出较准确的判断。一般来说,公司确定的固定股利额不应太高,要留有余地,以免陷入公司无力支付的被动局面。固定或稳定增长的股利政策一般适用于经营比较稳定或正处于成长期的企业,且很难被长期采用。

（三）固定股利支付率政策

固定股利支付率政策(constant payout ratio dividend policy)是指公司将每年净收益的某一固定百分比作为股利分派给股东。这一百分比通常称为股利支付率,股利支付率一经确定,一般不得随意变更。固定股利支付率越高,公司留存的净收益越少。在这一股利政策下,只要公司的税后利润一经计算确定,所派发的股利也就相应确定了。

1. 固定股利支付率政策的优点

①采用固定股利支付率政策,有助公司盈余紧密地配合,体现了多盈多分、少盈少分、无利不分的股利分配原则。

②由于公司的获利能力在年度间是经常变动的,因此,每年的股利也应当随着公司收益的变动而变动,并保持分配与留存收益间的一定比例关系。采用固定股利支付率政策,公司每年按固定的比例从税后利润中支付现金股利,从企业支付能力的角度看,这是一种稳定的股利政策。

2. 固定股利支付率政策的缺点

①传递的信息容易成为公司的不利因素。大多数公司每年的收益很难保持稳定不变,如果公司每年收益状况不同,每年发放的股利会随着公司收益的变动而变动,从而使公司的股利支付极不稳定,由此导致股票市价上下波动。而股利通常被认为是公司未来前途的信号传递,那么波动的股利向市场传递的信息就是公司未来收益前景不明确、不可靠等,很容易给投资者带来公司经营状况不稳定、投资风险较大的不良印象。

②容易使公司面临较大的财务压力。因为公司实现的盈利越多,一定支付比率下派发的股利就越多,但公司实现的盈利多,并不代表公司有充足的现金派发股利,只能表明公司盈利状况较好而已。如果公司的现金流量状况并不好,却还要按固定比率派发股利的话,就很容易给公司造成较大的财务压力。

③缺乏财务弹性。股利支付率是公司股利政策的主要内容,模式的选择、政策的制定是公司的财务手段和方法。在不同阶段,根据财务状况制定不同的股利政策,会更有效地实现公司的财务目标。但在固定股利支付率政策下,公司丧失了利用股利政策的财务方法,缺乏财务弹性。

④确定合适的固定股利支付率难度大。如果固定股利支付率定得较低,不能满足投资者对投资收益的要求;而固定股利支付率定得较高,没有足够的现金派发股利时会给公司带来巨大财务压力,另外,当公司发展需要大量资金时,也要受其制约。所以确定合适的股利支付率的难度很大。

由于公司每年面临的投资机会、筹资渠道都不同,而这些都可以影响到公司的股利分派,所以,一成不变地奉行按固定比率发放股利政策的公司在实际中并不多见,固定股利支付率政策只是比较适用于那些发展稳定且财务状况也较稳定的公司。

【例7-2】 某公司长期以来采用固定股利支付率政策进行股利分配,确定的股利支付率为40%。2009年可供分配的税后利润为1 000万元,如果仍然继续执行固定股利支付率政策,公司本年度将要支付的股利为:

$$1\ 000 \times 40\% = 400(万元)$$

但公司下一年度有较大的投资需求,因此,准备在本年度采用剩余股利政策。如果公司下一年度的投资预算为1 200万元,目标资本结构为权益资本占60%,债务资本占40%。按照目标资本机构的要求,公司投资方案所需的权益资本额为:

$$1\ 200 \times 60\% = 720(万元)$$

2009年可以发放的股利额为:

$$1\ 200 - 720 = 480(万元)$$

(四)低正常股利加额外股利政策

低正常股利加额外股利政策(Regular Plus Bonus Policy)是指企业盈利情况较好、资金较为充裕的年度向股东发放高于每年度正常股利的额外股利。

1. 低正常股利加额外股利政策的优点

①低正常股利加额外股利政策赋予公司一定的灵活性,使公司在股利发放上留有余地和具有较大的财务弹性,同时,每年可以根据公司的具体情况,选择不同的股利发放水平,以完善公司的资本结构,进而实现公司的财务目标。

②低正常股利加额外股利政策有助于稳定股价,增强投资者信息。由于公司每年固定派发的股利维持在一个较低的水平上,在公司盈利较少或需要较多的留存收益进行投资时,公司仍然能够按照既定承诺的股利水平派发股利,使投资者保持一个固有的收益保障,这有助于维持公司股票的现有价格。而当公司盈利状况较好且有剩余现金时,就可以在政策股利的基础上再派发额外股利,而额外股利信息的传递则有助于公司股票的

股价上扬,增强投资者信心。

可以看出,低正常股利加额外股利政策既吸引了固定股利政策对股东投资收益的保障优点,同时又摒弃其对公司所造成的财务压力方面的不足,所以在资本市场上颇受投资者和公司的欢迎。

2. 低正常股利加额外股利政策的缺点

①年份之间公司的盈利波动使得额外股利不断变化,或时有时无,造成分派的股利不同,容易给投资者以公司收益不稳定的感觉。

②当公司在较长时期持续发放额外股利后,可能会被股东误认为"正常股利",而一旦取消了这部分额外股利,传递出去的信号可能会使股东认为这是公司财务状况恶化的表现,进而可能会引起公司股价下跌的不良后果。所以相对来说,对那些盈利水平随着经济周期的变化而有较大波动的公司或行业,这种鼓励政策也许是一种不错的选择。

第三节 股票股利、股票分割与股票回购

一、股票股利

(一)股票股利的含义

股票股利在会计上属公司收益分配,是一种股利分配的形式。股利分配形式有现金股利、财产股利、负债股利、股票股利。股票股利是公司以增发股票的方式所支付的股利,通常也将其称为"红股"。

发放股票股利不会引起公司资产的流出或负债的增加,只涉及股东权益内部结构的调整,而其总额保持不变。

【例7-3】 海达公司2011年年末的简化资产负债表见表7-1(发放股票股利前)。

表7-1 发放股票股利前资产负债表　　　　　　　　　　　　单位:万元

资产	20 000	负债	8 000
		普通股(面值1元,已发行500万股)	500
		资本公积	4 500
		留存收益	7 000
		股东权益合计	12 000
资产合计	20 000	负债与股东权益合计	20 000

假定公司宣布发放20%的股票股利,即发行100(500×20%)万股普通股股票,这将使已发行股份增至600万股。随着股票股利的发放,"留存收益"项目的余额将减少100万元,而"普通股"项目将增加100万元。发放股票股利后,海达公司资产负债表见表7-2。

255

表 7-2　发放股票股利后资产负债表　　　　　单位：万元

资产	20 000	负债	8 000
		普通股（面值 1 元，已发行 600 万股）	600
		资本公积	4 500
		留存收益	6 900
		股东权益合计	12 000
资产合计	20 000	负债与股东权益合计	20 000

发放股票股利后，如果公司收益总额不变，股份数的增加将使每股收益和每股市价下降，但由于股东所持股份比例不变的情况下持股数量增加，因此其持股的总市值仍保持不变。

【例 7-4】　假定例 7-3 中海达公司 2011 年的净利润为 300 万元，甲股东持有普通股 5 万股，发放股票股利对该股东的影响见表 7-3。

表 7-3　股利发放前后对比

项目	发放股票股利前	发放股票股利后
每股收益（元）	300÷500＝0.6	300÷600＝0.5
每股市价（元）	24	24÷（1＋20%）＝20
持股比例（%）	5÷500×100＝1	6÷600×100＝1
持股总市值（万元）	5×24＝120	6×20＝120

（二）股票股利的优点

1. 从公司角度看

①节约公司现金，有利于公司长期发展。股票股利的发放使得公司在无须分配现金的情况下让股东分享公司盈利，由此可以将更多的现金留存下来用于再投资，有利于公司的长期、健康、稳定发展。

②日后公司要发行新股票时，则可以降低发行价格，有利于吸引投资者。在盈利预期不变的情况下，发放股票股利能够在一定程度上降低股价，从而有利于吸引更多的中小投资者，活跃公司股票的交易，增强股票的流动性和变现能力。

③传递公司未来发展前景的良好信息，增强投资者的信心，稳定股票价格。发放股票股利一般为成长型公司所用，公司只有在增加的收益足以完全抵消因股份增加而造成每股收益下降的不利影响时，才会发放股票股利。所以，发放股票股利意味着公司管理层对公司未来的发展充满信心，有利于传达公司持续发展的信息，树立公司良好形象，增强投资者对公司的信心，从而起到稳定公司股票价格的作用。

2. 从股东角度看

①获得纳税上的好处。在公司发放股票股利的情况下，如果股东需要现金，可以将

分得的股票出售,在资本利得税率低于现金股利税率的情况下,股东可以节约所得税支出。

②分享公司未来收益的增长。股票股利一般是成长型公司采用的分配方式,因为投资者往往认为发放股票股利预示着公司未来可能有较大发展,收益会大幅增加,足以抵消股份增加的不利影响,从而使股东可以享受公司未来增长所带来的收益。

二、股票分割

(一)股票分割的含义

股票分割(stock split)又称股票拆细或拆股,股票分割是比较技术的说法。股票分割是指将一张较大面值的股票拆成几张较小面值的股票。股票分割对公司的资本结构不会产生任何影响,一般只会使发行在外的股票总数增加,资产负债表中股东权益各账户(股本、资本公积、留存收益)的余额都保持不变,股东权益的总额也保持不变。股票分割不是股利支付方式,但其所产生的效果和股票股利相似。

和股票股利相同的是,股票分割会使发行在外的股票数量增加,每股市价及每股收益下降,资产和负债的总额及其构成,以及股东权益总额均保持不变。不同之处在于发放股票股利使股本增加,留存收益减少,但每股面值不变;而股票分割不影响公司的留存收益和股本总额,只是使每股面值变小。

【例 7-5】　海达公司股票分割前资产负债表见表 7-1。假设其按 1 股换 2 股的比例进行股票分割,则其分割后的资产负债表见表 7-4。

表 7-4　股票分割后的资产负债表　　　　　　　单位:万元

资产	20 000	负债	8 000
		普通股(面值 0.5 元,已发行 1 000 万股)	500
		资本公积	4 500
		留存收益	7 000
		股东权益合计	12 000
资产合计	20 000	负债与股东权益合计	20 000

(二)股票分割的目的

从公司角度看,实行股票分割的主要目的有:

1. 降低股票市价

股票分割的主要目的在于通过增加股票股数降低每股市价,从而吸引更多的投资者。因为若公司股票价格过高,不利于股票交易活动,影响公司股票的流动性。若将股票加以分割,降低其面值,增加股份数,便能有效降低每股市价,从而刺激投资者的入市欲望,促进股票的交易和流通。

2. 传递公司良好发展的信息

股票分割往往是成长中公司的行为,宣布股票分割容易给投资者一种公司正处于发展中的印象,有助于增强投资者对公司的信心。

3. 为新股发行做准备

股票价格过高会使许多潜在的投资者不敢轻易对公司进行投资。如果在新股发行前通过股票分割降低股票市价,则有助于增加投资者对公司股票的投资兴趣,从而可以促进新股的发行。

4. 有助于公司并购策略的实施、

并购公司在并购前将其股票进行分割,可以提高对被并购公司股东的吸引力。

三、股票回购

股票回购是指股份公司出资将其发行在外的流通股股票按一定的价格回购,予以注销或作为库存股的一种资本运作方式。股票回购可通过减少流通在外的股票数量而使剩余流通股的每股收益增加,进而推动股价上升或将股价维持在一个合理的水平上。与现金股利相比,股票回购对投资者可产生节税效应,也可增加投资的灵活性。对公司管理层来说,派发现金股利会对公司产生未来的派现压力,而回购股票属于非常规股利政策,不会对公司产生未来的派现压力。因此,股票回购有利于实现长期股利政策目标。

(一)股票回购动机

1. 稳定股价

过低的股价,无疑将对公司经营造成严重影响,股价过低,使人们对公司的信心下降,使消费者对公司产品产生怀疑,削弱公司出售产品、开拓市场的能力。在这种情况下,公司回购本公司股票以支撑公司股价,有利于改善公司形象,股价在上升过程中,投资者又重新关注公司的运营情况,消费者对公司产品的信任增加,公司也有了进一步配股融资的可能。因此,在股价过低时回购股票,是维护公司形象的有力途径。

2. 防止被收购

股票回购在国外经常作为一种重要的反收购措施而被运用。回购将提高本公司的股价,减少在外流通的股份,给收购方造成更大的收购难度;股票回购后,公司在外流通的股份少了,可以防止浮动股票落入进攻企业手中。

3. 调整资本结构

当公司资本结构中权益资本比率过高时,不利于降低企业资本成本,也没有充分利用财务杠杆。公司用发行债券或其他举债方式来回购股票,有利于维持最佳资本结构,降低资本成本。

4. 作为库存股票

一方面,公司回购股票以作为库存股,便于将来用于认股权证、股票期权或可转换债券的销售;另一方面,公司可以将回购的股票奖励给优秀经营管理人员,以优惠的价格转让给职工,以起到激励作用。

(二)股票回购的影响

1. 对每股收益与股票价格的影响

股票回购对剩下的股票的每股收益和每股市场价格的影响可以通过下面的例子来

说明。

【例7-6】　A公司2012年的税后收益为2 000万元,经公司董事会讨论将受益的一半即1 000万元分配给股东。公司发行在外的股票有500万股,平均价格为18元/股,A公司估计它可以用1 000万元来回购50万股股票,收购价格为每股20元,或者支付每股2元的现金股利。

(1)回购计划实施前

$$每股收益=\frac{总收益}{股份总数}=\frac{2\,000}{500}=4(元/每股)$$

$$市盈率=\frac{18}{4}=4.5$$

(2)回购计划实施后

$$每股收益=\frac{2\,000}{450}=4.44(元/股)$$

$$股票回购价格=回购前市盈率\times回购后每股收益=4.5\times4.44=20(元)$$

在上例中,在两种情况下,投资者都可以得到2元的收益,即要么是2元的现金股利,要么是2元的股票增值,但这一结论有两个前提:①回购价格必须是每股20元;②市盈率保持不变。如果回购价格低于每股20元,那么对于剩下的股东来说情况就更好;如果该公司支付的价格大于每股20元,则情况相反。同样,市盈率也会因为回购而发生变化,当投资者喜欢这一行动时,它就上升,反之则下降。

2. 对其他方面的影响

回购计划有时也可能被投资者认为是公司找不到合适投资项目的标志,从而对股票价格产生不利影响。但从历史经验来看,回购的影响是利大于弊的。此外,回购股票有时会被认为有操纵股价的嫌疑,处理不当会受到证券交易监管机构的调查甚至处分。

(三)股票回购的优缺点

1. 股票回购的优点

①回购一般会传达一种积极信号,因为回购经常是管理当局认为公司的股票价格被低估了;②股票回购一般会提高股票的价格;③股票回购不会增加公司未来股利支付的负担;④股票回购可以调整资本结构,比如,公司举债回购股票,可以增加公司的债务资本,从而降低资本成本;⑤公司计划以股票期权、员工持股来激励员工时,可以在员工执行期权时或以股票激励高管时使用回购的股票,这样就避免了发行新股而稀释每股收益。

2. 股票回购的缺点

①相对现金股利而言,股票回购显得不够可靠,它给股东带来的收益有很大的不确定性;②股票回购会向市场传达公司缺乏良好投资机会的信息;③如果回购价格不合理,或经常性地回购股票则有操纵股价之嫌疑,招致证券监管部门的干预;④公司可能为回购股票支付太多现金,对剩余股东不利。如果公司要收购大量的股票,那么竞价会使股价短期内高于均衡水平并在回购完成后下跌;⑤股票回购是一种减资行为,会受到很多

约束,操作不易。同时,股票回购会导致公司资本减少,从根本上动摇了公司的资本基础,会威胁到债权人的财产安全。

本章小结

净收益是反映企业经营绩效的核心指标,是企业利益相关者进行利益分配的基础,是企业可持续发展的基本源泉,加强收益管理,搞好收益分配意义深远。

利润分配必须遵循特定的原则,严格按照国家相关法律法规规定的程序进行分配。常见股利政策主要有剩余股利政策、固定股利或稳定增长股利政策、固定股利支付率政策、低正常股利加额外股利政策等。企业在选择具体股利政策时应充分考虑法律、公司自身、股东等多方面因素。具体股利支付形式包括现金股利、股票股利、财产股利和负债股利。公司在确定股利分配方案时要遵循严格的程序,分别确定股利宣告日、股权登记日、除息日和股利发放日等时间节点。公司出于不同目的会进行股票分割和股票回购。

课后分析案例

中国联通的股利政策

中国联合网络通信股份有限公司(证券代码:600050)2019 年、2018 年、2017 年的权益分派方案如下。

一、2019 年度权益分派实施公告的主要内容

中国联合网络通信股份有限公司(以下简称"公司"或"本公司")2019 年度权益分配方案在 2020 年 5 月 22 日召开的 2019 年年度股东大会上审议通过。

发放年度:2019 年度。分派对象:截至股权登记日下午上海证券交易所收市后,在中国证券登记结算有限责任公司上海分公司登记在册的本公司全体股东。本次利润分配以方案实施前的公司总股本 31 025 507 687 为基数,每 10 股派发现金股利 0.604 元(含税),共计向本公司股东派发现金红利约人民币 1 873 940 664 元(含税)。股权登记日:2020 年 6 月 23 日。除权(息)日:2020 年 6 月 24 日。现金红利发放日。2020 年 6 月 24 日。

二、2018 年度权益分派实施公告的主要内容

公司 2018 年度权益分配方案在 2019 年 5 月 8 日召开的 2018 年年度股东大会上审议通过。

发放年度:2018 年度。分派对象:截至股权登记日下午上海证券交易所收市后,在中国证券登记结算有限责任公司上海分公司登记在册的本公司全体股东。本次利润分配以方案实施前的公司总股本 31 040 967 687 为基数,每 10 股派发现金股利 0.533 元(含

税），共计向本公司股东派发现金红利人民币 1 654 483 578 元（含税）。股权登记日：2019 年 6 月 26 日。除权（息）日：2019 年 6 月 27 日。现金红利发放日：2019 年 6 月 27 日。

三、2017 年度权益分派实施公告的主要内容

公司 2017 年度权益分配方案在 2018 年 5 月 9 日召开的 2020 年年度股东大会上审议通过。

发放年度：2017 年度。分派对象：截至股权登记日下午上海证券交易所收市后，在中国证券登记结算有限责任公司上海分公司登记在册的本公司全体股东。本次利润分配以方案实施前的公司总股本 31 027 811 687 为基数，每 10 股派发现金股利 0.198 元（含税），共计向本公司股东派发现金红利人民币 614 350 671.4 亿元（含税）。股权登记日：2018 年 6 月 28 日。除权（息）日：2018 年 6 月 29 日。现金红利发放日：2019 年 6 月 29 日。

资料来源：中国联通财务报告（2017—2019）年。

案例分析讨论：

1. 请结合各年度财务报表数据，计算该公司的股利支付率。并比较分析其各年度的股利分配方案的异同。

2. 在股利分配过程中的各个时间点，你认为股价理论上会有怎样的变化？实际结果和理论分析是一致的吗？

3. 进一步分析该公司股利政策的类型。

思考题

1. 简述股份制公司利润分配的顺序和分配原则。
2. 公司制定股利政策应考虑的因素有哪些？
3. 简述剩余股利分配政策的优缺点及其操作原理。
4. 比较股票股利和股票分割的异同。
5. 简述股票回购的优缺点。

自测题

一、单项选择题

1. 公司以股票形式发放股利，可能带来的结果是（　　）。

A. 引起公司资产减少　　　　　　B. 引起公司负债减少

C. 引起股东权益内部结构变化　　D. 引起股东权益与负债同时变化

2.在企业的净利润与现金流量不够稳定时,采用(　　)政策对企业和股东都是有利的。

A.剩余政策　　　　　　　　B.固定股利政策

C.固定股利比例政策　　　　D.正常股利加额外股利政策

3.采用剩余股利政策分配股利的根本目的是(　　)。

A.降低企业筹资成本　　　　B.稳定公司股票价格

C.合理安排现金流量　　　　D.体现风险投资与风险收益的对等关系

4.某公司现有发行在外的普通股 1 000 000 股,每股面额 1 元,资本公积 3 000 000 元,未分配利润 8 000 000 元,股票市价 20 元;若按 10%的比例发放股票股利并按市价折算未分配利润的变动额,公司资本公积的报表数将为(　　)元。

A.1 000 000　　B.2 900 000　　C.4 900 000　　D.3 000 000

5.下列影响股利发放的因素中,属于公司因素的是(　　)。

A.债务合同限制　　　　　　B.筹资成本

C.资本保全约束　　　　　　D.避税考虑

6.企业转让子公司股权所得收益与其对子公司股权投资的差额,应作为(　　)来处理。

A.冲减所有者权益　　　　　B.清算费用

C.清算收益　　　　　　　　D.投资损益

7.大华公司于 2002 年度提取了公积金、公益金后的净利润为 100 万元,2003 年计划所需 50 万元的投资,公司的目标结构为自有资金 40%,借入资金 60%,公司采用剩余股利政策,该公司于 2002 年可向投资者分红(发放股利)数额为(　　)万元。

A.20　　　　　B.80　　　　　C.100　　　　　D.30

8.企业投资并取得收益时,必须按一定的比例和基数提取各种公积金,这一要求体现的是(　　)。

A.资本保全约束　　　　　　B.资本积累约束

C.超额累积利润约束　　　　D.偿债能力约束

9.在以下股利政策中有利于稳定股票价格,从而树立公司良好形象,但股利的支付与公司盈余相脱节的股利政策是(　　)。

A.剩余政策　　　　　　　　B.固定股利政策

C.固定股利比例政策　　　　D.正常股利加额外股利政策

10.下列项目中,不能用于分派股利的是(　　)。

A.盈余公积金　　　　　　　B.资本公积

C.税后利润　　　　　　　　D.上年末分配利润

二、多项选择题

1.下列各项目中,将会导致公司股本变动的有(　　)。

A.财产股利　　B.股票股利　　C.负债股利　　D.股票回购

2. 股利政策的制定受多种因素的影响,包括( )。

A. 税法股利和出售股票收益的不同处理　　　　B. 未来公司的投资机会

C. 各种资金来源及其成本　　　　　　　　　　D. 股东对当期收入的相对偏好

3. 恰当的股利分配政策有利于( )。

A. 增强公司积累能力　　　　　　　　　　　　B. 增强投资者对公司的投资信心

C. 提高企业的市场价值　　　　　　　　　　　D. 改善企业资本结构

4. 利润分配政策直接影响公司的( )。

A. 经营能力　　　　B. 盈利水平　　　　C. 筹资能力　　　　D. 市场价值

5. 股东在决定公司收益分配政策时,通常考虑的主要因素有( )。

A. 筹资成本　　　　　　　　　　　　　　　　B. 偿债能力约束

C. 防止公司控制权旁落　　　　　　　　　　　D. 避税

三、判断题

1. 企业发放股票股利将使同期每股收益下降。　　　　　　　　　　( )

2. 公司不能用资本包括股本和资本公积发放股利。　　　　　　　　( )

3. 采用现金股利形式的企业必须具备两个条件:一是企业要有足够的现金,二是企业要有足够的留存收益。　　　　　　　　　　　　　　　　　　　　　　( )

4. 按照"无利不分"原则,股份有限公司当年亏损,不得向股东支付股利。　　( )

5. 采用固定股利比例政策体现了风险投资与风险收益的对等关系。　　( )

四、计算分析题

1. A 公司目前发行在外的股数为 1 000 万股,该公司的产品销路稳定,拟投资 1 200 万元,扩大生产能力 50%。该公司想要维持目前 50% 的负债比率,并想继续执行 10% 的固定股利支付率政策。该公司在 2000 年的税后利润为 500 万元。

要求:该公司 2016 年为扩充上述生产能力必须从外部筹措多少权益资本?

2. ABC 公司制订了未来 5 年的投资计划(表 7-5),相关信息如下:公司的理想资本结构是负债与权益比率为 2 : 3,公司流通在外的普通股有 125 000 股。

表 7-5　ABC 公司 5 年投资计划

年份	年度内的总投资规模(元)	年度内的净利润(元)
1	350 000	250 000
2	475 000	450 000
3	200 000	600 000
4	980 000	650 000
5	600 000	390 000

要求:(1)若公司采用剩余股利政策:

①每年采用剩余股利政策,每年发放的每股股利为多少?

②在规划的 5 年内总体采用剩余股利政策,每年的每股固定股利为多少?

(2)若公司采用每年每股 0.5 元加上年终额外股利,额外股利为净收益超过 250 000 元部分的 50%,则每年应发放的股利为多少?

(3)若企业的资本成本率为 6%,从股利现值来看,采用每年每股 0.5 元加上年终额外股利,额外股利为净收益超过 250 000 元部分的 50% 和每年采用剩余股利政策,哪种政策股利现值小?

第八章 财务分析

学习目的

(1)理解财务分析的含义、作用及目的,掌握财务分析的依据及评价标准。

(2)熟悉财务分析的内容。

(3)理解趋势分析法、因素分析法、比率分析法及综合分析法的基本原理。

(4)掌握偿债能力分析、营运能力分析、盈利能力分析等常用分析方法。

(5)理解杜邦分析法、沃尔比重评分法的原理,熟练运用杜邦分析法。

关键术语

财务分析 偿债能力 营运能力 盈利能力 杜邦分析

导入案例

中国海洋石油有限公司的"二次跨越"能实现吗?

中国海洋石油有限公司(以下简称"中海油")隶属于中国海洋石油总公司,于1999年8月在香港注册成立,在2001年2月先后登陆纽约证券交易所和香港联合交易所;并于2001年7月,入选恒生指数成份股。中海油属于海上石油勘探与开发板块,来自行业新进入者的威胁较小,客户的议价能力较弱,短时间内出现可替代产品的威胁较低并且行业内企业竞争比较激烈。因而,油气的勘探与开采能力和油气储量构成了业内企业的核心竞争能力。为获取持续的竞争优势,2012年,中海油果断提出"二次跨越"的战略构想,并制订了发展纲要。为实现其战略构想,中海油一方面开展"质量效益年"活动,不断探明油气田储量与实现老油田的稳产和增产,并削减费用支出;另一方面积极开拓海外市场,例如收购了尼克森公司,以提高其深海石油勘探与开采技术以及开采非常规油气田的能力。

中海油在"二次跨越"的战略构想指引下,截至2016年年底,其净证实储量从2012年的34.9亿桶油当量增至38.8亿桶油当量(含权益法核算下的净证实储量),油气净产量由2012年的约94万桶油当量/天达到130余万桶油当量/天(含权益法核算下的净产量);其桶油主要成本从2013年的45.02美元/桶油当量降至34.67美元/桶油当量(其

265

中,桶油作业费用下降37.8%,重回7美元/桶油当量)。此外,中海油实现了在深水油气田、海上稠油以及低孔渗油气田等勘探开发技术的突破。2012年与2013年是中海油发展战略的起步阶段,构成了战略执行的重要环节,且各项财务指标均呈现良好态势;但自2014年开始,各项财务指标的发展态势转变较大。本案例将利用中海油近5年来的财务报表信息,分析中海油整体财务状况、经营成果、现金流量以及财务效率,进而判断其能否逐步顺利地完成战略目标。中海油2012—2016年的财务报表主要数据见表8-1与表8-2。

表8-1 中海油2012—2016年利润表主要数据　　　　　　单位:百万元

项目	2012	2013	2014	2015	2016
营业总收入	247 627	285 857	274 643	171 437	146 490
营业总成本	160 486	207 354	193 719	153 981	148 902
投资收益	2 392	2 611	2 684	2 398	2 774
利润总额	90 172	80 851	82 513	17 130	−5 275
净利润	63 691	56 461	60 199	20 246	637
经营活动净现金流量	92 574	110 891	110 508	80 095	72 863
投资活动净现金流量	−63 797	−170 032	−90 177	−76 495	−27 953
筹资活动净现金流量	2 584	18 601	−19 486	−6 893	−43 240

表8-2 中海油2012—2016年资产负债表主要数据　　　　　　单位:百万元

项目	2012	2013	2014	2015	2016
流动资产	170 894	146 552	140 708	140 211	122 045
应收账款	23 624	34 136	29 441	21 829	23 289
固定资产	252 132	419 102	463 222	454 141	432 465
长期股权投资	24 017	24 397	25 250	28 413	29 995
无形资产	973	17 000	16 491	16 423	16 644
总资产	456 070	621 473	662 859	664 362	637 681
流动负债	82 437	128 948	103 498	84 380	67 090
非流动负债	63 853	150 905	179 751	193 941	188 220
所有者权益	309 780	341 620	379 610	386 041	382 371

　　由表8-1和表8-2可知,中海油2016年度相比2012年度,营业收入、净利润和经营活动净现金流量均有所下降,而资产和净资产规模均有所增加,资产总额为1.40倍,所有者权益为1.23倍,其中,固定资产达到1.72倍,无形资产达到17.11倍。

　　从中海油的偿债能力方面来看,短期偿债能力指标波动较大,2012—2016 年的流动比率分别为 2.07,1.14,1.36,1.66 和 1.82;长期偿债能力自 2013 年起基本稳定且有所下降,从 2012—2016 年的资产负债率分别为 32%,45%、43%,42% 和 40%。

　　从中海油的营运能力方面来看,近 5 年的流动资产周转率分别为 1.45,1.95,1.95,1.22 和 1.20,呈下降趋势。

　　从中海油的盈利能力指标来看,盈利能力呈下降趋势且波动较大,近 5 年的营业净利率分别为 26%、20%、22%、12% 和 0.4%。

　　从中海油的发展能力指标来看,2013—2016 年连续 4 个年度的营业收入增长率分别为 15%、-4%、-38% 和-15%。

　　资料来源:张先治,王玉红.财务分析——理论、方法与案例[M].北京:中国邮电出版社,2018.

　　案例分析讨论:

　　1.上述中海油报表数据结果,表明中海油自 2012 年实施"二次跨越"的战略以来,到 2014 年基本保持了高速发展,但 2015 年以来,财务报表各主要项目以及各项财务指标均呈下滑态势。那么,是什么原因影响了中海油近两年的高速发展?

　　2.2017 年的国际油价仍不容乐观。同时,中海油的资产减值及跌价准备从 2012 年的 0.31 亿元攀升至 2016 年的近 122 亿元;2017 年,中海油坚持以寻找大中型油气田为主线的勘探思路,仍有 5 个新项目投产以及继续投资 20 余个在建项目。在此背景下,中海油最终能否实现"二次跨越"的战略构想? 假设站在不同利益相关者角度,分析中海油"二次跨越"战略构想是否符合行业背景与企业实际? 在分析目的和内容上有什么不同?

第一节　财务分析概述

一、财务分析的基本内涵

　　美国南加州大学教授 Water B. Meigs 认为,财务分析的本质在于搜集与决策有关的各种财务信息,并加以分析与解释。

　　纽约城市大学 Leopold A. Bernstein 认为,财务分析是一种判断的过程,旨在评估企业现在或过去的财务状况及经营成果,其目的在于对企业未来的状况及经营业绩进行最佳预测。

　　台湾政治大学教授洪国赐认为,财务分析以审慎选择财务信息为起点,作为探讨的根据;以分析信息为重心,揭示其相关性;以研究信息的相关性为手段,评核其结果。

　　财务分析是以会计核算和报表资料及其他相关资料为依据,采用系列专门的分析技术和方法,对企业等经济组织过去和现在有关筹资活动、投资活动、经营活动的偿债能力、盈利能力和营运能力状况等进行分析与评价,为企业的投资者、债权者、经营者及其他关心企业的组织或个人了解企业过去、评价企业现状、预测企业未来，做出正确决策提供准确的信息或依据的经济应用学科。

二、财务分析的依据和评价标准

（一）财务分析的依据

财务分析基于财务分析信息，财务分析信息是财务分析的基础和不可分割的组成部分，它对于保证财务分析工作的顺利进行、提高财务分析的质量与效果有着重要的作用。

按照信息的内容不同，财务分析信息可分为财务信息和非财务信息。财务信息如财务报表、财务报表附注及审计报告等。非财务信息如政策法规信息和市场信息。政策法规信息主要指国家为加强宏观管理所制定的各项与企业有关的政策、法规、制度等，如经济体制方面的政策、宏观经济政策、产业政策与技术政策等；市场信息包括政策信息之外的所有企业外部信息，如综合部门发布的信息、证券市场的信息、其他市场的信息等。

财务分析信息按信息来源可分为内部信息和外部信息两类。内部信息是指从企业内部取得的财务信息；外部信息则是指从企业外部可取得的信息。

财务分析信息根据取得时间的确定性程度可分为定期信息和不定期信息。定期信息是指企业经常需要、可定期取得的信息；不定期信息则是临时需要搜集的信息。

财务分析信息根据实际发生与否可分为实际信息和标准信息。实际信息是指反映各项经济指标实际完成情况的信息；标准信息是指用于作为评价标准而搜集与整理的信息。

为了保证财务分析的质量与效果，财务分析信息必须满足完整性、系统性、准确性、及时性和相关性的要求。

（二）财务分析的评价标准

确立财务分析评价标准是财务分析的一项重要内容。不同的财务分析评价标准会对同一分析对象得出不同的分析结论。财务分析评价标准有经验标准、历史标准、行业标准、预算标准等。

1. 经验标准

经验标准是在财务比率分析中经常采用的一种标准。所谓经验标准，是指这个标准的形成经过大量实践经验的检验。既可以选择本企业正常水平作为经验标准，也可以选择历史最佳水平作为经验标准。经验标准相对稳定可观，但是使用范围不够广泛，当环境发生变化时，经验标准就不再适用。

2. 历史标准

历史标准是指以企业过去某一时间的实际业绩为标准。应用历史标准的优点：一是比较可靠；二是具有较高的可比性。历史标准也有其不足：一是比较保守；二是适用范围较窄。

3. 行业标准

行业标准是财务分析中广泛采用的标准，它是按行业制定的，或反映行业财务状况和经营状况的基本水平。运用行业标准有三个限制条件：第一，同行业内的公司一定是可比的；第二，一些大的公司现在往往跨行业经营，公司的不同业务可能有着不同的盈利水平和风险程度，用行业统一标准进行评价显然是不合适的；第三，应用行业标准还受企业采用的会计方法的限制。

4.预算标准

预算标准是指企业根据自身经营条件或经营状况，结合企业目标等因素所制定的目标标准。

财务分析评价标准各有其优点与不足。在财务分析中不应孤立地选用某一种标准，而应综合应用各种标准。

三、财务分析的内容

（一）偿债能力分析

企业的偿债能力是指企业用其资产偿还长期债务与短期债务的能力。从静态角度讲，企业偿债能力是用企业资产清偿企业债务的能力；从动态角度讲，企业偿债能力是用企业资产和经营过程创造的收益偿还债务的能力。企业有无现金支付能力和偿债能力是企业能否生存和健康发展的关键。企业偿债能力分析是企业财务分析的重要组成部分，包括短期偿债能力分析和长期偿债能力分析。

（二）营运能力分析

企业营运能力主要指企业营运资产的效率与效益，即资产的周转率或周转速度。企业营运资产的效益通常是指企业的产出额与资产占用额之间的比率。

企业营运能力分析就是要通过对反映企业资产营运效率与效益的指标进行计算与分析，评价企业的营运能力，为企业提高经济效益指明方向。通过企业营运能力分析，可以评价企业资产营运的效率，发现企业在资产营运中存在的问题。营运能力分析还是盈利能力分析和偿债能力分析的基础与补充。

（三）盈利能力分析

盈利能力是指企业获取利润的能力。利润是企业内外有关各方都关心的中心问题，是投资者取得投资收益、债权人收取本息的资金来源，是经营者经营业绩和管理效能的集中表现，也是职工集体福利设施不断完善的重要保障。因此，企业获利能力分析十分重要。主要用企业资金利润率、销售利润率、成本费用和利润率去评价。

（四）发展能力分析

企业的发展能力也称企业的成长性，它是企业通过自身的生产经营活动，不断扩大积累而形成的发展潜力。企业能否健康发展取决于多种因素，包括外部经营环境、企业内在素质及资源条件等。

四、财务分析的目的

财务分析受财务分析主体和财务分析服务对象的制约,不同的财务分析主体进行财务分析的目的是不同的,不同的财务分析服务对象所关心的问题也是不同的。

从企业投资者角度看财务分析目的:企业的投资者包括企业的所有者和潜在投资者,他们进行财务分析的最根本目的是看企业的盈利能力状况,因为盈利能力是投资者资本保值和增值的关键。

从债权人角度进行财务分析的主要目的:一是看其对企业的借款或其他债券是否能及时、足额收回,即研究企业偿债能力的大小;二是看债权者的收益状况与风险程度是否相适应。为此,还应将偿债能力分析与盈利能力分析相结合。

从企业经营者角度看财务分析的目的:企业经营者也关心盈利能力,这只是他们的总体目标。但是,在财务分析中,企业经营者财务分析的目的是综合的和多方面的,他们关心的不仅是盈利的结果,还包括盈利的原因及过程。

五、财务分析的作用

(一)财务分析可正确评价企业的过去

正确评价过去是说明现在和揭示未来的基础。财务分析能通过实际会计报表等资料的分析来准确地说明企业过去的业绩状况,指出企业的成绩、问题及产生的原因(主观原因还是客观原因等),这不仅对正确评价企业过去的经营业绩十分有益,而且可对企业投资者和债权人的行为产生正确的影响。

(二)财务分析可全面反映企业的现状

财务分析根据不同分析主体的分析目的,采用不同的分析手段和方法,可得出反映企业在该方面现状的指标。这种分析对于全面反映和评价企业现状具有重要作用。

(三)财务分析可用于对企业的未来进行估价

财务分析可用于对企业的未来进行估价:第一,可为企业未来的财务预测、财务决策和财务预算指明方向;第二,可准确评估企业的价值及价值创造,这对企业进行经营者绩效评价、资本经营和产权交易都是十分有益的;第三,可为企业进行财务危机预测提供必要信息。

第二节　财务分析方法

财务分析的方法主要包括:趋势分析法、比率分析法和因素分析法。

一、趋势分析法

趋势分析法又称水平分析法,指将反映企业报告状况的信息与反映企业前期或历史某一时期财务状况的信息进行对比,研究企业各项经营业绩或财务状况连续几年或几个时期发展变动情况的一种财务分析方法。趋势分析法进行的对比,既可以是单指标对比,也可以是对反映某方面情况的报表的全面、综合对比分析,尤其在对会计报表分析中应用较多。

（一）趋势分析法的基本要点

其基本要点是将报表资料中不同时期的同项数据进行对比。对比的方式有以下几种;

①绝对值增减变动。其计算公式是:

$$绝对值变动数量=分析期某项指标实际数-基期同项指标实际数$$

例如某公司 2008 年、2009 年、2010 年、2011 年连续 4 年财务报表中主营业务收入分别为 220 万元、250 万元、300 万元、310 万元。以 2008 年为基年,2009 年、2010 年、2011 年的绝对值增减变动分别为 30 万元、80 万元、90 万元。

②增减变动率。其计算公式是:

$$变动率(\%)=\frac{绝对值变动数量}{基期实际数量}\times100\%$$

承上例,以 2008 年为基年,2009 年、2010 年、2011 年某公司的主营业务收入变动率分别为 13.64%、36.36%,40.91%。

③变动比率值。其计算公式是:

$$变动比率值=\frac{分析期实际数值}{基期实际数值}$$

承上例,以 2008 年为基年,2009 年、2010 年、2011 年某公司的主营业务收入变动比率值分别为 1.14,1.36,1.41。

（二）趋势指数的计算

利用趋势分析法对企业连续几年或几个时期的财务指标进行分析需要计算趋势指数,趋势指数的计算方法有两种:

①定基指数,即各个时期的指数都是以某个固定时期为基数来计算的。其计算公式是:

$$定基指数=\frac{各分析期实际数值}{固定基期数值}$$

②环比指数,即各个时期的指数都是以前一时期为基期来计算的。其计算公式是:

$$环比指数=\frac{各分析期实际数值}{前一期实际数值}$$

（三）趋势分析法的应用

【例 8-1】　某企业 2015—2019 年有关营业收入、税后利润、每股收益及每股股息资料见表 8-3。

表 8-3　财务指标表

年份	2015	2016	2017	2018
营业收入/万元	1 938	2 205	2 480	2 954
税后利润/万元	388	460	448	608
每股收益/元	1.29	1.53	1.49	2.03
每股股息/元	0.60	0.71	0.90	1.21

根据表 8-3 的资料,运用趋势分析法可得出趋势分析表,见表 8-4 和表 8-5。

表 8-4　趋势分析表(定基指数)

年份	2015	2016	2017	2018
营业收入/%	100.0	113.8	128.0	152.4
税后利润/%	100.0	118.7	115.6	156.9
每股收益/%	100.0	118.7	115.6	156.9
每股股息/%	100.0	118.3	150.0	201.7

表 8-5　趋势分析表(环比指数)

年份	2016	2017	2018
营业收入(%)	113.8	112.5	119.1
税后利润(%)	118.7	97.4	135.7
每股收益(%)	118.7	97.4	135.7
每股股息(%)	118.3	126.8	134.4

从表 8-4 和表 8-5 可以看出,该企业的营业收入和每股股息在逐年增长,特别是 2017 年和 2018 年增长较快;税后利润和每股收益在 2017 年有所下降,2018 年有较大幅度增长。从各指标间关系看,每股收益增长不稳定,增长率低于营业收入和每股股息,企业经营状况和财务状况需改善。

二、比率分析法

比率分析法是财务分析的最基本、最重要的方法。有人甚至将财务分析与比率分析等同起来,认为财务分析就是比率分析。比率分析实质上就是将影响财务状况和经营状况的两个相关因素联系起来,通过计算比率,反映它们之间的关系,用以评价企业财务状况和经营状况的分析方法。

在比率分析中,分析师往往首先确定标准比率,然后将企业的实际比率与标准比率对比,得出分析结论。标准比率的计算方法有 3 种:

1. 算术平均法

算术平均法是将各企业的同一指标相加,再除以企业数得出算术平均数。

【例 8-2】　某行业 5 个企业的流动负债、流动资产及流动比率见表 8-6。

表 8-6　企业相关资料

公司名称	流动资产/元	流动负债/元	流动比率/%
A	15 460	7 362	210
B	1 890 000	1 243 421	152
C	10 586	7 959	133
D	2 804 000	2 696 154	104
E	25 300	11 659	217
合计	4 745 346	3 966 555	816

$$行业平均流动比率 = \frac{816\%}{5} = 163.2\%$$

2. 综合报表法

综合报表法是指将各企业报表中构成某一比率的两个绝对值相加,然后根据两个绝对数总额计算的比率。

【例 8-3】　仍以例 8-2 中的资料为例:

$$行业平均流动比率 = \frac{4\ 745\ 346}{3\ 966\ 555} \times 100\% = 119.6\%$$

3. 中位数法

中位数法是指将相关企业的比率按高低顺序排列;然后再划出最高和最低的 25%, 中间 50% 就为中位数比率;最后按企业的位置进行评价。

三、因素分析法

因素分析法是依据分析指标与其影响因素之间的关系,按照一定的程序和方法,确定各因素对分析指标差异影响程度的一种计算方法。因素分析法根据其分析特点可分为连环替代法和差额计算法两种。

1. 连环替代法

连环替代法是将分析指标分解为各个可以计量的因素,并根据各个因素之间的依存关系,顺次用各种因素的实际值替代标准值,据以测定各因素对分析指标的影响。

连环替代法由以下几个步骤组成:

①确定分析指标与其影响因素之间的关系。

②根据分析指标的报告期数值与基期数值列出两个关系式或指标体系,确定分析对象。

③连环顺序替代,计算替代结果。

④比较各因素的替代结果,确定各因素对分析指标的影响程度。

⑤检验分析结果。

【例 8-4】 某企业 2018 年和 2019 年有关总资产报酬率、总资产产值率、产品销售率和销售利润率的资料见表 8-7。

表 8-7　相关指标

指标	2018 年	2019 年
总资产产值率	80%	82%
产品销售率	98%	94%
销售利润率	30%	22%
总资产报酬率	23.52%	16.96%

要求:运用因素分析法分析各因素变动对总资产报酬率的影响程度(计算结果保留两位小数)。

解:

总资产报酬率=总资产产值率×产品销售率×销售利润率

基期(2018)总资产报酬率:82%×94%×22% = 16.96%

基期(2019)总资产报酬率:80%×90%×30% = 23.52%

分析对象:23.52%−16.96% = 6.65%

报酬率:80%×98%×30% = 6.56%

在基期总资产报酬率的基础上顺序替代影响因素,并计算每次替代后的结果。

替代第一因素:80%×94%×22% = 16.54%

替代第二因素:80%×98%×22% = 17.25%

替代第三因素:80%×98%×30% = 23.52%

总资产产值率对总资产报酬率的影响:16.54%−16.69% = − 0.42%

产品销售率对总资产报酬率的影响:17.25%−16.54% = 0.71%

销售利润率对总资产报酬率的影响 23.52%−17.25% = 6.27%

最后检验分析结果:−0.42%+0.71%+6.27% = 6.56%

2. 差额计算法

差额计算法是连环替代法的一种简化形式,当然也是因素分析法的一种形式。差额计算法作为连环替代法的简化形式,其因素分析的原理与连环替代法是相同的,只是将连环替代法的第三步骤和第四步骤合并为一个步骤进行。它直接利用各影响因素的实际数与基期数的差额,在其他因素不变的假定条件下计算各因素对分析指标的影响程度。

【例 8-5】 资料同例 8-4。

分析对象:23.52%-16.96%=6.56%

总资产产值率对总资产报酬率的影响:(80%-82%)×94%×22%=-0.41%

产品销售率对总资产报酬率的影响:80%×(98%-94%)×22%=0.70%

销售利润率对总资产报酬率的影响:80%×98%×(30%-22%)=6.27%

最后检验分析结果:-0.41%+0.70%+6.27%=6.56%

应当指出的是并不是所有的连环替代法都可以用差额计算法进行简化,特别是在各影响因素不是连乘的情况下,运用差额计算法必须慎重。

第三节　财务指标分析

一、偿债能力分析

(一)短期偿债能力分析

短期偿债能力是指企业以流动资产偿还流动负债的能力,它反映企业偿付日常到期债务的能力。对债权人来说,企业要具有充分的偿还能力才能保证其债权的安全,即按期取得利息,到期取回本金;对投资者来说,如果企业的短期偿债能力发生问题,就会导致企业经营的管理人员耗费大量精力去筹集资金,以应付还债,还会增加企业筹资的难度,或加大临时紧急筹资的成本,影响企业的盈利能力;对企业管理者来说,短期偿债能力的强弱意味着企业承受财务风险的能力大小。反映资产流动性的财务指标主要有:流动比率、速动比率和现金比率。

1.流动比率

流动比率是流动资产与流动负债之比。其计算公式为:

$$流动比率=流动资产/流动负债 \tag{8-1}$$

上式中的流动资产是指在一年或长于一年的一个营业周期内实现或运用的资产,主要包括现金、短期投资、应收及预付款项和存货等。流动负债是指在一年内或长于一年的一个营业周期内偿还的债务,主要包括短期借款、应付及预收款、应付票据、应交税金、应交利润、应付股利以及短期内到期的长期负债等。

【例8-6】 A公司2018年12月31日的资产负债表和利润表见表8-8和表8-9。

表8-8　A公司资产负债表　　　　单位:万元

资产	期末余额	年初余额	负债和所有者益	期末余额	年初余额
流动资产:			流动负债:		
货币资金	359 459.27	381 297.36	短期借款	78 149.48	133 790.70
应收票据	4 107.74	3 513.34	应付票据	474.99	709.49

续表

资产	期末余额	年初余额	负债和所有者益	期末余额	年初余额
应收账款	68 368.34	91 290.93	应付账款	33 628.22	35 905.92
预付款项	9 155 086	6 264.33	预收账款	208 024.5	172 245.65
应收股利	582.13	1 601.06	应付职工应酬费	19 626.73	26 095.96
其他应收款	24 795.52	26 703.67	应交税费	9 652.09	4 931.94
存货	122 797.80	95 427.11	应付股利	1 606.55	8 703.74
其他流动资产	218.56	248.79	其他应付款	29 830.5	47 969.83
流动资产合计	589 521.22	606 346.59	其他流动负债	208.67	113.05
			流动负债合计	381 201.73	430 466.28
非流动资产：			非流动负债：		
持有至到期投资		0.38	长期借款	5 900.00	4 325.00
长期股权投资	94 701.40	96 360.16	长期应付款	1 005.67	4 325.00
固定资产	97 496.03	91 901.58	非流动负债合计	6 905.67	5 334.28
在建工程	14 436.72	14 269.49	负债合计	388 107.40	435 800.56
无形资产	26 806.99	19 133.66	所有者权益		
长期待摊费用	1 575.71	1 657.26	实收资本	210 496.81	185 786.12
其他非流动资产	28 382.70	20 790.92	资本公积	171 130.66	181 039.86
非流动资产合计	263 399.55	244 133.45	盈余公积	56 724.49	41 767.88
			未分配利润	26 461.41	6 065.62
			所有者权益合计	464 813.37	414 659.48
资产总计	852 920.77	850 460.04	负债和所有者权益合计	852 920.77	850 460.04

表8-9　A公司利润表　　　　　　　　　　　　单位:万元

项目	本期金额	上期金额
一、营业收入	556 073.48	447 666.09
减:营业成本	402 027.06	288 298.43
营业税金及附加	1 360.90	1 305.87

项目	本期金额	上期金额
销售费用	32 359.98	31 759.35
管理费用	45 085.24	60 132.12
财务费用	874.50	736.08
资产减值损失		
加:公允价值变动损益		
投资收益	12 935.12	8 057.92
二、营业利润	87 300.92	73 492.16
加:营业外收入	9 972.97	1 395.92
减:营业外支出	5 002.67	2 081.89
三、利润总额	92 271.22	72 806.19
减:所得税费用	15 594.63	72 806.19
四、净利润	76 676.59	58 439.36

【例8-7】 根据表8-8所列数据,A公司2018年的流动比率为:

流动比率=589 521.22÷381 201.73=1.55

从以上分析可知,流动资产是短期内能变成现金的资产,而流动负债则是在短期内需要用现金来偿付的各种债务,企业的流动比率越高,其资产的流动性即变现能力越强.说明企业有足够的可变现资产用来偿还债务。

流动比率是衡量企业短期偿债能力的一个重要财务指标,这个比率越高说明企业短期偿债能力越强,流动负债得到偿还的保障越大。但是,过高的流动比率也并非好现象。因为流动比率越高,可能是企业滞留在流动资产上的资金过多,未能有效加以利用,可能会影响企业的获利能力,经验表明流动比率在2∶1左右比较合适。但是,对流动比率的分析应该结合不同的行业特点和企业流动资产结构等因素。有的行业流动比率较高,有的较低,不应该用统一的标准来评价各企业的流动比率合理与否。只有与同行业的平均流动比率、本企业的历史流动比率进行比较,才能知道这个比率是高还是低。

2. 速动比率

速动比率是企业速动资产与流动负债的比率,流动比率在评价企业短期偿还能力时存在一定的局限性,如果流动比率较高,但流动资产的流动性较差,则企业的短期偿还能力仍然不强。在流动资产中,存货需要经过销售才能转变为现金,如存货滞销,则自变现就成问题,一般来说,流动资产扣除存货后称为速动资产。速动比率的计算公式为:

流动比率=速动资产/流动负债 　　　　(8-2)

其中:

速动资产=流动资产-存货-难以变现的其他流动资产（如待摊费用等）

【例8-8】 根据表8-8所列数据，A公司2018年的速动比率为：

$$速动比率=(589\ 521.22-122\ 797.80)÷381\ 201.73=1.22$$

速动比率在分析流动性时作为流动比率的补充。在企业的流动资产中因为剔除了存货变现较弱且不稳定的资产，所以比流动比率更好地反映了企业的变现能力和短期偿还能力。通常认为速动比率为1，低于1的速动比率被认为短期偿债能力偏低。但这仅是一般看法，因为行业不同速动比率会有很大差别，并没有统一的标准。例如，采用大量现金销售的商店，几乎没有应收账款，大大低于1的速动比率则是很正常的。相反，一些应收账款较多的企业，速动比率可能要大于1。

3. 现金比率

现金比率是企业现金类资产与流动负债的比率。现金类资产包括企业所拥有的货币资金和持有的有价证券（即资产负债表中的短期投资）。它是速动资产扣除应收账款后的余额，由于应收账款存在着发生坏账损失的可能，某些到期的账款也不一定能按时收回，因此速动资产扣除应收账款后计算出来的金额最能反映企业直接偿付流动负债的能力。现金比率的计算公式为：

$$现金比率=货币资金/流动负债 \qquad (8-3)$$

【例8-9】 根据表8-8所列数据，A公司2018年的现金比率为：

$$现金比率=359\ 495.27÷381\ 201.73=0.94$$

现金比率最能反映企业直接偿付流动负债的能力，这个比率越高，说明企业偿债能力越强。但是，如果企业留存过多的现金类资产，现金比率过高，就意味着企业资产未能有效地运用，经常以获利能力低的现金类资产保持着，这会导致企业机会成本的增加。通常现金比率保持在30%左右为宜。

上述三个指标是反映企业资产流动性和短期偿债能力的主要指标，在进行分析时，要注意以下几个问题：①上述指标各有侧重，在分析时要结合使用，以便全面、准确地做出判断；②上述指标中分母均是流动负债，没考虑长期负债问题，但如果有近期到期的长期负债，则应给予充分重视；③财务报表中没有列示的因素，如企业借款能力、准备出售长期资产等，也会影响企业的短期偿债能力，在分析时也应认真考虑。

（二）长期偿债能力分析

长期偿债能力是指企业对债务的承担能力和对偿还债务的保障能力。长期偿债能力的强弱是反映企业财务安全和稳定程度的重要标志。长期偿债能力分析的指标有资产负债率、产权比率、利息保障倍数和权益乘数。

1. 资产负债率

资产负债率是负债总额和资产总额之比值，表明债权人所提供的资金占企业全部资产的比重，揭示企业出资者对债权人债务的保障程度，因此该指标是分析企业长期偿债能力的重要指标。

$$资产负债率=负债总额/资产总额×100\% \tag{8-4}$$

【例8-10】　根据表8-8所列数据，A公司2018年的资产负债率为：

$$资产负债率=388\ 107.40÷852\ 920.77×100\%=45.50\%$$

资产负债率保持在哪个水平才说明企业拥有长期偿债能力，不同的债权人有不同的意见。较高的资产负债率，在效益较好、资金流转稳定的企业是可以接受的，因为这种企业具备偿还债务本息的能力；在盈利状况不稳定或经营管理水平不稳定的企业出现，则说明企业没有偿还债务的保障，不稳定的经营收益难以保证按期支付固定的利息，企业的长期偿债能力较低。企业经营者也应当寻求资产负债率的适当比值，既要能维持长期偿债能力，又要最大限度地利用外部资金。

一般认为，债权人投入企业的资金不应高于企业所有者投入企业的资金。如果债权投入企业的资金比所有者多，则意味着收益固定的债权人承担了企业较大的风险，而收益随经营好坏而变化的企业所有者却承担着较少的风险。经验研究表明，资产负债率存在显著的行业差异，因此，分析该比率时应注重与行业平均数进行比较。运用该指标分析长期偿债能力时，应结合总体经济状况、行业发展趋势、所处市场环境等综合判断。

2. 产权比率

产权比率是负债总额与所有者权益总额的比值。一般来说，产权比率可反映股东所持股权过多，或者不够充分等情况，从另一个侧面表明企业借款经营的程度。产权比率是衡量企业长期偿债能力的指标之一。它是企业财务结构稳健与否的重要标志。该指标表明由债权人提供的和由投资者提供的资金来源的相对关系，反映企业基本财务结构是否稳定。

$$产权比率=负债总额/所有者权益总额 \tag{8-5}$$

【例8-11】　根据表8-8所列数据，A公司2018年的产权比率为：

$$产权比率=388\ 107.40÷464\ 813.37=0.84$$

一般说来，产权比率高是高风险、高报酬的财务结构，产权比率低是低风险、低报酬的财务结构。对股东来说，在通货膨胀时期，企业举债可以将损失和风险转移给债权人；在经济繁荣时期，举债经营可以获得额外的利润；在经济萎缩时期，少借债可以减少利息负担和财务风险。对债权人来说，产权比率越高，说明企偿还长期债务的能力越弱，债权人权益保障程度越低，承担的风险越高；反之，则表明企业自有资率占总资产的比重越大，债权人承担的风险越小。一般认为这一比率为1∶1，即100%以下时，应该是有偿债能力的，但还应该结合企业的具体情况加以分析。

3. 利息保障倍数

利息保障倍数是企业息税前利润与年付息额之比，反映企业经营活动承担利息支出的能力。息税前利润也称经营收益，是一个很重要的概念。

$$利息保障倍数=息税前利润/利息费用 \tag{8-6}$$

【例8-12】　根据表8-9所列数据，A公司2018年的利息保障倍数为：

$$利息保障倍数 = 92\ 271.22 \div 874.50 = 105.51$$

利息保障倍数为 105.51,说明企业经营收益相当于 105.51 倍的利息支出。该系数越高,企业偿还长期借款的可能性就越大。企业生产经营活动创造的净收益,是企业支付利息的资金保证。如果企业创造的净收益不能保证支付借款利息,借款人就应考虑收回借款。一般认为,当利息保障倍数在 3 或 4 以上时,企业付息能力就有保证。低于这个数,就应考虑企业有无偿还本金和支付利息的能力。

4. 权益乘数

权益乘数又称股本乘数,是指资产总额相当于股东权益的倍数。权益乘数越大,表示企业的负债程度越高。

$$权益乘数 = 资产总额 / 股东权益总额 \qquad (8-7)$$

即

$$权益乘数 = \frac{1}{1 - 资产负债率}$$

【例 8-13】 根据表 8-8 所列数据,A 公司 2018 年的权益乘数为:

$$权益乘数 = 852\ 920.77 \div 464\ 813.37 = 1.83$$

权益乘数较大,表明企业负债较多,一般会导致企业财务杠杆率较高,财务风险较大。在借入资本成本率小于企业的资产报酬率时,借入资金首先会产生避税效应(债务利息税前扣除),同时杠杆扩大,使企业价值随债务增加而增加。但杠杆扩大也使企业破产的可能性上升,而破产的风险又会使企业价值下降。

二、营运能力分析

(一)流动资产营运能力分析

流动资产营运能力分析的指标主要有应收账款周转率、存货周转率和流动资产周转率。

1. 应收账款周转率

应收账款周转率就是反映公司应收账款周转速度的比率。它说明一定期间内公司应收账款转为现金的平均次数或应收账款平均收款期。

$$应收账款周转率 = \frac{营业收入}{应收账款平均余额} \qquad (8-8)$$

$$应收账款平均余额 = \frac{期初应收账款 + 期末应收账款}{2}$$

反映应收账款周转速度的另一个指标是应收账款周转天数,或应收账款平均收款期。其计算公式为:

$$应收账款周转天数 = \frac{360}{应收账款周转率} \qquad (8-9)$$

【例 8-14】 根据表 8-8、表 8-9 所列数据,A 公司 2018 年应收账款周转率指标计算如下:

应收账款平均余额=（68 368.34+91 290.93）÷2=79 829.64（万元）

应收账款周转率=556 073.48÷79 829.64=6.97（次）

应收账款周转天数=360÷6.97=51.65（天）

应当注意，应收账款周转率和周转天数的实质相同，但其评价标准却不同，应收账款周转率是正指标，因此，应收账款周转率越高越好。周转率高，表明收账迅速，账龄较短；资产流动性强，短期偿债能力强；可以减少坏账损失等。周转天数是负指标，因此，周转天数越少越好。

2. 存货周转率

存货周转率是指企业一定时期内存货占用资金可周转的次数，或存货每周转一次所需要的天数。

$$存货周转率=\frac{营业成本}{平均存货余额} \tag{8-10}$$

其中：$平均存货余额=\frac{期初存货余额+期末存货余额}{2}$

反映存货周转速度的另一个指标是存货周转天数，计算公式如下：

$$存货周转天数=\frac{360}{存货周转率} \tag{8-11}$$

【例8-15】　根据表8-8、表8-9所列数据，A公司2018年存货周转率指标计算如下：

平均存货余额=（122 797.80 + 95 427.11）÷2=109 112.46（万元）

存货周转率=402 027.06÷109 112.46=3.68（次）

存货周转天数=360÷3.68=97.83（天）

存货周转率分析同应收账款周转率。

3. 流动资产周转率

流动资产周转率，既是反映流动资产周转速度的指标，也是综合反映流动资产利用效果的基本指标，它是一定时期周转额（用营业收入替代）与流动资产平均余额的比率。

$$流动资产周转率=\frac{营业收入}{流动资产平均余额} \tag{8-12}$$

其中：$流动资产平均余额=\frac{期初流动资产+期末流动资产}{2}$

反映流动资产周转速度的另一个指标是流动资产周转天数。其计算公式为：

$$流动资产周转天数=\frac{360}{流动资产周转率} \tag{8-13}$$

【例8-16】　根据表8-8、表8-9所列数据，A公司2018年流动资产周转率指标计算如下：

流动资产平均余额=（589 521.22+606 346.59）÷2=597 933.91（万元）

流动资产周转率=556 073.48÷597 933.91=0.93（次）

流动资产周转天数 = 360÷0.93 = 387.1(天)

流动资产的周转率或周转天数均表示流动资产的周转速度。流动资产在一定时期的周转次数越多,即每周转一次所需要的天数越少,周转速度就越快,流动资产营运能力就越好;反之,周转速度越慢,流动资产营运能力就越差。

应当指出的是,周转额一般指企业在报告期中有多少流动资产完成了,即完成了从货币到商品再到货币这一循环过程的流动资产数额。它既可用营业收入来表示,也可用营业成本来表示。本书用营业收入来表示周转额。

(二)固定资产营运能力分析

固定资产周转率是企业营业收入与固定资产净值的比率,反映固定资产在一个会计年度内周转的次数,或表示每1元固定资产带来的营业收入。

$$固定资产周转率 = 营业收入/平均固定资产净值 \qquad (8\text{-}14)$$

$$其中:固定资产平均余额 = \frac{期初固定资产净值+期末固定资产净值}{2}$$

反映固定资产周转速度的另一个指标是固定资产周转天数。其计算公式为:

$$固定资产周转天数 = \frac{360}{固定资产周转率} \qquad (8\text{-}15)$$

【例 8-17】 根据表 8-8、表 8-9 所列数据,A 公司 2018 年固定资产周转率指标计算如下:

平均固定资产余额 = (97 496.03+91 901.58)÷2 = 94 698.81(万元)

固定资产周转率 = 556 073.48÷94 698.81 = 5.87(次)

固定资产周转天数 = 360÷5.87 = 61.33(天)

一般而言,固定资产周转率越高,说明企业固定资产利用充分,固定资产投资得当,固定资产结构合理,能够充分发挥效率。需要指出的是,在固定资产周转率公式中使用固定资产净值,而不是原值,可能会因为折旧方法的不同而影响其可比性,所以,在分析时应注意剔除这些不可比因素。

(三)总资产营运能力分析

总资产周转率是指企业在一定时期营业收入净额同平均资产总额的比率,反映了企业全部资产的管理质量和利用效率。其中,营业收入净额是减去销售折扣及折让后的净额。平均资产总额是指企业资产总额年初数与年末数的平均值。

$$总资产周转率 = 营业收入净额/平均资产总额 \qquad (8\text{-}16)$$

$$其中:平均资产总额 = \frac{期初资产总额+期末资产总额}{2}$$

反映总资产周转速度的另一个指标是总资产周转天数。其计算公式为:

$$总资产周转天数 = \frac{360}{总资周转率} \qquad (8\text{-}17)$$

【例 8-18】 根据表 8-8、表 8-9 所列数据,A 公司 2018 年总资产周转率指标计算如下：

平均资产总额 = (852 920.77+850 460.04)÷2 = 851 690.41(万元)

总资产周转率 = 556 073.48÷851 690.41 = 0.65(次)

总资产周转天数 = 360÷0.65 = 553.85(天)

总资产周转率综合体现了企业经营期间全部资产从投入到产出的流转速度,反映了企业整体资产的营运能力,一般来说,资产的周转次数越多或周转天数越少,表明其周转速度越快,营运能力也就越强。对该指标进行对比分析可以看出企业本年度以及以前年度总资产的运营效率和变化,发现企业与同类企业在资产利用上的差距,促进企业挖掘潜力、积极创收、提高产品市场占有率、提高资产利用效率。

三、盈利能力分析

盈利能力是指企业获取利润的能力。利润是企业内外有关各方都关心的中心问题。利润是投资者取得投资收益、债权人收取本息的资金来源,是经营者经营业绩和管理效能的集中表现,也是职工集体福利设施不断完善的重要保障。因此,企业盈利能力分析十分重要,主要用资产利润率、营业利润率、成本费用利润率和资本利润率来评价。

(一)资产利润率

1. 总资产报酬率

总资产报酬率是指企业一定时期内的息税前利润总额和平均资产总额的比率,反映公司资产利用的效果。

$$资产报酬率 = \frac{息税前利润总额}{平均资产总额} \times 100\% \qquad (8-18)$$

其中:平均资产总额 = $\dfrac{期初资产总额+期末资产总额}{2}$

【例 8-19】　根据表 8-8、表 8-9 所列数据,A 公司 2018 年总资产报酬率为：

平均资产总额 = (852 920.77+850 460.04)÷2 = 850 690.41(万元)

总资产报酬率 = (92 271.22+874.50)÷851 690.41×100% = 10.94%

总资产报酬率主要用来衡量企业利用资产获取利润的能力,反映了企业总资产的利用效率,表示企业每单位资产能获得净利润的数量,这一比率越高,说明企业总资产的盈利能力越强。该指标与净利润率成正比,与资产平均总额成反比。

2. 净资产收益率

净资产收益率又称资本利润率,是指企业净利润与所有者权益(或者称净资产)的比率,用以反映企业运用资本获得收益的能力。它也是财政部对企业经济效益的一项评价指标。

$$净资产收益率 = \frac{净利润}{平均净资产} \times 100\% \qquad (8-19)$$

其中：平均净资产 $= \dfrac{\text{期初净资产+期末净资产}}{2}$

【例8-20】 根据表8-8、表8-9所列数据，A公司2018年的净资产报酬率为：

平均净资产 $=($ 464 813. 37+414 659. 48 $)\div2=$ 439 736. 43（万元）

净资产收益率 $=$ 76 676. 59 $\div$ 439 736. 43 $\times$ 100% $=$ 17. 44%

净资产收益率越高，说明企业自有投资的经济效益越好，投资者的风险越少，值得投资和继续投资。因此，它是投资者和潜在投资者进行投资决策的重要依据。对企业经营者来说，如果净资产收益率高于债务资本成本率，则适度负债经营对投资者来说是有利的；反之，如果净资产收益率低于债务资本成本率，则过高的负债经营将损害投资者的利益。

（二）营业净利润率

营业净利润率是指净利润与营业收入的比率，反映每1元营业收入带来的净利润是多少，表示营业收入的收益水平。

$$\text{营业净利润率} = \frac{\text{净利润}}{\text{营业收入}} \times 100\% \qquad (8\text{-}20)$$

【例8-21】 根据表8-9所列数据，A公司2018年的营业净利润率为：

营业净利润率 $=$ 76 676. 59 $\div$ 556 073. 48 $\times$ 100% $=$ 13. 79%

营业净利润率越高，说明企业营业额提供的净利润越多，企业的盈利能力越强；反之，此比率越低，说明企业盈利能力越弱。

从营业净利润率的指标关系看，净利润与营业净利润率成正比关系，而营业收入与营业净利润率成反比关系。公司在增加营业收入额的同时，必须相应获得更多的净利润，才能使营业净利率保持不变或有所提高。公司通过分析营业净利率的升降变动，可以在扩大营业业务的同时，注意改进经营管理，提高盈利水平。

（三）成本费用利润率

成本费用利润率是指企业利润总额与成本费用总额的比率。它是反映企业生产经营过程中发生的耗费与获得的收益之间关系的指标。

$$\text{成本费用利润率} = \frac{\text{利润总额}}{\text{成本费用总额}} \times 100\% \qquad (8\text{-}21)$$

其中：成本费用总额 $=$ 营业成本+营业税金及附加+销售费用+管理费用 +财务费用

【例8-22】 根据表8-9所列数据，A公司2018年的成本费用利润率为：

成本费用利润率 $=$ 92 271. 22 $\div$ 481 707. 68 $\times$ 100% $=$ 19. 16%

成本费用率越高，表明企业耗费所取得的收益越高。这是一个能直接反映增收节支、增产节约效益的指标。企业生产销售的增加和费用开支的节约，都能使这一比率提高。值得注意的是，成本费用利润率计算口径有所不同，比如，主营业务成本、营业成本等，评价成本费用开支时，应注意将成本费用与利润在口径上保持一致。

（四）资本利润率

1. 每股收益

每股收益即每股盈利（Earing Per Share EPS），又称每股税后利润、每股盈余，指税后利润与股本总数的比率。它是普通股股东每持有一股所能享有的企业净利润或需承担的企业净亏损。每股收益通常被用来反映企业的经营成果，衡量普通股的获利水平及投资风险，是投资者等信息使用者据以评价企业盈利能力的重要的财务指标之一。

$$每股收益 = 归属于普通股股东的当期净利润/当期发行在外普通股的加权平均数 \tag{8-22}$$

实践中，上市公司常常存在一些潜在的可能转化成上市公司股权的工具，如可转债券、认股期权或股票期权等，这些工具有可能在将来的某一时点转化成普通股，从而减少上市公司的每股收益。

稀释每股收益，即假设公司存在的上述可能转化为上市公司股权的工具都在当期全部转换为普通股股份后计算的每股收益。相对于基本每股收益，稀释每股收益充分考虑了潜在股普通股对每股收益的稀释作用以反映公司在未来股本结构下的资本盈利水平。

2. 市盈率

市盈率是普通股每股市价与每股盈利的比值，反映投资者对上市公司每 1 元净利润愿意支付的价格，常用来估计股票的投资风险和报酬。

$$市盈率 = \frac{普通股每股市价}{普通股每股盈余} \times 100\% \tag{8-23}$$

市盈率是反映公司获利能力的一个重要指标，也是投资者进行投资决策的重要参考依据。一般而言，市盈率高说明投资人普遍相信该公司未来每股收益将快速成长，愿意出较高的价格购买该公司的股票。但是，市盈率也不是越高越好，市盈率越高，则风险就越大。

3. 每股净资产

每股净资产是指股东权益与总股数的比率，反映每股股票所拥有的净资产。

$$每股净资产 = 期末股东权益/期末普通股股数 \tag{8-24}$$

每股净资产越高，股东拥有的资产净值越多；每股净资产越少，股东拥有的资产净值越少。通常每股净资产越高越好，每股净资产越高，企业创造利润的能力和抵抗风险的能力就越强。

四、发展能力分析

企业的发展能力也称企业的成长性，它是企业通过自身的生产经营活动，不断扩大积累而形成的发展潜能。通常用盈利能力增长率、资产增长率和资本增长率来评价。

（一）盈利能力增长率

1. 营业收入增长率

营业收入增长率是指企业本年营业收入增长额同上年营业收入总额的比率。营业收入增长率表示与上年相比,企业本年度营业收入的增减变化情况,是评价企业成长状况和发展能力的重要指标。

$$营业收入增长率=\frac{本年营业收入总额-上年营业收入总额}{上年营业收入总额}\times100\% \qquad (8\text{-}25)$$

营业收入增长率是衡量企业经营状况和市场占有能力、预测企业经营业务拓展趋势的重要标志,也是企业扩张增量和存量资本的重要前提。不断增加的营业收入,是企业生存的基础和发展的条件。该指标若大于0,表示企业本年的营业收入有所增长,指标值越高,表明增长速度越快,企业市场前景越好;若该指标小于0则说明企业或是产品适销不对路、质次价高,或是在售后服务等方面存在问题,产品销售不出去,市场份额萎缩。

2. 营业利润增长率

营业利润增长率是企业本年营业利润增长额同上年营业利润的比值,反映企业利润的增减变动情况。

$$营业利润增长率=\frac{本年营业利润总额-上年营业利润总额}{上年营业利润总额}\times100\% \qquad (8\text{-}26)$$

一般认为营业利润增长率越高越好,营业利润增长率越高说明企业利润增长越快,企业发展能力越好;反之,则说明企业发展停滞,业务扩张能力弱。

(二)资产增长率

资产增长率主要是总资产增长率。总资产增长率又称总资产扩张率,是企业本年年末总资产增长额同年初资产总额的比率,反映企业本期资产规模的增长情况。

$$总资产增长率=\frac{本年年末资产总额-本年年初资产总额}{本年年初资产总额}\times100\% \qquad (8\text{-}27)$$

资产是企业用于取得收入的资源,也是企业偿还债务的保障。资产增长是企业发展的一个重要方面,发展性高的企业一般能保持资产的稳定增长。一般认为,总资产增长率越高,表明企业一定时期内资产经营规模扩张的速度越快。但在分析时,需要关注资产规模扩张的质和量的关系,以及企业的后续发展能力,避免盲目扩张。

(三)资本增长率

1. 资本积累率

资本积累率即股东权益增长率,是指企业本年年末所有者权益增长额同年初所有者权益的比率。资本积累率表示企业当年资本的积累能力,是评价企业发展潜力的重要指标。

$$资本积累率=\frac{本年年末所有者权益数-本年年初所有者权益数}{本年年初所有者权益数}\times100\% \qquad (8\text{-}28)$$

资本积累率是企业当年所有者权益总的增长率,反映企业所有者权益在当年的变动水平,同时体现企业资本的积累情况,展示企业的发展潜力,是企业发展强盛的标志。

一般认为,资本积累率越高,表明企业的资本积累越多,企业资本保全性越强,应付风险、持续发展的能力越大。该指标如为负值,表明企业资本受到侵蚀,所有者利益受到损害,应予充分重视。

2. 资本保值增值率

资本保值增值率是指企业本年末所有者权益扣除客观增减因素后同年初所有者权益的比率。该指标表示企业当年资本在企业自身努力下的实际增减变动情况,反映了投资者投入企业资本的保全性和增长性,是评价企业财务效益状况的辅助指标。

$$资本保值增值率=\frac{扣除客观增减因素后本年年末所有者权益数}{本年年初所有者权益数}\times100\% \qquad (8\text{-}29)$$

该指标越高,表明企业的资本保全状况越好,所有者权益增长越快,债权人的债务越有保障,企业发展后劲越强。该指标通常大于 100%。

第四节 综合财务分析

一、财务综合分析的概念

财务综合分析法是一种传统的信用风险评级方法。信用危机往往是由财务危机引致,使银行和投资者面临巨大的信用风险。及早发现和找出一些预警财务趋向恶化的财务指标,无疑可判断借款或证券发行人的财务状况,从而确定其信用等级,为信贷和投资提供依据。基于这一动机,金融机构通常将信用风险的测度转化为企业财务状况的衡量问题。因此,一系列财务比率分析方法也应运而生。财务综合分析法就是将反映运营能力、偿债能力、获利能力和发展能力的各项财务分析指标作为一个整体,系统、全面、综合地对企业财务状况和经营情况进行剖析、解释和评价。这类方法的主要代表有杜邦财务分析体系和沃尔比重评分法。

二、财务综合分析的方法

(一)杜邦财务分析体系

1. 杜邦财务分析法的原理

杜邦财务分析体系的基本原理是将财务指标作为一个系统,将财务分析与评价作为一个系统工程,全面评价企业的偿债能力、营运能力、盈利能力及其相互之间的关系,在全面财务分析的基础上进行全面评价,使评价者对公司的财务状况有深入的认识,从而有效地进行决策;其基本特点是以净值报酬率为龙头,以资产净利润率为核心,将偿债能力、资产营运能力、盈利能力有机结合起来,层层分解,逐步深入,构成一个完整的分析系统,全面、系统、直观地反映企业的财务状况。

2. 杜邦分析法的财务比率关系

杜邦分析法主要反映了以下几种重要的财务比率关系:

①净资产收益率与总资产净利率及权益乘数之间的关系。

$$净资产收益率 = 总资产净利率 \times 权益乘数$$

$$权益乘数 = 资产总额/股东权益$$

②总资产净利率与营业净利率及总资产周转率之间的关系。

$$总资产净利率 = 营业净利率 \times 总资产周转率$$

③营业净利率与净利润及主营业务收入之间的关系。

$$营业净利率 = 净利润/营业收入$$

④总资产周转率与营业收入及资产总额之间的关系。

$$总资产周转率 = 营业收入/资产总额$$

3. 杜邦分析图

根据表8-8、表8-9的资料,我们可以列出杜邦分析图(图8-1)。

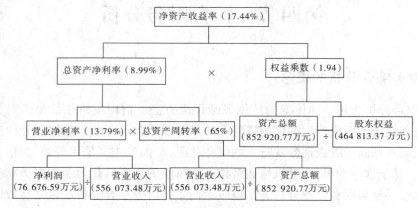

图 8-1 杜邦分析图

从杜邦分析图中可以看出净资产收益率是杜邦财务分析体系的核心,是综合性最强的一个指标,反映着企业财务管理的目标。企业财务管理的重要目标之一就是实现股东财富的最大化。净资产收益率正是反映了股东投入资金的获利能力,这一比率反映了企业筹资、投资和生产运营等各方面经营活动的效率。净资产收益率取决于营业净利率、总资产周转率、权益乘数。这样分解之后,可以把净资产收益率这样一个综合性指标发生升、降变化的原因具体化,比只用一项综合性的指标更能说明问题。

总资产净利率是反映企业获利能力的一个重要的财务比率,它揭示了企业生产经营活动的效率,综合性也极强。企业的营业收入、成本费用、资产结构、资产周转速度以及资金占用量等各种因素都直接影响到总资产净利润的高低。总资产净利润率是营业净利率与总资产周转率的乘积。因此,一般从企业的营业活动与资产管理两个方面来进行分析。

从企业的营业方面来看,营业净利率反映了企业净利润与营业收入之间的关系。一般来说,营业收入增加,企业的净利润会随之增加,但是要想提高营业净利率,必须一方面提高营业收入,另一方面降低各种成本费用,这样才能使净利润的增长高于营业收入的增长,从而使营业净利率得到提高。由此可见,提高营业净利率必须在以下两个方面下功夫:一是开拓市场,增加营业收入;二是加强成本费用控制,降低消耗,增加利润。

在企业的资产方面主要应分析以下两个方面的内容:第一,分析企业的资产结构是否合理,即流动资产与非流动资产的比例是否合理。一般来说,如果企业流动资产中货币资金占的比重过大,就应当分析企业现金持有量是否合理、有无现金闲置现象,因为过量的现金会影响企业的获利能力。如果流动资产中的存货与应收账款过多,就会占用大量的资金影响企业的资金周转。第二,结合营业收入分析企业的资金周转情况。如果企业资金周转较慢,就会占用大量资金,增加资本成本,减少企业的利润。分析资金周转情况要从企业总资产周转率、企业存货周转率与应收账款周转率几方面进行,并将其周转情况与资金占用情况结合分析。

权益乘数则可直观地反映出企业每拥有 1 元自由资金所能扩展出来的资产规模。

总之,从杜邦分析图中可以看出企业的获利能力涉及生产经营活动的方方面面。净资产收益率与企业的筹资结构、销售规模、成本水平、资产管理等因素密切相关,这些因素构成一个完整的系统,系统内部各因素之间相互作用。只有协调好系统内部各个因素之间的关系,才能使净资产收益率得到提高,从而实现股东财富最大化的理财目标。

4.杜邦分析法的局限性

从企业绩效评价的角度来看,杜邦分析法只包括财务方面的信息,不能全面反映企业的实力,有很大的局限性,在实际运用中需要加以注意,必须结合企业的其他信息加以分析。主要表现在:

①对短期财务结果过分重视,有可能助长公司管理层的短期行为,忽略企业长期的价值创造。

②财务指标反映的是企业过去的经营业绩。但在目前的信息时代,顾客、供应商、雇员、技术创新等因素对企业经营业绩的影响越来越大,而杜邦分析法在这些方面是无能为力的。

③在目前市场环境中,企业无形资产对提高企业长期竞争力至关重要,杜邦分析法却不能解决无形资产的估值问题。

(二)沃尔比重评分法

1.沃尔比重评分法的概念

1928 年,亚历山大·沃尔在其出版的《信用晴雨表研究》和《财务报表比率分析》中提出了信用能力指数的概念,他选择了 7 个财务比率即流动比率、产权比率、固定资产比率、存货周转率、应收账款周转率、固定资产周转率和自有资金周转率,分别给定各指标的比重,然后确定标准比率(以行业平均数为基础),将实际比率与标准比率相对,得出相对比率,将此相对比率与各指标比重相乘,得出总评分。沃尔比重评分法是指将选定的财务比率用线性关系结合起来,并分别给定各自的分数比重,然后通过与标准比率进行比较,确定各项指标的得分及总体指标的累计分数,从而对企业的信用水平做出评价的方法。

2. 沃尔比重评分法的基本步骤

沃尔比重评分法的基本步骤包括：

①选择评价指标并分配指标权重。

a. 盈利能力的指标：资产净利率、营业净利率、净值报酬率。

b. 偿债能力的指标：自有资金比率、流动比率、应收账款周转率、存货周转率。

c. 发展能力的指标：营业增长率、净利增长率、资产增长率。

按重要程度确定各项比率指标的评分值，评分值之和为100。

三类指标的评分值约为5：3：2。盈利能力指标三者的比例约为2：2：1，偿债能力指标和发展能力指标中各项具体指标的重要性大体相当。

②确定各项比率指标的标准值，即各指标在企业现时条件下的最优值。

③计算企业在一定时期各项比率指标的实际值。

④形成评价结果。

3. 沃尔比重评分法的公式

沃尔比重评分法的公式为：

$$实际分数=各比率实际值/各比率标准值×权重$$

当实际值＞标准值为理想时，此公式计算的结果为正向指标；当实际值＜标准值为理想时，实际值越小得分应越高，此时公式计算的结果为反向指标。

值得注意的是，当某一单项指标的实际值畸高时，会导致最后总分大幅度增加，掩盖情况不良的指标，从而给管理者造成一种假象。

4. 沃尔比重评分法的局限性

沃尔比重评分法从理论上讲有一个明显的问题，就是未能证明为什么要选择这7个指标，而不是更多或更少，或者选择别的财务比率，以及未能证明每个指标所占比重的合理性。这个问题至今仍然没有从理论上得到解决。

该方法从技术上讲也有一个问题，就是某一个指标严重异常时，会对总评分产生不合逻辑的重大影响。这是由财务比率与其比重相"乘"引起的。财务比率提高一倍，评分增加100%；而财务比率减少一倍，其评分只减少50%。

沃尔的方法在理论上还有待证明，在技术上也不完善，但它还是在实践中被应用。耐人寻味的是很多理论上相当完善的经济计量模型在实践中往往很难应用，而企业实际使用并行之有效的模型却又在理论上无法证明。这可能是人类对经济变量之间数量关系的认识还相当肤浅造成的。

本章小结

财务分析是企业财务管理的重要方法之一，它是以企业会计报表提供的信息为基础，对企业的财务状况和经营成果进行评价和分析的一种方法。财务分析可以评价过去,揭示现在,预测未来;虽然财务分析的侧重点会因分析主体的角度不同而不同,但是财务分析的最终目的和企业的经营目的一致,即资本的保值和增值。

财务分析的内容主要有偿债能力分析、营运能力分析、盈利能力分析和发展能力分析。财务分析的方法主要有趋势分析法、比率分析法和因素分析法三种。在具体分析时应根据分析的目的选择不同的分析指标和分析方法。

财务指标分析是财务分析的一项重要内容。偿债能力分析主要由短期偿债能力指标和长期偿债能力指标组成。其中短期偿债能力指标有流动比率、速动比率和现金比率;长期偿债能力指标有资产负债率、股东权益比率、产权比率和利息保障倍数。营运能力分析指标有资产利润率、营业利润率、成本费用利润率和资本利润率。发展能力分析指标包括盈利能力增长率、资产增长率和资本增长率等。

财务综合分析可以全面、系统地分析和评价企业各方面的财务状况和经营能力,主要方法有杜邦分析法和沃尔比重分析法。

课后分析案例

麦诺公司的财务分析

麦诺公司为了确保在未来市场逐渐扩展的同时,使经济效益稳步上升,维持行业排头兵的位置,拟对公司 2020 年的财务状况和经济效益情况,运用杜邦财务分析方法进行全面分析,以便找出公司取得的成绩和存在的问题,并针对问题提出改进措施,扬长避短,以利再战,实现公司的自我完善。

表 8-10　麦诺公司 2019—2020 年资产负债表　　　　单位:万元

资产	2019 年	2020 年	负债及股东权益	2019 年	2020 年
流动资产:			流动负债:		
货币资金	110	116	短期借款	180	200
交易性金融资产	80	100	应付账款	182	285
应收账款	350	472	应付职工薪酬	60	65
存货	304	332	应交税款	48	60
流动资产合计	844	1 020	流动负债合计	470	610
非流动资产:			非流动负债:		
固定资产	470	640	长期借款	280	440
长期股权投资	82	180	应付债券	140	260
无形资产	18	20	长期应付款	44	50

续表

资产	2019 年	2020 年	负债及股东权益	2019 年	2020 年
非流动资产合计	570	840	非流动负债合计	464	750
			负债合计	934	1 360
			股东权益:		
			股本	300	300
			资本公积	50	70
			减:库存股		
			盈余公积	84	92
			未分配利润	46	38
			股东权益合计	480	500
资产总计	1 414	1 860	负债及股东权益合计	1 414	1 860

表 8-11　麦诺公司 2020 年利润表　　　　　　　　单位:万元

项目	2020 年
一、营业收入	5 800
减:营业成本	3 480
营业税金及附加	455
销售费用	486
管理费用	566
财务费用	81
资产减值损失	0
加:公允价值变动收益(损失以"-"填列)	0
投资收益(损失以"-"填列)	54
二、营业利润	786
加:营业外收入	32
减:营业外支出	48
其中:非流动资产处置损失	0
三、利润总额(亏损以"-"填列)	770
减:所得税费用	254

续表

项目	2020 年
四、净利润(亏损以"-"填列)	516

表 8-12　财务比率行业平均值

财务比率	行业均值	财务比率	行业均值
流动比率	2	存货周转率	8.5
速动比率	1.2	总资产周转率	19.86%
资产负债率	0.41	销售净利率	7.20%
应收账款周转率	16	净资产收益率	34.20%

案例分析讨论:

1. 计算该公司流动比率、速动比率和资产负债率,并分析该公司的偿债能力。

2. 计算该公司 2019 年应收账款周转率、存货周转率和总资产周转率,并分析该公司的营运能力。

3. 计算该公司销售净利率和净资产收益率,并分析该公司的盈利能力。

4. 通过以上计算,运用杜邦分析法评价该公司财务状况的主要问题,并提出改进意见。

思考题

1. 反映企业偿债能力的指标有哪些? 如何计算?

2. 反映企业营运能力的指标有哪些? 如何计算?

3. 反映企业盈利能力的指标有哪些? 如何计算?

4. 什么是杜邦分析法? 运用杜邦分析法应注意哪些问题?

自测题

一、单项选择题

1. 下列关于存货周转率的说法中正确的有( )。

A. 存货周转次数越多,表明存货周转越快　　B. 存货周转次数少,表明存货周转快

C. 存货周转天数越多,表明存货周转越快　　D. 存货周转天数少,表明存货周转慢

2.将资产按流动性分类,分为(　　)。

A.固定资产与流动资产　　　　　　　　B.有形资产与无形资产

C.货币资产与非货币资产　　　　　　　D.流动资产与长期资产

3.某企业2017年销售收入净额为250万元,销售毛利率为20%,年末流动资产90万元,年初流动资产110万元,则该企业成本流动资产周转率为(　　)。

A.2次　　　　　　　　　　　　　　　B.2.22次

C.2.5次　　　　　　　　　　　　　　D.2.78次

4.关于负债比例,正确的提法有(　　)。

A.负债比例反映经营杠杆作用的大小

B.负债比例反映财务风险的大小

C.提高负债比例有利于提高企业净利润

D.提高负债比例有利于降低企业资本成本

5.为使债权人感到其债权是有安全保障的,营运资金与长期债务之比应(　　)。

A.≥1　　　　　　　　　　　　　　　B.≤1

C.>1　　　　　　　　　　　　　　　D.<1

6.下列指标中,可以用来评价获利能力的指标有(　　)。

A.现金比率　　　　　　　　　　　　　B.经营活动净现金比率

C.现金充分性比率　　　　　　　　　　D.每股经营现金流量

7.实际发生坏账,用坏账准备金冲销债权时(　　)。

A.流动比率不变　　　　　　　　　　　B.速动比率不变

C.现金比率下降　　　　　　　　　　　D.营运资金减少

8.某企业期末现金为160万元,期末流动负债为240万元,期末流动资产为320万元,则该企业现金比率为(　　)。

A.50%　　　　B.66.67%　　　　C.133.33%　　　　D.200%

9.下列说法正确的有(　　)。

A.流动资产由长期资金供应

B.资产负债率较低,企业的财务风险较小

C.长期资产由短期资金供应

D.所有者总是倾向于提高资产负债率

10.速动比率是流动比率的(　　)。

A.参考指标　　　　　　　　　　　　　B.从属指标

C.辅助指标　　　　　　　　　　　　　D.补充指标

二、多项选择题

1.企业经营对获利的影响主要有(　　)。

A.获利水平　　　　　　　　　　　　　B.获利稳定性

C.获利持久性　　　　　　　　　　D.财务安全性

E.经营战略

2.资产负债率反映企业的(　　　)。

A.长期偿债能力　　　　　　　　　B.负债经营能力

C.资产变现能力　　　　　　　　　D.营运能力

E.经营管理能力

3.反映所有者对债权人利益保护程度的指标有(　　　)。

A.资产负债率　　　　　　　　　　B.产权比率

C.净资产报酬率　　　　　　　　　D.有形净值债务率

E.权益乘数

4.关于总资产利润率的说法正确的有(　　　)。

A.总资产利润率指标集中体现了资金运动速度和资金利用效率的关系

B.企业的资产总额越高,利润越大,总资产利润率就越高

C.总资产利润率综合反映了企业经营管理水平的高低

D.总资产利润率等于销售利润率乘以总资产周转天数

E.总资产利润率越高,资金利用效果越好

5.影响资产净利率高低的因素主要有(　　　)。

A.产品价格　　　　　　　　　　　B.单位成本的高低

C.销售量　　　　　　　　　　　　D.资产周转率

三、判断题

1.比较分析法是财务报表分析最常用的方法。　　　　　　　　　　(　　)

2.一般来讲,企业获利能力越强,则长期偿债能力越强。　　　　　　(　　)

3.长期资本是企业全部借款与所有者权益的合计。　　　　　　　　(　　)

4.计算任何一项资产的周转率时,其周转额均为营业收入。　　　　(　　)

5.营运资金是一个绝对指标,不利于不同企业之间的比较。　　　　(　　)

四、计算题

1.某公司2018年度的简要资产负债表见表8-13:

表8-13　某公司2018年度的简要资产负债表　　　　　　　单位:万元

资产	年末数	负债及所有者权益	年末数
货币资金	200	应付账款	600
应收账款		长期负债	
存货		实收资本	4 000

续表

资产	年末数	负债及所有者权益	年末数
固定资产		留存收益	2 300
合计		合计	

其他有关财务指标如下:

(1)产权比率:0.4。

(2)销售毛利率25%。

(3)存货周转率6次。

(4)应收账款平均收现期30天。

(5)总资产周转率3.4次。

要求:将上表填列完整。

2.某公司相关财务数据见(表8-14):

表8-14 某公司财务数据   单位:万元

项目	2017年	2018年
资产总额	714 717	765 285
无形资产净值	21 221	39 986
负债总额	484 355	505 138
主营业务收入	880 524	1 052 530
净利润	28 428	25 109
所得税	4 288	955
利息费用	13 644	15 967

已知该公司2016年资产总额为446 935元,要求:

(1)计算该公司权益乘数、有形净值债务率、已获利息倍数、总资产周转率。

(2)对该公司资产规模变动进行评价。

3.资料:已知某企业2017年、2018年有关资料见表8-15:

表8-15 某企业2017年、2018年资料   单位:万元

项目	2017年	2018年
销售收入	280	350
其中:赊销成本	76	80
全部成本	235	288
其中:销售成本	108	120

续表

项目	2017 年	2018 年
管理费用	87	98
财务费用	29	55
销售费用	11	15
利润总额	45	62
所得税	15	21
税后净利	30	41
资产总额	128	198
其中:固定资产	59	78
现金	21	39
应收账款(平均)	8	14
存货	40	67
负债总额	55	88

要求:运用杜邦分析法对该企业的股东权益报酬率及其增减变动原因进行分析。

第九章　企业并购

学习目的

(1)掌握并购形式和类型。

(2)理解并购的动因与效应。

(3)熟悉如何选择并购目标公司。

(4)掌握评估目标公司价值方法的原理。

(5)掌握各种并购支付方式的特点及适用条件。

(6)掌握并购所需资金量的预测方式及筹资方式。

(7)掌握并购整合的类型与内容。

关键术语

横向并购、纵向并购、混合并购、资本成本、杠杆并购、管理层收购

导入案例

海尔的全球梦想:豪掷 56 亿美元并购通用电气

2016 年 6 月 7 日,海尔集团(海尔)控股 41%的青岛海尔股份有限公司和通用电气公司(GE)联合宣布,双方已就并购交易签署所需交易交割文件,以 56.12 亿美元现金收购通用电气的家电业务。这标志着通用家电正式成为海尔大家庭一员。这场并购的完成,不但意味着海尔将成为家电行业全球布局最完整的公司,也意味着海尔全球的资管工作将推至历史新高度。

一、并购双方基本情况

(一)海尔集团简介

海尔集团作为全球大型家电品牌,创立于 1984 年,借着改革开放的东风,凭借差异化的质量在市场上迅速占据优势地位,1993 年 11 月 19 日在上海证券交易所上市(股票代码:600690),是国内家电行业中上市最早的一批企业。青岛海尔股份有限公司(以下简称"青岛海尔")是海尔集团旗下的上市公司,主要经营空调、冰箱、厨房电器等的研发、生产和销售,同时还提供物流服务。截至 2015 年,海尔集团直接持有青岛海尔 17.52%

的股份,为青岛海尔的实际控制人,并通过青岛海尔创业投资咨询有限公司、青岛海尔厨房设施有限公司、海尔电器国际股份有限公司分别持有青岛海尔 2.62%、0.19%、20.56%的股份。目前,青岛海尔已成为全球最大的白色家电制造企业之一,并且已从传统制造家电产品的企业转型为面向全社会孵化创客的平台。青岛海尔曾多次收购海外资产,2014 年,青岛海尔引入战略投资者——私募股权投资机构 KKR 进行一系列的战略合作,这对促进青岛海尔海外家电资产及国际化的发展具有很大的帮助。

(二)通用电气公司简介

通用电气公司,即美国通用电气公司(General Electric Company,GE,创立于 1892年),是世界上最大的提供技术和服务业务的跨国公司。2017 年 6 月,《2017 年 Brand Z最具价值全球品牌 100 强》公布,通用电气公司排名第 19 位。家电是通用电气最早的业务之一,从一定程度上来说,家电业务是通用电气的支柱产业,意义重大。通用电气家电虽然是通用电气的老牌业务,但是其技术壁垒较低,与通用电气的产业链布局有些格格不入,与通用电气在能源、燃油及航空航天等领域无法形成上下游一体化,难以达到上下游协同。由此可见,出售家电部门的决定也符合通用电气的战略部署。

二、并购历程及交易方式

2008 年,通用家电业务的售价预计在 50 亿~80 亿美元,首次曝光出售家电业务消息时,青岛海尔参与了竞标,但突如其来的金融危机使得通用电气终止了这项计划。

2014 年 9 月,通用电气曾尝试以 33 亿美元的高价将家电业务销售给伊莱克斯。后因未通过美国反垄断审查,这项收购协议告吹。

2015 年,通用电气再次出售其家电业务。在此期间,青岛海尔收购海尔新加坡投资控股有限公司,整合了海尔集团海外白电资产,完成了其白电产业的全球布局。

2016 年 1 月 14 日,青岛海尔与通用电气签订《股权与资产购买协议》。2016 年 3 月15 日,青岛海尔在上海证券交易所公告《青岛海尔股份有限公司重大资产购买报告书(草案)》。

2016 年 6 月 7 日,青岛海尔进行通用电气家电业务相关资产购买交割,签署相关文件,以现金收购通用电气的家电业务,履行相关程序,这一天成为通用电气家电业务正式加入青岛海尔的开端。

2017 年 1 月 10 日,交易双方及相关各方签署《补充协议》并根据《股权与资产购买协议》约定的价格调整机制将本次交易的最终交易对价确定为 56.12 亿美元。根据上述协议,具体合并数据见表 9-1。

表 9-1 并购交易明细

交易价格	初步作价为 54 亿美元
估值水平	EV/EBITDA(企业价值)倍数为 9.78,P/B(市净率)倍数为 2.59
最终交易价格	56.12 亿美元,约合人民币 387.92 亿元

续表

交易价格	初步作价为 54 亿美元
支付方式	现金支付
融资安排	自筹资金、并购贷款；其中 33 亿美元的并购贷款系由青岛海尔全资子公司向国家开发银行股份有限公司申请，该贷款由青岛海尔集团及海尔集团提供全额担保，折合人民币为 218.55 亿元
交易标的	非股权资产、股权资产和相关负债。其中，非股权资产主要包括不动产、主要生产设备、办公设备、存货、与经营相关的应收应付款项、相关知识产权、其他与业务有关的资产等，其业务范围涵盖厨电产品、制冷产品、洗衣产品及主要产品线；股权部分包括 10 家全资子公司股权、3 家合资公司股权以及 3 家公司的少数股权

资料来源：青岛海尔公告。

三、并购的动机

1. 打开北美市场，加快海尔形成全球家电市场格局

北美市场是一个相对成熟的家电市场，市场竞争尤为激烈，海尔要进入这样一个成熟市场树立品牌相对较难。通用家电是通用电气传统和重要业务部门之一，已有百年历史，在美国拥有超高的市场地位和品牌认知度，通过并购通用家电可以有效地弥补海尔在国际上人才、技术、品牌、海外渠道等方面的不足，从而打开北美市场，加快海尔形成全球家电市场格局。

2. 产业升级转型，引入优势资源

目前国内白色家电普及率已较高，产品更新换代、释放需求成为主导，白电行业增长驱动因素由销量增长转变为与消费升级结合的结构提升，白电行业已进入"消费升级"时代。青岛海尔 2015 年上半年的分产品收入构成中，三大白电冰箱、空调、洗衣机贡献度合计 70%，厨卫电器贡献度仅为 8%。近年来，青岛海尔持续整合集团资产，并通过引入战略投资者 KKR 协助公司整合全球优质资源，大力促进公司厨电业务，以完善产品结构，提升盈利能力。而通用的厨电产品凭借其出色的产品性能和客户体验，在美国市场占有率近 25%，排名第一。本次交易完成后公司的厨电产品有望快速发展。

3. 发挥协同效应，提升盈利能力

从销售渠道来看，通用家电作为全美最大的家用电器制造商之一，2015 年 1-9 月营业收入高达 46.58 亿美元，其中 90% 来自美国市场，并已构建了一个覆盖全美、辐射全球的销售网络，长期与全美四大连锁家电零售商保持良好且密切的战略合作关系。从成本协同方面来看，本次交易完成后，通过共用供应商的资源整合、非共用供应商的资源共享所带来的采购成本节约将为交易双方带来最为直观和显著的成本协同效应。从研发实力看，通用家电研发团队逾 600 人，在全球拥有 4 个研发中心，分别位于美国、中国、韩国和印度。青岛海尔可与通用家电研发中心进行全球研发资源共享，研发能力的壮大提升

决定了未来公司整体的产品竞争力。

本次并购完成后,青岛海尔将全面发挥青岛海尔和通用电气的协同效应,直接提升青岛海尔的盈利能力,不断深化青岛海尔的国际化战略,持续提升青岛海尔的全球品牌影响力。

资料来源:赵丹铜.海尔集团并购通用家电的案例分析[J].商场现代化,2017(14):42-43.

第一节 企业并购概述

企业并购统称为 Merge & Acquisition(M&A),包括兼并和收购两种方式,即企业之间的兼并与收购行为,是企业法人在平等自愿、等价有偿基础上,以一定的经济方式取得其他法人产权的行为,是企业进行资本运作和经营的一种主要形式。国际上习惯将兼并和收购合在一起使用,在我国称为并购,主要特征是获得目标公司的控制权。

一、并购的形式

并购包括吸收合并、控股合并和新设合并三种形式。

(一)吸收合并(A+B=A)

收购企业通过并购取得被收购企业的全部净资产,并购后被收购企业的法人资格被注销,被收购企业原来持有的资产、负债成为并购企业的资产、负债。

(二)控股合并(A+B=A+B)

收购企业在并购中取得被收购企业的控制权,但并不改变被收购企业的法人资格和经营主体资质,被收购企业仍作为独立经营的市场主体参与市场交易,只是收购企业确认并形成对被收购企业的投资。

(三)新设合并(A+B=C)

参与并购的收购方和被收购方在实施并购后,均被注销法人资格,而后重新注册成立新的企业主体进行经营管理。

二、并购的类型

并购按照不同的标准可以划分为许多不同类型。

(一)按并购所处的行业分类

按照并购双方所处的行业性质来划分,企业并购主要可以划分为纵向并购、横向并购和混合并购三种。

1. 纵向并购

从供应链上来看,在链上不同节点从事不同产品生产的企业所进行的并购为纵向并购。比如,对原材料供应商的并购,对产品客户的并购等。纵向并购可以加强并购方对采购、销售等生产经营环节的控制,带来生产经营成本的节约,形成供应链的整合,构建自身优势。

纵向并购的优点是:通过市场交易行为内部化,有助于减少市场风险,节省交易费用,同时易于设置进入壁垒;缺点是:企业生存发展受市场因素影响较大,容易导致小而全、大而全的重复建设。

2. 横向并购

横向并购指从事同一行业企业所进行的并购,能迅速达到扩大生产经营规模的目的。比如两家药厂的并购,或者是两家钢铁厂的合并等,中国南车和北车的合并,便属于横向合并。

横向并购的优点是:企业获取自己不具备的优势资产、削减成本、扩大市场份额、进入新的市场领域;可以发挥经营管理上的协同效应,便于在更大的范围内进行专业分工,采用先进的技术,形成集约化经营,产生规模效益。缺点是:容易破坏自由竞争,形成高度垄断的局面。

近年来,由于我国各行业实际发展需要,加上国家政策及法律的支持,我国行业横向并购发展十分迅速。

3. 混合并购

混合并购是指一个企业对那些与自己生产不同性质和种类产品的企业进行的并购行为,其中目标公司与并购企业既不是同一行业,又没有纵向关系。并购方和被并购方没有直接关系,但并购方出于扩大经营范围、采取多元化战略等需要,而并购其他行业或地区的企业。比如,可口可乐并购泰勒啤酒公司,成功经营泰勒啤酒公司,使之一跃成为美国第五大酒业公司。

混合并购的优点是:有助于降低经营风险,降低企业进入新经营领域的困难,增加进入新行业的成功率,帮助企业实行战略转移和实现技术战略。缺点是:如果把握不好,易带来财务危机。因为混合并购涉足的是并购方完全不熟悉的行业,基本上没有经验、人才和社会关系,把资金投入一个未知的领域,对市场变化估计不足,可能导致财务危机。

(二)按并购的支付方式分类

按并购方的支付方式可以分为现金购买资产或股权、股票换取资产或股权、通过承担债务换取资产或股权,具体包括现金、股票、杠杆和卖方融资四种并购支付方式。

1. 现金支付并购价款

现金支付是最简捷、最迅速的方式,且最为那些现金拮据的目标公司所欢迎。大宗的并购交易会给并购公司造成巨大的现金压力,短期内大量的现金支付还会引起并购公司的流动性问题;一些国家规定,如果目标公司接受的是现金价款,必须缴纳所得税。

2. 股票对价方式

股票对价方式是指企业集团通过增发新股换取目标公司的股权。它可以避免企业集团现金的大量流出,并购后能够保持良好的现金支付能力,减少财务风险;可能会稀释企业集团原有的控制权与每股收益水平,倘若集团公司原有资本结构比较脆弱,极易造成集团公司控制权的稀释、丧失以致被他人收购;股票支付处理程序复杂,可能会延误并购时机,增大并购成本。

3. 杠杆收购方式

杠杆收购方式是指企业集团通过借款的方式购买目标公司的股权,取得控制权后,再以目标公司未来创造的现金流量偿付借款。优点是有较高而稳定的盈利历史和可预见的未来现金流量;公司的利润与现金流量有明显的增长潜力;具有良好抵押价值的固定资产和流动资产;有一支富有经验和稳定的管理队伍等。

4. 卖方融资方式

卖方融资方式是指作为并购公司的企业集团暂不向目标公司支付全额价款,而是作为对目标公司所有者的负债,承诺在未来一定时期内分期、分批支付并购价款的方式。该方式可以拉近双方在并购价格认定上的差距,建立起对目标公司原所有者的奖励机制;使企业集团避免陷入并购前未曾预料的并购"陷阱";减少了并购当时的现金负担,从而使企业集团在并购后能够保持正常的运转;使企业集团获得税收递延支付的好处。

(三)按并购程序分类

按照企业并购程序来划分,企业并购方式可分为善意并购和非善意并购。

1. 善意并购

善意并购指并购企业与被并购企业通过友好协商,确定并购相关事宜的并购。善意并购一般是并购方确定被并购企业即目标企业,然后设法与被并购企业的管理当局接洽,商讨并购具体事宜。通过讨价还价,在双方达成一致认识的前提下,签订并购协议,最后报经双方公司董事会批准,并通过股东大会投票通过。

2. 非善意并购

非善意并购指并购方一开始不顾被并购方的意愿,或者友好协商被拒绝时,采取非协商性购买的手段,强行并购对方企业。被并购方在得知并购方的企图后,出于不愿接受较为苛刻的并购条件等原因,通常做出拒绝接受并购的反应,并采取一些反并购的措施,如发行新股分散股权、回购已发行股票等。

三、并购的动因和效应

(一)并购的动因

企业并购的动因主要可以概括为以下几种:

1. 规模效应

企业通过并购对资产进行补充和调整,达到最佳经济规模,降低企业的生产成本。使企业有条件在保持整体产品结构的前提下,集中在一个工厂中进行单一品种生产,达到专业化水平。还能解决专业化生产带来的一系列问题,使各生产过程之间有机地配合,以产生规模经济效益。企业并购,重要的是要充分考虑到比较优势,利用企业的市场优势,集中化地研究与开发,进行集中的市场购销和统一管理,利用现有技术优势,形成规模经济优势。

2. 市场权力效应

企业横向并购指相同或相似产品的生产者或销售者之间的并购,它一般发生在技术、生产工艺、产品及其销售渠道相同或者相似的行业,当企业需要并且有能力扩大自己的产能和销售量时,横向并购就是企业发展的一个很自然的选择方案。横向并购可以迅速扩大生产规模,在更大范围内和更高层次上实现专业分工协作,统筹安排原料采购和产品销售,降低成本,实现规模经济。企业通过横向并购活动,来扩大市场占有率,减少国内竞争和国际竞争对手,从而形成垄断并使企业通过控制价格获得垄断利润。企业纵向并购可以通过对大量关键原材料和销售渠道的控制,有力地控制竞争对手的活动,提高企业所在领域的进入壁垒,增强企业的差异化优势。

3.节约交易费用

企业通过并购可以减少损失,降低成本。具体体现在强化生产和服务各方面的配合,以利于企业内的协作;缩短供应和生产经营周期,节省资源流动费用;协作化经营促进了企业间的相互配合,提高企业资源利用效率;经营规模的纵向扩大,提高企业整体实力;减少企业对市场产品和服务需求变化的反应时差。

4.企业发展战略动机

战略动机是公司的非对称战略竞争目标,体现在公司文化和经营的全过程,战略动机是以开拓市场、控制资源和防范风险为目的的。因此,部分企业并购的目的已不再是实现投机性的收益,而是通过并购来实现企业的战略目标。

（二）并购的效应

在不同动因驱动下的并购,并购效应有不同的理解。根据西方经济学并购理论,增加股东财富是其最重要的目标。但企业并购并非总能产生正向效应,有些企业并购可能产生负向效应。这里根据大量的实证研究的结论,着重从企业并购产生正向、负向效应两个维度进行解释。

1.正向效应

（1）协同效应理论

协同效应指企业生产、管理和销售的不同环节、不同阶段、不同方面,共同利用同一资源而产生的整体效应,也就是我们通常所说的"1+1＞2"的效应。企业并购后竞争力增强,净现金流量超过两家公司预期现金流量之和,或者说并购之后的公司业绩超过两家公司独立经营时的预期业绩之和。具体可以从财务协同和经营协同和管理协同三个方面进行理解。

财务协同效应,并购给企业提供成本较低的内部融资,还提升了银行借款等外部融资能力,且负债资金的节税效应也将降低企业成本。如一方公司有充足的现金流而缺乏投资机会,而另一方有巨大的成长潜力但缺少资金时,两个公司的兼并收购便能产生财务协同效应。此外,纵向并购将降低供应链上上下游企业的交易费用。

经营协同效应,根据规模经济的假定前提,由于人力资本、固定资产支出等固定成本的存在,增加产品的数量将摊薄固定成本,从而降低单位产品成本。当企业规模没有达到最大规模经济效应时,并购是能帮助企业迅速扩大规模,从而提高资源使用效率的有效手段。此外,当并购双方通过并购对其经营管理产生互补时,也将产生经营协同效应。比如,一方拥有强大的营销力量,而被并购方拥有强大的研发力量,这种营销与研发的联合将增强并购后的整体企业实力。

管理协同效应,具有较高管理效率的企业并购管理效率低下的企业,将提高后者的管理效率,从而获得正向效应。具体来看,可以通过管理层入驻和管理思维注入等方式,具有较高管理效率的企业通过派出管理层介入低管理效率企业,或者通过培训注入管理思维等增加管理资源的投入,提高效率。

（2）多元化优势效应理论

企业横向并购的动因之一便是通过并购,形成企业多元化经营战略,从而实现多元化优势效应。企业多元化经营可以分散风险,提高经营安全性;有利于企业向前景好的新兴行业转移,尤其是一些处于没落的传统行业企业;促进企业在原有业务基础上的发展,通过多元化经营扩展服务项目,往往可以促进原业务的发展,形成资源利用优势,从而提高企业利润。并且,由于人力资本的不可分散性和专用性面临较大风险,因此企业多元化经营能降低企业管理者和员工的人力资本投资风险,增加企业员工升迁的机会。此外,如果企业具有较高的商誉和高端客户群体等,多元化经营将有助于充分利用这些资源。

（3）估值理论

当目标企业的市场价值出于某些原因,没能反映其真实价值或潜在价值,通过并购便能释放其价值信号。企业价值被低估的原因通常包括如下几点:企业的经营管理未能充分发挥其应有的潜能,目标企业真实价值的内部信息被并购方所识别,通货膨胀造成企业资产市场价值和重置成本的差异。根据信息理论,当目标企业被并购时,市场会对其价值重新作出估计。一方面,并购活动向市场传递了目标企业被低估的信息;另一方面,并购信息将激励目标企业改善其经营管理效率。一般而言,并购之后,目标企业股票价格都将上涨。

2. 负向效应

当企业的并购动因是内部管理者自利动机,或者是并购决策错误时,企业并购将产生负向效应。

（1）代理问题

企业内部管理层和大股东为了自身利益扩大企业规模,以损害其他股东利益为代价进行并购。现有实证研究证实,企业管理层的薪酬决定因素中,企业规模是重要因素之一。因此,根据委托代理理论,企业内部管理层有动机通过并购扩大公司规模,从而增加自身薪酬和提升职业保障;大股东有动机通过并购扩大公司规模,为关联交易、占款等提供便利。

（2）自由现金流假说

自由现金流是指企业产生的在满足了再投资需求之后剩余的现金流量。如果企业管理层以股东财富最大化为目标,将放弃低于资本成本的投资项目。但根据委托代理理论,在企业自由现金流比较充足的情况下,管理层有动机通过并购实施扩张策略。即企业管理层为了满足个人私利,通过并购扩大商业规模,此时并购将导致低收益甚至负向效应。

（3）管理层过度自信

根据高阶梯队理论，并购方企业管理层如果过度乐观，将对目标企业并购出价过高，使得并购投资决策价值为负。当并购投资存在较多竞争者时，仍然坚持投资并抬高出价，管理层过度自信导致并购投资决策失败，使得并购投资效应为负。

总的来说，企业并购的动机都并非只是上述动因中的某一个，可能是某几个方面，那么在检验其效应的时候也不能简单地从财务正向或负向效应进行检测，而要综合考虑其非财务效应等更多维度，进行综合考察，才能得到比较科学的结论。

第二节　目标公司的选择

一、企业并购的过程

完整的企业并购可以划分为三个阶段：准备、谈判和整合。表9-2列示了每个阶段包括的具体步骤。

表9-2　企业并购的阶段及步骤

第一阶段	确定并购战略、价值创造逻辑和并购标准，搜寻目标企业，筛选和确定评估目标企业战略，进行并购论证
第二阶段	并购战略的发展，对目标企业进行评估和财务定价谈判、融资和具体并购交易
第三阶段	评估组织适应性和文化，开发整合方法，整合协调并购双方战略、组织和文化，评价并购效果

企业并购属于一项重大战略性投资决策，如果并购决策得当，将会产生较好的收益；反之，并购决策失误，则会给企业带来巨大损失。确定并购目标公司不仅是企业实施并购的第一步，也是非常重要的一步，对并购效应起着决定性的作用。

二、选择并购目标公司

并购目标公司的选择一般包括发现目标公司、审查目标公司和评价目标公司三个阶段。

（一）发现目标公司

公司可以利用公司内部人员的管理经验，发现目标公司。公司高级职员熟知公司经营管理的具体情况，最有资格提出和判断并购同行业公司的想法，在公司高层进行传播、讨论等。或者在公司内部建立专门的并购部，从事收集和研究相关公开信息，从而发现适合本企业的并购目标公司。而在中小企业中，这部分工作往往由财务部门兼任。

公司也可以利用专业中介机构为并购标的公司提供专业服务。在中介机构中，有一批训练有素、经验丰富的并购专业人员，精通并购法律、财务等事宜。比如投资银行拥有专业客户关系优势,越来越多地参与并购事务,为客户提供制订并购计划、安排并购融资、代发证券等整套服务工作。由于投资银行与公司保持一种长期合作的紧密关系,熟悉公司的具体情况和发展战略,他们能为公司提出适合公司需求的并购目标。而且,公司并购成功,也将为投资银行带来可观的中介服务费等。

(二) 审查目标公司

在初步选定并购目标公司后,对目标公司作进一步的分析评估和实质性审查。

1. 法律条文审查

法律条文审查包括审查目标公司的产业、章程、合同契约等法律性文件。公司通过审查企业章程、股票证明书等法律性文件中的相关条款,发现是否有并购方面的限制。审查目标公司的资产所有权、使用权和资产租赁抵押等情况等。审查所有对外书面合同的法律事项,避免存在潜在的风险。

2. 业务审查

坚持审查目标公司是否能与并购方业务达到融合。如果是通过并购目标公司提高生产经营规模,则对并购目标公司的生产设备等资产进行估价,通过并购和重置两种方案的对比,得出哪种方案更合算的结论。如果是利用目标公司的营销资源扩大市场份额,则对目标公司的客户特征、市场网络等进行了解,从而评估其市场占有价值。

3. 财务审查

为了防止目标公司提供虚假财务报表,需要对目标公司进行财务审查。如果是注册会计师审计过的报表,可以通过与注册会计师沟通了解,主要通过企业的盈利能力、营运能力和偿债能力等进行分析和评估。

此外,为了深入了解目标公司的财务状况,可以通过了解目标公司的出售动机,帮助评估目标公司价值。一般来说,目标公司的出售动机主要包括:由于经营管理不善、股东对管理层不满意、想转换投资机会等,股东出售股权;目标公司急需大量资金投入,大股东出售部分股权;目标公司管理层出于自身的地位和前途考虑,愿意被大企业并购,以谋求更高的薪酬;目标公司经营业务调整,出售不符合其发展战略或获利能力不好的子公司等。

4. 风险评估

并购风险主要包括以下三种:

①市场风险。并购目标公司如果是上市公司,并购消息一旦外传,将引起目标公司的股价迅速上涨,增加并购难度;如果目标公司不是上市公司,并购消息一旦传出,容易引起其他企业的兴趣,增加竞标风险,抬高并购对价。这种因为股票市场或产权交易市场引起的价格变动风险,即市场风险。

②投资风险。对并购方而言,并购是一种外部投资活动。并购投资的收益受很多因素影响,这些影响因素的变化将影响并购投资资金的效率,决定着并购绩效。

③经营风险。并购是接管或接收一家外部公司,如果不熟悉目标公司的产业情况,或派出接管的管理层不得力,或者其他原因等,都将导致经营管理失败,从而形成经营风险。

三、评价目标公司

（一）目标公司估价

确定并购目标公司后，最为核心的便是对该公司进行评价，也叫作企业并购估价，即对目标公司进行综合分析确定价值，从而确定并购方愿意支付的并购价格。

根据估价理论，并购方所要并购的企业往往都是价值被低估的企业，而要确定企业价值是否被低估，首先便要确定该企业的合理价值，价值评估是并购方选择并购对象的重要依据之一。根据已有学术研究，并购失败的主要原因是对目标公司估价过高，支付的对价过多，从而产生负收益。而被并购企业也需要确定自身的合理价值，以决定是否接受并购方的条件。

当然，并购双方在市场中所处的地位、产品市场竞争力、行业前景、经营环境等都将影响企业价值。因此，企业并购估价并非易事，在对并购目标公司估价时，估的往往不是现在的价值，而是并购后目标企业能为并购方带来的价值增值。并购方主要需要考虑目标企业的增长性、并购产生的协同效应等，这将决定着并购对价的区间值。

（二）价值评估的方法

理论上来说，常用的估值方法包括贴现现金流量法、成本法、换股估价法和期权法等。

1. 贴现现金流量法

持续经营会计假设是贴现现金流量法的基本假设前提，在这个前提下，企业有获利能力并不断扩大经营，其原理是假设任何资产的价值等于其预期未来现金流量的现值之和。基本公式如下：

$$V = \sum_{t=1}^{n} \frac{CF_t}{(1+r)^t} \tag{9-1}$$

式中，V 为资产价值，n 为资产寿命，r 为与预期现金流量相对应的折现率，CF_t 为资产在 t 时刻产生的现金流量。

该方法的优点是数据来自历史数据，相对客观。但局限性也基于此产生，仅从历史投入的角度考虑企业价值，并未从资产的实际效率和企业运行效率考虑。

2. 成本法

成本法指通过对目标企业各项实物资产价值进行评估，比如机器设备、厂房、土地等，然后加总所得。该方法假设企业的价值等于有形资产和无形资产的成本总和减去负债总额，因此采用这种方法评估企业价值时，主要考虑成本，而非收入和支出。

该方法的优点是数据客观，因为数据是历史确已发生的。缺点是仅从历史投入角度考虑企业价值，没有从资产实际效率出发，导致原始投资额相同的企业，无论效益好坏，其企业价值评估结果都相等；并且对无形资产的价值评估也不足。

如果并购后目标企业不再继续经营，可以利用成本法进行价值评估，常用的计价标准有重置价值、清算价值、净资产价值。

①重置价值,是指将历史成本标准换成重置成本标准,以资产现行成本为计价基础的价值。

②清算价值,是指并购后目标企业不再存在时,目标企业资产清算的出售可变现价值。

③净资产价值,是目标企业资产总额减去负债总额后的所有者权益价值。

3.换股估价法

如果并购是以股票作为对价,那么对目标公司的任务就是确定一个换股比例,即并购方公司为换取目标公司的股份需付出的股份数量。根据有效市场假说,股票市场价格体现了投资者对企业价值的评价,能代表企业价值或股东财富。股票市场价格不仅反映了企业目前的价值,还包含企业未来盈利能力的现值以及风险报酬的影响等。企业并购后如果股票价格高于并购前的价格,并购双方才会有收益,股东方才愿意接受并购。

4.期权法

期权是一种赋予持有人在某个特定日期或该日期之前的任何时间以固定价格购进或售出一项资产的权利合约。在期权标的资产价值超过看涨期权的执行价格或低于看跌期权的执行价格时,期权才会产生收益。当一项资产的收益是某一项标的资产价值的函数时,该资产可以被视为期权。而具有期权特性的任何资产的价值都可以用期权股价模型进行评估。

期权股价模型由 Black and Scholes 提出,此后得到了巨大发展和广泛应用。其基本公式为:

$$\text{看涨期权价值} = SN(d_1) - Ke^{-rt}N(d_2) \tag{9-2}$$

$$d_1 = \frac{\ln\left(\frac{S}{K}\right) + \left(r + \frac{\partial^2}{2}\right)t}{\partial\sqrt{t}} \tag{9-3}$$

$$d_2 = d_1 - \partial\sqrt{t} \tag{9-4}$$

其中,S 为标的资产的当前价值,K 为期权的执行价格,t 为距期权到期日的时间,r 为期权有效期间的无风险利率,∂^2 为标的资产价格的自然对数的方差。

因为流通资产可以上市交易,其价值和方差可以从市场获取,更适用于该模型。而期权标的资产不在市场交易时,其价值和方差无法从市场获取,只能进行估计。

四、贴现现金流量估价法

(一)自由现金流量的计算

自由现金流和公司价值的关系如下:

公司价值=公司自由现金流量现值+税后非营业现金流量和有价证券现值 （9-5）

对企业价值评估的第一步是计算自由现金流量,包括历史时期的自由现金流量以及预测未来时期的自由现金流量。

贴现现金流分为股权资本估价和公司整体估价,股权资本估价通过股权资本成本对预期股权现金流量折现获得,公司整体估价用该公司加权平均资本成本对公司预期现金流量进行折现得到。为与股权资本估价和公司整体估价对应,需要计算股权自由现金流量和公司自由现金流量。

（1）股权自由现金流量

$$股权自由现金流量=净收益+折旧-资本性支出-债务本金偿还-$$
$$营运资本追加额+新发行债务-优先股股利 \qquad (9\text{-}6)$$

式中,资本性支出指厂房新建、改扩建、设备更新、购置、新产品试制等;增量资本支出为本期资本性支出与折旧的差额。

（2）公司自由现金流量

一种是将公司所有权利要求者的现金流量加总,公式如下:

$$公司自由现金流量=股权自由现金流量+利息费用\times(1-税率)+$$
$$偿还债务本金-发行新债+优先股股利 \qquad (9\text{-}7)$$

另一种是以息税前利润为出发点进行计算,公式如下:

$$公司自由现金流量=息税前收益\times(1-税率)+折旧-营运资本净增加额-资本性支出$$
$$(9\text{-}8)$$

式9-8中,"息税前收益×（1-税率）+折旧"为企业经营性现金净流量,因此上述公式可以变形为:

$$公司自由现金流量=经营性现金净流量-营运资本净增加额-资本性支出 \quad (9\text{-}9)$$

（二）资本成本的估算

这里主要介绍股权资本成本、债务资本成本以及加权平均资本成本的计算。

1.股权资本成本

常用的有股利增长模型、资本资产定价模型及套利定价模型。

①股利增长模型。对稳定增长的公司而言,采用股利增长模型比较适合。

$$p_0=\frac{DPS_1}{K_s-g} \qquad (9\text{-}10)$$

$$K_s=\frac{DPS_1}{p_0}+g \qquad (9\text{-}11)$$

式中,p_0为公司当前股价,DPS_1为下一年预计支付的股利,K_s为股权资本成本,g为股利增长率。

②资本资产定价模型。资本资产定价模型用方差来度量不可分散风险,并将风险与预期收益联系起来,是目前最为成熟的风险度量模型。该模型有五个假设前提:投资者对资产的收益和变化预期是一致的;投资者可以按照无风险利率进行借贷;所有资产是可以交易的且完全可以分割;没有交易成本;资本市场上没有对卖空交易的限制。在这些假设前提下,任何资产不可分散的风险都可以用β值来描述,并由此计算出预期收益率,基本公式如下:

$$R=R_f+\beta(R_m-R_f) \qquad (9\text{-}12)$$

式中,R为投资者要求的收益率;R_f为无风险收益率;β为企业资产组合对整个市场风险的贡献;R_m为市场预期收益率。

运用资本资产定价模型的关键是要确定无风险利率、计算风险溢价及 β 值。

③套利定价模型。Ross(1976)提出一种新的资本资产均衡利率及套利定价模型,其逻辑基础与资本资产定价模型存在很多相通的地方,即投资者只有在承担不可分散风险时才能获得补偿,但与资本资产定价模型不同的是,套利定价模型认为风险由多个因素产生,其基本公式如下:

$$R = R_f + \sum_{i=1}^{k} \beta_i \left[E(R_i) - R_f \right] \tag{9-13}$$

式中,R 为股权成本;R_f 为无风险收益率;k 为风险因素的数量;β_i 为 i 风险因素的 β 系数;$E(R_i) - R_f$ 为 i 风险因素的风险补偿率。

2. 债务资本成本

债务资本成本指企业投资项目融资时所借债务的成本,主要指企业的长期负债,因为只有长期负债才能作为企业的资本,短期负债随时需要偿还,一般由流动资产偿付。一般而言,债务资本成本由下列变量决定。

①当前市场利率水平,当市场利率上升时,企业债务成本也随之增加。

②企业信用等级,如果企业信用等级较高,违约风险较低,债务成本就低。如果没有债券评级等级,可以用公司最近支付的债务利率来衡量最高的违约风险。

③债务的税收递减,利息可以税前列出,通过税率计算债务税后成本,债务税后成本低于税前成本。

3. 加权平均资本成本

加权平均资本成本指企业为了筹集资金而发行的全部各种有价证券成本的加权平均值。在没有优先股时,根据企业的股权资本成本和债务资本成本,加权平均资本成本($WACC$)计算公式如下:

$$WACC = \sum_{i=1}^{n} R_i W_i \tag{9-14}$$

其中,R_i 为第 i 种资本的成本;W_i 为第 i 种资本占全部资本的比重。

第三节　并购支付方式的选择

一、并购资金需求量预测

预测并购资金需求量时,主要考虑以下四个方面。

(一)并购支付的对价

并购支付的对价指并购方为完成收购目标企业所付出的代价,包括现金、现金等价物和其他有关资产的价值总和。支付的对价与目标企业权益价值大小、控股比例和支付溢价率相关,具体可通过下面的公式计算:

$$MAC = E_a \times \rho \times (1 + \gamma) \tag{9-15}$$

其中，*MAC* 为并购支付的对价；E_a 为目标企业权益价值；ρ 为控股比率；γ 为支付溢价率。

被并购企业的权益价值是并购成本的核心构成，一般来说，公开收购、竞标收购等往往要支付较高的溢价率，即支付对价高于被并购企业权益价值的比率。

（二）目标企业或有负债和表外负债

或有负债指有过去的交易或事项形成的潜在义务，需要通过未来不确定事项的发生或不发生予以证实，包括未决诉讼、担保、产品质量保证等。表外负债指目标企业的资产负债表上没有体现，但实际上要明确承担的义务，包括安置费、离职费、职工退休费等。

（三）整合与运营成本

为了保证并购后企业健康持续的发展，企业需要承担：一是整合改制成本，即对经营战略、管理方式、组织结构、产业机构等调整发生的管理培训费用；二是注入资本成本，即为了实现并购双方企业管理资源的互补性，对目标公司的资金投入、管理投入成本。

（四）并购交易费用

并购交易费用包括并购直接费用和并购管理费用。并购直接费用主要指为并购融资注册和发行权益证券的费用，如支付给律师的咨询费、会计师的审计费用、其他各项评估费用等。并购直接费用一般也可以按照并购支付对价的千分之一至千分之五的比例来确定。并购管理费用主要包括并购管理部门的费用，以及其他不能直接计入并购事项的费用。

二、并购支付方式

实践中，企业并购的支付方式主要有三种，即现金支付、股票支付和混合证券支付。

（一）现金支付

现金支付指主并方企业支付一定数量现金给目标企业而获得所有权，是企业并购中最为常见的支付方式。对于目标企业股东而言，收取现金能即时获得确定收益，避免受市场状况、主并方企业业绩状况等因素的影响；但却存在纳税义务的不足。对主并方企业而言，现金支付可以保持现有的股权结构，控制权不会被稀释；确保并购流程迅速完成。如果采用股票作为对价支付方式，主并方需到证券管理部门登记、等待审批，流程所需时间较长，可能使其他企业参与到并购竞价中，从而抬升并购成本，增加并购难度。但是，现金支付也是一项沉重的负担，主并方可能还需要专门筹集资金来支付并购对价。

在采用现金支付方式时，企业需要考虑以下因素：

1. 主并企业的流动性

现金支付要求主并企业在确定的日期支付一定数量的货币，足够的即时付现能力是主并企业首先考虑的因素。此外，如果企业即时支付了大量现金，还需要综合考虑现金回收率和回报年限，以避免影响长期流动性。如果是跨国并购，主并企业还需考虑与目标企业国使用货币的自由兑换问题。

2. 目标企业所得税法

由于不同国家、地区企业所得税法不同，因此目标企业股东是否面临被课征资本收益税的问题,是并购现金支付时需要考虑的重要因素。

3.目标企业股本成本

并购支付对价超过目标企业股份平均股本成本,就会产生税收负担,此时必须考虑减轻这种税收负担的特殊安排,否则目标企业只能以实际得到的净收益作为标准,来考虑是否接受并购方案。

(二)股票支付

股票支付指主并企业通过增加发行本企业股票,替换目标企业股票,达到并购目的的支付方式。主并企业不需要支付大量现金,不会影响其现金状况。并且并购完成后,目标企业股东不会失去所有权,而是成为并购完成后新企业的股东。一般来说,采用股票支付方式完成并购后,企业股权结构将发生改变,但主并企业股东在经营控制权上占据主导地位。但由于股票支付所需手续繁多,耗时耗力,不如现金支付那么简单快捷。

在采用股票支付方式时,企业需要考虑以下因素:

1.主并企业的股权结构

股票支付的很大特点是对主并企业原有股权结构产生重大影响,因此主并企业必须事前确定其原有大股东能接受多少股权稀释。

2.当前股价水平

当股票市场处于上升阶段时,股票价格相对较高,这时采用股票支付更有利于主并企业,而采用增发新股更有利于吸引目标企业。因为目标企业如果不愿意持有主并企业股票,抛售套现的话,将导致股价下跌。因此,主并企业除了考虑本企业股价所处水平外,还要预测增发新股对当前股价波动的影响。

3.每股收益率的变化

增发新股将降低企业的每股收益。目标企业如果盈利状况较差,或者支付价格较高,会导致每股收益减少,从而导致股价下跌。因此,主并企业在采用股票支付时,要确定将对每股收益率产生多大影响,从而预计对股价波动产生的影响。

4.资本结构

新股发行往往与主并企业原有的股利政策有一定的联系。因此,主并企业在决定采用股票支付还是现金支付时,要比较对自身资本结构产生的影响,综合考虑、权衡后作出抉择。

(三)混合证券支付

混合证券支付指主并企业通过现金、股票、公司债券、认股权证、可转换债券等多种形式的组合,集中各种支付工具的长处而避免它们的短处,近年来被越来越多的企业所采用。

公司债券资本成本较低,向持有者支付的利息是免税的。

认股权证对主并企业而言,可以延期支付股利,提供额外的股本基础;但也会影响股权结构,采用该形式需要考虑对控制权的改变。目标企业股东获得认股权证后,可以行使优先低价认购公司新股的权利,也可以在市场上出售认股权证。

可转换债券是向持有者提供一种选择权,在某个特定时间内可以某一特定价格将债券转换为股票。对主并企业而言,通过发行可转换债券能以比普通债券更低的利率和更宽松的契约条件出售;能以比现行价格更高的价格出售股票;对于研发新产品或开拓新业务的公司,新产品或新业务投产获得利润所需时间与可转换债券转换期一致,将有助于企业研发。对目标企业而言,可转换债券较为安全,同时还具备作为股票使本金增值的有利性;在股票价格较低时,债券将推迟到预期股票价格上升时才转换。

三、企业杠杆并购

企业杠杆并购指并购方以目标公司资产为抵押,向银行或投资者融资借款来对目标公司进行收购,收购成功后再以目标公司的收益或出售其资产来偿还本金和利息。杠杆并购实质上是以现金支付对价的一种特殊并购。

(一)杠杆并购的特点

①负债规模较大,用于并购的自有资金占完成并购所需要资金的比重较低,一般只占到10%~20%,因此需要通过负债融资完成并购的资金较多。

②以目标公司的资产或未来收益作为融资基础,并不是以并购方的资产作为负债融资担保,因此并购企业偿还贷款的来源是目标企业的资产或现金流量,即目标企业自身支付售价。

③杠杆并购的过程中通常有第三方经纪人来促进和推动并购交易相关具体事宜。

(二)杠杆并购成功的条件

一般来说,具有以下特点的企业宜作为杠杆并购的目标企业:

1. 拥有易于变现的非核心资产

企业拥有易于变现的非核心资产,可以在必要的时候出售这部分资产来偿还债务,增强对债权人的吸引力,促成杠杆并购完成。

2. 具有稳定连续的现金流量

目标企业的收益和现金流的稳定性和可预测性,有利于保障杠杆并购中巨额利息和本金的支付和偿还,这是债权人关注的重点。

3. 并购前的资产负债率较低

杠杆并购以增加大量的负债为具体运作方式,如果并购前企业的资产负债率已经较高,那么企业负债的空间较小。此外,资产负债率较低的企业拥有较多资产可以用于抵押,将增强债权人的安全感。

4. 拥有稳定和富有责任心的管理团队

处于风险性考虑,债权人往往对目标企业的管理层有较高的要求。稳定的管理团队有利于保持管理的持续性,帮助并购之后维持企业的经营管理。而只有富有责任心的管理团队,才能保证贷款的本息如期偿还。

四、管理层收购

管理层收购(Management Buy-Out,MBO)指目标公司管理层利用外部融资购买本公司的股份,改变公司所有权、控制权和资产结构,达到重组本公司并获得预期收益的一种收购行为。当杠杆并购中的主并方是目标企业内部管理人员时,管理层收购是杠杆收购的一种特殊形式。

(一)管理层收购的成因

从理论上来说,管理层收购有助于缓解代理问题,提高资源配置效率。管理层收购实现了所有权和经营权的统一,管理层对企业控制权和剩余索取权的接管,降低了成本。高负债的杠杆作用可以约束管理层经营行为,及时收回公司现金流。从激励角度来看,管理层收购有利于激发企业家发挥管理才能,具体通过:①满足其施展才华、实现自我的心理需求,即控制权的满足;②提高报酬满足其物质需求和价值实现。

管理层收购还有利于企业内部结构优化,产业转换升级,提升资源配置效率。通过管理层收购,企业可以较为方便地转移经营重点,或是实现产业结构调整,便于集中资源开展核心业务。

(二)管理层收购的方式

管理层收购的方式主要包括三种:

1. 收购上市公司

收购上市公司是指通过管理层收购,将原来的上市公司转变为非上市公司。一般来说,这种收购的动机包括收购上市公司是指基层管理人员创业、机构投资者或大股东转让大额股份、摆脱上市公司制度和监管约束、防御敌意收购。

2. 收购集团公司的子公司或分支机构

由于管理层收购的管理人员具有信息优势,作为内部人员更容易满足保密要求,当被收购单位与主并方是同一集团公司下属公司时,会因为业务联系继续保密,有利于企业平稳持续完成并购。一些大型企业在发展过程中,为了重点发展核心业务或转换经营中心,通常需要出售一部分资产或业务,通常以管理层收购的方式进行资产的剥离和重组。

3. 公转民的混合所有制改革

国有企业等公有制部门通过混合所有制改革,转变为民营企业,引入资本市场监督,激励管理层,提升企业经营管理效率。

(三)管理层收购的程序

管理层收购一般需要经过前期准备、实施收购、后续整合、重新上市四个步骤。

1. 前期准备

前期准备主要是筹集收购所需资金、设计管理层激励体系。如果采取杠杆收购,管理层一般提供约10%的资金,90%由外部投资者提供。而外部投资者提供的资金中,约55%通过银团抵押贷款获取,其余的45%通过对机构投资者私募或发行债券的方式筹集。管理层激励体系一般以股票期权或认股权证形式,向管理层提供基于股票价格的薪酬。

2. 实施收购

实施收购与一般收购无本质区别,采取收购目标公司的股票或资产两种形式进行。

3. 后续整合

收购完成之后,管理层成为公司的新股东,可能会削减成本或改变市场战略进行整合,具体措施包括调整员工结构、加强应收账款管理和存货管理等。为了偿还并购过程中借支的银行贷款,还可能进一步降低投资、出售资产等。

4. 重新上市

经过后续整合,如果公司实力增强,达到了投资人的预期目标,为了向现有股东提供更大的流动性便利,投资人可能会选择将公司重新上市。

第四节　并购后整合

一、并购整合的概念

并购整合是指将两个或多个公司合为一体,由共同所有者拥有。在完成产权结构调整后,企业通过各种内部资源和外部关系整合,维护和保持企业的核心能力,进一步增强企业竞争优势,从而实现企业价值最大化。

并购完成后,主并企业面临着一系列的挑战,比如人才流失、文化冲突等,尤其是经营方式的改变或进入全新的领域等。因此,并购整合是不可或缺的重要程序。为了达到1+1 > 2 的效果,并购整合有助于企业创造价值。

二、并购整合的内容

(一) 产业整合

产业整合是指根据并购企业和目标企业的产业优势和同业竞争能力,强化和培育企业的核心能力,并将其转化为市场竞争优势。如果一个企业的主导产品缺乏市场优势,在同业中竞争能力比较弱,那么并购后企业的产业继续发展可能受到一些限制。此外,产业整合时也需考虑双方原来的供销渠道和市场策略,比如可将目标企业的部分中间产品交由并购企业生产,增加并购企业的利润,这是并购企业获得的控制权价值。

(二) 战略整合

并购完成之后,并购企业根据自身长期发展战略,对目标企业的经营战略进行调整,使其纳入并购后企业整体发展战略框架内。可能涉及某些重复部门的合并、裁撤等。通过经营战略的有效整合,并购双方企业的核心竞争力能同时被拓展,从而形成更强大的综合竞争力。

(三) 资产整合

企业并购后通过处置不必要、低效率或获利能力较差的资产,降低运营成本,提高资产总体效率,缓解并购带来的财务压力。如精简机构和人员,出售一部分资产或改作他用,通过分拆出售可以获得一部分可观的利润。

（四）管理整合

并购完成后，并购企业对目标企业及时输入先进的管理模式和思想，有助于双方企业的有机融合，以及产业整合、战略调整、资产整合等。并购后企业从管理组织机构一体化角度对并购双方的原有管理体制进行调整，使其高效、有序地服务于企业生产经营活动。具体来看，内部管理整合包括经营方式、管理制度、企业文化的融合和协调；外部管理整合主要包括维护与当地政府的关系、与目标企业原有供应商和客户的关系、同银行等金融机构的关系、与工商税务等政府职能部门的关系。

本章小结

企业并购指两家或更多的独立的企业、公司合并组成一家企业，通常由一家占优势的公司吸收一家或更多的公司。并购的实质是在企业控制权运动过程中，各权利主体依据企业产权作出的制度安排而进行的一种权利让渡行为。企业并购的方式主要包括横向并购、纵向并购和混合并购三种。

企业并购的首要程序便是选择目标公司，通过对目标公司的价值评估，选择合适的支付方式进行并购对价支付。主要的支付方式包括现金支付、股票支付和混合证券支付。

并购完成后，主并企业面临着一系列的挑战，比如人才流失、文化冲突等，尤其是经营方式的改变，或者是进入全新的领域等。因此，并购整合是不可或缺的重要程序。为了达到 1+1 > 2 的效果，并购后需要进行产业、战略、资产和管理整合，有助于企业创造价值。

课后案例

中国车企"蛇吞象"的完美大戏：吉利并购沃尔沃

2010 年 3 月 28 日，吉利控股集团宣布与福特汽车签署最终股权收购协议，以 18 亿美元的代价获得沃尔沃轿车公司 100% 的股权以及包括知识产权在内的相关资产。此次交易得到中国、瑞典两国的高度重视，中华人民共和国工业和信息化部部长李毅中以及瑞典副总理兼企业能源部部长 Maud Olofsson 出席了签字仪式。对于只有 13 年造车历史的吉利来讲，并购超过 80 年历史的沃尔沃，成为中国汽车业史上最大规模的海外收购案。

沃尔沃汽车公司是北欧最大的汽车企业，也是瑞典最大的工业企业集团。1999 年福特以 65 亿美元的高价购得沃尔沃品牌，使豪华乘用车品牌成为福特旗下一个全资子公司。然而事与愿违，沃尔沃这个品牌在过去几年里让它伤透了心，2008 年沃尔沃税前亏损额高达 16.9 亿美元。随着金融危机的全面到来，在售出阿斯顿马丁、路虎、捷豹之后，沃尔沃又完成了福特剥离的目标。福特于 2008 年 12 月 1 日宣布出售沃尔沃汽车公司，并且标出 60 亿美元的售价，约合人民币 412.4 亿元。根据洛希尔综合采用现金流折现法、可比交易倍数、可比公司倍值等估算方法对沃尔沃资产进行的评估，在金融危机最严重时的沃尔沃估值，合理价位在 20 亿~30 亿美元。其中，合理收购资金 15 亿~20 亿美元，运营资金 5 亿~10 亿美元。正是根据洛希尔作出的这一估值，吉利提出的申报收购金额为 15 亿~20 亿美元，最终成交价格确定为 18 亿美元。吉利花费 18 亿美元的代价收购沃尔沃，不到当年福特收购价的 1/3。这是在全球金融危机导致世界汽车行业重新洗牌下的意外收获。

资料来源：周春生. 融资、并购与公司控制 [M]. 3 版. 北京：北京大学出版社，2013.

案例分析讨论：

1. 结合材料与你所了解的相关案例背景，你认为吉利能成功收购久负盛名的北欧汽车企业沃尔沃的原因是什么？

2. 吉利并购沃尔沃的目的和动机是什么？

3. 海外并购过程中通常存在哪些风险？你认为本案例中可能存在哪些风险？如何避免？

思考题

1. 并购的形式和类型包括什么？

2. 并购的动因包括哪些？

3. 目标公司的价值评估方法有哪些？

4. 并购对价的支付方式包括哪些？

5. 为什么并购之后需要进行整合？

自测题

一、单项选择题

1. 企业与在生产过程中与其密切联系的供应商或客户的合并称为（　　）。

　A. 横向并购　　　　　B. 纵向并购　　　　　C. 混合并购　　　　　D. 善意并购

2. 处于同一行业、生产同类产品的竞争对手之间的并购称为（　　）。

　A. 横向并购　　　　　B. 纵向并购　　　　　C. 混合并购　　　　　D. 善意并购

3. 某航空公司收购一家旅行社，这种并购属于（　　）。

　A. 横向并购　　　　　B. 纵向并购　　　　　C. 混合并购　　　　　D. 善意并购

4. 进行并购价值评估选择折现率时，股权自由现金流量应该选择的折现率是(　　)。

A.加权平均资本成本

B.股权资本成本

C.债权资本成本

D.市场利率

5.下列说明股票支付方式特点的描述中,不正确的是(　　)。

A.不需要支付大量的现金

B.不影响并购公司的现金流动状况

C.目标公司的股东不会失去所有权

D.获得财务杠杆利益

二、多项选择题

1.企业并购的形式有(　　)。

A.吸收合并　　　　B.控股合并　　　　C.新设合并　　　　D.混合合并

2.并购按所处的行业分类主要可以划分为(　　)。

A.纵向并购　　　　B.横向并购　　　　C.混合并购　　　　D.联合并购

3.按照企业并购程序来划分,企业并购方式可分为(　　)。

A.善意并购　　　　B.蓄意并购　　　　C.非善意并购　　　　D.强行并购

4.实践中,企业并购的支付方式主要有三种,即(　　)。

A.现金支付　　　　B.股票支付　　　　C.混合证券支付　　　　D.证券支付

5.管理层收购一般需要的步骤包括(　　)。

A.前期准备　　　　B.实施收购　　　　C.后续整合　　　　D.重新上市

三、判断题

1.企业资本成本包括股权资本成本和债务资本成本。　　　　　　　　　(　　)

2.选择并购目标公司一般包括发现目标公司、审查目标公司和评价目标公司三个阶段。　　　　　　　　　(　　)

3.常用的估值方法包括贴现现金流量法、成本法。　　　　　　　　　(　　)

4.公司价值等于公司自由现金流量现值加税后非营业现金流量。　　　(　　)

5.并购整合是指将两个或多个公司合为一体,由共同所有者拥有。　　(　　)

附　表

年金现值表

期数	1%	2%	3%	4%	5%	6%	7%	8%	9%	10%	12%	14%	16%	18%	20%	22%	24%	26%	28%	30%	32%	34%	36%
1	0.990 1	0.980 4	0.970 9	0.961 5	0.952 4	0.943 4	0.934 6	0.925 9	0.917 4	0.909 1	0.892 9	0.877 2	0.862 1	0.847 5	0.833 3	0.819 7	0.806 5	0.793 7	0.781 3	0.769 2	0.757 6	0.746 3	0.735 3
2	1.970 4	1.941 6	1.913 5	1.886 1	1.859 4	1.833 0	1.808 0	1.783 3	1.759 1	1.735 5	1.690 1	1.646 7	1.605 2	1.565 6	1.527 8	1.491 5	1.456 8	1.423 5	1.391 6	1.360 9	1.331 5	1.303 2	1.276 0
3	2.941 0	2.883 9	2.828 6	2.775 1	2.723 2	2.673 0	2.624 3	2.577 1	2.531 3	2.486 9	2.401 8	2.321 6	2.245 9	2.174 3	2.106 5	2.042 2	1.981 3	1.923 4	1.868 4	1.816 1	1.766 3	1.718 8	1.673 5
4	3.902 0	3.807 7	3.717 1	3.629 9	3.546 0	3.465 1	3.387 2	3.312 1	3.239 7	3.169 9	3.037 3	2.913 7	2.798 2	2.690 1	2.588 7	2.493 6	2.404 3	2.320 2	2.241 0	2.166 2	2.095 7	2.029 0	1.965 8
5	4.853 4	4.713 5	4.579 7	4.451 8	4.329 5	4.212 4	4.100 2	3.992 7	3.889 7	3.790 8	3.604 8	3.433 1	3.274 3	3.127 2	2.990 6	2.863 6	2.745 4	2.635 1	2.532 0	2.435 6	2.345 2	2.260 4	2.180 7
6	5.795 5	5.601 4	5.417 2	5.242 1	5.075 7	4.917 3	4.766 5	4.622 9	4.485 9	4.355 3	4.111 4	3.888 7	3.684 7	3.497 6	3.325 5	3.166 9	3.020 5	2.885 0	2.759 4	2.642 7	2.534 2	2.433 1	2.338 8
7	6.728 2	6.472 0	6.230 3	6.002 1	5.786 4	5.582 4	5.389 3	5.206 4	5.033 0	4.868 4	4.563 8	4.288 3	4.038 6	3.811 5	3.604 6	3.415 5	3.242 3	3.083 3	2.937 0	2.802 1	2.677 5	2.562 0	2.455 0
8	7.651 7	7.325 5	7.019 7	6.732 7	6.463 2	6.209 8	5.971 3	5.746 6	5.534 8	5.334 9	4.967 6	4.638 9	4.343 6	4.077 6	3.837 2	3.619 3	3.421 2	3.240 7	3.075 8	2.924 7	2.786 0	2.658 2	2.540 4
9	8.566 0	8.162 2	7.786 1	7.435 3	7.107 8	6.801 7	6.515 2	6.246 9	5.995 2	5.759 0	5.328 2	4.946 4	4.606 5	4.303 0	4.031 0	3.786 3	3.565 5	3.365 7	3.184 2	3.019 0	2.868 1	2.730 0	2.603 3
10	9.471 3	8.982 6	8.530 2	8.110 9	7.721 7	7.360 1	7.023 6	6.710 1	6.417 7	6.144 6	5.650 2	5.216 1	4.833 2	4.494 1	4.192 5	3.923 2	3.681 9	3.464 8	3.268 9	3.091 5	2.930 4	2.783 6	2.649 5
11	10.367 6	9.786 8	9.252 6	8.760 5	8.306 4	7.886 9	7.498 7	7.139 0	6.805 2	6.495 1	5.937 7	5.452 7	5.028 6	4.656 0	4.327 1	4.035 4	3.775 7	3.543 5	3.335 1	3.147 3	2.977 6	2.823 6	2.683 4
12	11.255 1	10.575 3	9.954 0	9.385 1	8.863 3	8.383 8	7.942 7	7.536 1	7.160 7	6.813 7	6.194 4	5.660 3	5.197 1	4.793 2	4.439 2	4.127 4	3.851 4	3.605 0	3.386 8	3.190 3	3.013 3	2.853 4	2.708 4
13	12.133 7	11.348 4	10.635 0	9.985 6	9.393 6	8.852 7	8.357 7	7.903 8	7.486 9	7.103 4	6.423 5	5.842 4	5.342 3	4.909 5	4.532 7	4.202 8	3.912 4	3.655 5	3.427 2	3.223 3	3.040 4	2.875 7	2.726 8
14	13.003 7	12.106 2	11.296 1	10.563 1	9.898 6	9.295 0	8.745 5	8.244 2	7.786 2	7.366 7	6.628 2	6.002 1	5.467 5	5.008 1	4.610 6	4.264 6	3.961 6	3.694 9	3.458 7	3.248 7	3.060 9	2.892 3	2.740 3

15	2.750 2	2.904 7	3.076 4	3.268 2	3.483 4	3.726 1	4.001 3	4.315 2	4.675 4	5.091 6	5.575 5	6.142 2	6.810 9	7.606 1	8.060 7	8.559 5	9.107 9	9.712 7	10.379 8	11.118 4	11.937 9	12.849 1
16	2.757 5	2.914 0	3.088 2	3.283 2	3.502 6	3.750 9	4.033 3	4.356 7	4.729 6	5.162 4	5.668 5	6.265 1	6.974 0	7.823 7	8.312 6	8.851 4	9.446 6	10.105 9	10.837 8	11.652 3	12.561 1	13.577 7
17	2.762 9	2.920 9	3.097 1	3.294 8	3.517 7	3.770 5	4.059 1	4.390 8	4.774 6	5.222 3	5.748 7	6.372 9	7.119 6	8.021 6	8.543 6	9.121 6	9.763 2	10.477 1	11.274 1	12.165 7	13.166 1	14.291 9
18	2.766 8	2.926 0	3.103 9	3.303 7	3.529 4	3.786 1	4.079 9	4.418 7	4.812 2	5.273 2	5.817 8	6.467 4	7.249 7	8.201 4	8.755 6	9.371 9	10.059 1	10.827 6	11.689 6	12.659 3	13.753 5	14.992 0
19	2.769 7	2.929 9	3.109 0	3.310 5	3.538 5	3.798 5	4.096 7	4.441 5	4.843 5	5.316 2	5.877 5	6.550 4	7.365 8	8.364 9	8.950 1	9.603 6	10.335 6	11.158 0	12.085 3	13.133 9	14.323 8	15.678 5
20	2.771 8	2.932 7	3.112 9	3.315 8	3.545 8	3.808 3	4.110 3	4.460 3	4.869 6	5.352 7	5.928 8	6.623 1	7.469 4	8.513 6	9.128 5	9.818 1	10.594 0	11.469 9	12.462 2	13.590 3	14.877 5	16.351 4
21	2.773 4	2.934 9	3.115 8	3.319 9	3.551 7	3.816 1	4.121 2	4.475 6	4.891 3	5.383 7	5.973 1	6.687 0	7.562 0	8.648 7	9.292 2	10.016 8	10.835 0	11.764 0	12.821 1	14.029 2	15.415 0	17.011 7
22	2.774 6	2.936 5	3.118 0	3.323 0	3.555 9	3.822 3	4.130 0	4.488 2	4.909 4	5.409 9	6.011 3	6.742 6	7.644 6	8.771 5	9.442 4	10.200 7	11.061 2	12.041 6	13.163 0	14.451 1	15.936 9	17.658 0
23	2.775 4	2.937 7	3.119 7	3.325 4	3.559 4	3.827 3	4.137 1	4.498 5	4.924 5	5.432 1	6.044 2	6.792 0	7.718 4	8.883 2	9.580 2	10.371 1	11.272 9	12.303 4	13.488 6	14.856 8	16.443 6	18.292 4
24	2.776 0	2.938 6	3.121 0	3.327 2	3.561 9	3.831 2	4.142 8	4.507 0	4.937 1	5.450 9	6.072 6	6.835 1	7.784 3	8.984 7	9.706 6	10.528 8	11.469 3	12.550 4	13.798 6	15.247 0	16.935 5	18.913 9
25	2.776 5	2.939 2	3.122 0	3.328 6	3.564 0	3.834 2	4.147 4	4.513 9	4.947 6	5.466 9	6.097 1	6.872 9	7.843 1	9.077 0	9.822 6	10.674 8	11.653 6	12.783 4	14.093 6	15.622 1	17.413 1	19.523 5
26	2.776 8	2.939 7	3.122 7	3.329 7	3.565 6	3.836 7	4.151 1	4.519 6	4.956 3	5.480 4	6.118 2	6.906 0	7.895 7	9.160 9	9.929 0	10.810 0	11.825 8	13.003 2	14.375 2	15.982 8	17.876 8	20.121 0
27	2.777 1	2.940 1	3.123 3	3.330 5	3.566 9	3.838 7	4.154 2	4.524 2	4.963 6	5.491 9	6.136 4	6.935 2	7.942 6	9.237 2	10.026 6	10.935 2	11.986 7	13.210 5	14.643 0	16.329 6	18.327 0	20.706 9
28	2.777 3	2.940 4	3.123 7	3.331 2	3.567 9	3.840 2	4.156 6	4.528 1	4.969 7	5.501 6	6.152 0	6.960 7	7.984 4	9.306 0	10.116 1	11.051 1	12.137 1	13.406 2	14.898 1	16.663 1	18.764 1	21.281 3
29	2.777 4	2.940 6	3.124 0	3.331 7	3.568 7	3.841 4	4.158 5	4.531 2	4.974 7	5.509 8	6.165 5	6.983 0	8.021 8	9.369 0	10.198 3	11.158 4	12.277 7	13.590 8	15.141 0	16.983 7	19.188 5	21.844 4
30	2.777 5	2.940 7	3.124 2	3.332 1	3.569 3	3.842 4	4.160 1	4.533 8	4.978 9	5.516 8	6.177 2	7.002 7	8.055 2	9.426 9	10.273 7	11.257 9	12.409 0	13.764 8	15.372 5	17.292 1	19.600 4	22.396 5
31	2.777 6	2.940 8	3.124 4	3.332 4	3.569 7	3.843 2	4.161 4	4.535 9	4.982 4	5.522 7	6.187 2	7.019 0	8.085 0	9.479 0	10.342 8	11.349 8	12.531 8	13.929 1	15.592 8	17.588 5	20.000 4	22.937 7
32	2.777 6	2.940 9	3.124 6	3.332 6	3.570 1	3.843 8	4.162 4	4.537 6	4.985 4	5.527 7	6.195 9	7.035 0	8.111 6	9.526 4	10.406 0	11.435 0	12.646 6	14.084 0	15.802 7	17.873 6	20.388 8	23.468 3
33	2.777 7	2.941 0	3.124 7	3.332 8	3.570 4	3.844 3	4.163 2	4.539 0	4.987 8	5.532 0	6.203 4	7.048 2	8.135 4	9.569 4	10.464 1	11.513 9	12.753 8	14.230 2	16.002 5	18.147 6	20.765 8	23.988 6
34	2.777 7	2.941 0	3.124 8	3.332 9	3.570 6	3.844 7	4.163 9	4.540 2	4.989 8	5.535 6	6.209 8	7.059 9	8.156 6	9.608 6	10.517 6	11.586 9	12.854 0	14.368 1	16.192 9	18.411 2	21.131 8	24.498 6

n																							
35	2.777 7	2.941 1	3.124 8	3.333 3	3.570 8	3.845 0	4.164 4	4.541 1	4.991 5	5.538 6	6.215 5	7.070 0	8.175 5	9.644 6	10.566 8	11.654 6	12.947 2	14.498 2	16.374 2	18.664 6	21.487 2	24.998 6	29.408 6
36	2.777 7	2.941 1	3.124 9	3.333 3	3.570 9	3.845 2	4.164 9	4.541 9	4.992 9	5.541 2	6.220 1	7.079 0	8.192 4	9.676 5	10.611 8	11.717 2	13.035 2	14.621 0	16.546 9	18.908 3	21.832 3	25.488 8	30.107 5
37	2.777 7	2.941 1	3.124 9	3.333 1	3.571 0	3.845 4	4.165 2	4.542 4	4.994 1	5.543 4	6.224 2	7.086 8	8.207 5	9.705 9	10.653 0	11.775 2	13.117 0	14.736 8	16.711 3	19.142 6	22.167 2	25.969 5	30.799 5
38	2.777 7	2.941 1	3.124 9	3.333 2	3.571 1	3.845 6	4.165 5	4.543 1	4.995 1	5.545 2	6.227 8	7.093 7	8.221 0	9.732 7	10.690 8	11.828 9	13.193 5	14.846 0	16.867 9	19.367 9	22.492 5	26.440 6	31.484 7
39	2.777 8	2.941 1	3.124 9	3.333 2	3.571 2	3.845 7	4.165 7	4.543 5	4.995 9	5.546 8	6.230 9	7.099 7	8.233 0	9.757 0	10.725 5	11.878 6	13.264 9	14.949 1	17.017 0	19.584 5	22.808 2	26.902 6	32.163 0
40	2.777 8	2.941 2	3.125 0	3.333 2	3.571 2	3.845 8	4.165 9	4.543 9	4.996 6	5.548 2	6.233 5	7.105 0	8.243 8	9.779 1	10.757 4	11.924 6	13.331 7	15.046 3	17.159 1	19.792 8	23.114 8	27.355 5	32.834 7
41	2.777 8	2.941 2	3.125 0	3.333 3	3.571 3	3.845 9	4.166 1	4.544 1	4.997 2	5.549 3	6.235 8	7.109 7	8.253 4	9.799 1	10.786 6	11.967 2	13.394 4	15.138 0	17.294 4	19.993 1	23.412 4	27.799 5	33.499 7
42	2.777 8	2.941 2	3.125 0	3.333 3	3.571 3	3.845 9	4.166 2	4.544 4	4.997 6	5.550 2	6.237 7	7.113 8	8.261 9	9.817 4	10.813 4	12.006 7	13.452 4	15.224 5	17.423 2	20.185 6	23.701 4	28.234 8	34.158 1
43	2.777 8	2.941 2	3.125 0	3.333 3	3.571 3	3.846 0	4.166 3	4.544 4	4.998 0	5.551 0	6.239 4	7.117 3	8.269 6	9.834 0	10.838 0	12.043 2	13.507 0	15.306 2	17.545 9	20.370 8	23.981 9	28.661 6	34.810 0
44	2.777 8	2.941 2	3.125 0	3.333 3	3.571 4	3.846 0	4.166 3	4.544 7	4.998 4	5.551 7	6.240 9	7.120 5	8.276 4	9.849 1	10.860 5	12.077 1	13.557 9	15.383 2	17.662 8	20.548 8	24.254 3	29.080 0	35.455 5
45	2.777 8	2.941 2	3.125 0	3.333 3	3.571 4	3.846 0	4.166 4	4.544 8	4.998 6	5.552 3	6.242 1	7.123 2	8.282 5	9.862 8	10.881 2	12.108 4	13.605 5	15.455 8	17.774 1	20.720 4	24.518 7	29.490 2	36.094 5
46	2.777 8	2.941 2	3.125 0	3.333 3	3.571 4	3.846 1	4.166 5	4.544 9	4.998 9	5.552 8	6.243 2	7.125 6	8.288 0	9.875 3	10.900 4	12.137 4	13.650 0	15.524 4	17.880 1	20.884 7	24.775 4	29.892 3	36.727 2
48	2.777 8	2.941 2	3.125 0	3.333 3	3.571 4	3.846 1	4.166 5	4.545 1	4.999 2	5.553 6	6.245 0	7.129 6	8.297 2	9.896 6	10.933 6	12.189 1	13.730 5	15.650 0	18.077 2	21.195 1	25.266 7	30.673 1	37.974 0
50	2.777 8	2.941 2	3.125 0	3.333 3	3.571 4	3.846 1	4.166 6	4.545 2	4.999 5	5.554 1	6.246 3	7.132 7	8.304 5	9.914 8	10.961 7	12.233 5	13.800 7	15.761 9	18.255 9	21.482 2	25.729 8	31.423 6	39.196 1
52	2.777 8	2.941 2	3.125 0	3.333 3	3.571 4	3.846 1	4.166 6	4.545 3	4.999 6	5.554 5	6.247 2	7.135 0	8.310 3	9.929 0	10.985 0	12.271 5	13.862 1	15.861 4	18.418 1	21.747 6	26.166 2	32.144 9	40.394 2
54	2.777 8	2.941 2	3.125 0	3.333 3	3.571 4	3.846 1	4.166 6	4.545 3	4.999 7	5.554 8	6.247 9	7.136 8	8.315 0	9.941 8	11.005 3	12.304 1	13.915 7	15.950 0	18.565 1	21.993 0	26.577 7	32.838 3	41.568 7
56	2.777 8	2.941 2	3.125 0	3.333 3	3.571 4	3.846 1	4.166 6	4.545 4	4.999 8	5.555 0	6.248 5	7.138 2	8.318 7	9.951 9	11.022 1	12.332 1	13.962 0	16.028 6	18.698 2	22.219 8	26.965 5	33.504 7	42.720 0
58	2.777 8	2.941 2	3.125 0	3.333 3	3.571 4	3.846 1	4.166 7	4.545 4	4.999 9	5.555 2	6.248 9	7.139 3	8.321 7	9.960 3	11.036 0	12.356 0	14.003 2	16.099 4	18.819 3	22.429 6	27.331 0	34.145 2	43.848 6
60	2.777 8	2.941 2	3.125 0	3.333 3	3.571 4	3.846 2	4.166 7	4.545 4	4.999 9	5.555 3	6.249 2	7.140 1	8.324 0	9.967 2	11.048 0	12.376 6	14.039 2	16.161 4	18.929 3	22.623 5	27.675 6	34.760 9	44.955 0

年金终值系数表

期数	1%	2%	3%	4%	5%	6%	7%	8%	9%	10%	12%	14%	16%
1	1.0000	1.0000	1.0000	1.0000	1.0000	1.0000	1.0000	1.0000	1.0000	1.0000	1.0000	1.0000	1.0000
2	2.0100	2.0200	2.0300	2.0400	2.0500	2.0600	2.0700	2.0800	2.0900	2.1000	2.1200	2.1400	2.1600
3	3.0301	3.0604	3.0909	3.1216	3.1525	3.1836	3.2149	3.2464	3.2781	3.3100	3.3744	3.4396	3.5056
4	4.0604	4.1216	4.1836	4.2465	4.3101	4.3746	4.4399	4.5061	4.5731	4.6410	4.7793	4.9211	5.0665
5	5.1010	5.2040	5.3091	5.4163	5.5256	5.6371	5.7507	5.8666	5.9847	6.1051	6.3528	6.6101	6.8771
6	6.1520	6.3081	6.4684	6.6330	6.8019	6.9753	7.1533	7.3359	7.5233	7.7156	8.1152	8.5355	8.9775
7	7.2135	7.4343	7.6625	7.8983	8.1420	8.3938	8.6540	8.9228	9.2004	9.4872	10.0890	10.7305	11.4139
8	8.2857	8.5830	8.8923	9.2142	9.5491	9.8975	10.2598	10.6366	11.0285	11.4359	12.2997	13.2328	14.2401
9	9.3685	9.7546	10.1591	10.5828	11.0266	11.4913	11.9780	12.4876	13.0210	13.5795	14.7757	16.0853	17.5185
10	10.4622	10.9497	11.4639	12.0061	12.5779	13.1808	13.8164	14.4866	15.1929	15.9374	17.5487	19.3373	21.3215
11	11.5668	12.1687	12.8078	13.4864	14.2068	14.9716	15.7836	16.6455	17.5603	18.5312	20.6546	23.0445	25.7329
12	12.6825	13.4121	14.1920	15.0258	15.9171	16.8699	17.8885	18.9771	20.1407	21.3843	24.1331	27.2707	30.8502
13	13.8093	14.6803	15.6178	16.6268	17.7130	18.8821	20.1406	21.4953	22.9534	24.5227	28.0291	32.0887	36.7862
14	14.9474	15.9739	17.0863	18.2919	19.5986	21.0151	22.5505	24.2149	26.0192	27.9750	32.3926	37.5811	43.6720
15	16.0969	17.2934	18.5989	20.0236	21.5786	23.2760	25.1290	27.1521	29.3609	31.7725	37.2797	43.8424	51.6595
16	17.2579	18.6393	20.1569	21.8245	23.6575	25.6725	27.8881	30.3243	33.0034	35.9497	42.7533	50.9804	60.9250
17	18.4304	20.0121	21.7616	23.6975	25.8404	28.2129	30.8402	33.7502	36.9737	40.5447	48.8837	59.1176	71.6730
18	19.6147	21.4123	23.4144	25.6454	28.1324	30.9057	33.9990	37.4502	41.3013	45.5992	55.7497	68.3941	84.1407

续表

期数	1%	2%	3%	4%	5%	6%	7%	8%	9%	10%	12%	14%	16%
20	22.0190	24.2974	26.8704	29.7781	33.0660	36.7856	40.9955	45.7620	51.1601	57.2750	72.0524	91.0249	115.3797
22	24.4716	27.2990	30.5368	34.2480	38.5052	43.3923	49.0057	55.4568	62.8733	71.4027	92.5026	120.4360	157.4150
24	26.9735	30.4219	34.4265	39.0826	44.5020	50.8156	58.1767	66.7648	76.7898	88.4973	118.1552	158.6586	213.9776
26	29.5256	33.6709	38.5530	44.3117	51.1135	59.1564	68.6765	79.9544	93.3240	109.1818	150.3339	208.3327	290.0883
28	32.1291	37.0512	42.9309	49.9676	58.4026	68.5281	80.6977	95.3388	112.9682	134.2099	190.6989	272.8892	392.5028
30	34.7849	40.5681	47.5754	56.0849	66.4388	79.0582	94.4608	113.2832	136.3075	164.4940	241.3327	356.7868	530.3117
40	48.8864	60.4020	75.4013	95.0255	120.7998	154.7620	199.6351	259.0565	337.8824	442.5926	767.0914	1342.0251	2360.7572
50	64.4632	84.5794	112.7969	152.6671	209.3480	290.3359	406.5289	573.7702	815.0836	1163.9085	2400.0182	4994.5213	10435.6488
60	81.6697	114.0515	163.0534	237.9907	353.5837	533.1282	813.5204	1253.2133	1944.7921	3034.8164	7471.6411	18535.1333	46057.5085

年金终值系数表

期数	18%	20%	22%	24%	26%	28%	30%	32%	34%	36%
1	1.0000	1.0000	1.0000	1.0000	1.0000	1.0000	1.0000	1.0000	1.0000	1.0000
2	2.1800	2.2000	2.2200	2.2400	2.2600	2.2800	2.3000	2.3200	2.3400	2.3600
3	3.5724	3.6400	3.7084	3.7776	3.8476	3.9184	3.9900	4.0624	4.1356	4.2096
4	5.2154	5.3680	5.5242	5.6842	5.8480	6.0156	6.1870	6.3624	6.5417	6.7251
5	7.1542	7.4416	7.7396	8.0484	8.3684	8.6999	9.0431	9.3983	9.7659	10.1461
6	9.4420	9.9299	10.4423	10.9801	11.5442	12.1359	12.7560	13.4058	14.0863	14.7987
7	12.1415	12.9159	13.7396	14.6153	15.5458	16.5339	17.5828	18.6956	19.8756	21.1262

续表

29.7316	41.4350	57.3516	78.9982	108.4375	148.4750	202.9260	276.9793	377.6919	514.6610	700.9389	1298.8166	2404.6512	4450.0029	8233.0853	15230.2745	28172.2758	609890.4824	13202094.1741	285780108.7920
27.6333	38.0287	51.9584	70.6243	95.6365	129.1529	174.0649	234.2470	314.8910	422.9539	567.7583	1021.8068	1837.0962	3301.0300	5929.6694	10649.6543	19124.8593	357033.8885	6664396.2223	124396732.9541
25.6782	34.8953	47.0618	63.1215	84.3204	112.3030	149.2399	197.9967	262.3557	347.3095	459.4485	802.8631	1401.2287	2443.8209	4260.4336	7425.6994	12940.8587	207874.2719	3338459.9875	53614945.4823
23.8577	32.0150	42.6195	56.4053	74.3270	97.6250	127.9125	167.2863	218.4722	285.0139	371.5180	630.1655	1067.2796	1806.0026	3054.4443	5164.3109	8729.9855	120392.8827	1659760.7433	22881253.9091
22.1634	29.3692	38.5926	50.3985	65.5100	84.8529	109.6117	141.3029	181.8677	233.7907	300.2521	494.2131	811.9987	1332.6586	2185.7079	3583.3438	5873.2306	69377.4604	819103.0771	9670300.8863
20.5876	26.9404	34.9449	45.0306	57.7386	73.7506	93.9258	119.3465	151.3766	191.7345	242.5855	387.3887	617.2783	982.2511	1561.6818	2481.5860	3942.0260	39792.9817	401374.4711	4048171.9049
19.1229	24.7125	31.6434	40.2379	50.8950	64.1097	80.4961	100.8151	126.0108	157.2534	195.9942	303.6006	469.0563	723.4610	1114.6336	1716.1007	2640.9164	22728.8026	195372.6442	1679147.2802
17.7623	22.6700	28.6574	35.9620	44.8737	55.7459	69.0100	85.1922	104.9345	129.0201	158.4045	237.9893	356.4432	532.7501	795.1653	1185.7440	1767.0813	12936.5353	94525.2793	690500.9824
16.4991	20.7989	25.9587	32.1504	39.5805	48.4966	59.1959	72.0351	87.4421	105.9306	128.1167	186.6880	271.0307	392.4842	567.3773	819.2233	1181.8816	7343.8578	45497.1908	281732.5718
15.3270	19.0859	23.5213	28.7551	34.9311	42.2187	50.8180	60.9653	72.9390	87.0680	103.7403	146.6280	206.3448	289.4945	405.2721	566.4809	790.9480	4163.2130	21813.0937	114189.6665
8	9	10	11	12	13	14	15	16	17	18	20	22	24	26	28	30	40	50	60

复利现值表

期数	1%	2%	3%	4%	5%	6%	7%	8%	9%	10%	12%	14%	16%	18%	20%
1	0.9901	0.9804	0.9709	0.9615	0.9524	0.9434	0.9346	0.9259	0.9174	0.9091	0.8929	0.8772	0.8621	0.8475	0.8333
2	0.9803	0.9612	0.9426	0.9246	0.9070	0.8900	0.8734	0.8573	0.8417	0.8264	0.7972	0.7695	0.7432	0.7182	0.6944
3	0.9706	0.9423	0.9151	0.8890	0.8638	0.8396	0.8163	0.7938	0.7722	0.7513	0.7118	0.6750	0.6407	0.6086	0.5787
4	0.9610	0.9238	0.8885	0.8548	0.8227	0.7921	0.7629	0.7350	0.7084	0.6830	0.6355	0.5921	0.5523	0.5158	0.4823
5	0.9515	0.9057	0.8626	0.8219	0.7835	0.7473	0.7130	0.6806	0.6499	0.6209	0.5674	0.5194	0.4761	0.4371	0.4019
6	0.9420	0.8880	0.8375	0.7903	0.7462	0.7050	0.6663	0.6302	0.5963	0.5645	0.5066	0.4556	0.4104	0.3704	0.3349
7	0.9327	0.8706	0.8131	0.7599	0.7107	0.6651	0.6227	0.5835	0.5470	0.5132	0.4523	0.3996	0.3538	0.3139	0.2791
8	0.9235	0.8535	0.7894	0.7307	0.6768	0.6274	0.5820	0.5403	0.5019	0.4665	0.4039	0.3506	0.3050	0.2660	0.2326
9	0.9143	0.8368	0.7664	0.7026	0.6446	0.5919	0.5439	0.5002	0.4604	0.4241	0.3606	0.3075	0.2630	0.2255	0.1938
10	0.9053	0.8203	0.7441	0.6756	0.6139	0.5584	0.5083	0.4632	0.4224	0.3855	0.3220	0.2697	0.2267	0.1911	0.1615
11	0.8963	0.8043	0.7224	0.6496	0.5847	0.5268	0.4751	0.4289	0.3875	0.3505	0.2875	0.2366	0.1954	0.1619	0.1346
12	0.8874	0.7885	0.7014	0.6246	0.5568	0.4970	0.4440	0.3971	0.3555	0.3186	0.2567	0.2076	0.1685	0.1372	0.1122
13	0.8787	0.7730	0.6810	0.6006	0.5303	0.4688	0.4150	0.3677	0.3262	0.2897	0.2292	0.1821	0.1452	0.1163	0.0935
14	0.8700	0.7579	0.6611	0.5775	0.5051	0.4423	0.3878	0.3405	0.2992	0.2633	0.2046	0.1597	0.1252	0.0985	0.0779
15	0.8613	0.7430	0.6419	0.5553	0.4810	0.4173	0.3624	0.3152	0.2745	0.2394	0.1827	0.1401	0.1079	0.0835	0.0649
16	0.8528	0.7284	0.6232	0.5339	0.4581	0.3936	0.3387	0.2919	0.2519	0.2176	0.1631	0.1229	0.0930	0.0708	0.0541
18	0.8360	0.7002	0.5874	0.4936	0.4155	0.3503	0.2959	0.2502	0.2120	0.1799	0.1300	0.0946	0.0691	0.0508	0.0376

期数	1%	2%	3%	4%	5%	6%	7%	8%	9%	10%	12%	14%	16%	18%	20%
20	0.8195	0.6730	0.5537	0.4564	0.3769	0.3118	0.2584	0.2145	0.1784	0.1486	0.1037	0.0728	0.0514	0.0365	0.0261
22	0.8034	0.6468	0.5219	0.4220	0.3418	0.2775	0.2257	0.1839	0.1502	0.1228	0.0826	0.0560	0.0382	0.0262	0.0181
24	0.7876	0.6217	0.4919	0.3901	0.3101	0.2470	0.1971	0.1577	0.1264	0.1015	0.0659	0.0431	0.0284	0.0188	0.0126
26	0.7720	0.5976	0.4637	0.3607	0.2812	0.2198	0.1722	0.1352	0.1064	0.0839	0.0525	0.0331	0.0211	0.0135	0.0087
28	0.7568	0.5744	0.4371	0.3335	0.2551	0.1956	0.1504	0.1159	0.0895	0.0693	0.0419	0.0255	0.0157	0.0097	0.0061
30	0.7419	0.5521	0.4120	0.3083	0.2314	0.1741	0.1314	0.0994	0.0754	0.0573	0.0334	0.0196	0.0116	0.0070	0.0042
40	0.6717	0.4529	0.3066	0.2083	0.1420	0.0972	0.0668	0.0460	0.0318	0.0221	0.0107	0.0053	0.0026	0.0013	0.0007
50	0.6080	0.3715	0.2281	0.1407	0.0872	0.0543	0.0339	0.0213	0.0134	0.0085	0.0035	0.0014	0.0006	0.0003	0.000109885
60	0.5504	0.3048	0.1697	0.0951	0.0535	0.0303	0.0173	0.0099	0.0057	0.0033	0.0011	0.0004	0.0001	0.000048650	0.000017747

期数	22%	24%	26%	28%	30%	32%	34%	36%
1	0.8197	0.8065	0.7937	0.7813	0.7692	0.7576	0.7463	0.7353
2	0.6719	0.6504	0.6299	0.6104	0.5917	0.5739	0.5569	0.5407
3	0.5507	0.5245	0.4999	0.4768	0.4552	0.4348	0.4156	0.3975
4	0.4514	0.4230	0.3968	0.3725	0.3501	0.3294	0.3102	0.2923
5	0.3700	0.3411	0.3149	0.2910	0.2693	0.2495	0.2315	0.2149
6	0.3033	0.2751	0.2499	0.2274	0.2072	0.1890	0.1727	0.1580
7	0.2486	0.2218	0.1983	0.1776	0.1594	0.1432	0.1289	0.1162
8	0.2038	0.1789	0.1574	0.1388	0.1226	0.1085	0.0962	0.0854

期数	22%	24%	26%	28%	30%	32%	34%	36%
9	0.1670	0.1443	0.1249	0.1084	0.0943	0.0822	0.0718	0.0628
10	0.1369	0.1164	0.0992	0.0847	0.0725	0.0623	0.0536	0.0462
11	0.1122	0.0938	0.0787	0.0662	0.0558	0.0472	0.0400	0.0340
12	0.0920	0.0757	0.0625	0.0517	0.0429	0.0357	0.0298	0.0250
13	0.0754	0.0610	0.0496	0.0404	0.0330	0.0271	0.0223	0.0184
14	0.0618	0.0492	0.0393	0.0316	0.0254	0.0205	0.0166	0.0135
15	0.0507	0.0397	0.0312	0.0247	0.0195	0.0155	0.0124	0.0099
16	0.0415	0.0320	0.0248	0.0193	0.0150	0.0118	0.0093	0.0073
18	0.0279	0.0208	0.0156	0.0118	0.0089	0.0068	0.0052	0.0039
20	0.0187	0.0135	0.0098	0.0072	0.0053	0.0039	0.0029	0.0021
22	0.0126	0.0088	0.0062	0.0044	0.0031	0.0022	0.0016	0.0012
24	0.0085	0.0057	0.0039	0.0027	0.0018	0.0013	0.0009	0.0006
26	0.0057	0.0037	0.0025	0.0016	0.0011	0.0007	0.0005	0.0003
28	0.0038	0.0024	0.0015	0.0010	0.0006	0.0004	0.0003	0.0002
30	0.0026	0.0016	0.0010	0.0006	0.0004	0.0002	0.0002	0.0001
40	0.0004	0.0002	0.000096645	0.0001	0.000027686	0.000015033	0.000008238	0.000004555
50	0.000048085	0.000021326	0.000009582	0.000004360	0.000002008	0.000000936	0.000000441	0.000000210
60	0.000006583	0.000002481	0.000000950	0.000000369	0.000000146	0.000000058	0.000000024	0.000000010

期数	1%	2%	3%	4%	5%	6%	7%	8%	9%	10%	12%	14%	16%
1	1.0100	1.0200	1.0300	1.0400	1.0500	1.0600	1.0700	1.0800	1.0900	1.1000	1.1200	1.1400	1.1600
2	1.0201	1.0404	1.0609	1.0816	1.1025	1.1236	1.1449	1.1664	1.1881	1.2100	1.2544	1.2996	1.3456
3	1.0303	1.0612	1.0927	1.1249	1.1576	1.1910	1.2250	1.2597	1.2950	1.3310	1.4049	1.4815	1.5609
4	1.0406	1.0824	1.1255	1.1699	1.2155	1.2625	1.3108	1.3605	1.4116	1.4641	1.5735	1.6890	1.8106
5	1.0510	1.1041	1.1593	1.2167	1.2763	1.3382	1.4026	1.4693	1.5386	1.6105	1.7623	1.9254	2.1003
6	1.0615	1.1262	1.1941	1.2653	1.3401	1.4185	1.5007	1.5869	1.6771	1.7716	1.9738	2.1950	2.4364
7	1.0721	1.1487	1.2299	1.3159	1.4071	1.5036	1.6058	1.7138	1.8280	1.9487	2.2107	2.5023	2.8262
8	1.0829	1.1717	1.2668	1.3686	1.4775	1.5938	1.7182	1.8509	1.9926	2.1436	2.4760	2.8526	3.2784
9	1.0937	1.1951	1.3048	1.4233	1.5513	1.6895	1.8385	1.9990	2.1719	2.3579	2.7731	3.2519	3.8030
10	1.1046	1.2190	1.3439	1.4802	1.6289	1.7908	1.9672	2.1589	2.3674	2.5937	3.1058	3.7072	4.4114
11	1.1157	1.2434	1.3842	1.5395	1.7103	1.8983	2.1049	2.3316	2.5804	2.8531	3.4785	4.2262	5.1173
12	1.1268	1.2682	1.4258	1.6010	1.7959	2.0122	2.2522	2.5182	2.8127	3.1384	3.8960	4.8179	5.9360
13	1.1381	1.2936	1.4685	1.6651	1.8856	2.1329	2.4098	2.7196	3.0658	3.4523	4.3635	5.4924	6.8858
14	1.1495	1.3195	1.5126	1.7317	1.9799	2.2609	2.5785	2.9372	3.3417	3.7975	4.8871	6.2613	7.9875
15	1.1610	1.3459	1.5580	1.8009	2.0789	2.3966	2.7590	3.1722	3.6425	4.1772	5.4736	7.1379	9.2655
16	1.1726	1.3728	1.6047	1.8730	2.1829	2.5404	2.9522	3.4259	3.9703	4.5950	6.1304	8.1372	10.7480
18	1.1961	1.4282	1.7024	2.0258	2.4066	2.8543	3.3799	3.9960	4.7171	5.5599	7.6900	10.5752	14.4625
20	1.2202	1.4859	1.8061	2.1911	2.6533	3.2071	3.8697	4.6610	5.6044	6.7275	9.6463	13.7435	19.4608
22	1.2447	1.5460	1.9161	2.3699	2.9253	3.6035	4.4304	5.4365	6.6586	8.1403	12.1003	17.8610	26.1864

期数	1%	2%	3%	4%	5%	6%	7%	8%	9%	10%	12%	14%	16%
24	1.2697	1.6084	2.0328	2.5633	3.2251	4.0489	5.0724	6.3412	7.9111	9.8497	15.1786	23.2122	35.2364
26	1.2953	1.6734	2.1566	2.7725	3.5557	4.5494	5.8074	7.3964	9.3992	11.9182	19.0401	30.1666	47.4141
28	1.3213	1.7410	2.2879	2.9987	3.9201	5.1117	6.6488	8.6271	11.1671	14.4210	23.8839	39.2045	63.8004
30	1.3478	1.8114	2.4273	3.2434	4.3219	5.7435	7.6123	10.0627	13.2677	17.4494	29.9599	50.9502	85.8499
40	1.4889	2.2080	3.2620	4.8010	7.0400	10.2857	14.9745	21.7245	31.4094	45.2593	93.0510	188.8835	378.7212
50	1.6446	2.6916	4.3839	7.1067	11.4674	18.4202	29.4570	46.9016	74.3575	117.3909	289.0022	700.2330	1670.7038
60	1.8167	3.2810	5.8916	10.5196	18.6792	32.9877	57.9464	101.2571	176.0313	304.4816	897.5969	2595.9187	7370.2014

期数	18%	20%	22%	24%	26%	28%	30%	32%	34%	36%
1	1.1800	1.2000	1.2200	1.2400	1.2600	1.2800	1.3000	1.3200	1.3400	1.3600
2	1.3924	1.4400	1.4884	1.5376	1.5876	1.6384	1.6900	1.7424	1.7956	1.8496
3	1.6430	1.7280	1.8158	1.9066	2.0004	2.0972	2.1970	2.3000	2.4061	2.5155
4	1.9388	2.0736	2.2153	2.3642	2.5205	2.6844	2.8561	3.0360	3.2242	3.4210
5	2.2878	2.4883	2.7027	2.9316	3.1758	3.4360	3.7129	4.0075	4.3204	4.6526
6	2.6996	2.9860	3.2973	3.6352	4.0015	4.3980	4.8268	5.2899	5.7893	6.3275
7	3.1855	3.5832	4.0227	4.5077	5.0419	5.6295	6.2749	6.9826	7.7577	8.6054
8	3.7589	4.2998	4.9077	5.5895	6.3528	7.2058	8.1573	9.2170	10.3953	11.7034
9	4.4355	5.1598	5.9874	6.9310	8.0045	9.2234	10.6045	12.1665	13.9297	15.9166
10	5.2338	6.1917	7.3046	8.5944	10.0857	11.8059	13.7858	16.0598	18.6659	21.6466

期数	18%	20%	22%	24%	26%	28%	30%	32%	34%	36%
11	6.1759	7.4301	8.9117	10.6571	12.7080	15.1116	17.9216	21.1989	25.0123	29.4393
12	7.2876	8.9161	10.8722	13.2148	16.0120	19.3428	23.2981	27.9825	33.5164	40.0375
13	8.5994	10.6993	13.2641	16.3863	20.1752	24.7588	30.2875	36.9370	44.9120	54.4510
14	10.1472	12.8392	16.1822	20.3191	25.4207	31.6913	39.3738	48.7568	60.1821	74.0534
15	11.9737	15.4070	19.7423	25.1956	32.0301	40.5648	51.1859	64.3590	80.6440	100.7126
16	14.1290	18.4884	24.0856	31.2426	40.3579	51.9230	66.5417	84.9538	108.0629	136.9691
18	19.6733	26.6233	35.8490	48.0386	64.0722	85.0706	112.4554	148.0235	194.0378	253.3380
20	27.3930	38.3376	53.3576	73.8641	101.7211	139.3797	190.0496	257.9162	348.4143	468.5740
22	38.1421	55.2061	79.4175	113.5735	161.4924	228.3596	321.1839	449.3932	625.6127	866.6744
24	53.1090	79.4968	118.2050	174.6306	256.3853	374.1444	542.8008	783.0227	1123.3502	1603.0010
26	73.9490	114.4755	175.9364	268.5121	407.0373	612.9982	917.3333	1364.3387	2017.0876	2964.9107
28	102.9666	164.8447	261.8637	412.8642	646.2124	1004.3363	1550.2933	2377.2238	3621.8825	5483.8988
30	143.3706	237.3763	389.7579	634.8199	1025.9267	1645.5046	2619.9956	4142.0748	6503.4522	10143.0193
40	750.3783	1469.7716	2847.0378	5455.9126	10347.1752	19426.6889	36118.8648	66520.7670	121392.5221	219561.5736
50	3927.3569	9100.4382	20796.5615	46890.4346	104358.3625	229349.8616	497929.2230	1068308.1960	2265895.7156	4752754.9027
60	20555.1400	56347.5144	151911.2161	402996.3473	1052525.6953	2707685.2482	6864377.1727	17156783.5543	42294890.2044	102880840.1651

企业财务管理自测题参考答案

参考文献

[1] 布雷利,迈尔斯.公司财务原理[M].方曙红,范龙振,陆宝群,等译.北京:机械工业出版社,2004.

[2] 布里格姆,休斯顿.财务管理(原书第14版)[M].张敦力,杨快,赵纯祥,等译.北京:机械工业出版社,2018.

[3] 财政部会计资格评价中心.财务管理[M].北京:经济科学出版社,2018.

[4] 中国注册会计师协会.财务成本管理[M].北京:中国财政经济出版社,2018.

[5] 曹玉贵,王希胜.财务管理[M].成都:西南财经大学出版社,2011.

[6] 杜勇.财务管理[M].5版.北京:清华大学出版社,2019.

[7] 高志勇.高鸿股份:第六届第十次董事会决议公告[N].证券时报,2010-04-26.

[8] 郭复初,王庆成.财务管理学[M].3版.北京:高等教育出版社,2009.

[9] 何建国,黄金曦.财务管理[M].3版.北京:清华大学出版社,2020.

[10] 荆新,王化成,刘俊彦.财务管理学[M].8版.北京:中国人民大学出版社,2018.

[11] 李洁.财务管理[M].北京:中国传媒大学出版社,2014.

[12] 刘娥平.企业财务管理[M].北京:北京大学出版社,2014.

[13] 刘淑莲.财务管理[M].5版.大连:东北财经大学出版社,2019.

[14] 卢家仪.财务管理[M].4版.北京:清华大学出版社,2011.

[15] 马忠.公司财务管理[M].2版.北京:机械工业出版社,2015.

[16] 布洛克,赫特,丹尼尔森.财务管理基础[M].王静,译.16版.北京:中国人民大学出版社,2019.

[17] 汤谷良,韩慧博,祝继高.财务管理案例[M].3版.北京:北京大学出版社,2017.

[18] 王化成.高级财务管理学[M].2版.北京:中国人民大学出版社,2007.

[19] 杨颖.财务管理学案例与实训教程[M].成都:西南财经大学出版社,2013.

[20] 赵燕,李艳.企业财务管理[M].北京:首都经济贸易大学出版社,2016.

[21] 赵艳秉,周庆海.财务管理原理[M].北京:北京大学出版社,2012.

[22] 张思强,卞继红,陈素琴.财务管理理论与实务[M].3版.北京:北京大学出版社,2018.

[23]张涛.财务管理学[M].3 版.北京:经济科学出版社,2015.

[24]朱会芳,武迎春.财务管理[M].南京:南京大学出版社,2012.

[25]竺素娥,曾爱民.财务管理[M].2 版.大连:东北财经大学出版社,2017.